高等学校教材

铁路科技图书出版基金资助出版

牵引动力国家重点实验室开放课题资助项目

车辆噪声与振动控制

刘 岩 主编

中国铁道出版社

2014年·北京

内 容 简 介

本书主要介绍了噪声与振动的基本理论和常用的噪声测试仪器,分析了高速铁路客车噪声源的产生及传播途径,论述了声品质的主要研究内容和吸声、隔声的基本原理以及工程振动测量、信号处理和有限元分析方法,最后对低噪声路面的类型和降噪原理进行阐述。

本书主要用作普通高等学校车辆工程专业本科教材,也可作为相关专业研究生以及从事车辆工程设计、制造、实验研究等工程技术人员学习和参考。

图书在版编目(CIP)数据

车辆噪声与振动控制/刘岩主编 . —北京:中国铁道
出版社,2014.4
铁路科技出版基金资助　高等学校教材
ISBN 978-7-113-17451-4

Ⅰ.①车… Ⅱ.①刘… Ⅲ.①铁路车辆—噪声控制—高等学校—教材②铁路车辆—振动控制—高等学校—教材　Ⅳ.①U270.1

中国版本图书馆 CIP 数据核字(2014)第 060050 号

书　　名:车辆噪声与振动控制
作　　者:刘岩　主编

责任编辑:阚济存　　编辑部电话:010-51873133　　电子信箱:td51873133@163.com
封面设计:郑春鹏
责任校对:马　丽
责任印制:李　佳

出版发行:中国铁道出版社(100054,北京市西城区右安门西街 8 号)
网　　址:http://www.51eds.com
印　　刷:北京鑫正大印刷有限公司
版　　次:2014 年 4 月第 1 版　2014 年 4 月第 1 次印刷
开　　本:787 mm×1 092 mm　1/16　印张:14.75　字数:400 千
印　　数:1~3 000 册
书　　号:ISBN 978-7-113-17451-4
定　　价:32.00 元

前　言

我国铁路高速化和城市轨道交通的发展,给人们的出行带来了很大的便利。但是另一方面,交通噪声和振动问题则日益突出。随着国家经济实力的提高和社会环保意识的增强,人们对噪声和振动的危害更加关注。研究车辆噪声和振动的特点、分布规律和传播途径,在车辆设计和制造时融入减振降噪理念,使噪声和振动降至允许范围内,使我们生活和工作的环境更加安静和舒适,是我们的共同追求和目标。本书就是在此背景下完成的。

本书共分为 8 章。第一章介绍了国内外铁路客车、城市轨道车辆和汽车噪声与振动研究的现状;第二章论述了振动及噪声的物理量度和评价标准;第三章介绍了常用的噪声测试仪器,论述了实验室测试原理及方法;第四章分析了高速铁路客车噪声源特点及传播途径;第五章论述了声品质的主要研究内容;第六章介绍了吸声、隔声和声屏障降噪的基本原理;第七章分析了工程振动基本理论、测量方法,并论述了振动信号的处理与分析,介绍了有限元法进行结构振动分析的基本过程;第八章介绍了低噪声路面的类型、降噪原理和适用范围,本书第八章可作为振动与噪声课程的选学内容。

本书由大连交通大学噪声与振动控制团队集体编写。本团队对噪声与振动控制研究已有十五年的历史。对我国高速铁路客车、内燃机车、城市轨道车辆及汽车等的车内噪声传播途径及分布规律、减振降噪材料的吸声和隔声特性、声品质客观参量计算和主观评价方法等进行了长期、深入的研究,开展了大量的现场和实验室相关试验。书中许多案例是编者多年来进行的噪声与振动试验,其中部分研究内容和试验结果已在实际中得到应用并取得较好的降噪效果。

本书由大连交通大学刘岩主编。本书第一章由刘岩、钟志方编写,第二章由杨冰编写,第三章由黄彬编写,第四章由张晓娟编写,第五章由张常宾编写,第六章由张晓排编写,第七章由郭吉坦编写,第八章由赵晶编写。

本书的主要内容已在大连交通大学相关专业本科生、研究生中讲授过多届,

收到了较好的效果。在本书编写过程中,中国南车、北车集团等相关工厂提供了
试验场所和条件;历届车辆工程、载运工具运用工程等相关专业研究生参加了试
验,并为数据处理做了大量工作,在此谨致衷心的感谢。由于编者水平有限,书中
难免有不当之处,恳请读者指正为盼。

　　最后感谢铁路科技图书出版基金、牵引动力国家重点实验室开放课题资助项
目对本书出版的资助。

编者

2014 年 3 月

目　　录

第一章 绪 论

随着国家经济实力的增强,我国铁路事业得到了迅速发展。科学技术的进步促进了铁路高速化,使铁路客车制造业走上新的台阶。新技术、新工艺、新材料、新设备迅速应用于高速铁路客车制造中。例如:由于列车的空气阻力与其速度的二次方成正比关系,要减小列车空气阻力,需要改进列车车头形状,使其流线形;车体表面和连接处尽可能平滑可减小空气动力噪声;列车速度提高后,对客车的密封性能提出严格的要求,特别是当高速铁路客车通过隧道和列车"会车"时作用于车窗的压力很大,因此高速铁路客车需要良好的密封性;为了提高高速铁路客车的防腐蚀性能和降低能耗,延长车辆的使用寿命,高速铁路客车车体采用轻量化材料及先进的制造工艺等。目前高速铁路客车制造已走在其他制造业的前列。

我国铁路已经成为人们出行选择的主要交通工具之一。在交通运输领域中,铁路与其他交通工具相比具有以下优点:

1. 高效舒适

一列铁路客车可载运千名左右旅客。随着车速的提高和先进技术的应用,铁路目前已从解决乘客"乘车难"问题向乘车舒适型转化。高速铁路客车车内宽敞舒适,运行平稳,其运量和乘车舒适度是汽车、飞机、轮船等其他交通运输工具无法比拟的。

2. 安全可靠

由于高速铁路线路基本上是全封闭的,又有完善的运行控制系统和安全保障系统,因此,铁路发生的交通事故比其他交通工具要少得多。如日本高速铁路客车运行至今未发生过重大行车事故。

3. 快速便利

速度是高速铁路技术水平的重要标志。世界上许多国家的高速铁路客车最高运营时速已达到300km,目前正在研究继续提高列车的运行速度,给乘客出行以更大的便利。对于中等运程的旅客,乘坐高速铁路客车与乘坐飞机所花费的时间基本相当。而高速铁路正点率高并且能够全天候运营,所以深受旅客欢迎。随着列车速度的进一步提高,高速铁路的优越性将体现得更加明显。

4. 节约能源

在交通运输业,运送每位旅客所消耗的能源,飞机和汽车均比铁路要高得多,目前高速铁路客车采用电力牵引,这在当今节约能源时代具有非常重要的意义。

综上所述,高速铁路已得到社会的高度评价和广泛认可,并取得了巨大的经济效益和社会效益。

第一节 国内外铁路客车噪声与振动研究现状

一、国外高速铁路客车噪声与振动研究现状

(一)日本高速铁路噪声与振动研究现状

1. 日本高速铁路

1964 年 10 月日本建立了世界上第一条高速铁路——东海道新干线。高速铁路的建设,

带动了世界铁路的大发展,是铁路事业新的里程碑。东海道新干线开通时使用的 0 系电动车组,创造了当时 210 km/h 的运行速度世界纪录,仅用 3 h 10 min 就将东京和大阪连接起来。0 系电动车组车头形状的流线形,代表新干线高速铁路的独特设计。

1982 年开通的东北、上越新干线高速列车的 200 系电动车组,其最高运行速度达到 240 km/h,具备较强的耐寒、耐风雪能力。1992 年东海道新干线 300 系电动车组,为了达到稳定的高速性能,车体钢结构实现轻量化和低重心化,车体材料采用铝合金制造。其最高运营速度达到 270 km/h,将东京——新大阪间的运行时间缩短到 2.5 h,在世界上第一次做到了"朝发夕归"。

1997 年山阳新干线 500 系电动车组,为了减少列车运行空气阻力,在车头外形部分采用长鼻型设计,其尖端长度达 15m,运营速度达到 300 km/h。车体钢结构采用铝合金材质的焊接结构,钢结构侧墙、端墙、底架等大部分部件采用铝合金蜂窝结构。铝合金具有良好的塑性,挤压成型容易,可以根据车体的优化设计,挤压出各种复杂形状的断面,宽度可达 700～800 mm,长度可达 30 m。随着大型挤压型材的开发和研制,车体钢结构各个部件的制造已由骨架敷以外板的传统制造工艺,改变为骨架、外板一体化的大型挤压型材组装新工艺,大幅度地减少焊接工作量,从而控制和减少焊接变形,使车体钢结构制造工艺大为简化,降低制造工时,更好地保证装配质量。

1998 年由 JR 东海公司和 JR 西日本公司共同开发的东海道新干线 700 系电动车组投入运营。在车体钢结构上采用填充了吸声材料的空心挤压型材,降低了运行噪声,改善了车内环境,使乘客的乘车舒适度得到了很大提高,其制造技术代表了当时世界铁路最高水平。

到 2006 年初,日本先后建成了六条高速铁路新干线(东海道、山阳、东北、上越、北陆、九州岛新干线),全长超过 2 000 km,用铁路将日本各大城市紧紧联系在一起,带动了经济、文化、贸易等的发展。

为了进一步提高运行速度,日本铁路公司研发了新型列车。N700 系高速客车由日本 JR 东海公司和 JR 西日本公司共同开发,是在 700 系电动车组基础上,以 300 km/h 运行速度为目标的新一代高速铁路客车。为了降低由于高速运行在隧道内产生的微气压波,对车头形状进行了进一步改变;为了提高通过曲线的舒适度,安装了车体抗倾摆系统,提高了列车运行稳定性和曲线通过能力。

2. 噪声与振动研究现状

日本自建成世界上第一条高速铁路后,就一直致力于铁路噪声控制的研究。近 50 年来,在既有线和高速铁路客车的噪声治理方面始终处于世界领先水平。500 系、700 系、N700 系等新干线高速铁路客车在减振降噪研究方面取得了显著的效果。

在降低轮轨噪声方面,日本一直进行消声车轮、弹性车轮的研究,经过大量试验证明,其消声车轮可降低噪声 1～3 dB(A),弹性车轮可使铁路客车通过曲线时轮轨间摩擦产生的尖叫声明显降低。另外,采用轨道打磨技术减少了轨面凹凸不平和线路不平顺等问题,也起到了降低轮轨噪声的作用。

500 系高速铁路客车在车体结构设计方面,为了降低轮轨噪声和驱动装置噪声,加大了转向架附近地板的厚度以增加隔声量。在高速运行状态下,空气动力噪声比轮轨噪声有更大的影响和危害性。试验证明,轮轨噪声与速度的 2～3 次方成正比,而空气动力噪声与速度的 6 次方成正比。因此,为了减少空气阻力,500 系高速列车的车头形状改变了 300 系高速客车的楔状结构,采用长鼻型车头形状的流线形设计,对控制空气动力噪声起到了重要的作用。

700系高速铁路客车采用新型车头形状,底架采用大型、薄壁、宽幅、空心、形状复杂的挤压型材,使车体结构更加趋于轻量化、合理化,使车体钢结构部件数量进一步减少。使焊接变形得到有效控制,焊接质量进一步提高。在车体钢结构底架挤压型材空隙中填充吸声材料,切断噪声的传播途径,达到预期的设计目的。

2007年投入东海道,山阳新干线运营的N700系高速铁路客车在集电系统的噪声防护、车内噪声控制和人机工程、提高乘车舒适度、轻量化设计等方面进行了更加深入的研究。随着新干线高速铁路客车速度的提高,由隧道内微气压波引起的车体横向振动已成为铁路设计部门目前主要研究的问题之一,为了降低进入隧道内微气压波,N700系高速铁路客车的车头形状比700系高速铁路客车更加科学;考虑到两辆车的连接处易产生空气动力噪声,N700在车辆连接处采用全包风挡结构以保证车体圆滑过渡,从运行结果看,不仅降低了空气动力噪声,对转向架处的轮轨噪声也起到较好的屏蔽作用;转向架附近噪声还由于安装低噪声地板及驱动装置的低噪声化而明显衰减。为减少集电系统噪声,在以往成功经验基础上,对受电弓进行更加科学的设计,为降低高速气流对受电弓的冲击,实现侧壁的轻量化和面积的优化设计起到了重要的作用。

日本在对高速铁路客车本身进行减振降噪结构设计的同时,开发研制降噪声屏障并很快实施。1964年东海道新干线约60%的区段设置了降噪声屏障,1997年北陆新干线约90%的区段设置了降噪声屏障。声屏障的研究从声学理论、吸声材料与隔声材料的性能到其结构形式。应用领域从高速铁路扩展到机场、高架桥、城市路面交通等诸多方面。另外,日本在噪声实验室内和试验场地采用模型试验方法对声屏障进行了各种性能试验,使新设计的声屏障能够取得更好的降噪效果。声屏障的结构形式已从直立型发展到顶部改造型(如倒L型、Y型、干涉型、水车型、鹿角型等)。1997年北陆新干线,直立型声屏障占70%左右,顶部改造型占20%左右,顶部改造型相对于直立型声屏障可降低噪声6～10 dB(A)。在顶部改造型中,鹿角型比Y型和倒L型等有较明显的降噪效果,可比Y型大约降噪3 dB(A)左右。目前,高速铁路、高架桥和高速公路两侧设置的降噪声屏障到处可见。日本已成为降噪声屏障应用最多和降噪效果最明显的国家之一。

(二)德国高速铁路噪声与振动研究现状

1. 德国高速铁路

德国1962年研制出高速铁路客车,最高运营速度为160 km/h。1974年研制出具有代表性的TE403型电动车组,1977年最高运行速度提高到200 km/h。1985年制造出ICE型高速铁路客车,1988年其试验速度达406.9 km/h。德国第一批高速铁路客车于1991年投入运营,最高运营速度为280 km/h,其中科隆—法兰克福最高运营速度达到300 km/h,实现了铁路的高速化,至此德国高速铁路走在了世界的前列。

2. 噪声与振动研究现状

德国从20世纪70年代开始对铁路噪声进行了大量的研究,取得了许多成果。例如,在铁路建设初期,利用噪声预测分析软件研究噪声的特性和分布规律,根据其预测结果采取有效方法进行噪声控制;在修建高速铁路时采用无砟轨道,在轨道下面采用弹性垫板,切断轨道振动向转向架和车体方向的传播;开发新型受电弓,以减少空气动力噪声的影响;开发和设计减振降噪车轮;采用轨道打磨机对轨道表面进行打磨,以减小轨道表面的凹凸不平,使轮轨接触面有良好的配合;在铁路两侧设置降噪声屏障,降低轮轨噪声对周围环境的影响。这些措施在应用中均取得了较好的效果。

（三）法国高速铁路噪声与振动研究现状

1. 法国高速铁路

法国铁路采用了许多新技术、新工艺、新材料和新设备,先后研制了多种类型的高速铁路列车。20 世纪 70 年代中期,为了克服世界范围内石油危机的影响,法国加速研制高速电动车组。1983 年第一条高速铁路线路上,TGV 高速列车正式投入运营,最高运行速度为 270 km/h,标志着法国铁路制造业进入了高速运营时代。

法国是铁路列车试验速度最高的国家。1983 年 9 月巴黎东南新干线使用的 TGV-PSE 列车试验速度达 380 km/h,1989 年试验速度达 482 km/h,1990 年 5 月 TGV-A 列车试验速度达到 515.3 km/h,创造了轮轨黏着式交通运输工具运行速度的世界最高纪录。

2. 噪声与振动研究现状

法国对铁路噪声的研究一直是铁路相关部门主要工作之一。根据研究证明,当列车高速运行时,空气动力噪声随速度的提高而大幅度增加,对铁路和环境的影响要高于轮轨噪声。因此法国高速铁路噪声研究工作主要集中在如何降低空气动力噪声方面,如列车头部的流线形设计、车体表面的平滑状态等降低噪声的措施。其主要方法是通过试验和仿真分析列车头部不同流线形和车体表面不同平滑状态对空气动力噪声的影响,通过对大量实验结果进行评价和分析,以便确定列车头部和车体的最佳结构形状。目前法国在空气动力噪声研究方面处于世界领先水平。

二、国内高速铁路噪声与振动研究现状

我国高速铁路的发展和建设成为国民经济建设新的增长点,这一点已成为人们的共识。由于我国铁路由"乘车难"向乘车舒适度转化相对滞后,对铁路噪声和振动的研究还有很大的局限性。目前我国在铁路噪声与振动方面的研究主要集中在以下几方面。

（一）铁路桥梁噪声控制研究

由于铁路桥梁主要采用钢制桥梁,而钢制桥梁噪声的辐射作用造成的危害远远高于地面噪声,因此我国铁路桥梁设计人员一直在进行桥梁噪声与振动的控制技术研究。根据国外的先进经验,在铁路桥梁噪声控制研究方面主要基于统计能量分析的基本原理,通过对铁路桥梁噪声辐射的分析,将统计能量分析方法应用于铁路桥梁噪声预测之中,根据预测结果进行铁路桥梁的减振降噪设计,收到了较好的效果。

（二）轮轨噪声降低研究

经过研究和试验证明,当铁路客车在 200 km/h 以下运行时,轮轨噪声是噪声的主要来源。轮轨噪声主要包括:列车通过轨道接缝处、道岔处等的冲击噪声;列车运行时,特别是钢轨表面和车轮踏面出现凹凸不平时产生的滚动噪声和列车通过曲线时的尖叫噪声等。以上情况造成车轮和钢轨的振动,振动转变为声波的形式辐射出去。为了减少轮轨噪声,目前主要开展以下研究。

1. 弹性车轮

弹性车轮以隔离和缓解车轮的振动,使其振动转化为热能而达到吸收和衰减的目的。现在采用的弹性材料多以橡胶材料为主。但是由于橡胶材料的耐久性、抗老化性等问题,在高速

铁路客客车上使用还有许多技术需要进一步完善,目前主要在地铁等城市轨道车辆上使用。

　　2. 长钢轨和重型钢轨

　　采用长钢轨可减少钢轨的接头数量,最大程度上减少列车通过轨道接缝处等的冲击噪声和振动影响。采用重型钢轨可增加轨道综合抗弯刚度,达到阻碍和隔离轨道结构噪声和振动的目的。

　　(三)高速铁路客车声品质研究

　　声品质评价是近年兴起的用于评定交通工具乘坐舒适度的新方法。声品质的本质是决定于人耳对声音感知的主观判断结果。除了目前常规采用的测试方法以外,声品质的研究更强调心理声学及非声学因素的影响。随着科学技术的进步和环境保护意识的增强,相对于单纯地追求噪声声级的降低,人们更关注的是提高和改善环境的声品质,以满足人们舒适度的主观需要。噪声的研究工作已由声级声学向声品质发展,科学研究由客观参量向主观参量发展和深入。

　　目前我国在铁路客车噪声评价标准中仅针对 A 计权声压级提出要求。因此在铁路客车降噪设计时也仅仅以达到 A 计权声压级要求为目的。但是由于实际中,在低频范围内 A 计权声压级被衰减,以至于低估了铁路客车低频范围内的噪声,其结果造成即使铁路客车噪声达到 A 计权声压级标准要求,也和噪声实际情况,特别是其传声机理和声场分布规律不相符,给铁路客车的减振降噪设计带来偏差,从而无法满足人们对舒适度的主观需求。由于对噪声的主观评价目前尚不能用仪器直接测量,这就导致无法使用现有的测试仪器及相关方法来关注和测量人的感官对声音的感受。但是对主观感受的声音品质用客观的、可测量的物理参数来描述是可行的。当前较为成熟的客观参量主要有:响度、尖锐度、粗糙度和抖动度,这些客观参量能较好地描述人耳听觉对声音的反映。

　　近年来,随着科学技术的进步,声品质研究在汽车领域取得了较大进展,其成功经验给铁路客车车内噪声研究提供了途径和思路。从声品质客观参量测试到主观评价结果分析,均通过声品质主客观相关性研究,以确定铁路客车车内噪声的真实分布和规律,为减振降噪设计提供依据。

　　(四)铁路声屏障降噪技术研究

　　声屏障是采用吸声材料和隔声材料制造出的特殊结构,设置在噪声源与接受点之间,阻止噪声直接传播到接受点的降噪设备。声屏障安装方便,是控制交通噪声污染的重要措施之一。

　　目前控制铁路交通噪声的主要方法是在铁路两侧安装声屏障。但是声屏障往往是安装后再测试其降噪效果,即使达不到降噪要求也难以解决和改善,造成人力、物力、财力的很大浪费。根据国外的先进经验,首先对声屏障原型降噪效果进行测试与分析;根据相似理论与模型试验的相关知识,在噪声试验室内建造声屏障缩尺模型,通过多次试验,对比声屏障原型和缩尺模型的插入损失,进行降噪声屏障原型与缩尺模型相关性研究,为声屏障的降噪设计和实际应用提供依据。

　　(五)相似理论与模型实验相关性研究

　　由于噪声实验室的空间限制,不可能进行声屏障的原型试验,根据国外的先进经验,主要采用缩尺模型的方法开展研究。根据相似理论与模型实验的相关知识,在噪声实验室内用缩小的声屏障模型模拟实际声屏障,在实验室内对声屏障模型进行声学测试,研究降噪声屏障的声学特性,并与实际声屏障的测试结果进行对比分析,开展相关性研究。

通过模型实验,在需要掌握和了解的领域预测实际系统和设备的性能,根据测试结果和分析,建立模型和原型间的相互关系。理论通过实践进行检验和证实,进而指导实践。因此模型试验是有效的实践方法之一。模型试验研究作为一种研究手段,具有以下明显特点:

(1)在相对复杂的试验中突出主要矛盾,使解决问题的思路更加清晰;

(2)模型试验一般情况下,相对于原型尺寸小,节省人力、物力和财力;

(3)模型试验对实物的设计和制造具有较高的应用价值。

模型实验主要是在实验室内用缩小的模型来进行现象的研究。国外在噪声控制方面之所以取得成果,很大程度是在实验室内进行基础试验研究,特别是运用相似理论和缩尺模型试验,在噪声控制领域进行深入的研究,最终达到最佳降噪效果和实现优化设计。

关于相似理论,澳大利亚的 R. W. Muncey 于 1950 年提出了声学缩尺模型的模拟条件:尺度缩小 n 倍的模型应与原型有完全相同的边界形状,且模型表面在频率 nf 上的声阻抗应与原型相应部位在频率 f 上的声阻抗相等。缩尺模型试验所依据的相似性法则,一般是根据被测量的原型按一定比例缩小或放大做成模型,模型中的频率是原型试验中噪声源频率的相应倍数。

三、实验案例分析

声屏障缩尺模型降噪试验在噪声实验室的半消声室内进行。声屏障缩尺模型与声屏障原型具有相似的几何边界条件。根据半消声室的实际情况,缩尺模型与原型的比例确定为 1 : 3,即相似比 $n = 3$,模型的结构尺寸按原型比例缩小。为了更加全面地掌握声屏障原型与其缩尺模型的相关性,两声屏障缩尺模型(缩尺模型 1、缩尺模型 2)采用同一结构,结构内安装两种不同吸声材料进行降噪试验。缩尺模型 1 实验材料为穿孔镀锌板内填充超细玻璃棉,缩尺模型 2 实验材料为穿孔镀锌板内填充聚酯纤维吸音棉,图 1-1 为声屏障缩尺模型测试布点图。为了确定其声屏障缩尺模型的插入损失,在半消声室移出缩尺模型后进行无声屏障试验,无声屏障试验布点如图 1-2 所示。声屏障缩尺模型各测点的位置如表 1-1 所示,其中,MIC01-1 ～ MIC06-1 为声屏障缩尺模型 1 各测点的编号,MIC01-2 ～ MIC06-2 为声屏障缩尺模型 2 各测点的编号。

在声屏障原型测试中,采用的声源为列车行驶产生的噪声,将列车看作一个在半自由空间中辐射的线声源。缩尺模型试验采用声屏障原型试验中列车经过时录制的噪声信号,经噪声与振动测试系统的数字式回放系统并经功率放大器放大至所需音箱回放,将噪声频率相应提高 3 倍作为缩尺模型试验的噪声源信号。

图 1-1　声屏障缩尺模型测试布点图

图 1-2 半消声室内空室无声屏障测试布点图

表 1-1 声屏障缩尺模型试验各测点的位置

测点名称	MIC01-1 MIC01-2	MIC02-1 MIC02-2	MIC03-1 MIC03-2	MIC04-1 MIC04-2	MIC05-1 MIC05-2	MIC06-1 MIC06-2
距地面高度(m)	0.33	0.66	0.33	0.66	0.33	0.66
距声屏障远(m)	1	1	2	2	3	3

　　为了满足相似理论和模型试验的要求,根据声屏障原型测试和半消声室内缩尺模型测试结果,进行其相关性分析。图 1-3 ～ 图 1-8 为声屏障原型与其缩尺模型对应测试点的相互关系。图中曲线为声屏障原型在测点 MIC01 ～ MIC06 测试位置的插入损失曲线。"■"散点曲线表示缩尺模型 1 在对应测点的插入损失曲线。"△"散点曲线表示缩尺模型 2 在对应测点的插入损失曲线。

　　从图 1-3～图 1-4 中可以看出,各测点在声屏障缩尺模型试验与声屏障原型试验中的插入

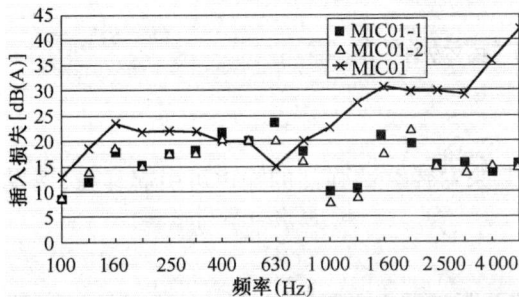

图 1-3 测点 MIC01 的插入损失对比图

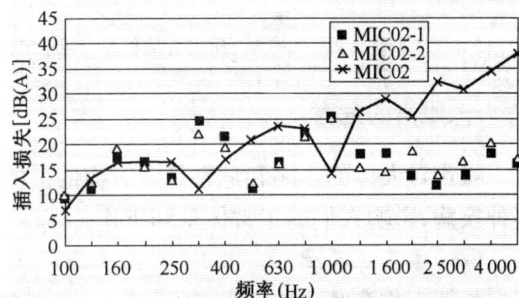

图 1-4 测点 MIC02 的插入损失对比图

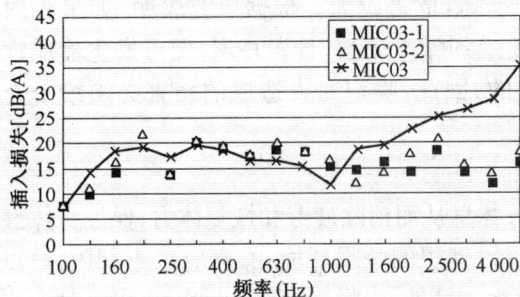

图 1-5 测点 MIC03 的插入损失对比图

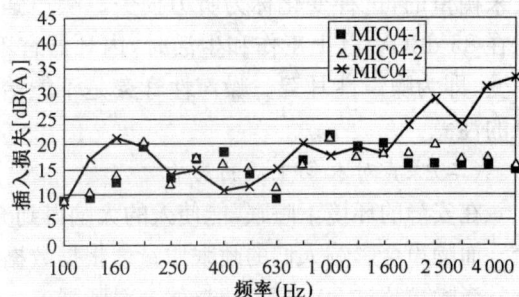

图 1-6 测点 MIC04 的插入损失对比图

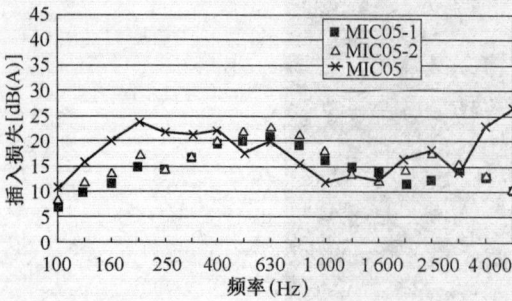

图1-7　测点 MIC05 的插入损失对比图　　　　　图1-8　测点 MIC06 的插入损失对比图

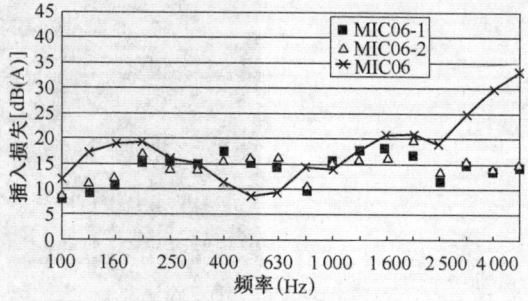

损失曲线图有较大的发散,即距缩尺模型声屏障 1 m、距声屏障原型 3 m 范围内,缩尺模型声屏障和声屏障原型的插入损失曲线没有很好的相关性,在这个范围内研究声屏障原型与缩尺模型声屏障的相关性意义较小。

从图 1-5～图 1-8 中各测点在声屏障缩尺模型试验与声屏障原型试验中的插入损失曲线图可以看出,在 100～1 600 Hz 范围内,缩尺模型声屏障与原型声屏障的插入损失曲线接近,有较好的相关性,误差在 2 ～ 5 dB(A);而大于 1 600 Hz,缩尺模型声屏障和声屏障原型的插入损失曲线有较大的发散,相关性较差。缩尺模型声屏障结构内安装的吸声材料的改变,对插入损失没有太大影响,仅在 1 ～ 2 dB(A)范围内变化。

根据统计,城市道路交通噪声频率主要集中在 100 ～ 1 000 Hz 范围内,因此,对缩尺模型声屏障的插入损失在 100 ～ 1 600 Hz 范围内进行 2 ～ 5 dB(A)的修正,将得到与声屏障原型较为接近的曲线。可以采用修正后的缩尺模型曲线模拟实际降噪声屏障的插入损失。

第二节　噪声与振动的危害

一、噪声的危害

噪声对人体的影响和危害是多方面的。概括起来,持续的、强烈的噪声可引起耳聋、诱发多种疾病,影响人们的正常休息和工作。

(一)噪声性耳聋

长期工作和生活在高噪声环境下,由于持续不断地受到噪声的刺激,人耳容易发生器质性病变,导致听力下降。噪声对听觉的影响,是以人耳暴露在噪声环境前后的听觉灵敏度来衡量的,这种变化称为听力损失。噪声强度越高,危害越大。根据研究表明,如果长时间在 85 dB(A)以上工作和生活时,内耳器官不断受到噪声刺激,日积月累,便可发生器质性病变,即为噪声性耳聋。噪声性耳聋是不能治愈的,因此,噪声对人造成的伤害必须给予充分的注意。

(二)噪声对人们生活的影响

在安静的环境下睡眠,能使人的大脑得到充分休息从而消除疲劳和恢复体力,保证身体健康。而噪声会影响人们的睡眠质量。根据数据统计,理想的睡眠环境,噪声应在 40 dB(A)以下。当噪声超过 50 dB(A)时,就会对睡眠产生影响。另外,当噪声高于 60 dB(A)时,对人们工作效率产生影响,因此,办公场所的噪声一般应控制在 60 dB(A)以下。

（三）噪声对人体健康的影响

噪声对人体的影响是多方面的：作用于人的神经系统，可引起头痛、脑胀、耳鸣、失眠、记忆力减退；作用于心血管系统，易使交感神经紧张，从而使心跳加快，心律不齐、血压升高等；作用于消化系统，易使肠胃功能紊乱。因此，噪声对人体健康的影响必须引起足够的重视。

二、振动的危害

声波起源于物体的振动，振动激发噪声。物体的振动除了向周围空间辐射、在空气中传播声波（简称"空气声"）外，还通过与其相连的固体结构传播声波（简称"固体声"）。固体声在传播的过程中又会向周围空气辐射噪声，特别是当引起物体共振时，会辐射很强的噪声。

（一）振动对人们健康的影响

大量试验表明，人对频率为 2～12 Hz 的振动感觉较敏感。频率高于 12 Hz 或低于 2 Hz 时敏感性会逐渐减弱。人体反应较强烈的振动频率是与人体某些器官固有频率相吻合的频率，如：人体在 6 Hz 左右，内脏器官在 8 Hz 左右，头部在 25 Hz 左右。振动对人体的影响分为全身振动和局部振动。全身振动是指人直接位于振动体上时所受的振动，局部振动是指人手持振动物体时引起人体的局部振动。振动会产生噪声干扰人的生活、学习和健康，特别是低频振动，将使人的机体受到损害，必须给予充分的注意。

（二）振动对设备、建筑物的影响

振动对设备、建筑物的影响是严重的，如振动会使机床的加工精度下降，即使轻微的振动也会影响精密仪器的正常工作，造成生产质量难以保证。如振动过大，还会造成机器设备的损害。当振动施于建筑物时，过高的振动强度将对建筑物造成损坏。因此，在设备的安装和建筑物的设计时，必须充分考虑振动的危害。

第三节 城市轨道交通噪声与振动研究现状

一、城市轨道交通系统的基本特性

城市轨道交通系统主要包括地铁、轻轨、单轨等交通运输系统。

地铁车辆由于运行速度高、列车编组辆数多、无平面交叉等优点具有较高的运输能力；由于主要在地下专用行车道上运行，不和其他交通运输工具相干涉，可按照运行时刻表行车，保证列车运行安全、准时；能够充分利用地下空间，缓解路面道路的拥挤现状。

但是由于地铁系统主要建设在地下，在施工过程中，涉及隧道和线路施工、通风照明、通信信号、供电等一系列问题。地铁系统的绝大部分线路、设备均在地下，而城市地下由于有各种管线存在将会增加施工难度。另外，为了保证乘客安全，还要考虑防火救灾，避难设施等，在这些方面均需投入大量资金。因此，地铁系统每公里建设费用较高。而且由于其施工技术复杂，需要较长的建设周期，在建设周期内对地上周围交通带来较大影响。

轻轨车辆的运量小于地铁，高于常规公共电、汽车，属于中运量轨道交通系统。轻轨交通系统虽然主要在地面运行，但是具有专用行车道，为半封闭运行模式。其建设费高于路面汽、电车，但是低于地铁系统，而且建设周期相对较短。因此，在城市交通规划中，轻轨交通系统适用于中等城市的支线交通和小城市的干线交通。

单轨交通系统由于速度快，具有较高的吸引力。单轨交通系统分为跨坐式和悬挂式两种。

前者跨坐在轨道梁上,车体重心在轨道梁的上方;后者悬挂在走行装置下方,车体重心在轨道梁的下方。轨道梁为混凝土结构,车轮为橡胶轮胎。单轨交通系统主要在高架轨道运行,不和地面交通相干涉,因此能够做到准时、正点。从运输能力上分析,当线路客流量超过公共汽、电车的运输能力,而又达不到修建地铁标准时,可考虑采用单轨交通系统。

城市轨道交通系统与城市常规公共汽车、小汽车相比较,有着明显的优点,主要体现在以下几方面。

（一）运输能力

城市轨道交通系统与常规公共汽、电车不同,可以编组运行,一般采用4～8辆编组运行。因此具有较强的运输能力,能够满足城市高峰期客流量的需要。

（二）运营速度和安全性

城市轨道交通系统一般情况下具有专用行车道,为全封闭或半封闭运行模式。有利于提高运行速度和实行自动控制。可以按照运行时刻表运行,做到快速、准时,安全性较高。

（三）舒适性和运营费用

随着科学技术的进步和新材料、新工艺、新设备的应用,城市轨道交通系统采取减少冲击振动,降低噪声等新技术,提高了运行平稳性和乘客乘车舒适性。从运营角度来看,因为城市轨道交通系统可实现编组运行,节省运营所需各种费用。由于车辆制造水平较高,城市轨道车辆使用寿命较长。

从以上特性分析中可以看出,城市轨道交通系统具有快速、准时、安全、舒适、污染低等特点。从经济效益和社会效益综合考虑,修建城市轨道交通系统是解决城市交通问题的主要方法之一。

二、城市轨道车辆噪声与振动研究现状

随着我国经济的快速增长,城市人口急剧增加,造成城市道路交通问题日益尖锐。城市轨道车辆的发展,使城市道路交通得以缓解,但是交通噪声污染十分严重,噪声给道路两侧居民的生活增添了很大的烦恼。随着城市规模的不断扩大和城市交通的日渐繁忙,城市道路交通噪声问题会逐渐加剧成为制约城市人居环境质量提高的重要因素。因此,减少城市道路交通噪声,改善沿线的声环境,提高人们的生活质量势在必行。

随着国家对环境保护工作的重视,目前对城市噪声区域的划分已有明确的规定和标准,各城市都在深入地进行环境治理。人民群众对工作、生活和居住的环境越来越关注,渴望有一个舒适、安静的工作和生活环境,噪声扰民已成为民众投诉较多和迫切需要解决的主要问题之一。将噪声降低到允许的范围内,是我们的共同希望和要求。同时,城市环境指标也是朝着国际化、现代化城市目标迈进的重要因素。

城市轨道车辆噪声与振动主要表现形式如下。

（一）轮轨噪声

轮轨噪声主要由车辆运行时产生的滚动噪声、通过轨道接头处冲击产生的冲击噪声及通过曲线产生的摩擦噪声组成。其他如线路不平及车辆踏面磨损、剥离等缺陷也都会引起轮轨噪声。轮轨噪声作为车辆主要噪声源,对车内环境影响较大。

（二）机械噪声

机械噪声主要包括牵引动力系统噪声和齿轮传动噪声。

牵引动力系统噪声主要由电机冷却风扇噪声、通风机组噪声等组成。齿轮传动噪声是运行过程中，轮齿交替啮合，在齿与齿间产生冲击和摩擦，使齿轮和齿轮箱产生振动而激发噪声。在机械噪声中，电机冷却风扇产生的噪声，随着城市轨道车辆运行速度的提高而增长，并且占有较大的比例。

（三）高架轨道噪声

城市轨道车辆区别于铁路运输，高架轨道运行是重要因素之一。由于高架桥上轮轨相互作用所产生的振动经轨道传递给支承结构，支承结构向外辐射的噪声大于地面噪声，对高架桥两侧的住宅、学校、医院等严格控制噪声领域带来严重影响，特别是钢制桥梁噪声的辐射更为突出。

为了降低城市轨道车辆的振动与噪声，目前主要采取以下措施：

通过改变车轮结构、采用弹性车轮、防音车轮等将振动转化为热能而降低噪声；采用空气弹簧和各种橡胶减振元件以减少轮轨间作用力；对车轮和钢轨表面定期打磨，以保持其平滑完好状态；采用长钢轨以减少其冲击等方法降低轮轨噪声。

通过改进齿轮设计参数、提高加工精度和装配精度；将通风机组安装在减振器上，以及在条件允许的情况下为通风机组安装隔声罩或消声器；对各种管道采用软连接等方法降低机械噪声。

提高车辆的密封性能，如在城市轨道车辆车体钢结构的车顶、侧墙、端墙及地板等主要部件上，安装吸声和隔声材料，在车体钢结构表面喷涂阻尼浆等方法切断噪声的传播途径；在高架线路上尽量不采用钢制桥梁以减少车辆运行时高架桥向外辐射噪声；根据实际需要在高架桥的沿线两侧安装降噪声屏障等降低高架轨道噪声。

第四节　本门课程主要内容

本门课程主要包括以下内容。

第一章绪论。分析国内外铁路客车噪声与振动研究现状，重点解析日本、德国、法国等国家在噪声和振动控制方面的经验和先进技术，论述噪声与振动的危害，介绍城市轨道车辆和汽车噪声与振动研究现状。

第二章声学基础知识。论述振动和声波的产生，介绍振动与噪声的物理量度和声学波动方程，分析声波的衰减等相关内容，对噪声与振动评价标准进行了说明。

第三章车辆噪声与振动检测技术。介绍常用的噪声测试仪器，如声级计、频谱分析仪、噪声测量分析系统等，论述混响室、隔声室、消声室、驻波管测试原理及方法。

第四章高速铁路客车噪声源及其传播途径。介绍高速铁路客车主要噪声源（车辆下部噪声、车辆上部空气动力噪声、构造物噪声和集电系噪声）及其控制措施，并对其噪声传播途径和车内噪声分布规律进行解析。

第五章高速铁路客车声品质。论述声品质的研究内容和国内外研究现状，介绍声品质客观参量（响度、尖锐度、粗糙度和抖动度）和声品质主观评价方法（简单排序法、等级评分法、成对比较法、语义细分法）。

第六章噪声控制技术。介绍隔声、吸声和声屏障降噪原理，具体讨论了隔声结构的传声损失及影响传声损失的主要因素；室内声场及其吸声降噪常用吸声材料和结构的降噪原理；室内外声屏障衍射声降噪量。

第七章工程振动。介绍振动的基本特性及其在时域范围与频域范围分析的有关函数,工程振动测量系统及不同参量测试方法,测量结构动应力的桥路,振动信号的采样、窗函数、频谱等处理与分析技术,采用有限元法分析结构模态、谐响应、瞬态响应等问题的基本步骤及示例。

第八章城市道路低噪声路面技术。阐述低噪声路面的类型和降噪原理,分析低噪声沥青混凝土路面的吸声机理和轮胎噪声形成机理,以及低噪声沥青路面的材料特性。

全书最大特点是在理论阐述的基础上,结合大量实际案例进行论证和分析。书中许多案例为编者多年来开展的噪声与振动试验所得,其中部分研究内容和试验结果已在实际中得到应用并取得较好的降噪效果。因此本教材具有较高的现实性和实用价值,可为减振降噪设计提供依据。

复习思考题

1. 铁路与其他交通工具相比具有哪些优点?
2. 目前铁路噪声研究主要集中在哪些方面?
3. 分析模型试验的特点。
4. 噪声与振动的危害有哪些?
5. 分析城市轨道车辆噪声与振动的主要表现形式。

第二章 声学基础知识

第一节 振动和声波的产生

一、振 动

物体在其平衡位置附近的往复运动称之为振动。在自然界里,振动现象是无处不在的。各种设备的振动,车辆在不平路面运行时产生的振动,减速器等传动部件在工作时产生的振动等。所谓质点的振动系统,就是假定构成振动系统的物体如质量块、弹簧等,不论其几何形状如何,都可以看成是一个物理性质集中的系统。实际物体总是有一定的几何尺寸,但是如果该物体振动形变的传播所需的时间,与物体振动周期相比短的多,或者物体的线度与物体中振动传播波长小得多,该振动系统可以作为质点振动系统来描述。

（一）质点自由振动

图 2-1 是质点自由振动示意图,当质点 M_m 被拉离平衡位置时,受到弹簧的弹力 F_K 的作用。

$$F_K = -K_m \xi \tag{2-1}$$

式中　K_m——弹性系数。

设质点离开平衡位置的 ξ 很小,弹簧变化在弹性范围内,弹力与弹性位移遵循胡克定律。负号代表位移与力的方向相反。根据牛顿运动定律,其运动方程:

$$M_m \frac{d^2\xi}{dt^2} = -K_m \xi \tag{2-2}$$

其中　$\omega_0^2 = K_m/M_m$ 为角频率。当质点做自由振动时,其振动频率与系统的固有参量 K_m 和 M_m 有关,而与振动的初始条件无关,因此这一频率 ω_0 又称为系统的固有频率。

图 2-1 质点自由振动

求解方程(2-2)可获得质点自由振动的位移

$$\xi = A\cos\omega_0 t + B\sin\omega_0 t = \xi_a\cos(\omega_0 t - \varphi_0) \tag{2-3}$$

式中　A、B、ξ_a、φ_0——根据初始条件确定的常数。

$\xi_a = \sqrt{A^2 + B^2}$　为 ξ 的振幅,　$\varphi_0 = \arctan\dfrac{B}{A}$　为初相位。

由位移可求得振动速度:

$$v = \frac{d\xi}{dt} = v_a\sin(\omega_0 t - \varphi_0 + \pi) \tag{2-4}$$

（二）质点衰减振动

图 2-2 是质点衰减振动示意图。实际系统在振动时通常会受到阻尼力的作用而做衰减振动。阻尼力与速度呈线性关系,阻尼力的大小可由式(2-5)得到。

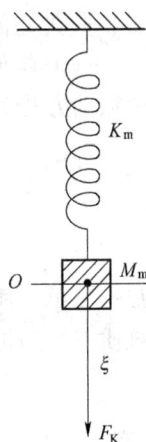

$$F_{\mathrm{R}} = -R_{\mathrm{m}} \frac{\mathrm{d}\xi}{\mathrm{d}t} \qquad (2\text{-}5)$$

因此衰减振动方程为：

$$M_{\mathrm{m}} \frac{\mathrm{d}^2\xi}{\mathrm{d}x^2} + R_{\mathrm{m}} \frac{\mathrm{d}\xi}{\mathrm{d}t} + K_{\mathrm{m}}\xi = 0 \qquad (2\text{-}6)$$

或

$$\frac{\mathrm{d}^2\xi}{\mathrm{d}x^2} + 2\delta \frac{\mathrm{d}\xi}{\mathrm{d}t} + \omega_0^2\xi = 0 \qquad (2\text{-}7)$$

式中　　$\delta = R_{\mathrm{m}}/2M_{\mathrm{m}}$ ——衰减系数。

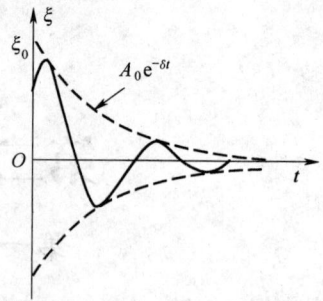

图 2-2　质点衰减振动

求解方程（2-7）可得到质点衰减振动的位移：

$$\xi = A(t)\cos(\omega_0't - \varphi_0) \qquad (2\text{-}8)$$

式中　ω_0'——系统图有频率，$\omega_0' = \sqrt{\omega_0^2 - \delta^2}$ 。

φ_0 是由初始条件确定实常数。质点的衰减振动由于存在阻尼，因而位移振幅随时间按指数规律减小。

（三）质点受迫振动

设有一外力 F_{F} 作用于质点 M_{m} 上，F_{F} 表示为

$$F_{\mathrm{F}} = F_{\mathrm{a}}\cos\omega t \qquad (2\text{-}9)$$

式中　ω——外力的角频率；

　　　F_{a}——其幅值。

受迫振动方程为：

$$M_{\mathrm{m}} \frac{\mathrm{d}^2\xi}{\mathrm{d}t^2} + R_{\mathrm{m}} \frac{\mathrm{d}\xi}{\mathrm{d}t} + K_{\mathrm{m}}\xi = F_{\mathrm{a}}\cos\omega t \qquad (2\text{-}10)$$

或

$$\frac{\mathrm{d}^2\xi}{\mathrm{d}t^2} + 2\delta \frac{\mathrm{d}\xi}{\mathrm{d}t} + \omega_0^2\xi = H\mathrm{e}^{\mathrm{j}\omega t} \qquad (2\text{-}11)$$

式中　H——单位质量外力幅值，$H = F_{\mathrm{a}}/M_{\mathrm{m}}$。

系统质点受迫振动的位移：

$$\xi = \xi_0 \mathrm{e}^{-\delta t}\cos(\omega_0't - \varphi_0) + \xi_{\mathrm{F}}\mathrm{e}^{\mathrm{j}\omega t} \qquad (2\text{-}12)$$

二、声　　波

（一）声波的产生

各种各样的声音都起始于物体的振动，而振动在弹性介质中的传播形式就是声波，通常把振动发声的物体称为声源。从物体的形态来分，声源可分成固体声源、液体声源和气体声源等。例如，锣鼓的敲击声、大海的波涛声和汽车的排气声都是常见的声源，如果你用手指轻轻触及被敲击的鼓面，就能感觉到鼓面的振动。在许多情况下，声音是由机械振动产生的，如齿轮变速箱、机器运转发出的声音等。内燃机的排气噪声，风机的进、排气噪声等则是高速气流与周围静止空气相互作用引起空气振动的结果，这种声源是气体声源。

当声源振动时，其邻近的空气分子受到交替的压缩和扩张，形成疏密相间的状态，空气分子时疏时密，依次向外传播，如图 2-3 所示。当某一部分空气变密时，这部分空气的压强 p 变得比静态大气压强 p_0 大；当某一部分的空气变疏时，这部分空气的压强 p 变得比静态大气压强 p_0 小。即在声波传播过程中会使空间各处的空气压强产生起伏变化。通常用 p 来表示压强的起伏变化量，即与静态压强的差 $p = (p - p_0)$，称为声压，单位是帕（斯卡），Pa。

密　　　疏

声源　　　　　　　　　　　　　　　　　　　　　　　耳

波长

声压

正　　　　　　　　　　　　　　　　　　　　　　　振幅

负

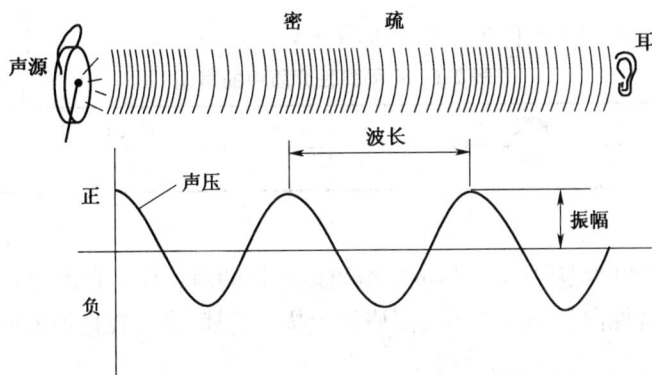

图 2-3　声波的传播过程

(二)描述声波的基本物理量

1. 频率

声音是由振动产生的。声音频率,就是声源在每秒内振动的次数。频率的单位是赫兹(Hz)。大自然及人类可能制造出的声音,从 1Hz,到几十万 Hz,范围跨度极大,但并不是所有的声波振动都是人耳能听到的。

人耳的可听音域范围,从 20～20 000 Hz。20 Hz 以下的声波,称为"次声波",能量很强烈时,身体可以感觉到(比如地震的时候),但耳朵是听不到的。能量极强的次声波甚至可以杀人。高于 20 000 Hz 的声波称为"超声波",人耳也听不到,但很多动物可以听到。

2. 周期

质点振动往复一次所需要的最短时间称为周期,即声波传过一个波长的时间,记为 T,单位为秒(s)。

3. 波长

声波在一个周期中传播的距离,即同一波线上两个相邻的周期差为 2π 的质点之间的距离,亦即一个完整波的长度,称为波长。波长用 λ 表示,单位是米(m)。

4. 声速

声振动在弹性介质中的传播速度,称为声速,记为 c,单位是米/秒(m/s)。空气中的声速为:

$$c = 331.45 + 0.61t \tag{2-13}$$

式中　t——空气的摄氏温度,℃。

可见,声速 c 随温度会有一些变化,但是一般情况下,变化不大,实际计算时常取 c 为340 m/s。

在物理量周期、速度及波长之间存在如下关系:

$$c = \lambda f \tag{2-14}$$

$$c = \frac{\lambda}{T} \tag{2-15}$$

$$f = \frac{1}{T} \tag{2-16}$$

在不同的弹性介质中,声波传播的速度是不同的,声波在不同弹性介质中的速度如表 2-1 所示。

5. 声场及分类

媒质中有声波存在的区域称为声场。声场分类：

表 2-1　不同弹性介质中的声速

介质	空气	氧气	水	木材	混凝土	钢	玻璃
声速(m/s)	340	317	1 500	3 300	3 100	5 100	5 000

（1）自由声场

在均匀、各向同性的媒质中，边界的影响可以不计的声场称为自由声场。在自由声场中，声波按声源的辐射特性向各个方向不受阻碍和干扰地传播，声波在任何方向传播都没有反射，理论上说是没有边界的。

理想的自由声场很难获得，人们只能获得满足一定测量误差要求的近似自由声场。如室外开阔的旷野，当气象条件适宜时，便可以认为是自由声场。但实际上风、云、空气密度变化等都会影响声波的传播。消声室也是自由声场。

（2）扩散声场

扩散声场是与自由声场完全相反的声场，指能量密度均匀，在各个传播方向作无规分布的声场。声波在扩散声场里接近全反射。在这种情况下，空间内各点的声能密度相等；来自各个方向到达某点的声强近似相等；来自各个方向到达某点声波的相位无规。需要指出，这里所说的声能密度均匀不等于声压级均匀。声能包括功能和势能，声压只代表势能。扩散声场中的声压不一定均匀，相反声压均匀的声场也不一定就是扩散声场。

理想的扩散声场也难以获得。混响室是扩散声场。

（3）封闭空间中的声场

声源在被声阻抗率不同的界面所包围的空间中辐射的声场，称封闭空间中的声场。例如机器在车间或实验室中发出噪声，当门、窗或其他开口的面积远小于整个边界的面积，则室内的声场就可以近似地看作是封闭空间中的声场。声源在封闭空间中辐射声波时，传播到各界面上的声波，一部分被界面吸收，一部分被反射。在一般房间中，要经过多次反射后，声波的强度才减弱到可以被忽略的程度。声源在封闭空间中连续稳定地辐射声波时，空间各点的声能是来自各方向的声波叠加的结果。其中未经反射、直接传播到某点的声波称为直达声，一次和多次反射声的叠加称为混响声。

第二节　振动及噪声的物理量度

一、振动的物理量度

（一）振动位移、振幅

振动位移是物体振动时相对于某一个参照物的位置移动。振动物体离开平衡位置的最大距离叫振幅。振幅是标量，单位是米（m）。振幅在数值上等于最大位移的大小，它描述了物体振动幅度的大小和振动的强弱。

（二）振动速度

振动速度是指波动中各质点都在平衡位置附近做周期性振动，在平衡点处质点振速最大，振动加速度最小。在势能最大处质点振速为零，振动加速度最大，所以是变加速运动。振动速度可以通过振动位移对时间求导获得。

（三）振动加速度

振动速度对时间再进行一次求导，即振动速度的变化率，就是振动加速度。为了更好地理解上述物理量，现以简谐振动为例：

振动位移：
$$\xi = A\cos(\omega t + \varphi) \tag{2-17}$$

式中　A ——振幅；

　　　ω ——角速度，$\omega = 2\pi f$；

　　　φ ——相位。

振动速度：
$$v = \frac{\mathrm{d}\xi}{\mathrm{d}t} = -A\omega\sin(\omega t + \varphi) \tag{2-18}$$

振动加速度：
$$\alpha = \frac{\mathrm{d}v}{\mathrm{d}t} = -A\omega^2\cos(\omega t + \varphi) \tag{2-19}$$

在实际振动测量中，最常见的就是用振动加速度计测量振动加速度。

二、噪声的物理量度

（一）声压

设体积元受声扰动后压强由 p_0 改变为 p_1，则由声扰动产生的逾量压强称为声压。声压是标量而不是矢量。它的相位按下列原则区分正负，当声压使总声压增加时，声压相位规定为正，反之为负。正常人耳刚能听到的声压是 2×10^{-5} Pa，称为听阈声压；人耳产生疼痛感觉的声压是 20 Pa，称为痛阈声压。

对于声波，人们经常研究有效声压，即随时间变化的均方根值。有效声压用 p_e 表示。一般仪表测试的往往是有效声压值。因此，在实际应用中人们习惯上所指的声压即是声压有效值。

$$p_e = \sqrt{\frac{1}{T}\int_0^T p^2\mathrm{d}t} \tag{2-20}$$

（二）声能密度

声场中单位体积媒质所含有的声能量称为声能密度，用 D 表示，单位是焦（耳）/立方米（J/m³）。声能密度的瞬时值、最大值、峰值分别称为瞬时声能密度、最大声能密度和峰值声能密度。声能密度常采用一个周期内声能密度的平均值来表示。

$$D = \frac{p_e^2}{\rho_0 c^2} \tag{2-21}$$

式中　p_e ——有效声压；

　　　ρ_0 ——媒质密度；

　　　c ——声音传播速度。

（三）声强

在单位时间内，通过垂直声波传播方向的单位面积上的声能，叫做声强。用 I 表示，单位是瓦/每平方米（W/m²）。在自由声场中，声压与声强的关系：

$$I = \frac{p_e^2}{\rho_0 c} \tag{2-22}$$

（四）声功率

声功率是单位时间内垂直通过指定面积的声能。声源的声功率通常指在单位时间内辐射的总能量。通常用 W 表示，单位是瓦(W)。

三、级和级的计算

(一)声压级、声强级和声功率级

从听阈声压 2×10^{-5} Pa 到痛阈声压 20 Pa，声压的绝对值数量级相差 100 万倍，用这种方法表示很不方便，而人耳对声音的响度感觉与对数成比例。所以，人们采用了声压或能量的对数比表示声音的大小，用"级"来衡量声压、声强和声功率，称为声压级、声强级和声功率级。单位是分贝，dB。在声压级、声强级、声功率级中分别采用人耳对 1 000 Hz 纯音的听阈声压、听阈声强和听阈声功率为基准值。

1. 声压级

声压级是某点声压与基准声压之比的常用对数乘以 20，即

$$L_p = 20\lg\frac{p}{p_0} \qquad (2\text{-}23)$$

式中　L_p ——声压级；

p ——某点声压；

p_0 —— 基准声压，$p_0 = 2\times10^{-5}$ Pa。

【例 2-1】 1 Pa 声压对应的声压级：

$$L_p = 20\lg\frac{p}{p_0} = 20\lg\frac{1}{2\times10^{-5}} = 93.98(\text{dB}) \approx 94(\text{dB})$$

1 Pa 的声压相当于 94 dB 声压级。声压变为原来的 10 倍，声压级在原来的基础上增加 20 dB。声压变为原来的 2 倍，声压级在原来的基础上增加 6 dB。另外，当声压达到 20 Pa，即声压级为 120 dB 时，人们的耳朵会感觉到疼痛，因此，在声学或医学上把 20 Pa=120 dBSPL 定义为痛阈，长时间在此环境下工作，会对听觉系统造成伤害。生活中常见的声源的声压级如表 2-2 所示。

表 2-2　常见声源的声压和声压级

声源	声压级(dB)	声源	声压级(dB)
轻声耳语	20~30	空织布机，电锯，鼓风机	100~110
夜间特别安静的卧室	30	小提琴	40~100
普通办公室	40~60	打击乐	55~105
大声交谈	70~80		

2. 声强级

声压级常用 L_I 表示，定义为：

$$L_I = 10\lg\frac{I}{I_0} \qquad (2\text{-}24)$$

式中　L_I ——声强级；

I ——某点声强；

I_0 ——基准声强，$I_0 = 10^{-12}$ W/m^2。

3. 声功率级

声功率级是声源的功率和基准功率之比的常用对数乘以 10，常用 L_w 表示，定义为：

$$L_w = 10\lg \frac{w}{w_0} \tag{2-25}$$

式中　w——被量度的声功率的平均值。

(二)级的计算

在噪声测量中,噪声源往往不止一个,有时即使只有一个噪声源,也常常要涉及不同频率或者频段噪声级之间的合成与分解,经常需要进行级的计算。由于噪声级是按对数运算得到的,因而声级的合成与分解不能按一般自然数的运算法则进行计算,如有两台 90 dB 的发动机运转其合成声级不是 $90+90=180(\text{dB})$,而是 93 dB。

1. 级的相加

(1)公式法

由于级是对数量度,因此在求几个声源的共同效果时,不能简单地将各自产生的声压级数值算术相加,而是需要进行能量叠加。对于互不相干的多个噪声源,它们之间不会发生干涉现象。这时,空间某处的总声压 P_T 为

$$P_T^2 = P_1^2 + P_2^2 + \cdots + P_n^2 \tag{2-26}$$

式中　声压是指有效值。以 $n=2$ 的情况为例,根据定义:

$$L_{p_1} = 20\lg \frac{p_1}{p_0}$$

$$L_{p_2} = 20\lg \frac{p_2}{p_0}$$

对其求逆运算有:

$$P_1^2 = 10^{0.1L_{p_1}} p_0^2$$

$$P_2^2 = 10^{0.1L_{p_2}} p_0^2$$

这样由式(2-26)得到总声压:

$$P_T^2 = P_1^2 + P_2^2 = (10^{0.1L_{p_1}} + 10^{0.1L_{p_2}}) p_0^2$$

总声压级:

$$L_{pT} = 10\lg \frac{p_T^2}{p_0^2} = 10\lg[10^{0.1L_{p_1}} + 10^{0.1L_{p_2}}] \tag{2-27}$$

对应 n 个声源的一般情况有:

$$L_{pT} = 10\lg\left(\sum_{i=1}^{n} 10^{0.1L_{Pi}}\right) \tag{2-28}$$

将 $L_{p_1} = 90$ dB,$L_{p_2} = 90$ dB 代入,便得到总声压级 $L_{pT} = 93$ dB,其结果是两个相同声压级的叠加是增加 3 dB,而不是增加 1 倍。

【例 2-2】　有三台机器,测得三台机器单独运转时的声压级分别为 $L_1 = 81$ dB,$L_2 = 75$ dB,$L_3 = 76$ dB,求三台机器同时开动时,合成噪声声压级是多少?

解:$L = 10\lg[10^{0.1L_1} + 10^{0.1L_2} + 10^{0.1L_3}] = 83(\text{dB})$

【例 2-3】　在某点测得几台设备单独运行时的声压级分别为 88 dB、89 dB、85 dB、92 dB、95 dB,求这几个噪声源同时存在时该点的总声压级是多少?

解:由 $L_{pT} = 10\lg\left(\sum_{i=1}^{n} 10^{0.1L_{pi}}\right)$ 得

$$L_{pT} = 10\lg(10^{8.8} + 10^{8.9} + 10^{8.5} + 10^{9.2} + 10^{9.5}) = 98.1(dB)$$

（2）图解法

有时候，在不需要十分精确的情况下，还可以使用图解法求总声压级，分贝相加曲线如图2-4所示。具体步骤为：

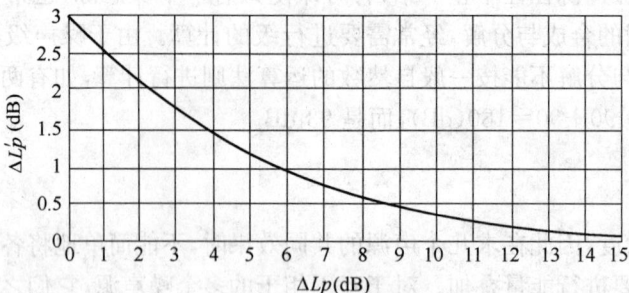

图 2-4   分贝相加曲线

①两个声压级有 $L_{p_1} > L_{p_2}$，求出两个声压级的差 $\Delta L_p = L_{p_1} - L_{p_2}$；

②由表 2-3 或图 2-4 中查出相应的增值 $\Delta L'_p$；

③把增值 $\Delta L'_p$ 与两个声压级中较大的 L_{p_1} 相加，可得 L_{p_1} 与 L_{p_2} 叠加后的声压级，即 $L_{p_{1+2}} = L_{p_1} + \Delta L'_p$；

④按照上述步骤，将各个声源的声压级两两进行叠加，即可求出总声压级。

表 2-3   两个不同声压级的声音叠加分贝增值表

$L_{p_1} - L_{p_2}/(dB)$	0	1	2	3	4	5	6	7	8	9	10	11	12	13	14	15
$\Delta L'_p/(dB)$	3.0	2.5	2.1	1.8	1.5	1.2	1.0	0.8	0.6	0.5	0.4	0.3	0.3	0.2	0.2	0.1

【例 2-4】   有两台设备，单独工作时的声压级分别为 $L_1 = 76$ dB，$L_2 = 78$ dB，求两台设备同时开动时，总声压级是多少？

解：$\Delta L_p = L_{p_2} - L_{p_1} = 2$ dB，由曲线或图表查得 $\Delta L'_p = 2.1$ dB。

因此，总声压级 $= L_{p_2} + 2.1 = 80.1$ dB。

2. 级的相减

在噪声的实际测量过程中，经常会受到外界噪声的干扰，如已知环境背景噪声，并在背景噪声存在的情况下，测得某一声源的声压级，求该声源的实际声压级，那么就需要从总声压级中扣除背景噪声，这时需要使用级的减法。

【例 2-5】   有一台机器，实际测得该机器运转时产生的声压级为 78 dB，背景噪声为 75 dB，求这台设备实际产生的声压级是多少？

解：$L = 10\lg[10^{0.1L} - 10^{0.1L_B}] = 75(dB)$

四、频谱与频程

（一）频谱及频谱分析的意义

1. 频谱

声音是由许多不同频率的声波叠加而成。不同的声音，其含有的频率成分及各个频率上的分布是不同的，这种频率成分与能量分布的关系称为频谱。频谱图是以频率为横坐标，以声压级(或声强级、声功率级)做纵坐标。频谱图大体上可分为三种,如图 2-5 所示。图 2-5(a)中是由离散频率成分组成的线状谱;图 2-5(b)是由频率在一定范围内连续的频率成分组成的连续谱;图 2-5(c)是由线状谱和连续谱叠加而成的复合谱。

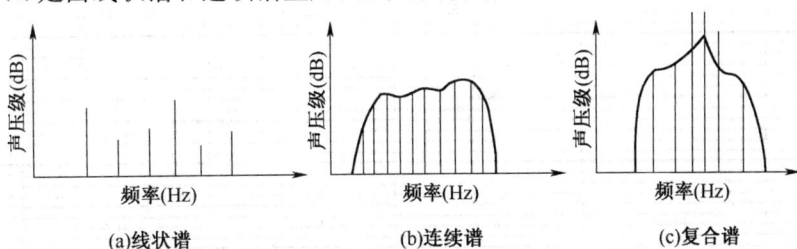

图 2-5 声音的三种频谱

2. 频谱分析的意义

噪声频谱能够清晰地表示出一定频带范围内的声压级分布情况,从中可以了解噪声的成分和性质,这就是频谱分析。频谱分析有助于了解声源特性,频谱中各峰值所对应的频率(带)就是某声源造成的,找到了主要峰值声源就为噪声控制提供了依据。

(二)频程

可听声的频率范围约为 20~20 000 Hz,为方便起见通常把宽广的频率变化范围划分为若干个小的区间,称为频带或频程。频带上限频率和下限频率之差称为频带宽度,它与中心频率的比值称为频带相对宽度。

一般对频程 n 作如下定义:$\dfrac{f_2}{f_1}=2^n$,n 为频程倍数,在噪声测量中,最常用的是倍频程($n=1$)和 1/3 倍频程($n=1/3$)。

在一个频程中,上限频率与下限频率之比为 $\dfrac{f_2}{f_1}=2$ 称为倍频程。倍频程通常用它的几何中心频率来表示:$f_0=\sqrt{f_2 f_1}=\dfrac{\sqrt{2}}{2}f_2=\sqrt{2}\,f_1$,若 $f_2-f_1=\Delta f$,Δf 称为带宽。

当把倍频程分成三等分,即 1/3 倍频程,那么上限频率与下限频率之比为:

$$\frac{f_2}{f_1}=\frac{\sqrt[3]{2}}{1}$$

则中心频率为:$f_0=\sqrt{f_2 f_1}=\sqrt[6]{2}\,f_1=\dfrac{f_2}{\sqrt[6]{2}}$

由上可知,倍频程及 1/3 倍频程的带宽 Δf 分别为:

$\Delta f=0.707f_0$； $\Delta f=0.23f_0$

倍频程与 1/3 倍频程部分频率如表 2-4 所示。

表 2-4 倍频程与 1/3 倍频程频率表

倍频程频率 f/(Hz)			1/3 倍频程频率 f/(Hz)		
下限频率	中心频率	上限频率	下限频率	中心频率	上限频率
			28.2	31.5	35.5
22	31.5	44	35.5	40	44.7
			44.7	50	56.2

续上表

倍频程频率 f/(Hz)			1/3 倍频程频率 f/(Hz)		
下限频率	中心频率	上限频率	下限频率	中心频率	上限频率
			56.2	63	70.8
44	63	89	70.8	80	89.1
			89.1	100	112
			112	125	141
89	125	177	141	160	178
			178	200	224
			224	250	282
177	250	355	282	315	355
			355	400	447
			447	500	562
355	500	710	562	630	708
			708	800	891
			891	1000	1122
710	1000	1420	1122	1250	1413
			1413	1600	1778
			1778	2000	2239
1420	2000	2840	2239	2500	2818
			2818	3150	3548
			3548	4000	4467
2840	4000	5680	4467	5000	5623
			5623	6300	7079

第三节　声学波动方程

一、声波的基本假设

在对声学问题进行理论分析和研究时,为了使问题简化,对介质和传播过程做如下假设:

1. 介质为理想流体,即介质中不存在黏滞性,声波在该介质中传播没有能量损耗。

2. 没有声扰动时,介质在宏观上是静止的,即初速度为零;介质的温度、压强和密度均处于平衡状态,不随时间变化。

3. 声波传播过程中,介质中稠密和稀疏的过程是绝热的,即介质与相邻的部分不会由于生过程引起的温差而产生热交换,即为绝热过程。

4. 介质中传播的是小振幅声波,各声学变量都是一级微量,声压 p 远小于介质的静态压强 P_0;声波中的质点振动速度 v 远小于声波在介质中的传播速度 c;声波中的质点位移 ξ 远小于声波的波长 λ;声扰动引起的介质密度增量 δ 远小于其静态密度 ρ。

二、理想流体介质中的波动方程

理想流体介质中的声传播必然满足三个基本物理定律、即牛顿第二定律、质量守恒定律及物态方程。运用这三个定律可以推导出运动方程、连续性方程和物态方程。

1. 运动方程

在一维理想流体介质中取一个微元体 $S\mathrm{d}x$，如图 2-6所示。考虑到流体的黏度很低，两端面除了正压力，不存在切应力。在微元体 x 端面受到的压力为：

$$F_x = (P_0 + p)S \qquad (2\text{-}29)$$

在 $x + \mathrm{d}x$ 端面受到的压力为：

$$F_{x+\mathrm{d}x} = -(P_0 + p + \frac{\partial p}{\partial x}\mathrm{d}x)S ; \qquad (2\text{-}30)$$

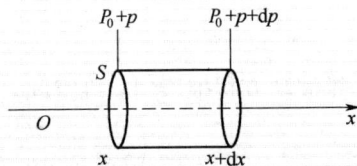

图2-6 体积元受力分析

微元体在 x 方向受到的合力为：

$$F = -S\partial p/\partial x\,\mathrm{d}x \qquad (2\text{-}31)$$

根据牛顿运动定律得

$$\rho S\mathrm{d}x\,\frac{\mathrm{d}v}{\mathrm{d}t} = -\frac{\partial p}{\partial x}S\mathrm{d}x \qquad (2\text{-}32)$$

因此，微元体的运动方程可以写作

$$\rho_0\,\frac{\partial v}{\partial t} = -\frac{\partial p}{\partial x} \qquad (2\text{-}33)$$

2. 连续性方程

仍设想在流体介质中取一个微元体 $S\mathrm{d}x$，根据质量守恒定律，单位时间内流进和流出微元体的质量差等于该微元体内的质量增量或减少。在 x 端面进入微元体的质量为 $(\rho v)_x S\mathrm{d}x$；在 $x + \mathrm{d}x$ 端面流出的质量为 $-(\rho v)_{x+\mathrm{d}x}S\mathrm{d}x = -\left[(\rho v)_x + \dfrac{\partial (\rho v)_x}{\partial x}\mathrm{d}x\right]S$，单位时间内留在微元体内的净质量为 $-\dfrac{\partial (\rho v)_x}{\partial x}S\mathrm{d}x$，显然，它应该等于微元体在单位时间内质量的增加 $(\partial \rho/\partial t)S\mathrm{d}x$，即 $-\dfrac{\partial (\rho v)}{\partial x}S\mathrm{d}x = \dfrac{\partial p}{\partial t}S\mathrm{d}x$。

微元体的连续性方程为

$$-\rho_0\,\frac{\partial v}{\partial x} = \frac{\partial \rho'}{\partial t} \qquad (2\text{-}34)$$

3. 物态方程

热力学状态方程反映了介质的压强 P、密度 ρ 和温度 T 三者的关系，考虑到声传播过程是绝热的，一定温度下的介质压强 P 仅是密度的函数，即有 $P = P(\rho)$，$\mathrm{d}P = (\mathrm{d}P/\mathrm{d}\rho)_s\mathrm{d}\rho = c^2\mathrm{d}\rho$。由于压强 P 增大和减小时，密度 ρ 也同样增加和减小，因此函数 $c(P,\rho)$ 恒大于零。

对于理想气体，其绝热条件下的状态方程为 $PV\gamma = \mathrm{const}$，$c^2 = \gamma P/\rho$。

对于一般流体，考虑到质量守恒，即 $\rho V = m$，$\rho \mathrm{d}V + V\mathrm{d}\rho = 0$，从而有

$$c^2 = (\mathrm{d}P/\mathrm{d}\rho)_s \qquad (2\text{-}35)$$

一般情况下，c 是一个与压强、密度有关的状态函数。对于小振幅声波，将 $(\mathrm{d}P/\mathrm{d}\rho)_s$ 在其

平衡态(P_0,ρ_0)附近展开

$$\left(\frac{\mathrm{d}P}{\mathrm{d}\rho}\right)_s=\left(\frac{\mathrm{d}P}{\mathrm{d}\rho}\right)_{s,0}+\frac{1}{2}\left(\frac{\mathrm{d}^2P}{\mathrm{d}\rho^2}\right)_{s,0}(\rho-\rho_0)+\cdots \tag{2-36}$$

"0"代表平衡态(P_0,ρ_0);忽略二阶以上微量,有

$$c^2=(\mathrm{d}P/\mathrm{d}\rho)_s\approx(\mathrm{d}P/\mathrm{d}\rho)_{s,0}=c_0^2=\mathrm{const} \tag{2-37}$$

根据运动方程、连续性方程以及物态方程,可得到一维理想流体介质中的小振幅波动方程

$$\frac{\partial^2p}{\partial x^2}=\frac{1}{c^2}\frac{\partial^2p}{\partial t^2} \tag{2-38}$$

将一维波动方程推广到三维空间,可得到三维波动方程。

$$\left(\frac{\partial^2}{\partial x^2}+\frac{\partial^2}{\partial y^2}+\frac{\partial^2}{\partial z^2}\right)p=\frac{1}{c^2}\frac{\partial^2p}{\partial t^2}\ 或\ \nabla^2p=\frac{1}{c^2}\frac{\partial^2p}{\partial t^2} \tag{2-39}$$

式中 c——声在介质中的传播速度。

三、平面波、球面波和柱面波

空间同一时刻相位相同的各点构成的轨迹曲面称为波阵面。波阵面垂直于波传播的方向。根据声波传播时波阵面的形状不同可以将声波分成平面声波,球面声波和柱面声波等类型。

(一)平面波

平面波是波阵面为平面的波。声波传播时处于最前沿的波阵面也称为波前。通常,可以将各种远离声源的声波近似地看成平面声波。平面声波在数学上的处理比较简单,是一维问题。通过对平面声波的详细分析,可以了解声波的许多基本性质。

对于平面波,由于它只在一个方向传播,它的波动方程是:

$$\frac{\partial^2p}{\partial x^2}=\frac{1}{c^2}\frac{\partial^2p}{\partial t^2} \tag{2-40}$$

(二)球面波

除了平面波,我们还有可能遇到波阵面(等相位面)为球面和柱面的波,它们分别称为球面波和柱面波。在各向同性的均匀媒质中,各方向上声的传播速度相等,点声源辐射声波在距声源同一距离的球面上相位处处相等,波阵面是一系列同心球面,这种声波称为球面声波。它的波动方程为:

$$\frac{\partial^2p}{\partial r^2}=\frac{2}{r}\frac{\partial p}{\partial r}=\frac{1}{c^2}\frac{\partial^2p}{\partial t^2} \tag{2-41}$$

(三)柱面波

如果声源在一个尺度上特别长,例如繁忙的公路,比较长的运输线,都可以看成是线声源实例,这类声源形成的声波波阵面是一系列同心圆柱,它的波动方程为

$$\frac{\partial^2p}{\partial r^2}+\frac{1}{r}\frac{\partial p}{\partial r}=\frac{1}{c^2}\frac{\partial^2p}{\partial t^2} \tag{2-42}$$

第四节　声波的衰减

一、衰减的类型

1. 扩散衰减(A_d)

声波在声场传播过程中,波前的面积随着传播距离的增加而不断扩大,声能逐渐扩散,从而使

单位面积上通过的声能相应减少,声强随着离声源距离的增加而衰减,这种衰减称为扩散衰减。

2. 空气吸收衰减(A_a)

声波在介质中传播时,由于介质的内摩擦、黏滞性、导热性等特性使声能不断被介质吸收转化为其他形式的能量,使声强逐渐衰减,这种衰减称为吸收衰减。

3. 地面吸收衰减(A_g)

疏松土地的声特性阻抗大约与空气的特性阻抗同数量级,声波由空气透射到地面时,只有部分反射。

4. 声屏障衰减(A_b)

声屏障衰减与声源及接受点相对屏障的位置、屏障的高度及结构,以及声波的频率密切相关。

5. 气象条件对声传播的影响(A_m)

雨、雪、雾等对声波的衰减量大约每 1 000 m 不到0.5 dB,因此可以忽略。风和温度梯度对声波的传播影响很大。

声波的总衰减　　$A = A_d + A_a + A_g + A_b + A_m$

二、声源的扩散衰减

点声源是指声源尺寸相对于声波的波长或传播距离而言比较小的声源,点声源的波前是球面;面声源是指尺寸为一个长方形的声源;线声源则指在一个方向上的尺寸远远大于其他两个方向尺寸的声源,它发出的是柱面声波。

不同类型声源的扩散衰减如图 2-7 所示。

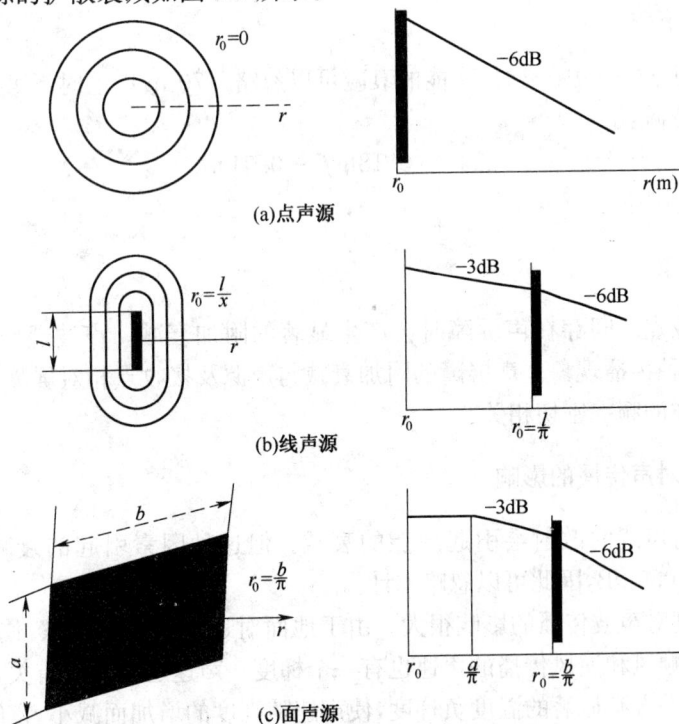

图 2-7　不同类型声源的扩散衰减

（一）点声源的扩散衰减

$$L_{p_2} = L_{p_1} - 20\lg \frac{r_2}{r_1} \tag{2-43}$$

距离每增加 1 倍,声压级衰减 6 dB。

（二）线声源的扩散衰减

当 $r \leqslant l/\pi$ 时,按无限长的线声源考虑,即距离增加 1 倍,声压级衰减 3 dB。

$$L_{p_2} = L_{p_1} - 10\lg \frac{r_2}{r_1} \tag{2-44}$$

当 $r \geqslant l/\pi$ 时,按点声源考虑。

（三）面声源的扩散衰减

设面声源的边长分别为 a、$b(a \leqslant b)$,则有:

当 $r \leqslant a/\pi$ 时,衰减为 0;

当 $a/\pi \leqslant r \leqslant b/\pi$ 时,按线声源来处理;

当 $r \geqslant b/\pi$ 时,按点声源处理。

三、声源的空气吸收衰减

20℃时简化公式为:$A_a = 7.4 \frac{f^2 r}{\Phi} \times 10^{-8}$

式中　f——频率,Hz;

　　　Φ——相对湿度。

四、地面吸收衰减

地面是非刚性表面、短距离时,声能的衰减可以忽略。70 m 以上时不可忽略,厚草地或穿过灌木丛传播时衰减:

$$A_g = (0.18\lg f - 0.31)d \tag{2-45}$$

式中　d——传播距离。

五、声屏障衰减

当声源与接收点之间存在声屏障时会产生显著的附加衰减。声波遇到屏障时会产生反射、透射和衍射三种传播现象。声屏障的附加衰减与声源及接收点相对屏障的位置、屏障的高度及结构以及声波的频率密切相关。

六、气象条件对声传播的影响

雨、雪、雾等对声波的散射会引起声能的衰减。但这种因素引起的衰减量很小,大约每 1 000 m 衰减不到 0.5 dB,因此可以忽略不计。

风和温度梯度对声波传播的影响很大。由于地面对运动空气的摩擦,使靠近地面的风有一个梯度,从而使顺风和逆风传播的声速也有一个梯度。声速还与温度有关,在晴天阳光照射下的午后,在地面上方有显著的温度负梯度,使声速随高度的增加而减小,夜间则相反。

风速梯度和温度梯度使地面上的声速分布发生变化,从而使声波沿地面传播时发生折射。

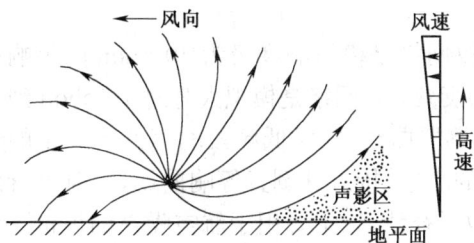

图 2-8　风速梯度对声波的折射　　　　图 2-9　温度梯度对声波的折射

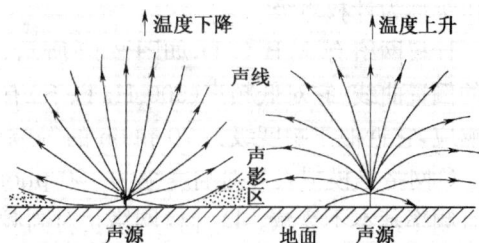

当声波发生向上偏的折射时,就可能出现"声影区",即因折射而传播不到直达声的区域,声影区出现在上风的方向,同时也可以解释晴天日间声波沿地面传播不远,而夜间可以传播很远的现象。图 2-8 是风速梯度引起的声波折射,图 2-9 是温度梯度对声波的折射。

第五节　噪声与振动评价

一、噪声评价指标

噪声对人体的影响程度与噪声强弱、噪声频率、噪声随时间的变化、人的生理和心理等因素有关。把人对噪声的主观感觉用客观物理量准确描述,得出与主观响应相对应的评价量,就是噪声的评价指标。

(一)响度和响度级

人们对噪声的主观感受与噪声的声压和频率有关。在实际的生活中,人们简单地用"响"、"不响"来描述声波的强度,但这一描述与声波的强度又不完全等同。为了定量地确定声音的轻或响的程度,引入了响度这一参量。响度的单位为宋(sone)。定义 40 方(phon)的纯音为 1sone,响度每增加一倍或减少一半,响度级就增减 10phon。

(二)斯蒂文斯响度

响度不能直接测量,而是通过计算得到。美国斯蒂文斯根据大量生理学实验,并考虑掩蔽等听觉效应,对连续谱的噪声,提出根据倍频带声压级计算响度级的方法。

$$N_总 = N_{max} + F(\sum N_i - N_{max}) \tag{2-46}$$

式中　$N_总$——总响度,sone;

N_{max}——各频带响度指数中最大者;

$\sum N_i$——所有频带响度指数之和;

F——修正系数,对于倍频带 F 为 0.3,1/2 倍频带为 0.2,1/3 倍频带为 0.15。

有时利用响度下降的百分率来衡量噪声治理的效果,响度下降的百分率 η 为:

$$\eta = \frac{N_1 - N_2}{N_1} \times 100\%$$

式中　N_1,N_2——噪声治理前后的响度,sone。

(三)计权声级和计权网络

由于人耳对高频声比较敏感,而对低频声不敏感,即声压级相同的声音会因为频率的不同而产生不一样的主观感觉。为了使声音的客观量度和人耳的听觉主观感受近似取得一致,通常对不同频率声音的声压级经某一特定的加权修正后,再叠加计算可得到噪声总的声压级,此声压级称为计权声级。

　　计权网络有 A、B、C、D,如图 2-10 所示。A 计权网络是模拟响度级为 40 phon 的等响曲线的倒置曲线,它对低频声(500 Hz 以下)有较大的衰减。B 网络是模拟人耳对 70 phon 纯音的响应,它近似于响度级为 70 phon 的等响曲线的倒置曲线,它对低频段的声音有一定的衰减。C 网络是模拟人耳对响度级为 100 phon 纯音的响应,接近其倒置等响曲线,它对可听声所有频率基本不衰减。D 计权网络是对高频声音做了补偿,它主要用于航空噪声的评价。计权网络是近似的以人耳对纯音的响度级响应及频率特性而设计的,常用的是 A 计权和 C 计权。尤其是 A 计权使用最为普遍,目前 A 计权已被所有管理机构和工业部门的管理条例普遍采用,成为最广泛应用的评价参量。根据噪声各频带的声压级和对应频带的 A 计权修正值,就可计算出噪声的 A 计权声级。

$$L_A = 10\lg\left[\sum_{i=1}^{n} 10^{\frac{L_{pi}+\Delta i}{10}}\right]$$

式中　L_{pi}——第 i 个频程的声压级;

　　　ΔI——第 i 个频程 A 计权网络修正值。

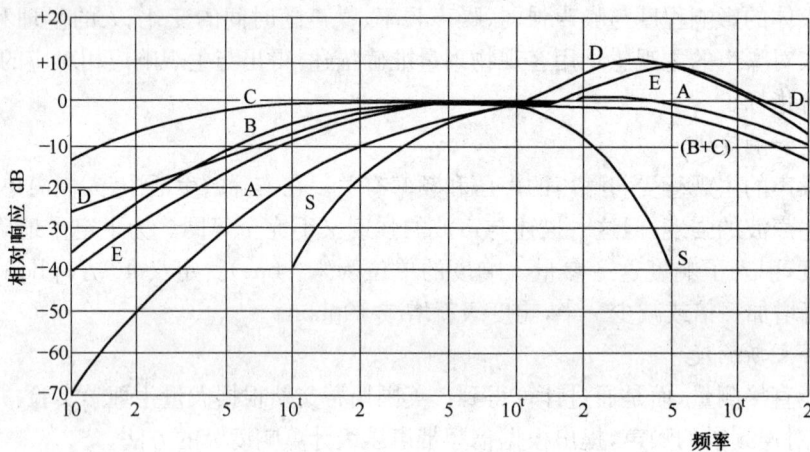

图 2-10　计权网络 A、B、C、D

　　(四)等效连续 A 声级

　　等效连续 A 声级。在声场中的某定点位置,用一段时间内能量平均的方法,将间歇暴露的几个不同的 A 声级噪声,用一个在相同时间内,声能与之相等的连续稳定的 A 声级来表示该段时间内噪声的大小,称为等效连续 A 声级,dB(A)。计算公式为:

$$L_{eq} = 10\lg\frac{1}{T}\int_{0}^{T} 10^{0.1L_A}\,\mathrm{d}t \tag{2-47}$$

式中　T——噪声暴露时间;

　　　L_A——T 时间内,A 声级变化的瞬时值,dB(A)。

　　如果是在同样的采样时间间隔下,测试得到的一系列 A 声级数据的序列,则测量时段内的等效连续 A 声级也可如下计算:

$$L_{eq} = 10\lg\left[\frac{1}{T}\sum_{i=1}^{N} 10^{0.1L_{Ai}}t_i\right] \tag{2-48}$$

式中　T——总的测量时段,s;

L_{Ai}——t_i 时间段的 A 计权声级,dB(A);

t_i——第 i 段时间或采样间隔时间,s;

N——测试数据个数。

对于等时间间隔取样,若时间划分的段数为 N,则有:

$$L_{eq} = 10\lg\left[\frac{1}{N}\sum_{i=1}^{N}10^{0.1L_{Ai}}\right] \tag{2-49}$$

(五)累计百分数声级

累计百分数声级表示在测量时间内高于 L_x 声级所占的时间为 $x\%$。对于同一测量时间段内的噪声级,按从大到小的顺序进行排列,就可以清楚地看出噪声涨落的变化程度。通常认为,L_{90} 相当于本底噪声级,L_{50} 相当于中值噪声级,L_{10} 相当于峰值噪声级。对于统计特性符合正态分布的噪声,其累计百分数声级与等效连续 A 声级之间有近似关系:

$$L_{eq} \approx L_{50} + \frac{(L_{10}-L_{90})^2}{60} \tag{2-50}$$

(六)噪声评价数 NR 曲线

为了表示不同噪声的声级和不同频率的噪声对人造成的听力损失、语言干扰和烦恼的程度,国际标准组织公布一组噪声评价曲线(NR 评价曲线),亦称噪声评价数 NR。噪声评价曲线按噪声级由低向高的顺序进行编号,它的号数 NR 称为噪声评价数,每条曲线上的 NR 值为曲线通过中心频率 1 000 Hz 的声压值数值,根据噪声倍频带声压级数查得各 NR_i,其中最大者即为该噪声的评价数 NR。

二、噪声评价标准

(一)城市区域环境噪声标准

1.国际标准化组织(ISO)环境区域噪声标准

ISO 提出的 ISO 环境区域噪声标准,对于住宅区室外的噪声标准为 35~45 dB(A),对于不同的时间,不同的区域分别按表 2-5 和表 2-6 加以修正,对于非住宅区域室内标准见表 2-7。

2.我国环境区域噪声标准

我国于 2008 年发布了声环境质量标准(GB/T 3096—2008)。该标准适用于声环境质量

表 2-5　不同时间的修正值

时间	不同时间的修正值[dB(A)]	时间	不同时间的修正值[dB(A)]
白天	0	午夜	−10~−15
晚上	−5		

表 2-6　不同区域的修正值

区　域	不同区域的修正值[dB(A)]	区　域	不同区域的修正值[dB(A)]
乡村住宅、医院疗养区	0	工商业和交通混合区	+15
郊区住宅、小马路	+5	城市中心	+20
城市住宅区	+10	工业地区	+25

表 2-7　非住宅区域室内噪声值

场　所	噪声值[dB(A)]	场　所	噪声值[dB(A)]
办公室、商店、会议室、教室、小餐厅	35	大打字室	55
大餐厅、小打字室、体育馆	45	车间	45~75

评价与管理。该标准规定了五类声环境功能区的环境噪声限值及测量方法。

该标准按区域的使用功能特点和环境质量要求,将声环境功能区分为以下 5 种类型。

0 类声环境功能区:指康复疗养区等特别需要安静的区域。

1 类声环境功能区:指以居民住宅、医疗卫生、文化教育、科研设计、行政办公为主要功能,需要保持安静的区域。

2 类声环境功能区:指以商业金融、集市贸易为主要功能,或者居住、商业、工业混杂,需要维护住宅安静的区域。

3 类声环境功能区:指以工业生产、仓储物流为主要功能,需要防止工业噪声对周围环境产生严重影响的区域。

4 类声环境功能区:指交通干线两侧一定距离之内,需要防止交通噪声对周围环境产生严重影响的区域,包括 4a 类和 4b 类两种类型。4a 类为高速公路、一级公路、二级公路、城市快速路、城市主干路、城市次干路、城市轨道交通(地面段)、内河航道两侧区域;4b 类为铁路干线两侧区域。

各类声环境功能区适用表 2-8 规定的环境噪声等效声级限值。

表 2-8　环境噪声限值

时　段		昼间[dB(A)]	夜间[dB(A)]
0 类声环境功能区		50	40
1 类声环境功能区		55	45
2 类声环境功能区		60	50
3 类声环境功能区		65	55
4 类声环境功能区	4a 类	70	55
	4b 类	70	60

(二)铁路噪声标准

铁路噪声标准是铁路工程设计、铁路环境影响评价、铁路环境管理的重要依据。铁路噪声标准的制定既反映了一个国家技术先进的程度,也是反映社会文明的重要标志。目前,铁路噪声多采用声压级作为其评定标准。

1. 日本铁路环境噪声标准

日本制定了高速铁路环境噪声标准,是日本环境厅 1975 年颁布的,如表 2-9 所示。

表 2-9　日本高速铁路环境噪声标准

地区类别	标准值[dB(A)]
Ⅰ	70 以下
Ⅱ	75 以下

注:区域Ⅰ主要指用于居住的地区;

　　区域Ⅱ指区域Ⅰ以外的地区。

测点位于户外高于地面 1.2 m 处,连续测量上下行通过列车(共 20 列)的峰值声级,取较大的 10 个声级值的能量均值。

2. 我国铁路噪声标准

(1)我国铁路边界噪声标准

我国于 2008 年 7 月发布了《铁路边界噪声限值及测量方法》(GB 12525—1990)的修改方案。修改方案中规定了既有铁路边界的铁路噪声,改、扩建既有铁路,铁路边界铁路噪声也按表 2-10 的规定执行。既有铁路是指 2010 年 12 月 31 日前已建成运营的铁路或环境影响评价文件已通过审批的铁路建设项目。

表 2-10　既有铁路边界铁路噪声限值(等效声级 L_{eq})

昼间[dB(A)]	70
夜间[dB(A)]	70

昼间和夜间时段的划分按《中华人民共和国环境噪声污染防治法》的规定执行,或按铁路所在地人民政府根据环境噪声污染防治需要所作的规定执行。新建铁路(含新开廊道的增建铁路)边界铁路噪声按表 2-11 的规定执行。新建铁路是指自 2011 年 1 月 1 日起环境影响评价文件通过审批的铁路建设项目(不包括改、扩建既有铁路建设项目)。

表 2-11　新建铁路边界铁路噪声限值(等效声级 L_{eq})

昼间[dB(A)]	70
夜间[dB(A)]	60

GB 12525—1990 规定了背景噪声应比铁路噪声低 10 dB(A)以上,若两者声级差值小于 10 dB(A),按表 2-12 修正。

表 2-12　背景噪声修正值

差值[dB(A)]	3	4~5	6~9
修正值[dB(A)]	—3	—2	—1

(2)我国铁路客车车内噪声标准

我国于 2006 年 12 月公布了《铁道客车内部噪声限值及测量方法》(GB/T 12816—2006),标准中规定了铁道客车运行及静止时内部噪声限值及其测量方法。本标准适用于标准轨距上运行的新造座车(含硬座车、软座车、一等车和二等车)、卧车、餐车、发电车、行李车、邮政车和上述车种的合造车,并适应于动车组车辆客室。公务车、卫生车、维修车和试验车等特殊用途车以及其他有特殊要求的客车,除噪声限值及测点位置按设计及使用需要有特殊要求外,其他应符合本标准。表 2-13 为各种车在运行及静止时,车内各测点的噪声限值。车辆运行时车内噪声限值系指车辆以构造速度运行、所有辅助设备正常使用时车内所允许的噪声。车辆静止时车内噪声限值系指车辆静止、空调机组及发电机组等辅助设备按额定负荷运转时车内所允许的噪声。发电车车内噪声限值系指空调机组与靠近配电室的发电机组同时按额定负荷开启时车内所允许的噪声。

试验分运行试验和静止试验两类。运行试验系指车辆运行、所有辅助设备正常使用时,测量车辆内部噪声的试验。测量时车速应稳定在试验速度的 ±5% 范围内。静止试验系指车辆静止、空调机组和发电机组等辅助设备开启时,测量车辆内部噪声的试验。

表 2-13　车辆内部噪声限值

车　种		噪声限值[dB(A)]	
		运行时	静止时
软卧车、软座车、一等车		≤65	≤60
硬卧车、硬座车、二等车		≤68	≤62
餐车	餐厅	≤68	≤62
	厨房	≤75	≤70
行李车、邮政车	办公室	≤70	≤62
	乘务员室	≤68	≤62
发电车	配电室	≤75	≤70
	乘务员室	≤70	≤65

　　车辆所有辅助设备停机时测量的车内背景噪声应比试验条件下车内噪声级低 10 dB。若在测量中，背景噪声不能满足上述要求，而仅低 5～10 dB，测量结果应按表 2-14 进行修正。若背景噪声低于 5 dB 以下，测量结果仅作估算值。

表 2-14　背景噪声修正值

被测噪声级与背景噪声级差值[dB(A)]	试验读数的修正值[dB(A)]
≥10	0
6～9	−1
5	−2

三、振动评价标准

（一）振动评价指标

在振动测量中，一般选用振动加速度级作为振动强度参数。

$$L_a = 20 \lg \frac{a}{a_0} \tag{2-51}$$

式中　L_a——振动加速度级；

　　　a——某点振动加速度；

　　　a_0——加速度参考值，$a_0 = 10^{-6}\,\text{m/s}^2$。

（二）环境振动标准

1. ISO 环境振动标准

国际标准化组织推荐使用 ISO/DIS2631 给出的环境振动标准，如表 2-15 所示。

表 2-15　建筑物内标准

地点	时间	振动级(dB)					
		连续振动、间歇振动、重复振动			每天数次的振动		
		$X(Y)$	Z	混合轴	$X(Y)$	Z	混合轴
严格控制区	全天	71	74	71	71	74	71
住宅	白天	77～83	80～86	77～83	107～110	110～113	107～110
	夜间	74	77	74	74～79	77～100	74～97

续上表

地点	时间	振动级(dB)					
		连续振动、间歇振动、重复振动			每天数次的振动		
		$X(Y)$	Z	混合轴	$X(Y)$	Z	混合轴
办公室	全天	83	86	83	113	116	113
车间	全天	89	92	89	113	116	113

2. 我国城市区域环境振动标准

我国在 1988 年发布了城市区域环境振动标准(GB10070—1988)。该标准规定了城市区域环境振动的标准值及适用地带范围和监测方法。城市各类区域铅垂向振级标准值如表 2-16 所示。

表 2-16 城市各类区域铅垂方向振级标准值

适用地带范围	昼间(dB)	夜间(dB)	适用地带范围	昼间(dB)	夜间(dB)
特殊住宅区	65	65	工业集中区	75	72
居民、文教区	70	67	交通干线道路两侧	75	72
混合区、商业中心区	75	72	铁路干线两侧	80	80

本标准值适用于连续发生的稳态振动、冲击振动和无规则振动。每日发生几次的冲击振动,其最大值昼间不允许超过标准值 10 dB,夜间不超过 3 dB。

特殊住宅区——特别需要安宁的住宅区;

居民、文教区——纯居民和文教、机关区;

混合区——一般商业与居民混合区、工业、商业、少量交通与居民混合区;

商业中心区——商业集中的繁华地区;

工业集中区——在一个城市或区域内规划明确确定的工业区;

交通干线道路两侧——车流量每小时 100 辆以上的道路两侧;

铁路干线两侧——每日车流量不少于 20 列,距铁道外轨 30 m 外两侧的住宅区。

本标准昼间、夜间的时间由当地人民政府按当地习惯和季节变化划定。

复习思考题

1. 真空中能否传播声波? 为什么?

2. 求在温度为 10℃下,1 000 Hz 频率的声音的波长是多少?

3. 在某测试过程中,测得测点的声压为 5 Pa,求声压级是多少?

4. 什么是频程? 什么是 1/3 倍频程?

5. 测得某设备工作时产生的噪声为 90 dB,已知背景噪声为 82 dB,求实际由该设备产生的噪声声压级是多少?

第三章　车辆噪声与振动检测技术

第一节　测试方法概述

车辆的噪声会影响司乘人员的正常工作和休息,影响乘客的睡眠和乘车舒适度,干扰人们的语言交流,强烈的噪声还可引起耳聋、诱发多种疾病,掩蔽安全信号,造成生产事故,降低生产效率,影响设备的正常工作。这就要求我们掌握噪声的主要来源和特点,以便采取相应的降噪措施。

噪声测试方法很多,从不同的角度,可进行不同的分类。如按被测参量的不同,可分为声压测试法、声强测试法等;按噪声参数的获得方式不同,可分为人工经验法、仪器测试法;按测量场地的不同,可分为实验室测试法、现场测试法。

一、人工经验法

人工经验法是根据测试者的自身经验,用耳朵倾听并判断噪声大小或噪声主要频段的方法。

这是一种利用人的听觉,原始和粗略的测量方法。声波通过人的外耳道传入人耳,将引起鼓膜振动,再经由鼓膜引起耳蜗里的基底膜振动,使耳蜗里的听觉毛细胞兴奋,刺激听觉神经产生冲动,不同频率和形式的神经冲动经过组合编码,以生物电的形式传到大脑,大脑经过分析,确定声波的大小、频率、方位等信息。

40 dB(A)以下的噪声绝大多数人都不太察觉,60 dB(A)以下的噪声多数人可以接受,65 dB(A)以上的噪声会让人开始感到烦躁,比如人们大声说话的声音约为 70 dB(A)。噪声越大,对人的干扰越大,人的烦恼度越大。当噪声超过 90 dB(A)时,人们很难听清别人说话,由此可大致判断噪声大小。

人工经验法准确度不高,其测量的准确度完全取决于测试者的经验。特别是对频率的判断,由于噪声的频率构成多数情况下比较复杂,一般只能对其频段进行定性估计,如高频、中频、低频,所以,此种方法一般只能用于对噪声的大致估计。

二、仪器测试法

仪器测试法是利用噪声测试仪器测量噪声的方法。仪器可以精确地对噪声的大小、频谱、功率谱等进行分析和处理,甚至可以分析出噪声的空间分布。按仪器的不同显示方式,可分为指针指示、数码显示或图表显示等。

噪声的量度指标有很多,如声压、声压级;声强、声强级;声功率、声功率级;响度、响度级等。一般工程中常用声压或声压级来描述噪声的大小。

三、声压测试法

声压是媒质中有声波时的压强与无声波时的压强之差。单位为帕(斯卡)，(Pa)。将声压经过对数标度变换可把声压绝对值表示的 100 万倍的差异缩小为 0~120 dB 的差异，所以声压测试法往往是用声压级来表示声压大小。

通常的噪声测量仪器都采用声压法测量声压，一个测点只需一个传声器。测得声压或声压级后，通过计算可以求得声强、声强级、声功率和声功率级等其他参数。但是，声压测量受环境影响大，要想得到准确的结果，往往需要对结果进行修正。随着传感器技术和各种分析技术的发展，产生了不受背景噪声和环境反射影响的声强测试法。

四、声强测试法

声强是指单位时间内通过与声传播方向垂直的单位面积上的声能平均值。

人耳可听到的声强范围很宽，而将声强经过对数标度变换得到的对应声强级范围则大大缩小，表示起来方便简洁得多。所以声强测试法往往是用声强级来表示声强大小的。

根据声强的定义，声强可以用单位时间内单位面积的声波对前进方向邻近媒质所做的功来表示，即：

$$I_r = \frac{1}{T}\int_0^T p(t)u_r(t)\,\mathrm{d}t \tag{3-1}$$

式中　$p(t)$——传播方向 r 上某点的瞬间声压；

　　　$u_r(t)$——传播方向 r 上某点空气的瞬时质点振动速度；

　　　T——声波周期的整倍数(对非简谐声场则趋于无穷大)。

这就是说，瞬态声强是传播方向上的声压和质点振动速度的乘积，因此，声强测量要求同时测量空间同一点的声压和质点振动速度，然后求两者的乘积就得到了这一点的声强。所以，声强的测量就可分解为声压的测量和质点振动速度的测量。其中，声压的测量可用一个传声器构成的测量系统完成，而质点振动速度的测量是一个难点。质点振动速度的测量难以直接进行，只能靠间接测量方法近似估计。经过长期的探索，一种基于两个相同传声器构成的声强测量技术得到了广泛的认可，也就是下面要介绍的双传声器测量系统。

双传声器测量系统的测量原理如图 3-1 所示。图中的 1 和 2 为两个相同的传声器，两者中心的距离为 Δr；0 为传声器之间的中点，即声强的理论测点。p 和 u_r 为该点的声压和质点振动速度，两传声器测出的声压分别为 p_1 和 p_2。

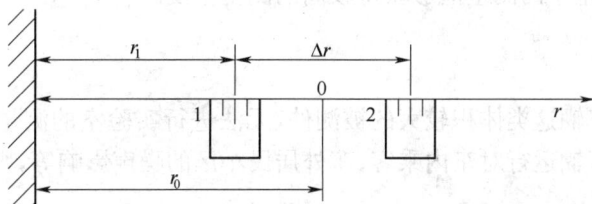

图 3-1　双传声器测量原理简图

当 Δr 远小于声波波长时,有: $\qquad p = (p_1 + p_2)/2$ $\qquad\qquad$ (3-2)

由声波传播中的运动方程可知:

$$\frac{\partial p}{\partial r} = -\rho \frac{\partial u_r}{\partial t} \qquad\qquad (3-3)$$

式中, ρ 为媒质的静态密度,kg/m^3。

即:

$$u_r = -\frac{1}{\rho} \int \frac{\partial p}{\partial r} \mathrm{d}t \qquad\qquad (3-4)$$

因 Δr 很小,声压梯度 $\dfrac{\partial p}{\partial r}$ 用有限差分近似可得:

$$\frac{\partial p}{\partial r} = \frac{p_2 - p_1}{\Delta r} \qquad\qquad (3-5)$$

故质点速度为:

$$u_r = \frac{1}{\rho \ \Delta r} \int (p_2 - p_1) \mathrm{d}t \qquad\qquad (3-6)$$

0 点的声强为:

$$I_r = \frac{(p_1 + p_2)}{2\rho \ \Delta r} \int (p_2 + p_1) \mathrm{d}t \qquad\qquad (3-7)$$

式(3-7)为声强公式,利用该式可制成声强仪以测量出某点的声强。

需要说明的是,这种测量方法要求两个传声器特性完全相同,当它们的频率特性有差异时,将产生测量误差。差异越大,误差越大。所以,测量前要对传声器进行校准,必要时要采取适当补偿措施。

声强是一个矢量,在稳态声场中,当声强方向未知时,要用双传声器构成的声强传感器测量三个正交轴方向的声强值,通过计算得到声强的大小和方向。若是非稳态声场,则需要分布在三个正交轴方向的三个双传声器构成的声强传感器同时进行测量,即需要六个传声器。所以,声压测量只需一个传声器,而声强测量则至少需要两个传声器。

通过声强测试,不但可测得声源声强级的高低,同时还能识别声源的方位,确定声源的位置,掌握声辐射面的分布规律特性。所以,声强测试法是目前针对铁道车辆,尤其是高速铁道车辆的噪声源测试的一种有效方法。

五、实验室测试法

专业的声学实验室有消声室、隔声室和混响室,可以测量各种声源的声功率、材料的吸声、隔声系数等。在实验室中的测量能够获得较高的测量精度。

六、现场测试法

对于铁路机车、车辆这类体积较大的被测件,无法进行实验室的测量,或其本身的测量是要求现场测试的,如车辆运行对车内乘客、车外居民小区的噪声影响等,则采用现场测试法。

第二节　测试设备

常用的噪声测试仪器有很多,如声级计、频谱分析仪、动态信号分析仪以及目前广泛应用的各种虚拟仪器。无论是何种测试仪器,一般都由三部分构成,即传感器、中间变换器和显示输出器,如图 3-2 所示。

输入 → 传感器 → 中间变换器 → 显示输出器 → 输出

图 3-2　测试仪器的基本构成

①传感器:能够感受规定的被测量并按照一定规律转换成可用输出信号的器件或装置。噪声测试仪器中的传感器就是传声器。

②中间变换器:完成信号的放大、整形、微分、积分、滤波、模数变换等功能,使得信号便于输出显示。

③显示输出器:完成信号的或模拟、或数字、或图像等的显示,或将信号存储以备用。

一、声级计

声级计是噪声测量的常规"武器"。声级计可以用来测量机械噪声、机车车辆噪声、环境噪声以及其他各种噪声。它是一种电子仪器,但又不同于电压表等一般客观电子仪器。在把声信号转换成电信号时,声级计既模拟人耳对声波反应速度的时间特性,又模拟人耳对高低频有不同灵敏度的频率特性(频率计权)。因此,声级计是一种主观性的电子仪器。

(一)声级计类型

声级计按其测量精度可以分为四种类型:0 型声级计(精度±0.4 dB),用作标准声级计;1 型精密声级计(±0.7 dB),用作实验室或现场测量;2 型和 3 型普通声级计(精度分别为±1.0 dB 和±1.5 dB),2 型声级计作为一般测量用的普通声级计,3 型声级计作为噪声监测声级计。普通声级计对传声器要求不太高,动态范围和频响平直范围较窄,一般不与带通滤波器联用。而精密声级计,其传声器要求频响宽,灵敏度高,长期稳定性好,且能与各种带通滤波器配合使用,放大器输出可直接连接电平记录器、录音机、计算机等,可将噪声信号显示或储存起来。如将精密声级计的传声器取下,换以加速度传感器及相应的前置变换器就可用作振动测量。

声级计按其用途可分为普通声级计,脉冲声级计,积分声级计等。脉冲式声级计是用于测量脉冲噪声的,这种声级计符合人耳对脉冲声的响应及人耳对脉冲声反应的平均时间。积分式声级计是用来测量一段时间内不稳态噪声的等效声级的。噪声剂量计也是一种积分式声级计,主要用来测量噪声暴露量。

(二)声级计工作原理

声级计一般由传声器、放大器、衰减器、计权网络、检波和电表电路及电源组成,如图 3-3 所示。各种类型的声级计的工作原理是基本相同的。各类声级计的差别主要是附加的一些特殊功能不同。

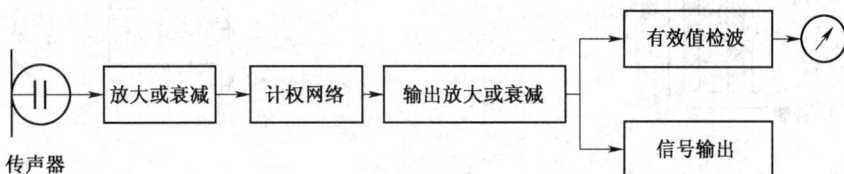

传声器 → 放大或衰减 → 计权网络 → 输出放大或衰减 → 有效值检波 →
　　　　　　　　　　　　　　　　　　　　　　　　→ 信号输出

图 3-3　声级计原理框图

普通声级计的工作原理是:由传声器将声音转换成电信号,再由前置放大器变换阻抗,使传声器与后续电路匹配。放大器将输出信号加到计权网络,对信号进行频率计权(或外接滤波器),然后再经衰减器或放大器将信号放大到一定的幅值,送到有效值检波器(或外接电平记录仪),在指示表头上给出噪声声级的数值。

国内外一些新型的精密声级计内置了倍频程滤波器,可以现场进行频谱分析。还有一些新型声级计内置了微处理机和存储器,除了能实现普通声级计的噪声检测功能外,还具有一定的数据存储和处理功能,可以外接带通滤波器和记录仪或打印机,能够实现信号测量、分析、处理和打印等功能。由于具有存储功能,所以可以将测量数据保存起来,留待以后与计算机相连,利用计算机的强大功能对信号作进一步处理。

(三)传声器

1. 传声器分类

传声器是把声压信号转变为电压信号的装置,它体现了人体中耳朵的功能,是声级计及其他噪声测量系统的传感器。传声器亦称话筒、麦克风,它是将声能转换为电能的电声器件。

传声器的种类较多,按声电转换原理分类:动圈式传声器、电容式传声器、压电式传声器、半导体传声器等。半导体传声器有压阻传声器和晶体管传声器等形式,目前主要处于研究开发阶段,得到广泛应用的以前3种为主。按声波接收原理分类:压强式传声器、压差式传声器、组合式传声器、多声道干涉式传声器;按接收声波的方向性分类:无指向式传声器、单指向式传声器和双指向式传声器;按输出阻抗分类:低阻抗传声器、高阻抗传声器。

2. 传声器结构

(1)动圈式传声器:其外形与内部基本结构如图 3-4 所示。动圈式传声器的结构与扬声器相似,它是利用声波作用到振动膜(音膜)时,与薄膜连接的线圈(音圈)在声波振动下做切割磁力线运动而产生感生电动势的原理制成。音圈两端产生音频感应电压反应了声波的信息,从而实现了声电转换。如声音的音调高,音膜的振动频率就高,音圈中感应电流变化的频率也就越高;如声音响度大,则金属振膜的振动幅度就大,音圈中产生的感应电流的幅度也就越大。

由于音圈的匝数较少、输出阻抗低,所以动圈式传声器的稳定性高、频带较宽、失真度小,可用于需要使用长电缆连接到仪器的场合,但不适于周边有磁场的环境。

(2)电容式传声器:由一个金属振动膜和一个固定电极组成,如图 3-5 所示。由于振动膜与固定电极的距离很小,于是形成了一个电容器。当声波作用到振动膜时,由于振动膜的振动,改变了它与固定极板之间的距离,从而使电容量发生变化,而电容量的变化可以转化成电路中电信号的变化。这类传声器一般电容量较低,工作时必须给振动膜和固定电极之间加上

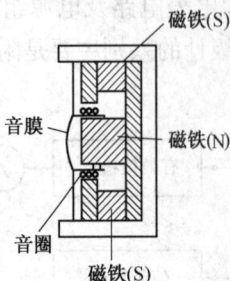

图 3-4　动圈式传声器的基本结构　　　　　　图 3-5　电容传声器的结构

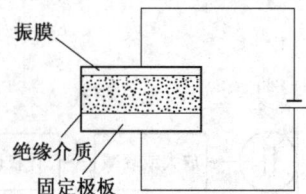

较高的极化电压,而且振动膜怕潮湿、容易损坏,但其高频特性较好,具有长期稳定性。

目前还常用一种驻极体式传声器。它属于电容式传声器的一种,它是在常规的电容传声器中引入驻极体材料,并在制造过程中使驻极体材料极化。驻极体是一种永久极化的电介质,使用驻极体传声器时无需外加极化电压。驻极体式传声器的特点是体积小、输出阻抗高,但其频率特性不如通常的电容传声器。

(3)压电式传声器:利用压电晶体或压电陶瓷的压电效应制成。压电材料用一个衔铁将其固定在振膜的后面,当薄膜受到声波的压力时,薄膜推动压电材料变形,压电材料的两面就会产生与声波频率相同的音频信号电压。压电式传声器的特点是灵敏度和输出阻抗高,成本低,但温度、湿度稳定性差、频率响应不够平坦,频响范围一般在 $50\sim800\mathrm{Hz}$ 之间,高频特性一般不如电容式传声器。

3. 电容传声器及其工作特性

电容式传声器是声学测量中比较理想的传声器,具有动态范围大、频率响应平直、灵敏度高和在一般测量环境下稳定性好等优点,因而应用广泛,特别是在精密测量时,基本都采用电容式传声器。

由于电容式传声器输出阻抗很高,因而需要通过前置放大器进行阻抗变换,前置放大器装在声级计内部靠近安装电容式传声器的部位。

(1)电容传声器等效电路

电容传声器电容量较低,工作时必须给振动膜和固定电极之间加上较高的极化电压。设极化电压为 E_0,传声器极头电容为 C_0,充电电阻为 R_0,噪声产生的电容为 $C(t)$,则电容传声器等效的电压源电路如图 3-6 所示(电源电压 $U_c = \dfrac{C(t)}{C_0}E_0$)。

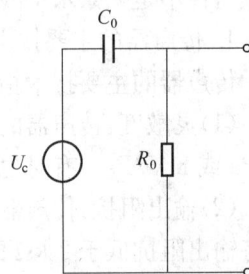

图 3-6　电容传声器等效电路

(2)电容传声器工作特性分析

由于电容传声器的电容量很小,通常先把传声器信号输入到高输入阻抗的前置放大器中,将微弱电信号放大,同时进行阻抗变换,将传感器的高输出阻抗变换为低输出阻抗。设连接导线的等效电容为 C_c、前置放大器的输入电阻为 R_i、输入电容为 C_i,则实际电容传声器的等效电路如图 3-7 所示。

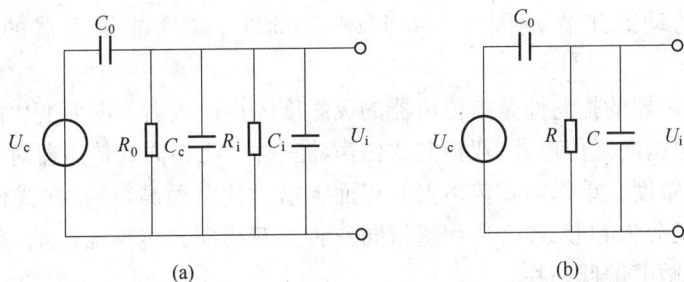

(a)　　　　　　　　　　(b)

图 3-7　传声器前置放大器输入端等效电路

图 3-7(b)为图 3-7(a)的简化电路。其中

$$R = \frac{R_0 R_i}{R_0 + R_i} \tag{3-8}$$

$$C = C_c + C_i \tag{3-9}$$

由此可得放大器输入端电压 U_i

$$\dot{U}_i = \frac{R \mathbin{/\mkern-5mu/} \dfrac{1}{j\omega C}}{\dfrac{1}{j\omega C_0} + R \mathbin{/\mkern-5mu/} \dfrac{1}{j\omega C}} U_c = \frac{C(t)}{C_0} E_0 \frac{j\omega R C_0}{1 + j\omega R(C_0 + C)} \tag{3-10}$$

由于电容传声器的电容 $C(t)$ 与噪声的声压 $p(t)$ 成正比,设比例系数为 k,则

$$\dot{U}_i = \frac{p(t)}{C_0} k E_0 \frac{j\omega R C_0}{1 + j\omega R(C_0 + C)} \tag{3-11}$$

在高频段,$\omega(C_0 + C)R \gg 1$,则上式为

$$\dot{U}_i = \frac{kE_0}{C_0 + C} p(t) \tag{3-12}$$

说明前置放大器的输入电压与频率无关,即传声器的幅频特性是一条水平线,为理想的幅频特性,此时,传声器的灵敏度不随频率变化。

在低频段,$\omega(C_0 + C)R \ll 1$,则

$$\dot{U}_i = j\omega R k E_0 p(t) \tag{3-13}$$

式(3-13)中有 ω 项,说明前置放大器的输入电压随频率变化而改变,也就是说,传声器的幅频特性不是一条水平线,传声器的灵敏度将随频率改变。

4. 传声器的主要技术指标

传声器的主要技术指标有灵敏度、输出阻抗、频率特性、指向性、固有噪声等。

(1)灵敏度:传声器的灵敏度是指传声器在一定声压作用下,输出信号电压的大小,单位为 V/Pa 或 mV/Pa。有时也用灵敏度级表示,单位为 dB(1 V/Pa 为基准值 0 dB)。

(2)输出阻抗:传声器的输出阻抗是指其输出端的交流阻抗(在 1 kHz 频率下测得)。通常将输出阻抗低于 2 kΩ 的传声器称为低阻传声器,而将输出阻抗高于 2 kΩ 的传声器称为高阻传声器。

(3)频率特性:传声器的频率特性是指传声器在自由场中输出信号电压与频率的关系,它是一条随频率变化的频率响应曲线。频率响应曲线平直的范围越宽其动态工作范围越宽,即动态性能越好。

普通传声器的动态工作范围为 100 Hz～15 kHz,高性能传声器的动态工作范围为30 Hz～20 kHz。

(4)指向性:传声器的指向性是指传声器的灵敏度随声波入射方向而变化的特性。它分为无指向式传声器、单指向式传声器、双指向式传声器三种。无指向式传声器对来自四周的声波都有基本相同的灵敏度。单指向式传声器的正面灵敏度比背面高,单指向式传声器根据指向性特性曲线特点,又分为心形、超心形和超指向三种。双指向式传声器的前、后两面灵敏度较高,左、右两侧的灵敏度偏低一些。

(5)固有噪声:固有噪声是指传声器在没有外加声压作用时,也有输出电压。固有噪声是由传声器内部的电路热噪声或周围空气压力变化引起的。固有噪声值越小,传声器的性能越好。

(四)放大器/衰减器

一般来说,传声器的输出信号很微弱,需要将其进行放大处理。声级计中一般采用两级放

大器,即输入放大器和输出放大器,其作用是将微弱的电信号放大,以推动后续检波电路及指示仪表。

输入衰减器和输出衰减器是用来改变输入信号衰减量和输出信号衰减量的,以便使表头指针指在适当的位置。虽然一般传声器的输出信号很微弱,但有时声级计也需要测量大噪声信号,这时就需要将输入信号衰减,以免输入放大器过载。输出衰减器接在输出放大器之前,将通过计权网络的输出信号衰减,使指示仪表指在恰当位置。所以说衰减器实际就是量程控制开关。

(五)计权网络

人们对噪声的主观感觉与噪声强弱、噪声频率、噪声与时间的变化有关。人耳对不同频段的声音感受不同,对 3kHz 左右的中频最灵敏,对低频和高频则差一些。所以需要采用一定的方法,把噪声的客观物理量与人的主观感觉结合起来,用以评价噪声对人的干扰程度。这样,就需要设计出能将传声器输出的电信号按照人耳的听觉特性进行修正的网络,这种网络就是计权网络。计权网络使所接收到的声音信号对不同频率成分进行不同程度的衰减和增强,以便直接读出能够反映人耳对噪声感觉的数值来。通过计权网络测得的声压级,已不再是客观物理量的声压级,而是经过听感修正的声压级,即计权声级。

除了 A、B、C 三种计权网络之外,目前还出现了 D、E 和 SI 几种计权网络。D 计权主要用于测量航空噪声,E 计权是根据响度计算方法做出的,主要用于工业和环境噪声测量,SI 计权用于衡量语言干扰。

声级计中,计权网络通常是由多级的 RC 网络按相应的计权特性组成的滤波器。

(六)检波器和指示表或显示器

实际测量中,噪声频率分布范围宽度和频率成分幅值不同,且无一定规律。为了测量这种复杂的波形,在声级计电路中必须设有检波器,将电压信号放大和整流后来推动指针指示表或显示器(对数字显示器而言,还需增加 A/D 转换器电路,变模拟信号为数字信号),指示或显示出被测噪声的大小。

检波器作用是把迅速变化的电压信号转变成变化较慢的直流电压信号,这个直流电压的大小要对应输入信号的大小,且要反映人耳对噪声的时间响应特性,因为人耳对瞬态和稳态声的感觉不同。根据被测噪声的特点,检波器有峰值检波器、平均值检波器和均方根值检波器之分。峰值检波器能给出一定时间间隔中的最大值,平均值检波器能在一定时间间隔中测量其绝对平均值。均方根值检波器能对交流信号进行平方、平均和开方,得出电压的均方根值。除了测量脉冲声需要峰值检波外,多数的噪声测量中均是采用均方根值检波器。

目前,测量噪声用的声级计,表头响应按灵敏度可分为四种:

"慢":表头时间常数为 1 000 ms,一般用于测量稳态噪声,测得的数值为有效值。

"快":表头时间常数为 125 ms,一般用于测量波动较大的不稳态噪声和交通运输噪声等。快挡接近人耳对声音的响应。

"脉冲或脉冲保持":表针上升时间为 35 ms,用于测量持续时间较长的脉冲噪声,如冲床、锻锤等,测得的数值为最大有效值。

"峰值保持":表针上升时间小于 20 ms,用于测量持续时间很短的脉冲声,如枪、炮和爆炸声,测得的数值是峰值,即最大值。

(七)声级计的主要附件

1. 校准传声器:用于对声级计进行校准。

2. 防风罩：用于风速较大的场合。将其套在传声器上，以降低风对测量精度的影响。

3. 无规入射校正器：用于改善传声器的指向性。

4. 三脚架、延长杆：用于固定传声器，使其远离人体，避免人体反射对测量精度的影响。

（八）声级计相关参考标准

声级计的设计、使用都必须符合规范，相关标准如下：

GB/T 3785.1—2010 电声学 声级计 第 1 部分：规范

GB/T 17312—1998 声级计的无规入射和扩散场校准

JJG 699—1990 积分声级计检定规程

JJG 188—2002 声级计检定规程

SJ/T 10114—1991 HS5633 型数字声级计

SJ/T 10423—1993 声级计通用技术条件

二、频谱分析仪

（一）频谱分析概述

对大多数应用来说，噪声测量不仅要获知噪声的强度，而且希望从测量中获知噪声的来源和分布规律，以便对其进行研究和控制。为此，必须对噪声信号进行分析与记录，其中最常见的方法是对噪声信号进行频谱分析。

通过频谱分析，可以了解噪声信号的频率结构，了解噪声信号中的频率成分，各频率分量在总噪声中的贡献大小，然后就可结合具体的声源（如电机、空调等）情况，分析噪声产生的原因，以便对其采取相应措施。如果仅根据噪声频谱还不能确定产生噪声的原因，还可对噪声作进一步的分析，如相关分析、谱密度分析、相干分析、倒频谱分析、小波分析等。

倍频程频谱可以显示噪声在整个声频范围内的频率结构，它既可用模拟技术也可以用数字技术获得。

模拟技术是采用一系列的滤波器实现的。对应频谱分析的不同频率带宽，滤波器可分为恒定百分比滤波器和恒定带宽滤波器。而声级计中常采用的是 1/1 倍频程和 1/3 倍频程恒百分比带宽滤波器。

随着数字技术的发展，数字滤波器实现了模拟滤波器的功能。在较新的测试仪器中，一般都采用数字滤波技术。

现代动态信号分析处理系统都采用数字化方式实现，其核心就是离散傅里叶变换。利用傅里叶变换和反变换可以实现各种谱分析及相关分析等信号分析技术。

（二）频谱分析仪

频谱分析仪的功能就是将输入的时域信号转变为频域信号，给出频率与声级的关系图谱。

频谱分析仪由测量放大器和滤波器两大部分构成，滤波器是其核心。

频谱分析仪中有专做各种谱分析及波形计算的"FFT 信号分析仪"、"数字式频率分析仪"，还有既可进行频谱实时分析、又可测量混响时间的"声频分析仪"等。

早期的噪声及振动测量系统中，频谱分析仪都是独立设备，现代的测量系统中，频谱分析功能往往都由计算机完成。

三、噪声测量分析系统

早期的硬件化仪器体积较大，价格昂贵，无法将噪声测试仪器和分析仪器都带到现场直接对测量数据进行分析处理,通常是对噪声信号进行现场测量,并用存储设备先行存储,之后再到实验室利用分析仪器作进一步处理。

传统的噪声测试分析系统如图 3-8 所示,传声器将声压信号转换为电压信号,数据采集系统(可以是声级计)将此电压信号放大(或衰减)并加以存储。早期的存储设备为磁带,数据采用模拟或数字方式存储,现在多用存储卡,再将现场录制的磁带带到实验室进行进一步处理。接口装置读出磁带数据并产生模拟和数字两种输出,输出信号可由频谱分析仪、实时分析仪等进行深入分析和处理,也可以连接示波器进行显示输出,或连接电平记录仪进行记录或连接打印机打印出结果或图表。

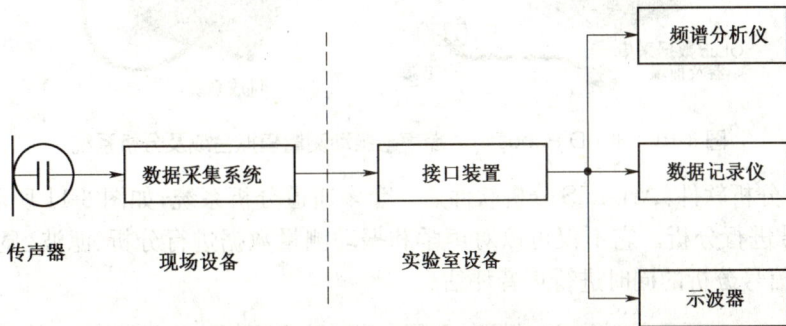

图 3-8　传统噪声测试分析系统

随着计算机技术和信息技术的迅猛发展,引起了测试仪器和测试技术的巨大变革。测试仪器出现了从模拟化到数字化再到智能化的一系列转变,基于计算机强大的数据处理能力,许多硬件功能都可以用软件实现,虚拟仪器也就应运而生。

典型的虚拟仪器基本组成为:传感器、信号调理前端、数据采集卡、计算机系统平台(传统硬件仪器功能以计算机程序的形式存储于计算机中)。被测信号由传感器转化为电信号,然后由信号调理电路进行去噪、放大、滤波等各种预处理,经过预处理后的信号经接口装置,如数据采集卡完成模数转换,实现与计算机系统的数据交换,计算机按系统内置的功能软件处理数据,实现信号分析、显示、打印等功能。

虚拟仪器的系统结构框图如图 3-9 所示。

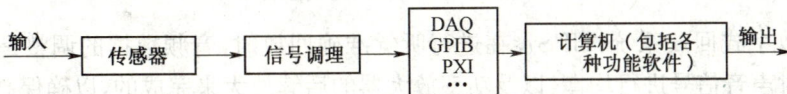

图 3-9　虚拟仪器的基本构成

例如 HEAD acoustics 噪声与振动测量模拟合成及分析系统就是一种虚拟仪器,如图 3-10 所示。该系统由六部分组成:ArtemiS(Advanced Research Technology for Measurement and Investigation of Sound and Vibration)测量分析和模拟合成软件、HPSⅣ(Head Playback System)数字式回放系统、HMS Ⅲ(Head Manual System)双耳信息采集器、声学传感器和振动加速度计以及 SQLabⅡ60 通道数据采集记录器及前端。

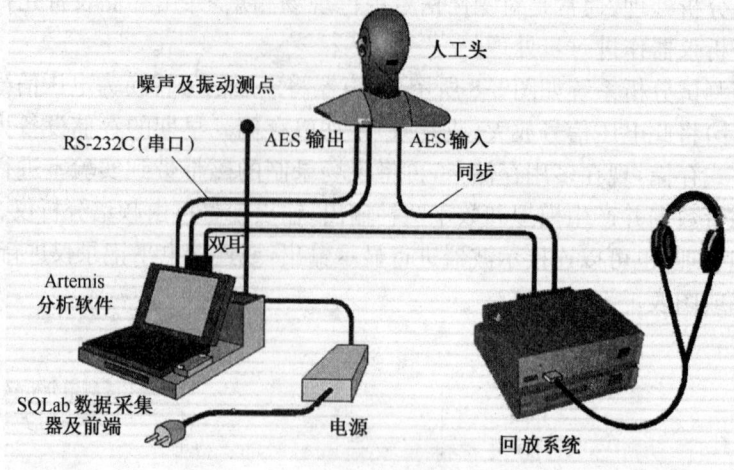

图 3-10　HEAD acoustics 噪声与振动测量模拟合成及分析系统

　　ArtemiS 分析软件：ArtemiS 分析软件是一套多通道分析系统，如图 3-11 所示，可以同时对多通道信号进行分析。它不仅可以对声学和振动测量数据进行分析、滤波、显示和文件归档，还可以在信号分析的同时进行声音评估。

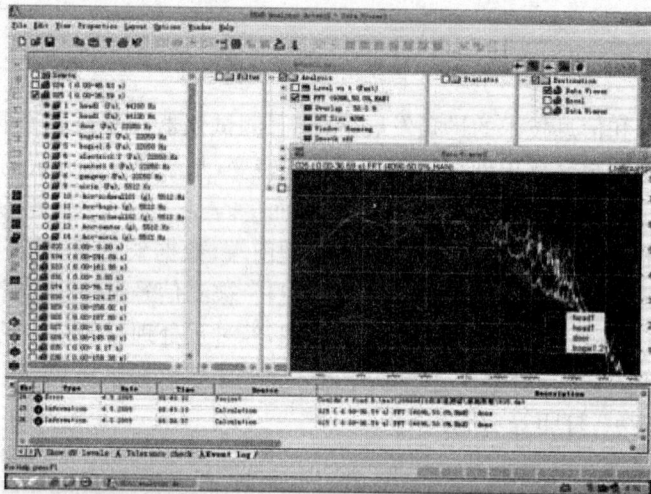

图 3-11　Artemis 分析软件

　　HPSⅣ数字式回放系统：HPSⅣ在进行听觉准确回放时，音频数据的调整是通过采用可编程均衡器对声音信号进行均衡，以及功率放大器的后续放大来完成的，以确保高保真回放的特性。因此，HPSⅣ可以通过对记录的声音状况的听觉准确再现得到最优的空间声场，真实地感受测试时现场的效果，如图 3-12 所示。

　　HMSⅢ双耳信息采集器（人工头）：HMSⅢ采用世界领先的数字式人工头技术，双耳信号采集设备，具有自动校准和自检功能的双耳测量系统，内置五种不同种类的数字式均衡器，适用于测试声学环境对仪器的要求。人类听觉是根据双耳所接受的声音信号的时间延误和声压级的不同来完成和进行定位的。该采集器可对声源进行人耳式的空间定位，所以人工头记录的回放可创造出相同的听觉效果，就好比听者直接经历原始声音一样。

图 3-12 HPSⅣ数字式回放系统

图 3-13 数据采集记录器及前端

声学传感器和振动加速度计：两者都有较高的技术指标，其中声学传感器的灵敏度是：50 mV/Pa；振动加速度计的灵敏度是：100 mV/g。

SQLabⅡ60通道数据采集记录器及前端如图3-13所示。完成声音信号、振动加速度信号的采集和调理功能。

HMSⅢ双耳信息采集器、声学传感器和振动加速度计就是这套虚拟仪器系统的传感器，SQLabⅡ60通道数据采集记录器及前端则完成信号的采集和调理功能，而ArtemiS测量分析和模拟合成软件对信号进行快速傅立叶变换、相关分析、功率谱分析等处理。处理的结果可由计算机屏幕显示或存盘处理。

HPSⅣ数字式回放系统将采集的声音信号回放也是一种形式的输出。

四、标准声源

标准声源是指在宽带频谱(100～10 000 Hz)内有稳定的声功率输出，且无指向性的声源。它在声学实验室中，对材料的吸声、隔声实验等各种测试中有着广泛的应用。

按国家标准GB/T 4129—2003《声学 用于声功率级测定的标准声源的性能与校准要求》中的规定，在100～10 000 Hz 频率范围内，各1/3倍频程声功率级间的最大差值应小于12 dB，且任意两个相邻1/3倍频程声功率级间的差值应小于±3 dB。在半消声室内，在100～10 000 Hz频率范围内的任意一个1/3倍频程，声源的指向性指数的最高值应小于6 dB。

目前使用的标准声源主要有空气动力式、电动式和机械式三种。

（一）空气动力式

空气动力式标准声源就是一台电机驱动，特殊设计的风扇或风机。主要由三部分构成：风扇或风机(声源)、电动机和多孔网罩。风扇或风机由多孔网罩罩住，电动机用于驱动声源，多孔网罩起调整声源声功率输出及调整声源频谱特性的作用。

（二）电动式

电动式标准声源一般由信号源、功率放大器和音箱构成，可以有一个或多个扬声器。信号源要求能发出规定频谱的无规信号，可采用白噪声或粉红噪声信号发生器。功率放大器应在宽的频带上有平直的频率响应特性。比较典型的音箱为正十二面体的形状。

（三）机械式

机械式标准声源是一个由周期撞击激发的金属盒，一般采用将测量楼板隔声用的撞击器放入金属盒中。为防止振动传至地板引起额外的噪声,盒下面要加上隔振垫。

五、加速度传感器简介

(一)概述

声波起源于物体的振动,物体的振动除了向周围空间辐射在空气中传播的空气声外,还通过其相连的固体结构传播声波,即"固体声"。固体声在传播的过程中又会向周围空气辐射噪声,特别是当物体共振时,会辐射很强的噪声。

振动产生噪声干扰人的生活、学习和健康,特别是 1～100 Hz 的低频振动,对人有直接影响。长期暴露于强振动环境中,人的机体将受到损害,机械设备或建筑结构也会受到破坏。

振动有位移、速度、加速度,所以振动信号传感器也就有位移传感器、速度传感器、加速度传感器之分,这三者之间通过微积分电路可进行换算。测量低频振动时常采用位移传感器。速度传感器、加速度传感器是实践中普遍应用的振动测量传感器,而加速度传感器体积小、重量轻,其应用更为广泛。

振动传感器按工作原理分,可分为电压式振动传感器、压电式振动传感器、电涡流式振动传感器、电感式振动传感器、电容式振动传感器、电阻式振动传感器、光电式振动传感器等。目前,在微振动测量领域,压阻式、压电式、电容式加速度传感器的研究和应用较多;在一般工业测量领域,压电式加速度传感器因其频响宽、动态范围大、可靠性高、使用方便,得到了广泛应用。

(二)压电式加速度传感器工作原理

压电式加速度传感器是基于压电效应工作的。

某些物质沿某一方向受到外力作用时,会产生变形,同时其内部产生极化现象,此时在这种材料的两个表面产生符号相反的电荷,当外力去掉后,它又重新恢复到不带电的状态,这种现象被称为压电效应。当作用力方向改变时,电荷极性也随之改变。这种机械能转化为电能的现象称为"正压电效应"或"顺压电效应",简称压电效应。反之,当在某些物质的极化方向上施加电场,这些材料在某一方向上产生机械变形或机械压力;当外加电场撤去时,这些变形或应力也随之消失。这种电能转化为机械能的现象称为"逆压电效应"或"电致伸缩效应"。

用公式可表达为

$$q = dF \tag{3-14}$$

式中　q——压电效应产生的电荷;

　　　F——施加的力;

　　　d——压电系数。

常用的压电材料有石英晶体、压电陶瓷,目前还出现了如半导体压电材料、高分子压电材料等新型材料。

(三)压电式加速度传感器结构

图 3-14 为一种压电式加速度传感器结构。构成部件主要有压电元件、质量块、预压弹簧、基座及外壳等。所有部件装在外壳内,并由螺栓固定。

(四)压电式加速度传感器动态特性

压电式加速度传感器力学模型如图 3-15 所示。

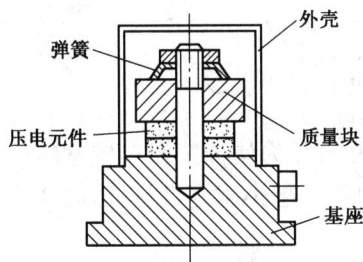

图 3-14　压电式加速度传感器结构　　　　图 3-15　压电式加速度力学模型

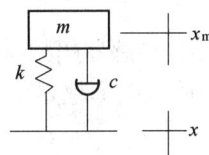

系统数学模型为（微分方程）：

$$m \frac{\mathrm{d}^2 x_{\mathrm{m}}}{\mathrm{d}t^2} + c \frac{\mathrm{d}(x_{\mathrm{m}} - x)}{\mathrm{d}t} + k(x_{\mathrm{m}} - x) = 0 \tag{3-15}$$

质量块相对被测体的位移为　　　　$x_{\mathrm{r}} = x_{\mathrm{m}} - x$ 　　　　　　　　　　(3-16)

则

$$m = \frac{\mathrm{d}^2 x_{\mathrm{r}}}{\mathrm{d}t^2} + c \frac{\mathrm{d}x_{\mathrm{r}}}{\mathrm{d}t} + k x_{\mathrm{r}} = -m \frac{\mathrm{d}^2 x}{\mathrm{d}t^2} \tag{3-17}$$

质量块相对被测体的位移即为压电元件的变形，若压电元件刚度为 k_{y}，则

$$F = k_{\mathrm{y}} x_{\mathrm{r}} \tag{3-18}$$

由压电效应知　　　　　　　　　$q = \mathrm{d}F = \mathrm{d}k_{\mathrm{y}} x_{\mathrm{r}} \tag{3-19}$

则

$$m \frac{\mathrm{d}^2 q}{\mathrm{d}t^2} + c \frac{\mathrm{d}q}{\mathrm{d}t} + kq = -m \mathrm{d}k_{\mathrm{y}} a \tag{3-20}$$

可得传感器的电荷输出传递函数

$$H(s) = \frac{Q(s)}{F(s)} = -m \mathrm{d}k_{\mathrm{y}} / [ms^2 + cs + k] \tag{3-21}$$

写为二阶系统标准形式

$$H(s) = -\mathrm{d}k_{\mathrm{y}} / \left[s^2 + \frac{c}{m}s + \frac{k}{m} \right] \tag{3-22}$$

所以，压电式加速度传感器的固有频率为 $\omega_{\mathrm{n}} = \sqrt{\dfrac{k}{m}}$ ，阻尼比为 $\xi = \dfrac{c}{2\sqrt{km}}$ 。

压电式加速度传感器的频率响应函数为

$$H(\mathrm{j}\omega) = \frac{-\mathrm{d}k_{\mathrm{y}} \left(\dfrac{1}{\omega_{\mathrm{n}}} \right)^2}{1 - \left(\dfrac{\omega}{\omega_{\mathrm{n}}} \right)^2 + \mathrm{j}2\xi \dfrac{\omega}{\omega_{\mathrm{n}}}} \tag{3-23}$$

幅频特性为：

$$A(\omega) = \frac{\mathrm{d}k_{\mathrm{y}} \left(\dfrac{1}{\omega_{\mathrm{n}}} \right)^2}{\sqrt{\left(1 - \left(\dfrac{\omega}{\omega_{\mathrm{n}}} \right)^2 \right)^2 + 4\xi^2 \left(\dfrac{\omega}{\omega_{\mathrm{n}}} \right)^2}} \tag{3-24}$$

相频特性为：

$$\Phi(\omega) = -\arctan\left[\frac{2\xi\dfrac{\omega}{\omega_n}}{1 - \left(\dfrac{\omega}{\omega_n}\right)^2}\right] \tag{3-25}$$

当 $\omega \ll \omega_n$ 时,传感器幅频特性为常数,即灵敏度为常数。为使传感器有较宽的动态工作范围,传感器的固有频率越高越好,这就意味着传感器的质量越小越好,所以压电式加速度传感器都很小巧。

(五)压电式加速度传感器的工作特性

1. 压电传感器等效电路

当压电晶体承受应力作用时,在它的两个极面上出现极性相反但电量相等的电荷。故可把压电传感器看成是一个电荷源与一个电容并联的电荷发生器,见图 3-16(a)所示。其电容量为:

$$C_a = \frac{\varepsilon S}{\delta} = \frac{\varepsilon_r \varepsilon_0 S}{\delta} \tag{3-26}$$

压电传感器也可等效为电压源形式,如图 3-16(b)所示。

实际使用时,压电传感器需要通过导线与测量仪器相连接。设连接导线的等效电容为 C_c、前置放大器的输入电阻为 R_i、输入电容为 C_i、压电元件的绝缘电阻为 R_a,则压电传感器完整的等效电路可表示成图 3-17(a)所示的电荷源等效电路

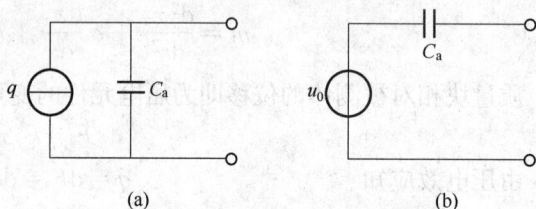

图 3-16　压电传感器等效电路

和图 3-17(b)所示的电压源等效电路。这两种等效电路是完全等效的。

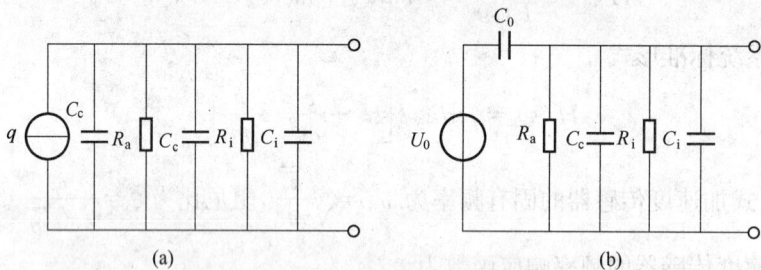

图 3-17　实际压电传感器等效电路

2. 压电传感器的工作特性分析

由于压电式传感器的输出电信号很微弱,通常先把传感器信号输入到高输入阻抗的前置放大器中,然后将微弱电信号放大,同时进行阻抗变换,将传感器的高输出阻抗变换为低输出阻抗。

对应于压电传感器的两种等效电路,前置放大器电路也有两种形式:一是用带电容反馈的电荷放大器,其输出电压与输入电荷成正比;另一种是用带电阻反馈的电压放大器,其输出电压与输入电压成正比。

（1）电荷放大器

电荷放大器等效电路如图 3-18 所示。电荷放大器由一个反馈电容 C_f 和高增益运算放大器构成。由于运算放大器输入阻抗极高，放大器输入端几乎没有分流，故可略去 R_a 和 R_i 并联电阻。

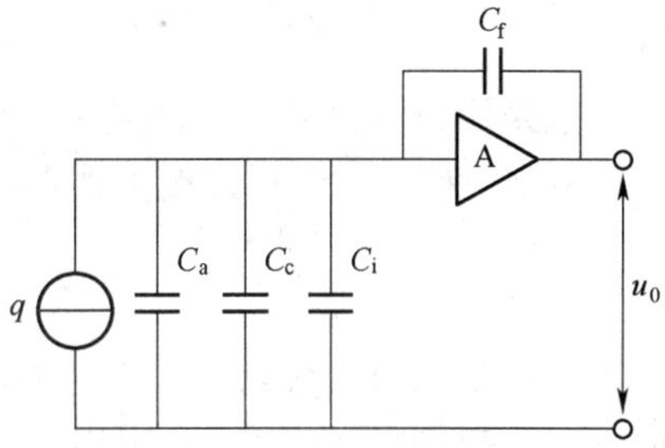

在深度电容负反馈下，电荷放大器的输出电压为

$$u_0 = \frac{-Aq}{C_a + C_c + C_i + (1+A)C_f} \qquad (3\text{-}27)$$

由于运算放大器为高增益运放，$(1+A)C_f \gg C_a + C_c + C_i$，则

$$u_0 \approx -\frac{q}{C_f} \qquad (3\text{-}28)$$

图 3-18　电荷放大器等效电路

由此可见，电荷放大器的输出电压 u_0 与输入电荷 q 成正比，并且只与输入电荷 q 和反馈电容 C_f 有关，而与电缆电容 C_c 无关。所以，使用电荷放大器时，连接电缆的长度变化基本不会引起电荷放大器的输出改变，这是电荷放大器的最大优点。

（2）电压放大器

电压放大器等效电路见图 3-19（a）。图 3-19（b）为放大器输入端简化等效电路。在图 3-19（b）中，电阻 $R = R_a R_i/(R_a + R_i)$，电容 $C = C_c + C_i$，$U_a = q/C_a$。

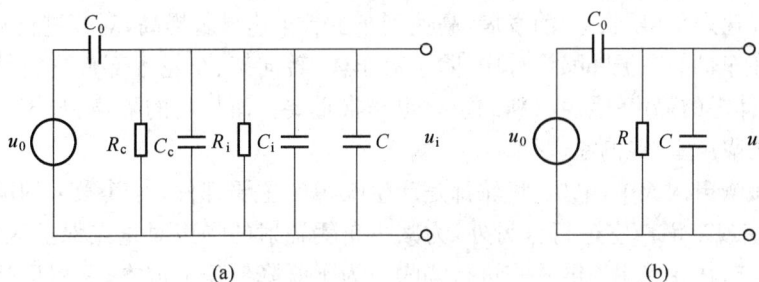

图 3-19　电压放大器等效电路

由压电传感器工作原理，可得

$$\dot{U}_a = \frac{d\dot{F}}{C_a} \qquad (3\text{-}29)$$

式中　F——压电传感器上施加的激振力；

$\dfrac{d}{C_a}$——压电传感器灵敏系数。

由此可得放大器输入端电压 U_i，其复数形式为

$$\dot{U}_i = dF \frac{j\omega R}{1 + j\omega R(C_a + C)} \qquad (3\text{-}30)$$

U_i 的幅值 U_{im} 为

$$U_{im}(\omega) = \frac{dF_m \omega R}{\sqrt{1 + \omega^2 R^2 (C_a + C_c + C_i)^2}} \qquad (3\text{-}31)$$

输入电压和作用力之间相位差为

$$\Phi(\omega) = \frac{\pi}{2} - \arctan[\omega(C_a + C_c + C_i)R] \tag{3-32}$$

一般来说，传感器的 R_a 电阻值与前置放大器输入电阻 R_i 都非常大，若 ω 不是很小，则 $\omega(C_a + C_c + C_i)R \gg 1$，那么由式(3-31)可知，理想情况下输入电压幅值 U_{im} 为

$$U_{im} = \frac{dF_m}{C_a + C_c + C_i} \tag{3-33}$$

上式表明前置放大器输入电压 U_{im} 与频率无关。需要说明的是，上式只能在 ω 不很小时才成立。一般在 $\omega/\omega_0 > 3$ 时，可以认为 U_{im} 与 ω 无关，ω_0 为测量电路时间常数之倒数，由下式表示。

$$\omega_0 = \frac{1}{R(C_a + C_c + C_i)} \tag{3-34}$$

这就是说压电传感器有很好的高频频率特性。但是，由式(3-33)可知，前置放大器输入电压 U_{im} 与 C_c 有关，即与电缆长度有关，所以，在测量时不能随意变更连接电缆的长度。

由式(3-31)可知，当作用于压电传感器的力为静态力($\omega=0$)时，前置放大器的输出电压等于零，因为电荷会通过放大器输入电阻和传感器本身漏电阻漏掉，所以压电传感器不能用于静态力的测量。

第三节　实验室测试方法

当前我国高速列车得到了空前发展，高速列车由于车速显著提高，对其进行减振降噪设计就越发重要。在车辆的减振降噪设计中，除了对车体、转向架、车轮等部件进行结构改进和创新设计之外，车体上的隔声、吸声材料的选择也非常重要。而材料的隔声、吸声性能的准确测试需要在专业的隔声室、混响室进行。

车辆的机械噪声构成中，电机、齿轮都是产生噪声的主要部件，对其噪声的准确测量也应在专业的消声室或半消声室进行。另外，为减少车辆辐射的噪声对重点保护区域如医院、学校、居民区的影响，往往采用声屏障来进行降噪。为了既降低建造成本，又保证达到降噪目标值，目前，正在研究通过对半消声室声屏障的缩尺模型进行降噪情况测试来预测实地建造声屏障的降噪效果。

由于隔声室、混响室中声学材料的性能测试占有很高的比例，所以有必要了解声学材料的相关参数。

一、声学材料的相关参数简介

声学材料的主要作用包括吸声和隔声两个方面。因此，工程上衡量声学材料的声学性能亦从这两个方面出发，吸声性能用吸声系数、反射系数及声阻抗率等参数评定；隔声性能则用隔声量、声压透射系数来评定。下面简单介绍工程上常用的声学材料性能参数。

(一)吸声系数、反射系数、声阻抗率

当声波入射到材料表面时，入射声能的一部分被材料表面反射回去，另一部分进入材料，这部分能量在材料中继续传播时被大幅度吸收衰减；未被吸收的部分到达刚性壁面上反射后，又被材料再次吸收衰减，能够穿过材料重新进入空气中的声能就比当初减少了很多。被材料吸收的声能与入射到材料表面的声能的比值用 α 来表示：

$$\alpha = \frac{E_i - E_r}{E_i} = 1 - \frac{E_r}{E_i} \tag{3-35}$$

式中　α——吸声系数；

　　E_i——入射声能，J；

　　E_r——反射声能，J。

同一种材料，对不同频率的声波其吸声系数往往也不同。通常所说的材料的吸声系数往往是指在 125 Hz、250 Hz、500 Hz、1 000 Hz、2 000 Hz 和 4 000 Hz 6 个倍频程中心频率下的吸声系数。

声波入射到材料表面时，反射声压与入射声压的比值用 r 来表示：

$$r = \frac{p_r}{p_i} \tag{3-36}$$

式中　r——反射系数；

　　p_i——入射声波声压；

　　p_r——反射声波声压。

吸声系数 α 与反射系数 r 有如下关系：

$$\alpha = 1 - r^2 \tag{3-37}$$

声阻抗的定义式为：

$$Z = \frac{p(x)}{u(x)} \tag{3-38}$$

式中　Z——媒质的声阻抗率；

　　$p(x)$——媒质中 x 处的声压，Pa；

　　$u(x)$——媒质中 x 处的质点速度，m/s。

声阻抗率 Z 与反射系数 r 有如下关系：

$$Z = \frac{1+r}{1-r} \rho_{c0} \tag{3-39}$$

式中　ρ_{c0}——空气的特性阻抗。

（二）隔声量、声压透射系数

当声波入射到材料表面时，入射声能的一部分被材料表面反射回去，一部分进入材料继续传播。进入材料内的声能，一部分由于材料的内阻而被吸收，另一部分穿过材料进入另一侧的空气中继续传播。

入射到材料表面的声能与透射到材料另一侧的声能两者的 10 倍对数的差就为隔声量，用 TL 来表示：

$$TL = 10\lg E_i - 10\lg E_t = 10\lg\left(\frac{E_i}{E_t}\right) \tag{3-40}$$

式中　TL——隔声量，dB(A)；

　　E_i——入射声能，J；

　　E_t——透射声能，J。

同一种材料，对不同频率的声波其隔声量往往也不同。同吸声系数一样，工程中常用材料在 125 Hz、250 Hz、500 Hz、1 000 Hz、2 000 Hz 和 4 000 Hz 6 个倍频程中心频率下的隔声量来表示材料的隔声性能，有时也用这 6 个隔声量的算术平均值来表示材料的隔声性能。

目前测量材料隔声量最常用的方法是混响室法。它是将面积约为 10 m² 的样品放在两个相邻混响室隔墙的中间,然后通过测量两个混响室的声压级来确定材料的隔声量。

当声波入射到材料表面时,透射声波幅值与入射声波幅值的比值定义为声压透射系数,用 t_p 来表示:

$$t_p = \frac{p_t}{p_i} \tag{3-41}$$

式中　t_p——声压透射系数;

　　　p_t——透射声波幅值;

　　　p_i——入射声波幅值。

隔声量 TL 与声压透射系数 t_p 有如下关系:

$$TL = -20\lg t_p \tag{3-42}$$

二、混响室法

混响室是一个能在所有边界上全部反射声能,并在其中充分扩散,形成各处能量密度均匀、在各传播方向作无规分布扩散场的实验室。

混响室的容积一般规定要大于 200 m³,可测试的最低频率为 125 Hz(倍频程)或 100 Hz(1/3 倍频程),其混响时间一般为几秒到几十秒。当容积小于 200 m³ 时,可测试的最低频率将提高。该下限频率由下式确定:

$$f = 125\left(\frac{200}{V}\right)^{1/3} \tag{3-43}$$

混响室的混响时间应尽量长,以保证声波充分扩散,所以混响室一般形状都不规则,各表面不相互平行,其长、宽、高中任何两个尺度之比不等于或不接近于某一整数值。国际标准化组织推荐采用的比值(长∶宽∶高)为:1.54∶1.28∶1;1.58∶1.25∶1;1.69∶1.17∶1;2.13∶1.17∶1;2.38∶1.62∶1。室内最大线度应满足下式:

$$L_{\max} < 1.9 V^{1/3} \tag{3-44}$$

式中　$L_{\max}$——房间最大线度(比如矩形房间最大线度为主对角线),m;

　　　V——房间容积,m³。

混响室的壁面通常贴瓷砖或用多层瓷漆。为了增进室内声场的扩散程度,内表面可做成半球、柱面或其他形状的凸面体,地面常用水磨石上蜡,房间全部表面的平均吸声系数一般不超过 0.06,接近全反射。为了增加声能的扩散并使声场尽量均匀,混响室内常悬挂固定扩散板或安装活动扩散体。

混响室主要用来测定材料的吸声系数,空气中的声吸收,机器、设备等噪声源的声功率及频谱等。

(一)混响室法测定材料的吸声系数

实验室测量材料吸声系数的方法很多,如驻波管法、传递函数法、声强法等,但使用最早、最多的还是混响室法。它能测量声波无规入射时的平均吸声系数,这与实际应用中声波的入射方式最为接近。

1. 测试原理及吸声系数计算

随着声源的启动,声波就会在混响室内各壁面、地板、天棚和扩散体之间来回反射、扩散产生混响声,当声源停止,混响声就逐渐衰减。声波衰减的快慢可用混响时间来描述。

混响时间的定义为:稳态声源停止后,声压级衰减 60 dB 所需的时间。

混响时间可用考虑了空气吸收的赛宾公式计算:

$$T_{60} = K \frac{V}{S\bar{\alpha} + 4mV} \tag{3-45}$$

式中　$\bar{\alpha}$——房间的平均吸声系数;

S 和 V——分别为封闭空间内部表面积和体积;

K——与声速 C 有关的常数(为 55.3/C,一般取 0.161);

m——空气的声强吸收系数。

令混响室的吸声量 $A = S\bar{\alpha}$,则式(3-45)可表示为

$$T_{60} = K \frac{V}{A + 4mV} \tag{3-46}$$

显然,混响时间的长短和房间的吸声量及体积有关。在房间大小固定后,混响时间就只与房间的吸声量有关了。当有吸声材料放入混响室,就会改变房间的吸声量引起混响时间变化,所以,吸声材料的吸声系数可通过对放入吸声材料前后的混响时间的测量来获得。

将式(3-46)改写为

$$A = K \frac{V}{T_{60}} - 4mV \tag{3-47}$$

将常数 K 用 55.3/C 代入,上式则可表示为

$$A = \frac{55.3V}{CT_{60}} - 4mV \tag{3-48}$$

设混响室放入吸声材料前声速为 C_1、空气的声强吸收系数为 m_1,测出的混响时间为 T_{60-1},放入吸声材料后声速为 C_2、空气的声强吸收系数为 m_2,再测出的混响时间为 T_{60-2},则按式(3-48)可知,将吸声材料放入混响室前后,其等效吸声量的变化为

$$A = \frac{55.3V}{CT_{60-2}} - \frac{55.3V}{CT_{60-1}} - 4(m_2 - m_1)V \tag{3-49}$$

式(3-49)符合中华人民共和国国家标准 GB/T 20247—2006《混响室吸声测量》的规定。在两次测量时的室内温度及湿度相差很小的情况下,$C_1 \approx C_2 = C$,$m_1 \approx m_2 = m$,则上式可化简为:

$$\Delta A = A_2 - A_1 = \frac{55.3V}{C}\left(\frac{1}{T_{60-2}} - \frac{1}{T_{60-1}}\right) \tag{3-50}$$

当被测试件为平面吸声体,其面积与整个混响室表面积相比较小,且被吸声材料试件覆盖的那部分表面吸声系数相对很小,所以有:

$$\Delta A = \alpha_s S' \tag{3-51}$$

式中　α_s——被测材料的无规入射吸声系数;

S'——被测材料的表面积。

吸声系数和吸声量由各频段的混响时间按下列公式计算

$$\alpha_s = \frac{55.3V}{CS}\left(\frac{1}{T_{60-2}} - \frac{1}{T_{60-1}}\right) \tag{3-52}$$

式中　α_s——混响室法吸声系数;

V——混响室体积,m³;

S ——试件的面积，m²；

C ——空气中声速，m/s；

$$C = 331.5 + 0.5t$$

t ——空气温度，℃；

T_{60-2} ——放入试件后的混响时间，s；

T_{60-1} ——未放入试件前空室的混响时间，s。

2. 测量环境

测量室温度不低于 15～30 ℃，相对湿度为 30%～90%。被测试件最好提前一天放入混响室，以使试件与环境温、湿度一致。

3. 测量设备

（1）声源

指向性要求：混响室内用于发声的扬声器或扬声器组应尽可能的无指向性。应设不同的声源位置，两位置间的距离应大于 3 m。可同时使用两个或两个以上声源，只要它们各个 1/3 倍频程声功率之差不大于 3dB。通常采用两个直接辐射式扬声器，分别置于两角隅并朝向主对角线方向。

同一种材料，对不同频率的声波其吸声系数往往也不同。因此混响时间的测量要求对以下中心频率的 1/3 倍频程序列进行测量：

　　100　125　160　200　250　315　400　500　630
　　800　1 000　1 250　1 600　2 000　2 500　3 150　4 000　5 000

声源信号应为具有连续频谱的宽带或窄带噪声信号，窄带噪声信号的宽度至少应为 1/3 倍频程。

空室时，室内声源应为粉红噪声或白噪声。相邻两个 1/3 倍频程的声压级差应小于 6 dB。

白噪声是指在整个可听频率范围内，各等带宽的频率所含噪声能量相等，其频谱与白光频谱分布类似，故定名为白噪声。粉红噪声较白噪声悦耳，其能量主要分布于中低频段，噪声能量在每倍频程相等。

声压级要求：衰变前稳态声源信号的声级与背景噪声声级之差应足够大，从而保证衰变曲线中取值下限处的声压级至少高于背景噪声 10 dB。所以，理论上衰变前稳态声源信号的声级与背景噪声声级之差至少应为 35 dB，一般推荐不小于 40 dB。

持续时间要求：切断声源前稳态信号的持续时间不应短于混响时间预估值的一半。

（2）接收设备

接收设备应包括传声器、放大器、滤波器及记录设备。

传声器应尽可能地无指向性，其数量至少为 3 个。传声器数量与声源数量的乘积应为 12。

记录设备应适合于确定与混响时间对应的衰变曲线斜度的系统。可以是电平记录仪，也可以是现代的数字测量系统。

（3）被测吸声试件

①试件制备：大量研究发现，在吸声试件的面积较小时，α_s 的值会随着吸声材料面积的增加而减少，当面积达到一极限值后，由于边缘效应，α_s 的值就不变了。为了便于比较不同实验

室的测量结果,理论上应该使用相应的极限面积来测量吸声系数 α_s,但通常极限面积很大,达到几十平方米,从而给试件的制备和测量带来很多困难。为统一起见,中华人民共和国国家标准 GB/T 20247—2006《混响室吸声测量》做了统一规定。

对于平面试件,试件应为一整体,试件面积应在 $10\sim12\ m^2$ 之间。试件面积应为矩形,宽与长之比应为 $0.7\sim1.0$。当混响室容积 V 大于 $200\ m^3$ 时,试件面积的上限应乘以 $(V/200)^{2/3}$。

一般来说,混响室越大,试件面积应越大。对吸声系数小的试件,宜取面积上限。

对于分立试件,如座椅、屏风等,则数量需要多个,一般不少于 3 个,吸声面积为 $1\sim12\ m^2$ 之间,当混响室容积 V 大于 $200\ m^3$ 时,试件面积的上、下限应分别乘以 $(V/200)^{2/3}$。

②试件放置:由于较多的简正振动方式的声压在 2 个墙面的交界处为极大,故同一材料在交界处的吸声效果比在墙面中心处大,所以规定试件应紧密地贴在室内某一界面上,边缘与其他任一界面的距离不应小于 $1\ m$,至少 $0.75\ m$。

对于分立试件,试件应按其典型工作状态放置,比如座椅就直接放在地面。分立试件的间距至少为 $2\ m$,且要随机摆放。试件与房间任一界面的距离不应小于 $1\ m$。若试件为空间吸声体,则其与混响室任一界面的距离、与室内的扩散体及传声器的距离均不能小于 $1\ m$。

当分立试件只有一个时,至少要测量 3 个位置,位置之间的距离不小于 $2\ m$。结果取 3 次测量的平均值。

4. 混响时间的测量

(1)测量前的准备

按测量要求安放和调试好声源和测试设备,将被测试件按国标的规定制备并确定其安放位置。确定好至少 3 个传声器的测点并安装好传声器,每个测点之间的距离至少为 $1.5\ m$。每个传声器测点都应远离声源,距离至少为 $2\ m$。传声器与被测试件和边界面(包括扩散板)的距离最小应为 $1\ m$。

(2)测量步骤

混响时间的测量方法不止一种,这里介绍一种常用的方法。

①按 1/3 倍频程先测出空室中的衰变曲线,进而算出混响时间 T_{60-1},同时记录室内温、湿度。

混响时间测量示意图如图 3-20 所示。接通电源后,功率放大器驱动扬声器发出白噪声或粉红噪声,保持发声时间数十秒,使室内建立的稳态声场尽量接近于扩散声场,然后迅速关闭信号源,信号分析仪采集传声器输出的信号数据,由衰减曲线计算出混响时间。或采用传统的电平记录仪记录衰减曲线,再根据电平记录仪的纸速算得混响时间。

②按预先确定的位置放置被测的吸声试件,按 1/3 倍频程再测出此时的衰变曲线,进而算出混响时间 T_{60-2},同时记录室内温、湿度。

(3)关于混响时间 T_{60} 计算的说明

各个频带衰变曲线的取值应在低于起始声压级 5 dB 的地方开始,取值范围为 20 dB。

计算混响时间时,上述取值范围的衰变曲线应采用最小二乘法进行直线拟合。进而推得混响时间 T_{60-1},T_{60-2}。

为减少随机误差的影响,必须将在某一传声器(扬声器)位置测得的至少 3 个数据进行平均。一般应按式(3-53)平均

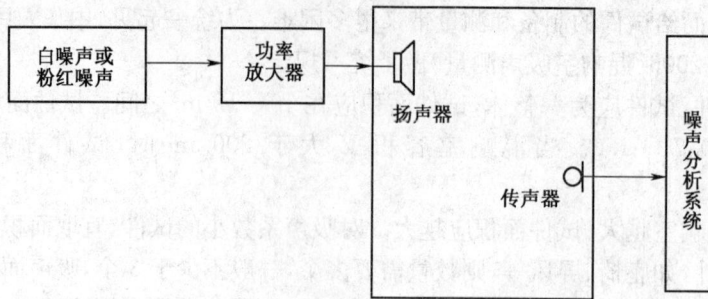

图 3-20　混响时间测试装置

$$L_{\mathrm{p}}(t) = 10\lg\left(\frac{1}{N}\sum_{i=1}^{N}10^{0.1L_{\mathrm{p}i}(t)}\right) \tag{3-53}$$

式中　$L_{\mathrm{p}i}(t)$——在时刻 t，第 i 个衰变的声压级，dB；

　　　$L_{\mathrm{p}}(t)$——在时刻 t，总数为 N 个衰变的平均声压级，dB。

现代数字设备实现上述计算非常容易，但传统的模拟设备实现起来要麻烦得多。当然也可用记录的衰变曲线在取值段逐点取数计算，但这样的误差一般都较大，在这种情况下，也可先对单个衰变曲线取值获得混响时间，再将多条衰变曲线的混响时间平均。

5. 吸声系数的计算

按本章"混响室法测定材料的吸声系数"部分叙述的方法计算平面试件的吸声系数 α_{s}。

（二）混响室法测量声功率

为了确定声源的声学性能，常常需要测定声源的声功率。声功率的测量按精度等级可分为精密级（1级）、工程级（2级）和简易级（3级）；按测试环境可分为专业实验室（消声室或半消声室、混响室）、非专业实验室及户外。不同测量方法的测量标准、设施、步骤和误差都不相同，见表3-1。

表 3-1　声功率测试方法比较

级别	测试环境	国家标准	国际标准	再现性标准偏差（A 计权 dB）
精密级（1级）	消声室或半消声室	GB/T 6882—2008	ISO3745：2012	0.5
	混响室	GB/T 6881.1—2002	ISO 3741：2010	0.5
工程级（2级）	硬壁测试室	GB/T 6881.2—2002	ISO3743-1：2010	1.5
	专用混响测试室	GB/T 6881.3—2002	ISO3743—2：1994	2.0
	户外或大房间	GB/T 3767—1996	ISO3744：2010	1.5
简易级（3级）	无规定	GB/T 3768—1996	ISO3746：2010	3 或 4（声源中有显著纯音时加 1）
	无规定环境，声源不可移动		ISO3747：2010	4（声源中有显著纯音的为 5）

利用混响室可以实现声功率的精密法和工程法测量,重点介绍混响室测量声功率的精密法。

对于混响室法测量声功率来说,在测试仪器满足要求的情况下,声功率的测试精度和测试室的体积、房间尺寸的比例、室内表面的吸声、扩散体以及声源的频谱特性等有关。混响室法不适于测量主要辐射频率低于 200 Hz 的声源声功率。

1. 测量声学环境要求

(1)混响室设计原则

测定声功率用的混响室应足够大,室内总的声吸收足够低,使其在所需考虑的频率范围内对所有频带都提供合适的混响声场。

(2)混响室的容积

测试室最小容积规定见表 3-2。

表 3-2　测试室最小容积

最低的 1/3 倍频程中心频率(Hz)	测试室最小容积(m³)
100	200
125	150
160	100
≥200	70

(3)混响室吸收的要求

测试室的吸收主要影响噪声源与传声器位置之间要保持的最小距离,也影响源的声辐射以及测试空间的频率响应特性,所以,测试室的吸收既不要太大,也不要太小。

测试室最接近于声源的表面要设计成吸声系数小于 0.06 的反射性表面。其余表面应具备的吸收性质为:当被测声源不在场时每个 1/3 倍频程的混响时间 T_{60} 大于混响室容积与混响室总表面积之比:

$$T_{60} > V/S \tag{3-54}$$

式中　T_{60}——混响时间,s;
　　　V——混响室容积,m³;
　　　S——混响室总表面积,m²。

(4)背景噪声要求

对所有测点的背景噪声计算其平均声压级,在所需考虑频率范围内,所有频带的背景噪声平均声压级比被测声源的声压级至少低 10 dB。

对低噪声设备,被测声源的声压级与背景噪声声压级之差 $\Delta L > 10$ dB 可能不会在所有频带达到。在被测声源 A 计权声功率级中,比最高 A 计权频带声功率级低 15 dB 以上的频带可从所需考虑的频率范围内排除。

如果用比较法测量,在所考虑频率范围内所有频带,背景噪声比标准声源的声压级至少低 15 dB。

(5)温度、湿度、气压的要求

传声器所在位置区域内,温度和相对湿度的变化应在表 3-3 所示的限值内。

表 3-3　混响室内测量时温度和相对湿度变化的允许范围

温度范围 T(℃)	相对湿度范围		
	<30%	30%~50%	>50%
	温度和相对湿度的允许范围		
−5≤T<10	±1 ℃ ±3%	±1 ℃ ±5%	±3 ℃ ±10%
10≤T<20	±3%	±3 ℃ ±5%	±3 ℃ ±10%
20≤T<50	±2 ℃ ±3%	±5 ℃ ±5%	±5 ℃ ±10%

需要说明的是,对于在其噪声测试规范中已规定了其他温度和湿度条件的特定设备,当设备的运行与环境条件有关时应尽量按照规定条件使用。

2. 被测声源

(1)声源噪声类型

声源应为稳态噪声,可以是宽带噪声,也可以是窄带噪声和离散频率噪声。

(2)声源尺寸

本方法主要适用于小型声源,测试声源的体积应小于测试室体积的 2%。

3. 测试频率范围

一般来说,测试频率取中心频率在 125~8 000 Hz 之间的倍频带或中心频率在 100~10 000 Hz 之间的 1/3 倍频带。声压级较最高频带声压级低 40 dB 以上的频带就不必测试了。对特殊情况,测试频率范围可以向两端延伸,此时测试环境和仪器准确度应满足在延伸频率范围上的使用要求。

4. 测量设备

所用测量仪器应符合 GB 3785—1983《声级计的电、声性能及测试方法》中 1 型或 1 型以上声级计的有关规定。

测量用的传声器应对无规入射声在测试频率范围内具有平直的频率响应。传声器的准确性、稳定性要符合 GB 3785—1983 中 1 型声级计的有关规定。传声器应按 IEC 61183 规定作无规入射校准。应使用符合 GB 3241—1982《声和振动分析用的 1/1 和 1/3 倍频程滤波器》规定的一级仪器要求的滤波器组。

均方电路和指示器可以是各种形式的模拟或数字设备。

5. 测量方法及步骤

(1)安装被测声源

被测声源应尽量按其典型工作条件去安装。如果没有规定特定位置,则置于地面的声源与混响室任一墙面的距离至少为 1.5 m,并注意声源的主要辐射面不要与房间的邻近界面平行。

在必须有两个或多个声源位置的情况下,不同位置之间的距离应等于或大于相应于测量的最低中心频率的半波长。在混响室为矩形地面情况下,声源应置于地面上不对称的位置。

(2)确定测量方案

声源声功率级的近似值是由声源辐射的声压均方值计算而来的,该声压均方值是声源在混响室内声压平方的时间和空间平均值。

为了获得均方声压的平均值,应在下述两种方法中任选一种使用。

①固定位置测量:在适当的位置(测点)安装多只固定传声器,逐个测量它们的输出信号,或者用单个传声器对各个测点逐个测量。

②连续移动测量:单个传声器沿直线、弧线、或圆连续移动测量。

(3)初步确定传声器测量位置

①传声器与房间界面的距离:传声器的所有测点即传声器的固定测点或连续移动路径上的任一点与混响室任一表面的距离应大于 1.0 m。

②传声器与声源表面的距离:传声器的所有测点(同上)与声源的最小距离对每个所考虑的频带应不小于距离 r。

$$r = 0.16\sqrt{V/T_r} \tag{3-55}$$

式中　V——混响室容积,m³;

　　　T_r——混响时间,s。

用比较法时,噪声源和最近传声器位置的最小距离可按式(3-56)计算:

$$d = 0.8 \times 10^{(L_{wr}-L_{pr})/20} \tag{3-56}$$

式中　d——声源与传声器间的最小距离,m;

　　　L_{wr}——标准声源的已知声功率级,dB;

　　　L_{pr}——标准声源在测试室中运行时的平均声压级,dB。

③传声器与传声器的距离

传声器之间的最小距离应大于所测量最低频带中心频率的半波长。

对于单只传声器连续移动测量,还要求传声器移动路径的直线或弧线所在的平面不能与房间表面交角小于 10°;在有扩散体的混响室中,移动路径上任一点,在任何时间与旋转扩散体任何表面的距离不小于 0.5m。传声器行进路径长度至少有 3λ(λ 为测试频带中最低频带中心频率所对应的波长),可以将所要求的路径长度分作两个或多个行程来达到,这时这些行程之间的最小距离应大于所测量最低频带中心频率的半波长。

④传声器与声源的位置数

对宽带噪声源,在采用固定位置测量方案时,可以采用一个声源位置和最少 3 个传声器位置;若采用单个传声器连续移动测量方案,则移动路径长度至少 3λ。

对窄带噪声源或离散频率噪声源,则需增加传声器位置或声源位置。这是因为由较少数量的传声器阵列或较短的传声器路径测定的空间/时间平均声压与全室的空间/时间平均声压往往偏差较大,另外声源辐射的声功率受房间简正方式和声源在室内位置的影响较大,所以需要更多的测点或声源位置。

(4)声压级的测量

首先按一个声源位置,6 个传声器位置或 3λ 长度的移动路径进行测量。

声源按规定的典型使用方式和条件运行。在没有测试规范的情况下,声源尽可能以一种典型的正常使用方式运行。这种情况下应选择下列运行条件中的一种或几种方式运行:

①规定负载及运行条件;

②满负载运行(不同于①中的运行条件);

③无负载(不工作);

④正常使用时,对应于最大声发生时的运行条件。

对每一种运行条件,在每个测点用 A 计权和测试频率范围内各 1/3 倍频程读取声压级(相当于均方声压级),并分别记录在被测声源工作时的 A 声级和频带声压级,背景噪声产生的 A 声级和频带声压级。

对产生稳态噪声的声源,在中心频率等于或小于 160 Hz 的频带,观测时间应至少为 30 s,在 A 声级和中心频率等于或大于 200 Hz 的频带,观测时间应至少为 10 s。

当用移动传声器时,积分时间应是完整行程的整数倍,并且应至少包括两个满行程。如果用旋转扩散体,测量时间周期应满足上述要求,并是旋转周期的整数倍或大于 10 倍。

背景声压级的测量,要在声源停止运行时,在每个传声器位置或在整个传声器行程上测量 1/3 倍频程时间平均声压级来获得。测量的时间间隔与被测声源相同。测量应在声源测量之前或之后立即进行。

(5)对测量数据进行处理并确定是否需要附加传声器位置和声源位置。数据处理方法参见国标 GB/T 6881.1—2002《声学　声压法测定噪声源声功率级混响室精密法》。如果需要附加传声器位置和声源位置,则要在附加的传声器位置或声源位置上测量,这些附加测量将按最初测量的要求来处理。

所有测量完成后,还要对测得的声压值进行数据处理以求得声源声功率值。

(6)数据处理

①背景声压级的修正值

当每一测点和每个频带的背景噪声声压级与声源工作时的声压级之差 ΔL 小于 10dB 时。测量无效。如有低噪声级的设备,在所需考虑频率范围内可以有少量频带 $\Delta L < 10$ dB,这时被用于这些频带的最大修正可以是 0.5 dB。如 $\Delta L > 15$ dB,不需作修正。

当 10 dB $< \Delta L < 15$ dB 时,按下式作修正。

$$K = -10\lg(1 - 10^{0.1\Delta L})　　　　　　　　　　　　　　(3-57)$$

式中　　K——背景噪声修正值,dB。

$$\Delta L = \overline{L'_p} - \overline{L''_p}　　　　　　　　　　　　　　(3-58)$$

式中　　$\overline{L'_p}$——被测声源运行时在给定频带上所有传声器位置或行程的方均声压级,dB;

　　　　$\overline{L''_p}$——在被测声源测量后(或测量前)立即测量的,在给定频带上所有传声器位置或行程的方均背景声压级,dB。

背景噪声修正后的声压级为测得的频带声压级减去 K 值。

②平均声压级的计算

对每个声源位置计算每个频带的平均声压级,首先要对所有传声器位置或路径平均,然后用式(3-57)作 K 的背景噪声修正

$$(\overline{L_p})_j = 10\lg\left(\frac{1}{N_M}\sum_{i=1}^{N_M} 10^{0.1L_{pi}}\right) - K　　　　　　　(3-59)$$

式中　　$(\overline{L_p})_j$——在给定频带第 j 个声源位置对所有传声器位置或路径平均的声压级,dB;

　　　　L_{pi}——在给定频带,第 j 个声源位置,第 i 个传声器位置的时间平均声压级,dB;

　　　　K——给定频带的背景噪声修正值,dB;

　　　　N_M——对每个声源位置的固定传声器位置数或分离的传声器路径数。

对所有多个位置上平均可得：

$$\overline{L_p} = 10\lg\left(\frac{1}{N_n}\sum_{j=1}^{N_n}10^{0.1(L_p)_j}\right) \tag{3-60}$$

式中　$\overline{L_p}$——在给定频带对所有声源位置和传声器路径平均的声压级,dB；

N_n——声源位置数。

③声源声功率级的确定

声源在各个频带的声功率级可用直接法或间接法确定。

a. 用房间等效吸声面积的测定方法（直接法）确定声源声功率。

用②中计算的室内平均声压级和安装声源后确定的混响室的等效吸声面积,由下式确定被测声源的声功率级

$$L_w = \overline{L_p} + \left[10\lg\frac{A}{A_0} - 4.34\frac{A}{S} + 10\lg\left(1+\frac{Sc}{8Vf}\right) - 25\lg\left(\frac{427}{400}\sqrt{\frac{273}{273+T}}\frac{B}{B_0}\right) - 6\right] \tag{3-61}$$

式中　L_w——测声源的声功率级,dB；

$\overline{L_p}$——室内平均声压级,dB；

A——室内等效吸声面积,m²；

$$A_0 = 1\ \text{m}^2；$$

S——混响室总的表面积,m²；

V——混响室容积,m³；

f——测量频带的中心频率,Hz；

c——温度为 T 时的声速,$c = 20.05\sqrt{273+T}$　$c = 20.05/273+0$,m/s；

T——温度,℃；

B——大气压,Pa；

$$B_0 = 1.013\times10^5\ \text{Pa}$$

说明:式(3-61)中,$4.34 A/S$ 项是考虑了测试室中空气吸收的增加项；包含温度 T 和压力 B 的项,计入了测量位置实际的大气条件,此项用于将某个大气条件下测得的声功率调整到对应于特性阻抗 $P_c = 400\ \text{Ns/m}^3$ 条件下的声功率。房间的等效吸声面积 A 将对多个频带根据 Sabine 混响时间公式计算：

$$A = \frac{55.3}{c}\frac{V}{T_{60}} \tag{3-62}$$

式中　A——房间的等效吸声面积,m²；

T_{60}——给定频带的混响时间,s；

V——测试室容积,m³。

按标准 GBJ 47—1983 测量混响时间 T_{60},但只用最初 10 dB 或 15 dB 的衰减,分别表示为 T_{10} 和 T_{15}。对 6 300～10 000 Hz 的 1/3 倍频程使用 5 000 Hz 的 1/3 倍频程测得的同一数值。

b. 用已知声功率的标准声源的测定方法（比较法）确定声源声功率

标准声源的安装：

标准声源的位置在地面上离混响室的墙和被测声源距离大于 1.5 m。被测声源用多个位

置时标准声源无需多个位置。

标准声源室内平均声压级的计算：

参考声源运行产生的室内平均声压级，按前述被测声源类似的测量和计算方法获得。因为标准声源产生的声压级在所考虑频率范围内所有频带比背景噪声至少高 15dB，所以不需要作背景噪声修正。

被测声源声功率级的确定：

被测声源的声功率级由标准声源和被测声源在室内的平均声压级以下式确定。

$$L_w = L_{wr} + (\overline{L_p} - \overline{L_{pr}}) \tag{3-63}$$

式中　L_w——被测声源的 1/3 倍频程声功率级，dB；

　　　L_{wr}——按相应于特性阻抗 $P_c = 400 \ \text{Ns/m}^3$ 的大气条件校正的标准声源的 1/3 倍频程声功率级，dB；

　　　$\overline{L_p}$——被测声源在室内的平均 1/3 倍频程声压级，dB；

　　　$\overline{L_{pr}}$——标准声源在室内的平均 1/3 倍频程声压级，dB。

三、隔声室测量方法

评价材料隔声性能的主要物理量是隔声量，是材料一侧的入射声能与另一侧的透射声能相差的分贝数，它主要取决于材料的品种、密度、弹性、阻抗等内在因素。目前，结构隔声测试方法主要有隔声室法、声波导管法和自由场法等 3 大类。其中，隔声室法和声波导管法是实际应用中常用的两类基本测试方法。

隔声室是模拟扩散声场条件的实验室，隔声室由两间或三间较小的混响室连在一起组成，如图 3-21 所示。用于测量楼板（上下两层）、隔墙（同层相邻两室）等各种构件的隔声特性，包括对空气声和固体声的隔声测量。测试房间的体积不小于 50 m²，两个房间的体积和形状不完全相同，其体积相差不小于 10%，隔声室内相邻小室之间的隔墙或楼板上须开 10 m² 左右的窗口，作为安装被测构件之用。其他围护结构应坚实，其传声损失必须大于被测构件的传声损失。各室应有独立的基础或隔振措施，以消除侧向传声的影响，保证构件隔声性能测量的准确性。

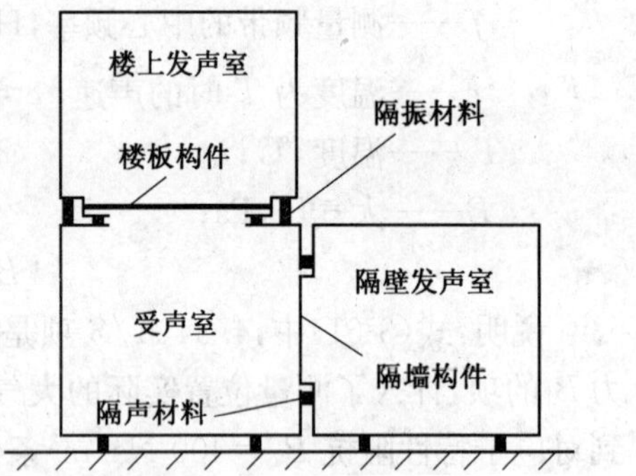

图 3-21　隔声室结构

（一）测量设备

1. 声源及声场

（1）声源稳定，在所测量的频率范围内应有一个连续的频谱，所采用的滤波器应为 1/3 倍频程带宽。

（2）声源的声功率应足够高，使接收室内任一个频带的声压级比环境噪声级至少高 10 dB。

（3）若声源有两个或两个以上的扬声器同时工作时，这些扬声器应安装在一个箱内，箱的最大尺寸不应超过 0.7 m，各扬声器应同相位驱动。

(4)扬声器箱应离试件一段距离,通常放在试件对面的墙角,并且不应指向试件。

(5)试件为楼板时,声源室应布置在楼下。

2. 接收设备

接收设备可用声级计或其他测量系统,要求包括传声器、放大器、滤波器及记录设备,应符合现行的国家标准《声级计的电声性能及测试方法》中 2 型或 2 型以上声级计的有关规定。测量频带宽度为 1/3 倍频程。

3. 试件基本要求

试件墙的面积取 10 m^2,试件楼板的面积取 10～20 m^2;若试件比试件洞口小,应将一个有足够隔声量的特制隔墙装在试件洞口内,试件放在特制的墙内,通过特制的隔墙和其他间接途径的传声与通过试件的传声相比,其影响可忽略。若试件是门,则应使其下部位置尽量接近实验室地面。

4. 测量方法

(1)制备并安装好试件墙或试件楼板;

(2)确定声源室和接收室传声器安装位置(传声器位置在 1/3 倍频程中心频率高于 500 Hz 时可取 3 点,低于和等于 500 Hz 时可取 6 点),所有传声器位置离房间界面或扩散体应大于 0.7 m;

(3)安装多个传声器(若传声器数目足够)或采用一个具有积分功能的连续移动传声器来获得平均声压级;

(4)打开声源,开始测试;

(5)在声源室和接收室的每个传声器位置上对每一频率用 5 s 的平均时间读取声压平均值;测量 1/3 倍频程时采用的中心频率为:100、125、160、200、250、315、400、500、630、800、1 000、1 250、1 600、2 000、2 500 和 3 150(Hz)。

5. 隔声量计算

(1)室内各测点平均声压级计算:

如果室内声压级变化范围小于或等于 6 dB,可直接以分贝值按算术平均计算平均声压级。如果室内声压级变化范围大于 6 dB,则按下式计算

$$\overline{L_p} = 10\lg \frac{1}{n} \sum_{i=1}^{n} 10^{0.1L_{pi}} \tag{3-64}$$

式中　$\overline{L_p}$——室内平均声压级,dB;

$\quad\quad L_{pi}$——室内第 i 个测点的声压级,dB;

$\quad\quad n$——测点数。

(2)无规入射的隔声量计算

$$R = \overline{L_{p1}} - \overline{L_{p2}} + 10\lg \frac{S}{A} \tag{3-65}$$

式中　$\overline{L_{p1}}$——声源室内平均声压级,dB;

$\quad\quad L_{p2}$——接收室内平均声压级,dB;

$\quad\quad S$——试件面积(一般取试件口面积),m^2;

$\quad\quad A$——接收室的吸声量,m^2。

在公式(3-65)中包括的吸声量修正项,可按"混响室法吸声系数"部分描述的方法和步骤测量混响时间 T_{60}(s)。接收室测试时,传声器位置宜取 3 个,每个位置至少作 2 次混响时间分析。吸声量按下式计算:

$$A = 0.163 \frac{V}{T_{60}} \tag{3-66}$$

式中　　V——接收室体积,m³。

更详细的测量条件及要求,以及如何对测试结果进行修正可参考《建筑隔声测量规范》。

四、消声室法

（一）概　述

消声室是闭合空间内的自由声场,在这个空间内,传播声波的介质均匀地向各个方向无限延伸,不存在任何反射体和反射面,使声源辐射的声能"自由"地传播。

全消声室内除了没有障碍物外,室内各界面装有高效能吸声结构,在所需频率范围内,99%以上的入射声能被吸收,使反射波小到不超出规定的范围。同时采取隔声、隔振措施,使室外的噪声和振动不致影响室内测试,保证室内近似为没有反射、没有干扰并满足自由声场条件的实验空间。

消声室根据测试对象的状况和测试内容,以及所要求的精度分为全消声室、半消声室和挂限消声室三种。房间的 6 个界面全铺吸声材料的,称为全消室。房间的 6 个界面中有 5 个面铺吸声材料的,称为半消室。3 个邻近面全反射,3 个邻近面全吸收为挂限消声室。我国从五十年代就设计和建造消声室,至今已建造了几十座消声室。为便于较大和较重的机器测试和安装,近年来设计的半消声室较多,尤其是与车辆有关的噪声测量主要在半消声室进行。半消声室在声功率方面的测量应用较多。

声功率的测试可分为精密法、工程法和简易法。精密法测试精度最高,简易法的精度最低。精密法对于测试环境要求严格,一般在消声室或半消声室进行。精密法可以求得声功率级频谱和计权声功率级,还能测得声源的方向性。工程法测试精度稍低些,对测试环境有一定要求,但没有精密法要求那么严格,能测出声功率级频谱和计权声功率级,可在具有一个反射面的半消声室或现场中进行测量。简易法用于现场测量即声源无法搬到专用测试室内测量,并且现场测试条件又比较差,不能满足工程法测试要求的情况下可采用简易法。它对于测试环境和声源都没有特别的要求,只测量 A 计权声功率级,适用于对设备噪声功率的一般了解和比较。这里重点介绍半消声室声功率精密测试法。

（二）半消声室声功率精密测试法

根据国标 GB/T 6882—2008《声学　声压法测定噪声源声功率级消声室和半消声室精密法》的要求,在测试频率范围内,在传声器的各个测点,本底噪声的声压级至少比被测试声源的声压级低 10 dB(A),温度应在 15～30 ℃范围内。

1. 被测声源

(1)声源噪声类型

声源应为在所测试频率范围内按频率均匀分布的声源,且其辐射声功率级至少在 30 s 内是相对稳定的。声谱可包含有显著的离散频率分量或窄带噪声。本方法测量的声源也可为非稳态噪声,但不适用于猝发声。

（2）声源尺寸

本方法主要适用于小型声源，ISO 和国标都推荐测试声源的体积小于测试室体积的 0.5％。这是为了保证声源周围的假设半球面处在声源的远辐射场中。

2. 测试频率范围

一般来说，测试频率取中心频率在 100～10 000 Hz 之间的 1/3 倍频带。对特殊情况，测试频率范围可以向两端延伸，此时测试环境和仪器准确度应满足在延伸频率范围上的使用要求。

3. 测量设备

测量用的传声器应使用准确性、稳定性良好，在厂家规定的入射角下，在测试频率范围内具有平直的频率响应特性的电容传声器。包括传声器和电缆的声学仪器系统应满足 IEC 61672：2002 规定的 1 级仪器要求。应使用符合 GB/T 3241—1998《倍频程和分数倍频程滤波器》规定的 1 级仪器的 1/1 或 1/3 倍频程滤波器组。

4. 测量方法及步骤

（1）安装被测声源

被测声源应尽量按其正常工作时的安装位置安装。如被测声源正常工作时安放于地面，则测试时应安装在反射地面；若被测声源通常是在台子或架子上工作的，则测试时也应如此安装。声源安装位置应有足够的空间使测量表面能包络被测声源，被测声源一般放置于半消声室的中心附近。

（2）确定测量方案

对于半消声室来说，测量表面是包络声源且半径为 r 的半球面，其中心应与声源的声中心在地板上的投影重合。在声中心的位置难以确定的情况下，往往选定声源的几何中心为声中心。测量球面的半径等于或大于声源最大尺寸的两倍，或声源距反射平面的平均距离的三倍。这两者中取其尺寸较大者，一般不小于 1m，也不能小于测量最低频率的声波波长的四分之一。

测点的位置取决于测量方法。为了获得测量半球面上均方声压的平均值，应在下述四种方法中任选一种。

①采用固定传声器位置的阵列，这些传声器分布在测量半球的表面上。测量时，可用多只固定传声器安装在传声器测量位置，并相继或同时采集它们的输出信号，也可采用单个传声器在相邻位置上连续移动测量。

②传声器沿测量半球面上有规则间隔分布的几个平行圆形路径移动测量，或者传声器不动，声源重复旋转 360°。测量时至少需要 5 个路径。声压级要作空间和时间的平均。

③单个传声器沿测试半球面上有规则间隔分布的几个子午圈上移动测量。

④单个传声器沿测试半球面绕垂直轴进行螺旋形路径移动测量。

（3）确定传声器测量位置

①固定的传声器位置阵列，测点位置如图 3-22 所示。

图中所示为 20 个传声器在半球面上的位置阵列。若各测试频带中最高和最低声压级的差值（dB）小于 10，则 20 个测点足够。若超差，则可用对图 3-22 所示的测点阵列绕 z 轴转动 180°，确定另一组测点阵列（新阵列 z 轴顶上测点与原阵列的顶上测点重合）。这两阵列的 40 个测点在测量半球面上占有相等的面积。

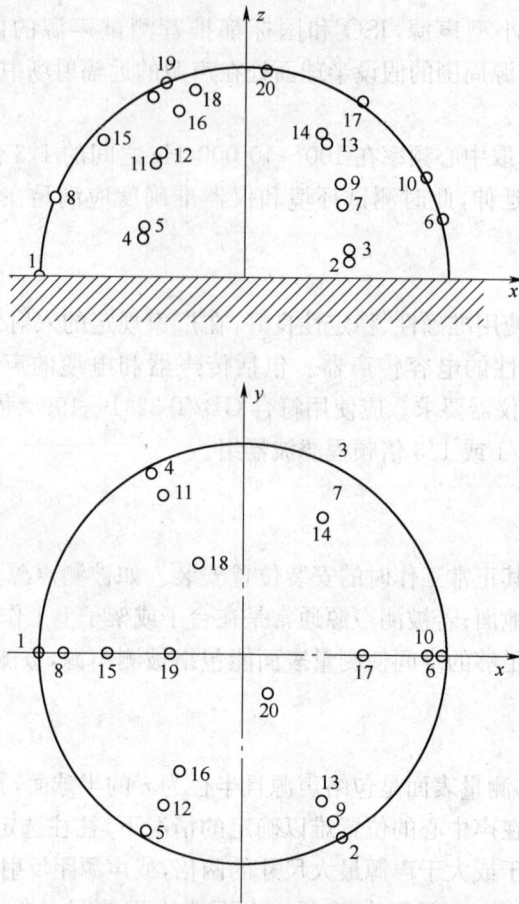

图 3-22　固定的传声器位置阵列

表 3-4 为各传声器测点的笛卡尔坐标 (x,y,z)，该坐标以声源声中心在反射平面上的投影为原点。z 轴正向垂直于水平面向上的方向。

②平行平面内同轴的圆形路径

对半消声室的测量，要作声压级的空间和时间平均，至少需要 5 个路径。用单个传声器在五个圆形路径上连续移动测量的路径见图 3-23，在测量时传声器利用转盘作匀速移动。

其他测量方法还有子午线路径法和螺旋线路径法，可参见国标 GB/T 6882—2008《声学 声压法测定噪声源声功率及消声室和半消声室精密法》。

（4）声源按规定的典型的正常使用方式和条件运行。在没有测试规范的情况下，声源应尽可能选择下列典型的正常使用的运行条件中的一种或几种方式。

①规定负载及运行条件；

②满负载运行（不同于①中运行条件）；

③无负载（怠速）；

④正常使用时对应于最大声发生时的运行条件；

⑤规定条件下模拟负载运行；

⑥具有特定工作周期的运行条件。

表 3-4　传声器测点的坐标

编号	x/r	y/r	z/r
1	−1	0	0.025
2	0.50	−0.86	0.075
3	0.50	−0.86	0.125
4	−0.49	0.85	0.175
5	−0.49	−0.84	0.225
6	0.96	0	0.275
7	0.47	0.82	0.325
8	−0.93	0	0.375
9	0.45	−0.78	0.425
10	0.88	0	0.475
11	−0.43	0.74	0.525
12	−0.41	−0.71	0.575
13	0.39	−0.68	0.625
14	0.37	0.64	0.675
15	−0.69	0	0.725
16	−0.32	−0.55	0.775
17	0.57	0	0.825
18	−0.24	0.42	0.875
19	−0.38	0	0.925
20	0.11	−0.19	0.975

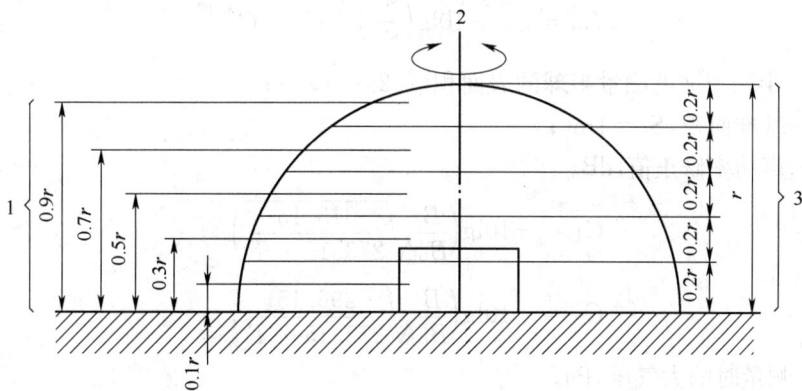

图 3-23　平行的圆形路径

1—传声器路径高度；2—传声器路径机械装置旋转轴；3—半球面相应的高度

对每一种运行条件，在每个测点用 A 计权和测试频率范围内各 1/3 倍频程读取声压级（相当于均方声压级），并记录如下数据：

①被测声源工作时的 A 声级和频带声压级；

②背景噪声产生的 A 声级和频带声压级。

对中心频率等于或小于 160 Hz 的频带,观测时间应至少为 30 s,对 A 声级和中心频率等于或大于 200 Hz 的频带,观测时间应至少为 10 s。

(5)数据处理

①对背景声压级的修正

当每一测点和每个频带的声源工作时的声压级 L_{pi}' 与背景噪声声压级 L_{pi}'' 之差 ΔL_i 小于 10 dB 时,测量无效;大于 20 dB 时,不需修正;在 10~20 dB 之间时,则要对测量值 L_{pi}' 作背景噪声修正,背景噪声的修正是测得值减去修正值 K_{li},dB。修正值按下式计算:

$$K_{li} = -10\lg(1-10^{-0.1\Delta L_i}) \tag{3-67}$$

②表面声压级的计算

表面声压级是由测量半球面上的表面声压级 $\overline{L_p}$ 计算而得。此表面声压级 $\overline{L_p}$ 是由传感器各测点的均方声压的空间平均算出。

测量固定的传声器位置时,当传声器位置在测量半球面上占有的面积相等时,按下式求出表面声压级 $\overline{L_p}$。

$$\overline{L_p} = 10\lg\left(\frac{1}{N}\sum_{i=1}^{N}10^{0.1L_{pi}}\right) \tag{3-68}$$

式中　$\overline{L_p}$——表面声压级,dB(基准值为 $20\mu Pa$);

　　　L_{pi}——在第 i 点测得的并经修正后的频带声压级,dB(基准值为 $20\mu Pa$);

　　　N——测点数。

当传声器沿 5 个圆形路径移动时仍可用式(3-68)求得表面声压级 $\overline{L_p}$,只不过此时式中的 L_{pi} 是第 i 条移动路径的平均频带声压级。

③声功率级的计算

在半消声室中,声源声功率 L_w 按下式计算:

$$L_w = \overline{L_p} + 10\lg\left(\frac{S_2}{S_0}\right) + C_1 + C_2 \tag{3-69}$$

式中　S_2——半径为 r 的测量半球的表面积($=2\pi r^2$),m^2;

　　　S_0——基准面积,$S_0=1m^2$;

　　C_1,C_2——声功率修正值,dB。

$$C_1 = -10\lg\left(\frac{B}{B_0}\sqrt{\frac{313.15}{273.15+T}}\right) \tag{3-70}$$

$$C_2 = -10\lg\left(\frac{B}{B_0}\sqrt{\frac{296.15}{273.15+T}}\right) \tag{3-71}$$

其中　B——测量时的大气压,Pa;

　　　B_0——参考大气压,$B_0=1.01325$ Pa;

　　　T——测量时的大气温度,℃。

④频带声功率级的计算

利用仪器系统中的计权网络(例如 A 计权)或者 1/1 倍频程或 1/3 倍频程滤波器,利用式(3-68)就可得出表面声压级 $\overline{L_p}$ 的值。

如果只需要得到计权声功率级,按③计算即可,如要得出频带功率级,则需对测试频率范围中的每一频带作重复计算。

在声功率的精密法测试中消声室法的测量精度最高,半消声室法中测量精度低于消声室法,但又比混响室法高。混响室法的测试精度随频率变化较大,中频部分的测试精度较高,低频和高频部分则略差,这是由于低频时室内激发的简正方式数目较少,而高频则因空气吸声致使室内声场不够扩散引起的。消声室和半消声室法的测试精度随频率的变化较小。

五、混响室测量试件吸声系数实例

（一）实验目的

实验室测量材料吸声系数的方法很多,如驻波管法、传递函数法、声强法等。但使用最早、最多的还是混响室法。它能测量声波无规入射时的平均吸声系数,而且与实际工程中声波的入射方式较为接近。但是采用混响室测试吸声系数的时候,按照规范,测试的吸声材料面积必须是 $10\sim12$ m²,这对不便制成大面积的测试材料,如较昂贵的材料,在实验室测试有较大难度的路面材料等用混响室法测试吸声系数时受到很大限制。而采用驻波管法测试吸声系数测试结果的精度较难控制。为此,本实验通过寻找混响室法测试吸声系数中,材料面积与吸声系数间的规律,以确定混响室法测试吸声系数在能保证测试要求的情况下所需测试材料的最小面积,从而既能节约材料,又能达到测试目的。

（二）声源设备与接收设备

混响室内用于发声的扬声器基本无指向性要求,采用无指向性传声器,衰变前稳态声源信号的声级与背景噪声声级之差大于 40 dB,切断声源前稳态信号的持续时间大于该频段的混响时间。

（三）试　　件

实验时,试件面积范围为 $3\sim13.40$ m²。试件做成宽度与长度之比为 0.8 的矩形,距房间任何边界不小于 1 m。试件边界不平行于距其最近的房间边界。

（四）混响室环境

实验用的混响室室内的尺寸为 7.25 m×6.81 m×4.30 m。混响室周围无强噪声源和冲击噪声时,本底噪声≤35 dB(A);1/3 倍频程中心频率为 500 Hz 时,混响室的混响时间≥5 s;设计时符合当时标准,ISO-R345 和 GB 6881—1986 混响室标准。

测量过程中温度和相对湿度的变化对测得的混响时间有很大影响,特别是在高频段和相对湿度较小时。空室和放试件后,混响室内的测量宜在温度和相对湿度近乎相同的情况下进行。总之,整个测量过程中混响室内相对湿度至少为 30%,最大为 90%,温度介于 18~25℃之间。

（五）测试吸声系数的实验方法

本实验按照当时的混响室法吸声系数测量规范 GBJ 47—1983 的要求。测试软件采用 HEAD acoustics 噪声与振动分析系统。该系统在本章仪器部分已做了介绍。

（六）混响时间的测量

混响时间的测量采用 3 个传声器,每个测点的距离均大于所测频段最低中心频率的波长（λ）的 1/2。每个传声器测点远离声源,被测试件和边界面距离最小值分别为 2 m、1 m、1 m。对 1/1 倍频程序列测量了 125 Hz、250 Hz、500 Hz、1 000 Hz、2 000 Hz、4 000 Hz。用于计算混响时间的衰变曲线,在稳态声压级以下 5~25 dB 范围内成直线性。混响时间应为该线段之平均斜率,所取线段的底端比背景噪声至少高 15 dB。空室的混响时间（T_{60-1}）和放入材料后的混响时间(T_{60-2})都计算到小数点两位。表 3-5 是衰变曲线条数的允许值。

若被测试件在低频段的吸声系数较大时，应适当增加测量的曲线数。也可采用符合上述要求数目的曲线条数自动重叠读出平均值。

表 3-5　衰变曲线条数允许值

测量频率(Hz)	衰变曲线条数	每个传声器或扬声器点的衰变曲线数(条)
100～250	18	3
315～800	9	3
1 000～5 000	6	2

(七)吸声系数的计算

吸声系数由各频段的混响时间按下式计算：

$$\alpha_s = \frac{55.3V}{c \cdot S}\left(\frac{1}{T_{60-2}} - \frac{1}{T_{60-1}}\right) \tag{3-72}$$

式中　α_s——混响室法吸声系数；

　　　V——混响室体积，m^3；

　　　S——试件的面积，m^2；

　　　c——空气中的声速，m/s，$c = 331.5 + 0.5t$（t——空气温度）；

T_{60-2}——放入试件后的混响时间，s；

T_{60-1}——未放入试件前的混响时间，s。

(八)具体的操作和一些注意事项

测试布点：在混响室内布置 3 个测试点，分布在室内 3 个面的不同位置。

测试声源：测试的声源为白噪声。尽量不要更换传声器，更换后需校核，以免引起不必要的误差。

(九)实验结果与分析

实验中采用了多种吸声材料，不同面积的试件在混响室内进行了吸声系数测试，具体为超细玻璃棉、开孔发泡和海绵等材料。结果如图 3-24～图 3-26 所示。

1. 图 3-24 是超细玻璃棉材料不同面积吸声系数的比较

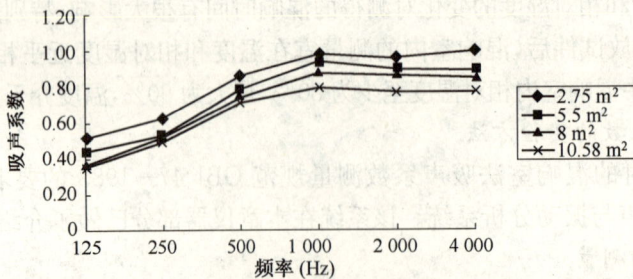

图 3-24　超细玻璃棉不同面积吸声系数比较

从图 3-24 中可以看出超细玻璃棉的吸声系数较大，随着面积的减小吸声系数逐渐增大，当减小到面积 2.75 m^2 时，吸声系数最大值达到 1.0。

2. 图 3-25 是开孔发泡材料不同面积吸声系数的比较

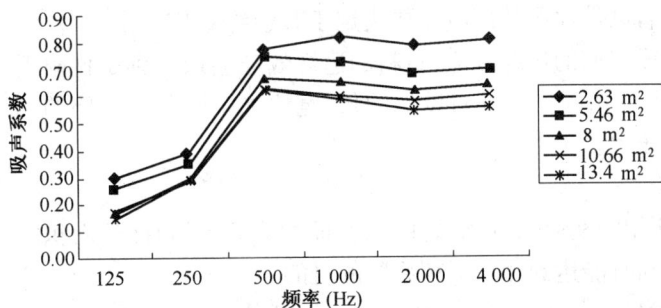

图 3-25　开孔发泡不同面积吸声系数比较

由图 3-25 中可以看出随着开孔发泡材料面积的减小,吸声系数逐渐增大,在面积 2.63 m² 时,中高频的吸声系数趋近于一条直线。

3. 图 3-26 是海绵材料不同面积吸声系数的比较

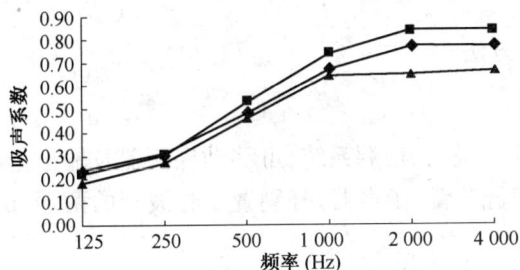

图 3-26　海绵不同面积吸声系数比较

由图 3-26 中可以看出在海绵试件中,面积减小到 6 m² 时,吸声系数是逐渐增大的,但是减小到 3 m² 时,吸声系数反倒比 6 m² 的吸声系数小。

从图 3-24 和图 3-25 中可以看出,多数情况下,吸声系数随面积的减小而逐渐增大。从图 3-26 海绵材料中可以看出材料的吸声系数并不是随着面积的减小而逐渐增大,海绵在面积 3 m² 的吸声系数比 6 m² 的吸声系数小,可见并不是所有材料的吸声系数都是随着面积的减小而逐渐增大的。

从以上 3 图中可以看出,当试件面积由标准面积减小到 8 m² 时,其吸声系数值变化相对不太明显,因此把最小试件面积定为 8 m² 是适宜的。但小于 8 m² 后吸声系数发生较大变化,其原因主要是试件面积减少相对边缘效应显著的结果。

对于开孔发泡吸声材料,吸声系数并不高,当试件面积从 13.4 m² 变化到 8 m² 时,其吸声系数的误差值不超过 0.05。对于超细玻璃棉吸声材料,吸声系数较大,这时试件面积的变化对吸声系数的影响会增大。但由图 3-24 可知,当面积由 10.58 m² 变化到 8 m² 时,其值改变最大不超过 0.09,而此时材料的中、高频的吸声系数均超出了 0.8,其相对的改变值不是很大,接近重复测量所达偶然误差的范围。由图 3-25 可知在 125 Hz 低频,由所测结果可知,当面积从 13.4 m² 变化到 8 m² 时,吸声系数的改变值最大仅为 0.04,而此时的吸声系数的范围为 0.2～0.4,可见其影响仍不大。试件面积从标准面积 10～12 m² 缩小到 8 m²,从本次实验的结果看是可行的,对今后的类似实验有一定借鉴作用。

这里还须指出,试件面积的影响主要决定于其边缘效应。由于各类材料对声波入射角的敏感程度不同,造成它们的边缘效应,材料的边缘效应会影响到试件附近的声场,及其对试件面积变化的响应也不相同。另外对试件的长、宽比加以限制是必要的,如试件长宽比发生变化,所造成之差异较大。

（十）结　论

就本次实验所用的实验条件和试件来看,面积为 8 m² 和标准面积的试验结果接近,这样既可以节约材料,同时能达到测量吸声系数的目的。

第四节　驻波管测试方法

传统的混响室测量方法是研究无规入射声波,符合一般材料的使用情况,但因为测试使用的材料面积较大,且对实验室和材料样品的制备要求较高,因此有一定的局限性。而驻波管法无需专用实验室,且材料制备方便,是测试当声波垂直入射到吸声材料时的吸声系数值,尤其是试验阶段材料的吸声系数的常用方法之一。

一、驻波管吸声系数测试方法

（一）驻波管测量系统

典型的驻波管测量系统由驻波管、声源系统、可移动探测器及输出指示装置等部分组成。如图 3-27 所示,待测试件和声源装置（扬声器）分别置于驻波管的两端,试件表面应与驻波管轴线互相垂直。

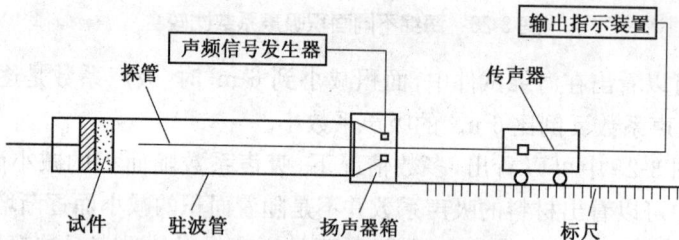

图 3-27　驻波管测量设备安装图

1. 驻波管

驻波管是一根内壁密实而且刚硬光滑、横截面为圆形或方形的管子。驻波管长度与圆截面内径或方截面边长的比值在 10～15 之间。

2. 声源系统

（1）声源系统应由声频信号发生器、功率放大器、扬声器等部分组成。扬声器箱可直接安装在驻波管的末端,也可装在 45° 或 90° 弯头上,箱体与驻波管应严密结合。

（2）扬声器必须以纯音信号激发,激发信号一般由声频信号发生器（或信号发生器）发生后经功率放大器再馈送至扬声器。信号频率应采用 1/3 倍频程系列的中心频率。

(3)在测试期间,纯音信号的幅值和频率应保持稳定,按国标 GBJ 88—1985《驻波管法吸声系数与声阻抗测量规范》规定,同一次测量中,信号幅值的漂移不应大于 0.2 dB,频率的漂移不应大于 0.5%。

(4)信号的频率应能精确测量,其精确度应优于 1%。如果只测吸声系数时,其精确度可以适当降低。

3. 探测器

探测器是可在驻波管内,也可在其外移动的传声器,传声器安装在可移动小车内,探测器的声学中心能沿驻波管轴线移动,如图 3-27 所示。

由于探管对声波的衍射作用,探测器实际探测到的声压位置并不在受声面(探测管口)上,而在其前面一小段距离上,如图 3-28 所示。声学中心至探测器受声面的距离为 δ 。

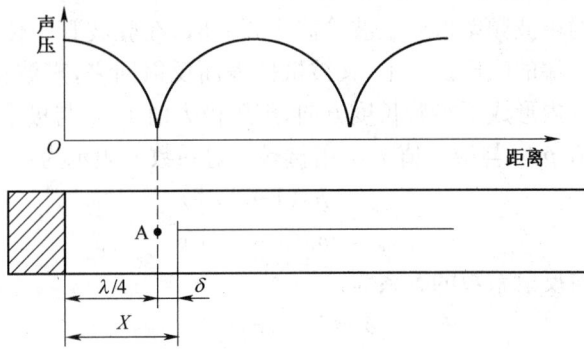

图 3-28 探测器的声学中心示意图

δ 的值必须通过空管实验预先标定,即在空管中以刚硬反射面代替试件,按给定频率,测出探测器受声面与刚硬反射面接触处,及其至声压第一极小间的距离 X ,由式(3-73)计算末端的修正值 δ 。

$$\delta = X - \frac{\lambda}{4} \tag{3-73}$$

式中　λ ——声波波长。

可根据声波波长公式求出,也可根据探测器由声压第一极小至第二极小的移动距离测出半波长后再计算。在测量频率的范围内应测量几个不同的频率,然后取平均求得 λ 。

若实验有困难,也可根据下面的半经验半理论公式计算:

$$\delta = 0.6r \tag{3-74}$$

对于圆形受声面,r 为圆半径;对于方形受声面,r 为二分之一边长。

在实际测量时,应先使探测器受声面与刚硬反射面接触,然后将探测器移过一定的距离 X 。当距离 X 与末端的修正值相等时,探测器的声学中心 A 处在反射面上。这时,应把相应的探测器位置读数作为测量探测器移动距离的起点。

4. 输出指示装置

虽然驻波管测量所采用的声信号为单频信号,但扬声器辐射声波中包含了高次谐波分量,因此在接收端必须通过滤波才能去掉不必要的高次谐波成分,所以输出指示装置中除了有信号放大器、衰减器、指示器之外,还包含滤波器。

（二）驻波管吸声系数测量原理

根据声波导管理论可知，如果管中传播的声波频率低于其截止频率，则管中只有沿管轴方向传播的平面波。圆形或方形管子的截止频率 f_1、f_2 分别为

$$f_1 = \frac{1.8c}{\pi D} \tag{3-75}$$

$$f_2 = \frac{c}{2L} \tag{3-76}$$

式中　D——圆管直径，m；

　　　L——方管边长，m；

　　　c——空气中的声速，m/s。

显然，驻波管的尺寸决定了其工作频率范围。

当从扬声器发出的声波频率低于驻波管截止频率时，在驻波管中传播的声波就以平面波的形式入射到管中另一端的吸声试件上，又被试件表面反射回来，声波在管内多次来回反射，即形成了驻波。驻波管内形成了沿管长度方向，声压极大值 P_{max} 与极小值 P_{min} 的交替分布。

驻波的声压极大值 p_{max} 与极小值 p_{min} 用材料反射系数 r 表示为：

$$p_{max} = p_0(1 + |r|) \tag{3-77}$$

$$p_{min} = p_0(1 - |r|) \tag{3-78}$$

而材料吸声系数与反射系数的关系为：

$$a = 1 - |r|^2 \tag{3-79}$$

定义驻波比 S 为：

$$S = \frac{|p_{min}|}{|p_{max}|} \tag{3-80}$$

则

$$S = \frac{1 - |r|}{1 + |r|} = \frac{1 - \sqrt{1-\alpha}}{1 + \sqrt{1-\alpha}} \tag{3-81}$$

解得吸声系数为：

$$a = \frac{4S}{(1+S)^2} \tag{3-82}$$

因此，只要测得了声压极大值和极小值，算出驻波比，就可按式（3-82）计算出吸声系数。

通常实际测得的是声压级的极大值和极小值，根据声压和声压级之间的关系，即 $L_p = 20\lg S$，则式（3-82）可改写为：

$$a = \frac{4 \times 10^{(L_p/20)}}{(1 + 10^{(L_p/20)})^2} \tag{3-83}$$

由于要满足在管中传播的声波为平面波以及必要的声压极大值、极小值的数目，驻波管常设计有 3 种尺寸以对应低、中、高频的不同频率范围。

（三）驻波管吸声系数的测量

驻波管测试材料垂直入射吸声系数的步骤如下：

1. 调整单频信号发生器的频率到指定的数值，并调节信号发生器的输出以得到适宜的音量。

2. 移动传声器小车到除极小值以外的任一位置，改变接收滤波器通带的中心频率，

使测试仪器得到最大读数。这时接收滤波器通带的中心频率与管中实际声波频率准确一致。

3. 将探管端部移至试件表面处,然后慢慢离开,找到一个声压极大值(示波器电压信号的峰—峰极大值 V_{max}),并改变测量放大器的增益,使测试仪器表头的指针正好处在满刻度的位置,然后仔细地找出相邻的第一个极小值(示波器电压信号的峰—峰极小值 V_{min}),按式(3-84)即可求得声压级 L_p,从而算出 S。根据式(3-82)或式(3-83)计算出材料垂直入射吸声系数 a。

$$L_p = 20\lg \frac{V/(2 \times \sqrt{2} \times B)}{P_0} \qquad (3\text{-}84)$$

式中　　L_p——声压级,dB;

　　　　V——示波器测得的电压(V_{max} 或 V_{min}),V;

　　　　B——传声器灵敏度,42 mV/Pa;

　　　　P_0——基准声压,2.0×10^{-5} Pa。

4. 调整单频信号发生器到其他 1/3 倍频程中心频率,重复以上步骤,就可得到各测试频率的垂直入射吸声系数。

二、驻波管法和混响室法的关系

驻波管法测得的吸声系数是垂直入射吸声系数,而混响室法测得的吸声系数是无规入射的吸声系数,混响室法测得的吸声系数更符合实际应用情况。这两种系数之间的关系很复杂,既与被测材料有关,又与声波频率有关。一般来说,混响室法测得的吸声系数与驻波管法测得的吸声系数为正相关关系。驻波管法测得的吸声系数越大,混响室法测得的吸声系数也越大。而且,混响室法测得的吸声系数较驻波管法测得的吸声系数大。由于驻波管法测量无论是试件制备,还是实验要求都简单,所以在实际工作中经常使用。

黄其柏在其所著的《工程噪声控制学》中给出了两种吸声系数的近似关系,见表3-6。

表 3-6　驻波管法与混响室法的吸声系数近似关系

a	0.1	0.2	0.3	0.4	0.5	0.6	0.7	0.8
a_s	0.25	0.4	0.5	0.6	0.75	0.85	0.9	0.98

注:a 代表的是驻波管法测得的吸声系数,a_s 代表的是混响室法测得的吸声系数。

三、驻波管吸声系数的测试实例

(一)实验目的

通过测量不同材料的吸声系数,综合确定降噪路面材料。

(二)实验步骤

1. 驻波管实体组装。图 3-29 是驻波管前端的实体图,图 3-30 是组装后的驻波管前端。图 3-31 是组装好的驻波管左侧。图 3-32 是驻波管右侧可滑动的小车。图 3-33 是驻波管的整体实物图。

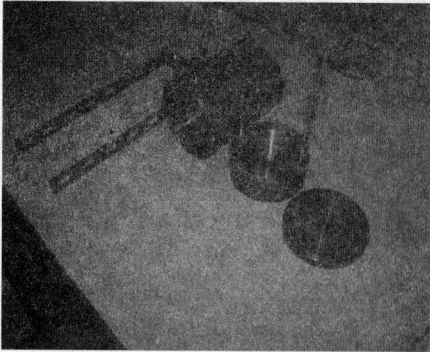

图 3-29　驻波管的前端

图 3-30　组装好的驻波管前端

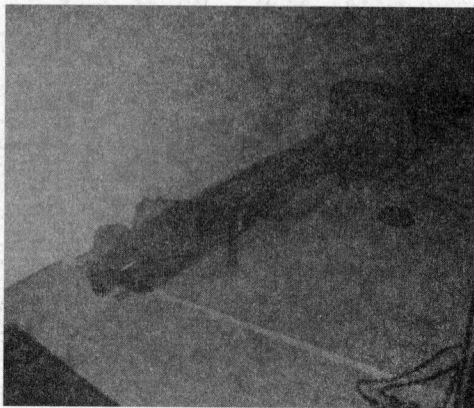

图 3-31　驻波管的左侧

图 3-32　驻波管的小车

图 3-33　驻波管整体实物图

2. 调整单频信号发生器的频率到指定的数值,并调节信号发生器的输出以得到适宜的音量。

3. 移动传声器小车到除极小值以外的任一位置,改变接收滤波器通带的中心频率,使测试仪器得到最大读数。这时接收滤波器通带的中心频率与管中实际声波频率准确一致。

4. 将探管端部移至试件表面处,然后慢慢离开,找到一个声压极大值(示波器电压信号的峰—峰极大值 V_{max}),并改变测量放大器的增益,使测试仪器表头的指针正好处在满刻度的位置,然后小心地找出相邻的第一个极小值(示波器电压信号的峰—峰极小值 V_{min}),按式(3-84)即可求得声压级。根据式(3-82)计算出吸声系数。还可使用 NRC 吸声系数软件得到驻波管法测量的材料吸声系数和法向声阻抗率。

5. 调整单频信号发生器到其他频率,重复以上步骤,就可得到各测试频率的垂直入射吸声系数。

(三)试验结果及分析

在材料垂直入射吸声系数测试结果中,图的纵坐标表示吸声系数,间隔取 0.1。横坐标表示测试频率,取 1/3 倍频程的中心频率。图 3-34 是 PVC 试件的吸声系数。PVC 试件在800～1 000 Hz吸声系数达到峰值。PVC 试件的吸声系数最大值为 0.48。

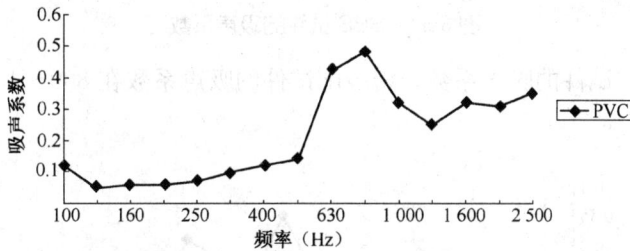

图 3-34　PVC 试件的吸声系数

图 3-35 是橡胶粉试件的吸声系数。橡胶粉试件的吸声系数在 630～1 000 Hz 达到峰值,最大值 0.52。在 1 250 Hz 后,橡胶粉试件的吸声系数又逐渐增大。

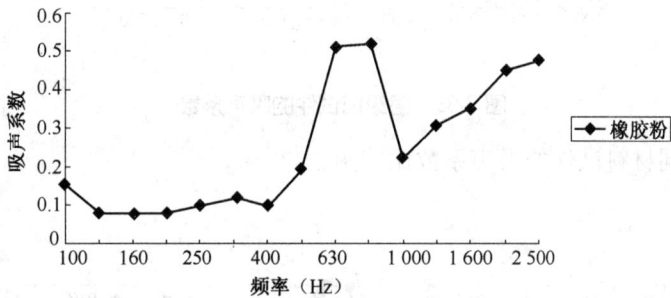

图 3-35　橡胶粉试件的吸声系数

图 3-36 是 EVA 试件的吸声系数。EVA 试件的吸声系数分别在 315～400 Hz 和 800～1 000 Hz 两个区域达到了峰值,最大值 0.49。

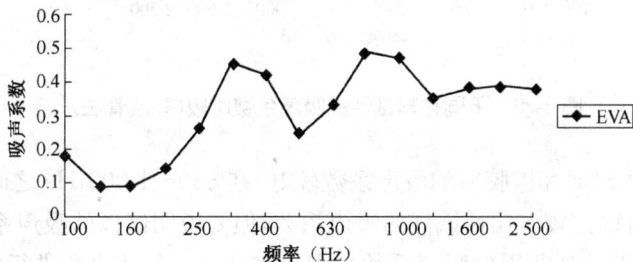

图 3-36　EVA 试件的吸声系数

图 3-37 是 SBS 试件的吸声系数。SBS 试件的吸声系数在 630～800 Hz 区间内达到了峰值，最大值 0.62。

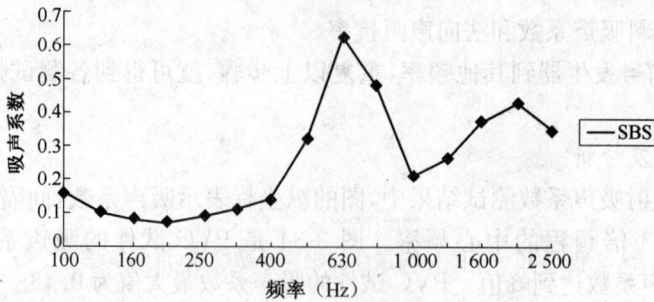

图 3-37　SBS 试件的吸声系数

图 3-38 是密级配试件的吸声系数。密级配试件的吸声系数在 800～1 000 Hz 达到峰值，最大值为 0.35。

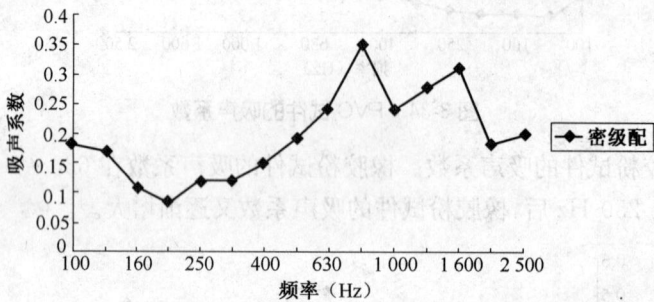

图 3-38　密级配试件的吸声系数

图 3-39 是不同材料试件的吸声系数比较图。

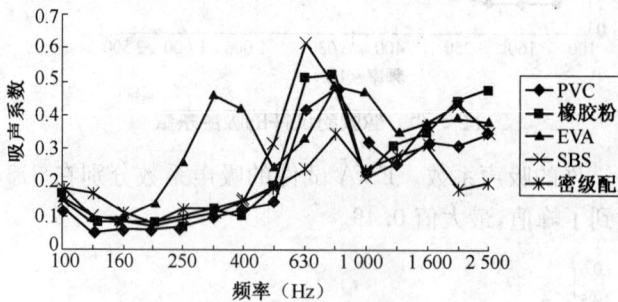

图 3-39　不同材料试件的吸声系数比较（驻波管法）

从图中可以看出 SBS 和橡胶粉的吸声系数较好，在 630～1 000 Hz 之间达到峰值。

驻波管法测量可以比较出几种试件的吸声系数，但要说明试件的吸声系数，则需换算成混响室法吸声系数，驻波管法测得的吸声系数较混响室法小。按表 3-6 进行驻波管法与混响室法吸声系数的换算，绘制了图 3-40，可比较不同材料试件的无规入射吸声系数。

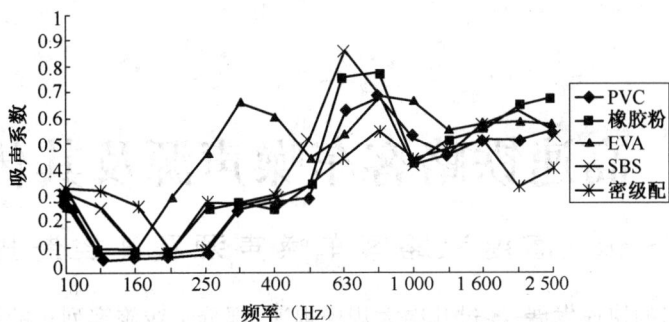

图 3-40　不同材料试件的吸声系数比较（混响室法）

通过图 3-40 可以看出，SBS 和橡胶粉的吸声系数最大，综合考虑，橡胶粉的优越性较高，橡胶粉改性沥青铺筑路面不仅可以减振降噪，而且可以废物利用。

（四）结　　论

实验主要研究了 5 种不同试件的吸声系数。测试得到了驻波管法测得的吸声系数，然后换算成混响室法的吸声系数，分析判断比较沥青混合料的降噪效果。综合考虑各种因素，橡胶粉试件较好。

复习思考题

1. 普通声级计的功能组件有哪些？它们分别起什么作用？

2. 简述电容式传声器的工作原理。

3. 画出压电式加速度传感器的等效电路，推导其幅频、相频特性。

4. 压电式加速度传感器的前置放大器通常有哪几种？它们各自有什么特点？

5. 混响室测量的吸声系数与驻波管测量的吸声系数之间关系如何？

6. 平面吸声测量试件面积范围应为多大？吸声系数较小的材料，其取值应如何选择？

7. 计算半自由场精密法测量某声源的声功率。设测试的环境温度为 20 ℃，大气压力为一个标准大气压，背景噪声为 40 dB。按标准规定的 20 个固定测点测得声压级（A）数据 dB，见表 3-7。

表 3-7　20 个固定测点测得的声压级数据（dB）

1	2	3	4	5	6	7	8	9	10	11	12	13	14	15	16	17	18	19	20
56	60	65	57	60	59	62	61	63	58	62	64	62	63	59	62	60	63	61	61

第四章 高速铁路客车噪声源及其传播途径

第一节 高速铁路客车噪声源及其控制措施

随着我国铁路的快速发展,经过几次大规模提速,部分干线旅客列车的最高运行速度已超过 200 km/h。列车运行速度的提高使车内噪声和振动问题日益突出,改善车内声环境已成为当前迫切需要解决的主要问题之一。

根据噪声控制的一般原理,分为噪声源的识别、噪声的传播途径确定和受声者分析。要有效控制铁路客车内噪声,首先要明确高速铁路客车的噪声源。根据统计,高速铁路客车噪声源主要由车辆下部噪声、车辆上部空气动力噪声、构造物噪声和集电系噪声等组成,如图 4-1 所示。

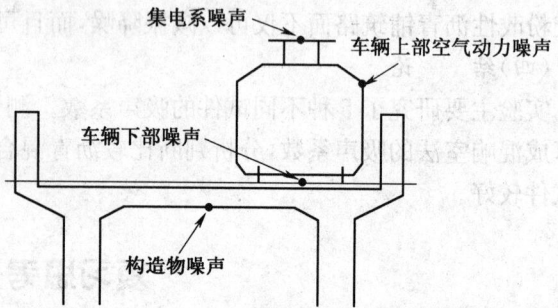

图 4-1 高速铁路客车主要噪声源

一、车辆下部噪声

(一)产生原因

车辆下部噪声中具有代表性的是轮轨噪声。轮轨噪声主要由车轮和钢轨之间的接触振动引起,并与车轮和钢轨的表面状态有很大关系。不论是高速铁路客车还是既有线铁路客车,轮轨噪声都是防噪降噪对策中必须解决的主要问题。随着铁路客车运行速度的提高,轮轨噪声问题愈加严重。因此,各国均投入大量人力、物力和财力开展轮轨噪声的研究。

轮轨噪声来自于以下 3 个方面:

1. 由于钢轨顶面或车轮踏面的不均匀磨耗及线路不平顺产生的噪声;

2. 钢轨接头,扣件不密贴或部分轨枕失效引起的冲击噪声;

3. 车轮通过小半径曲线时挤压外轨发生摩擦,及车轮在钢轨上滑动而产生的噪声。

轮轨噪声的表现形式主要有以下 3 种:摩擦声、撞击声和轰鸣声。图 4-2 为 3 种轮轨噪声产生的模式图。

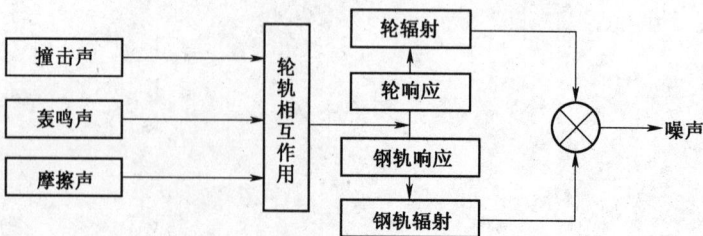

图 4-2 轮轨噪声产生的模式图

　　每一种噪声均由相对应的机械作用产生。当车辆在一条较小半径曲线线路上运行，车轴与曲线的径向方向不一致时，车轮沿曲线钢轨并非纯滚动运行，而要产生局部的横向滑动。正是在曲线上车轮、钢轨的不完善的导向造成的"卡滞-滑动效应"，连同车轮和轨道的摩擦产生振动形成一种高频率的尖叫声，这就是所谓的摩擦声。

　　轮轨之间的接触刚度很大。轮和轨长期相互作用都会产生磨耗。当车辆防滑系统发生故障时，就会造成车轮在钢轨上打滑擦伤，轮子可能失圆或产生扁疤，钢轨就会产生波浪形磨耗。状态不良的轮轨相互作用会使振动加剧、噪声加大。特别是钢轨表面波长为 $3\sim5$ cm 的短波浪型磨耗，车辆行驶时就会产生特别大的"咔嗒—咔嗒"的撞击噪声。

　　车辆在运行时，车轮在钢轨上高速滚动，由于轮轨表面粗糙度以及轮轨的缺陷造成对车轮的激扰，从而产生滚动噪声，听起来就是轰鸣声。减小轮轨接触面的粗糙度是降低轰鸣噪声行之有效的途径。

　　通过以上分析可知，为了使车辆在运行时能顺利地通过曲线，不至于产生滑动现象，车轮表面要满足设计要求。首先，当车轮表面由于车辆制动而产生的踏面擦伤、凸凹不平、剥离等不符合设计要求以及钢轨表面出现损伤，车辆在钢轨上运行时，车轮就不再是纯滚动状态，而是在滚动的同时存在滑动，即产生所谓的"蠕滑"现象。当车辆进行紧急制动时，钢轨和车轮踏面处于滑动状态，损伤将更加严重，此时轮轨噪声明显增强。其次，车辆运行中车轮通过钢轨接头处、道岔处会产生冲击，车轮通过曲线时轮轨间产生的摩擦都使轮轨噪声增大。因此，轮轨噪声中的滚动轰鸣声伴随着列车运行而产生，对噪声级的贡献最大，是铁路提速需要解决的突出问题。现在，高速线路的设计标准高、曲线半径很大，采用跨区间无缝线路技术，轨条越来越长，使得冲击噪声和弯道尖叫噪声大大降低。

（二）降低轮轨噪声的措施

　　降低轮轨噪声要从车辆和线路两方面着手。首先对于车辆来说，采用合理的车辆结构，可使滚动噪声和摩擦声降低。具体措施如下：

　　1. 采用弹性车轮

　　降低车轮噪声的主要措施是设计弹性车轮。它的设计思想是改变车轮在轴向和径向的机械阻尼，使车轮不易产生振动或改变其自振频率。弹性车轮的结构就是在轮箍和轮心之间装防振橡胶，使车轮在垂向、横向和扭转方向新增添一系弹性悬挂，因此簧下质量（只是轮箍）比一般车轮的簧下质量减小了 80%，相应的轮轨之间的撞击力也会显著减小，噪声将明显降低。国外噪声测试表明，采用弹性车轮噪声可降低 $5\sim6$ dB(A)。在车轮上装消声器和大阻尼材料，用来吸收车轮振动的能量，也能达到减小车轮噪声的目的。

　　2. 设置防振橡胶垫

　　为了隔断车轮通过车轴、轴箱、弹簧、构架、摇枕等部件向上传递到车体各部的高频振动，在轴箱与弹簧之间设置防振橡胶垫，同时中央弹簧选用对高频振动隔离性能较好的空气弹簧，可使一次固体噪声大大减小。

　　3. 转向架半主动减振技术

　　轮轨冲击产生的振动和噪声直接作用在转向架上，虽然现代的转向架上都设有减振器和弹簧等减振装置，但对高速客车来讲还不能满足要求。转向架半主动减振技术的核心关键是一种可调阻尼减振器，它能根据车辆的运行状况实时调节阻尼力，从而有效衰减车体的横向振动，改善列车的乘坐舒适性。半主动减振器几乎不需要消耗外界能量，又能达到较好的减振效果,且安装维护方便,有着广泛的应用前景。

日本 500 系和 700 系列车转向架采用了半主动横向减振器。随着车体的横向振动增大,减振器的阻尼力也增大,反之则减小。这种可变阻尼减振器还能抑制共振频率和高频振动,切断控制电源后,该装置具有与普通减振器相同的特性。

4. 车轮踏面圆整光洁

定期检查修正踏面不平度,保持车轮踏面圆整光洁,也是降低轮轨噪声不可忽视的途径。

5. 线路方面

为了防止钢轨的高频振动向下传递,可在钢轨下铺设橡胶垫,以提高线路的弹性,减小轮轨之间的冲击作用力,从而达到减振降噪的目的。若在轨枕和混凝土填充物之间加入弹性材料,振动噪声可减少 3~5 dB(A)。国外开发了与道砟有同样效果的吸声材料,该材料主要是垃圾焚烧后的残渣,可以降低噪声 3 dB(A) 左右,显然是一种廉价解决噪声的方法。

另外,铺设无缝线路和可动心轨道岔,可减少轮轨之间的冲击噪声;定期修整研磨轨面波状缺陷,使之表面光滑,也能有效降低轮轨噪声。

二、车辆上部空气动力噪声

(一)产生原因

车辆空气动力噪声主要是由于车体表面的空气湍流边界层对车体表面的激励。其噪声源主要产生于车体结构本身,如图 4-3 所示。在车辆低速运行时,空气动力噪声对车内的影响低于轮轨噪声,车头形状和噪声声压级的关系并不密切。随着运行速度的提高,空气动力噪声明显增大。原因之一是列车高速运行时,列车头部表面形状的变化致使其周围空气流紊乱,而且列车速度越高其空气动力噪声声压级就越大。其二是列车高速进入隧道及两车交会时产生的压力波动也会产生空气动力噪声。其三,车体表面的凹凸不平处,如车辆的侧窗、百叶窗、侧门、两辆客车车体的连接处等也会产生空气动力噪声。

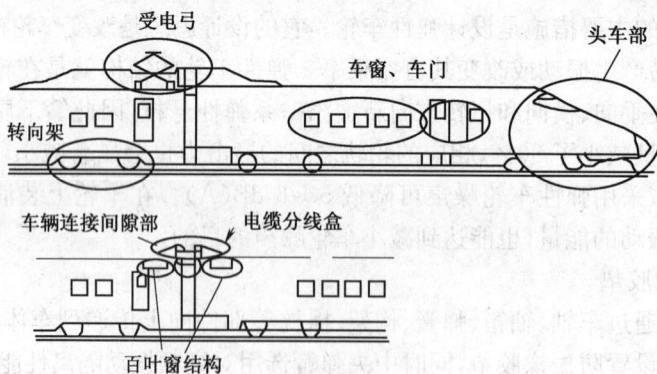

图 4-3 车辆空气动力噪声声源位置

空气动力噪声与列车速度有很大关系,随着列车提速,空气动力噪声占沿线噪声的比例(影响程度)迅速增大。当列车运行速度在 300 km/h 以上时,空气动力噪声将占到总噪声的 70% 左右,图 4-4 所示为列车噪声声压级与速度的关系。

（二）空气动力噪声的分类

1. 列车头部气动噪声

由于列车头部表面形状变化较大，致使列车头部附近的气流出现湍流因而产生明显的气动噪声，气动噪声的频谱具有连续特性。另外列车头部附近集中了很多表面形状的变化，气流沿表面速度高、流量大，也是列车头部气动噪声明显的原因之一。

2. 隧道微气压力波引起的气动噪声

列车高速驶入隧道产生的压力波在隧道内以声速传播，压力波到达隧道口时，一部分以脉冲波的形式向外辐射，同时产生爆破声，这种压力波被称为隧道微气压波。隧道微气压波造成了隧道口附近的环境噪声问题。微气压波的强度是以到达隧道口的

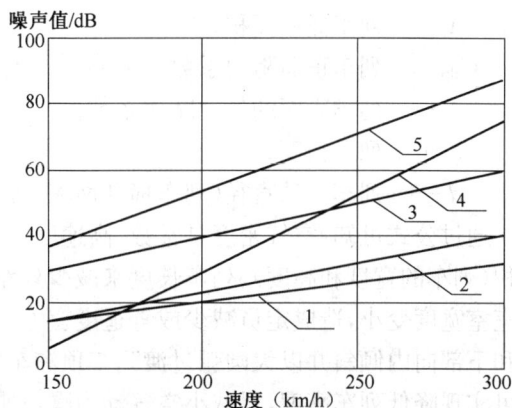

图 4-4　列车噪声声压级与速度关系
1—集电系噪声；2—构造物噪声；3—轮轨噪声；
4—空气动力噪声；5—综合噪声

压力变化率的最大值来评价的，它与列车速度的 3 次方、车身截面积的 1 次方、隧道截面积的 −1/2 次方成正比。因此，随着车速的提高，这个问题必须引起重视和加以改善。

3. 列车表面凹凸造成的气动噪声

车窗、车门和车体侧面之间凹凸不平所造成的阶差以及车辆之间的间隙都会产生气动噪声。另外，根据风洞试验，车窗、车门气动噪声的声源部位在空气流的台阶上升处。

4. 受电弓装置的气动噪声

受电弓装置产生的噪声是由构成受电弓的各种杆件所引起的非稳态气流所致，具有宽频带连续分布的特征。采用受电弓罩具有降低受电弓装置气动噪声的功效，但需注意受电弓罩本身成为新的气动声源。为使受电弓与受电弓罩很好的组合，最好能进行风洞和现车试验。

5. 百叶窗、电缆头和空调装置等产生的噪声

高速列车的侧墙上部有多种形式的换气通风口，并装有百叶窗，从这些百叶窗的纵向栅格处可产生明显的气动噪声。在车辆连接处的高压线上装有电缆接头和过渡线，根据电缆头的不同形式和状态也会产生连续频谱的噪声。除此之外，车顶上的空调装置上有小孔，从这些小孔和百叶窗的凹凸处引起非稳定气流，从而产生气动噪声。

目前，空气动力噪声的影响已经超过轮轨噪声，已成为高速铁路噪声的主要噪声源之一。

（三）空气动力噪声降低措施

高速列车与普通列车相比，空气动力学效应明显增强。行车阻力的加大，必将引起对列车动力和总能量消耗的特殊要求。当列车在隧道中行驶时，由于活塞风作用的影响，空气动力效应更加明显。隧道中空气阻力的变化规律对机车车辆和隧道提出了新的要求，是高速铁路参数设计的重要影响因素之一。

产生空气动力噪声的根本原因是列车运行过程中空气阻力的存在。列车运行时空气阻力的计算公式为：

$$F = \frac{1}{2} A \rho v^2 (C_{dp} + \lambda L / d) \quad (N) \tag{4-1}$$

式中　ρ——空气密度；

　　　v——列车速度；

　　　A——列车横截面积；

　　　C_{dp}——列车正面阻力系数；

　　　λ——列车表面的气动摩擦系数；

　　　L——列车长度；

　　　d——列车气动直径(列车横断面积的四倍除以横截面的周长)。

通过公式可知:空气密度是常数,高速度是人们一直追求的目标,只能通过减少列车横截面积(列车的宽度和高度)、列车长度来减少列车运行时的空气阻力。但单纯减少列车宽度会使座室宽度变小,造成定员减少或舒适度变差。另一种方式是改变截面形状,如将车体侧墙上部和下部向内倾斜并以大圆弧过渡到车顶和车底。通过减小车顶内部设备高度和降低地板高度可实现降低列车高度,对减小空气动力噪声非常有利,故高速列车车高明显低于传统列车。然而减少列车横断面积潜力有限,减小列车空气阻力的主要途径是减小列车正面阻力系数,主要从以下几个方面来实现。

1. 列车头尾流线化

传统列车头尾部皆为钝头形状,流线性差空气阻力系数就大。所以,高速列车最先采取的减阻措施就是头尾流线性,将传统列车头尾部几乎为一垂直的端面改变为具有一定长度、越往前横截面积越小,表面光滑的几何体,这样列车所受空气阻力会明显减小,相应的空气阻力噪声也会降低。

日本在空气动力学方面的研究表明,通过改进车头形状可减少列车阻力,新干线高速铁路客车各种头车鼻型的长度见表 4-1 所示。

表 4-1　日本新干线各种头车鼻型的长度(m)

车型	0 系	500 系	700 系
长度	4.5	15	9.2

图 4-5 为日本新干线 500 系高速列车车头形状。日本通过逐渐改变列车头车的横截面积;两车连接处不留空隙;车体断面形状接近飞机结构,上窄下宽,无棱角;车窗与车体外表面之间的相对凸起面距离减少及改进车尾的形状、长度和截面积;使客车底部光滑平顺等措施,从而使空气阻力系数不断减小。

图 4-5　日本新干线 500 系高速列车头形

2. 提高车体表面光洁度,采用流线形车体断面

空气动力噪声因车体形状不同而差异较大,但不论何种车辆,如果车体外表制造粗糙,车

身流线性差,都将增大车体的空气动力噪声。如车门、车窗向内凹进,扶手、车窗玻璃压条向外突出等,均会使空气阻力加大。采用良好流线形设计的车体不仅可以降低行驶阻力,而且可以减少空气涡流及空气对车体的冲击。车体凸出物的数量和凸出幅度也应加以控制,如使车门、车窗表面与车体表面平齐,取消车体表面的扶手等细小突出物,同时提高车体表面平整和光洁度,可降低由于摩擦而产生的空气动力噪声。

3. 优化列车底部和转向架外形

传统列车底部较复杂,除转向架外还有许多外挂设备,列车底部的优化设计也是降低空气动力噪声的有效途径。如在车体侧墙下安装裙板,以阻挡列车两侧空气流流向车底;或采用外形合理的车底外罩将除转向架之外的整个车底部分全部封住,均可有效降低底部气流流动产生的湍流噪声。

4. 改进受电弓结构

在列车高速运行时,受电弓会产生较强烈的噪声,主要是受电弓防护罩发出的空气动力噪声。改进方法是采用无防护罩的受电弓和低空气动力噪声的受电弓。日本新干线采用的低噪声单臂式受电弓取消了防护罩,并将跨越两辆车的安装方式改为集中配置在一辆车上,这样空气就可在侧面和上方顺利流动,使空气阻力明显变小,从而降低受电弓处的空气动力噪声。

三、构造物噪声

(一)产生原因

由于地理条件和实际需要,铁路往往要通过隧道、高架桥、车站和其他周围建筑物。轮轨表面之间产生的振动通过轨道、桥梁、地基等传递能量,最终导致这些构造物的振动而产生的辐射噪声,称为构造物噪声。一般来讲,高架桥铁路噪声称为桥梁噪声;隧道、车站及周围建筑物噪声称为结构噪声。铁路的路基、高架混凝土桥、钢桥、隧道等建筑结构在振动状态下均可称为二次辐射噪声源。不同的基础建筑结构,辐射噪声级不同,路堤形路基噪声高于路堑形路基噪声。

在桥上或高架结构物上产生的振动以低频率噪声再传播,尤其当列车通过无砟轨道钢桥时,二次辐射噪声声压级较为明显,使得桥梁噪声由于其辐射作用,影响和危害远远大于地面噪声。高架桥结构噪声频率比较低,主要分布在几十赫兹到数百赫兹范围内,并且辐射面积大,用声屏障隔声的方法控制二次辐射噪声对客车内的降噪几乎没有效果。特别是城区内的桥梁,会对城市的环境产生严重的噪声干扰。噪声声压级的大小根据桥梁材质和结构的不同有很大区别。控制高架桥结构噪声最有效的方法是阻止轨道振动的传递,即用隔振的方法降低轨道传递给结构的振动,从而降低结构的振动能量,减少结构的噪声辐射。

隧道噪声在列车高速运行时尤为严重,当列车以高速冲入隧道入口时,在隧道内将形成压缩波;当列车以高速冲出隧道出口时,压缩波将向外部突然放射而产生很大的噪声。隧道出口附近如有医院、学校、住宅区等对噪声有限制的区域会受到很大影响。

(二)控制措施

构造物噪声的治理须从线路和结构两方面入手。

1. 线路方面

桥上线路须平顺,钢轨接缝要少,保持钢轨表面处于良好工作状态。此外还可以在钢轨和轨枕下增加弹性防振垫。

2. 结构方面

桥梁结构要有较高的强度和较大的抗挠抗扭刚度,一般不采用柔性结构,梁部选用混凝土或预应力混凝土等材料。若梁部选用钢梁,注意做好降噪工作。

图 4-6 是日本混凝土高架桥的防噪声结构示意图,道床是平板结构,平板下面设有 25cm 厚的橡胶隔振垫。通过实测表明,列车经过此路段噪声明显下降。

四、集电系噪声

(一)产生原因

铁路客车在低速运行时,集电系噪声声压级并不高,影响不明显。在高速

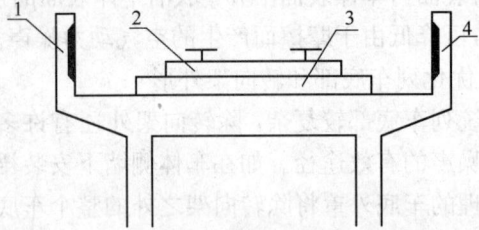

图 4-6　日本混凝土高架桥的防噪声结构示意图
1—声屏障;2—混凝土平板道床;3—隔振橡胶垫;4—吸声材料

运行时,受电弓的滑板与接触导线之间滑动而产生集电系噪声,包括滑动噪声、电弧噪声和气动噪声。噪声声压级与运行速度成正比,即运行速度越快,噪声声压级越高。

1. 滑动噪声

接触网和受电弓滑板之间的相对滑动,使空气高频振动,而产生滑动噪声。在车站发车、停车时听到的几乎都是滑动噪声。

2. 电弧噪声

电弧噪声是受电弓与接触导线之间产生的电火花声。由于线路不平顺、车辆结构装配精度、运用中车辆零、部件损伤等多方面的原因,在车辆运行时,受电弓会产生瞬间脱线而形成电火花噪声。瞬时最大可达 100 dB(A),噪声声压级与接触网吊弦弧度的大小有关。

3. 气动噪声

由于受电弓突出在车顶部位,受到与列车速度相同的风速的作用,受电弓周围的绝缘子、电缆头等都与空气摩擦而产生空气啸叫声,称为受电弓的气动噪声。

(二)控制措施

1. 接触导线涂油,是在车站出入口附近接触导线上加涂油装置,在低速时对降低滑动噪声有效果。

2. 改善受电弓的机械构造,如将受电弓两点接触改为多点接触,同时采用轻型高张力接触导线,使吊弦间弧度减少,降低电弧噪声。在受电弓之间采用高压母线连通的措施降低受电弓的电弧噪声。日本新干线高速列车噪声问题中电弧噪声一度非常突出,后来通过在受电弓与接触导线接触部分采用柔性结构,成功消除了电弧噪声。

3. 在受电弓附近安装防风隔风的受电弓罩降低气动噪声。受电弓罩由前后板和侧板构成,前后板可降低受电弓及其附近突起物的风速,侧板能分担受电弓罩内以及屏蔽来自受电弓上部的噪声。

铁路列车运行时产生的总噪声级,由以上几种噪声叠加而成,在不同的列车速度和不同的减振降噪措施条件下,上述几项影响的程度是不一样的。国外的研究成果表明,当列车运行速度大于 200 km/h 时,其空气动力噪声和集电系噪声明显增强。日本新干线试验研究表明,日本 300 系列车的运行速度为 240 km/h 时,其轮轨噪声、空气动力噪声、集电系噪声占总体能量的比例分别为 40%、20%、25%;当列车运行速度达 300 km/h 时,轮轨噪声、空气动力噪声、

集电系噪声的影响基本相当,各占总能量的 30％左右。

第二节 高速铁路客车噪声传播途径分析

高速铁路客车在运行过程中的主要噪声有轮轨噪声、空气动力噪声、构造物噪声和集电系噪声等。如果想有效地控制噪声,除了对噪声源实施控制外,还应掌握这些噪声的传播途径,以便在噪声传播途径上降噪治噪。高速铁路客车车内噪声传播途径如图 4-7 所示。

高速铁路客车内部噪声的传播介质有空气传播和固体传播两部分,如图 4-8 所示。空气传播声指从噪声源发出的声音,以空气为媒介,从

图 4-7 高速铁路客车噪声传播示意图

车辆的车门、车窗等各缝隙处直接传入车内乘客耳朵,其噪声声压级大小取决于车辆的密封程度。固体传播声可分为一次固体声和二次固体声。一次固体声是指钢轨和车轮间的振动通过弹簧系统传给转向架和车体,最终由车体内壁的振动而产生的噪声。二次固体声是指声源辐射的声能激振车体外壳,使车内地板、下墙板、车窗等产生振动,并向车内辐射的噪声,即车外噪声通过车体结构传播的透射噪声。目前铁路列车多为空调列车,采用固定式车窗和密封性能好的车门,空气传播声较小。轮轨滚动噪声以及车外噪声的二次固体声是车内噪声的主要部分。

从铁路客车车内噪声的测试得知,轮轨噪声主要是经由车体地板和侧墙外板传入车内,要想降低轮轨噪声对车内的影响,除了在车轮和钢轨上采取措施外,首要问题是在车体地板和侧墙外板内安装吸声、隔声材料,才能将噪声控制在允许范围内。

空气动力噪声和集电系噪声是在高速运行时形成的,其传播途径主要是通过车辆的缝隙处、车顶、侧墙等传入车内,而空气动力噪声比集电系噪声更加严重和复杂。车辆在隧道内运行时产生的噪声入射到隧道内壁时,由于

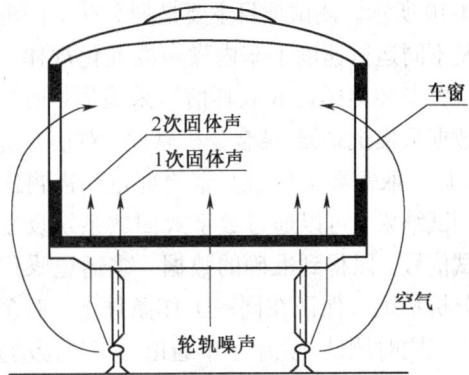

图 4-8 车内噪声的传播途径分析

隧道内壁对噪声的反射将作用于车体,最终从车顶侧墙及车窗、车门传入车内,从而使隧道内运行的车内噪声比隧道外运行时明显增强,图 4-9 可清楚地看出这一点。

为了降低车内噪声,根据其传播途径特点,需要通过改变车体结构和材料,结合轻量化、隔热性能等措施,隔断空气声和二次固体声传播途径。一方面,采用隔声效果良好的隔声减振材料,增加车体的密封性,减少外部噪声透过车体的声能,达到控制空气声和固体声的目的。另一方面,在车体内表面安装吸声性能良好的吸声材料来控制列车内的混响声,使车内噪声得到最大限度的衰减。

第三节 高速铁路客车车内噪声分布规律

为了降低铁路客车车内噪声,采用噪声与振动测试分析系统进行多通道运行噪声测试,掌握铁路客车在不同运行速度下车内噪声的现状和分布规律,对减振降噪设计提供依据。

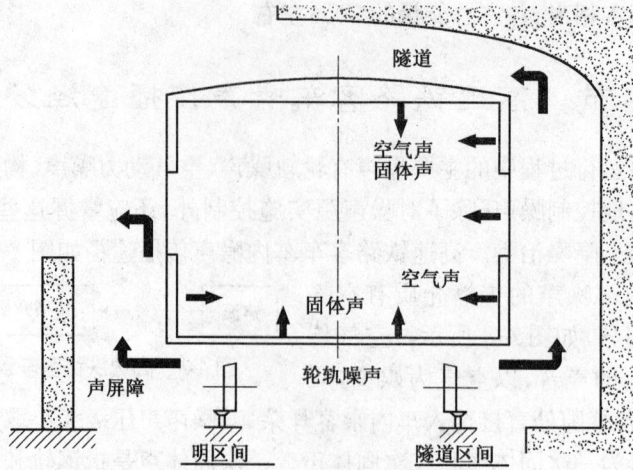

图 4-9　噪声在隧道内外的传播

一、普通铁路客车车内噪声测试及结果分析

(一)测试内容及方法

根据国家标准和实际需要,测试位置及布点如图 4-10 所示。测试项目主要是列车在不同测试位置及不同运行速度下车内噪声的变化规律。在测试位置安装传感器或双耳信号采集器,通过多通道数据采集记录器,结合分析软件,对信号进行分析,以获取需要的内容。重要部位和需再次确认的测试结果,可以通过数字式回放系统反复回放测试信号,以得到准确的数据。多通道噪声与振动分析系统可保证在同一工作条件下,对多个测试位置同时测试,克服了单通道噪声与振动分析系统对多个测试点无法进行比较的缺点。

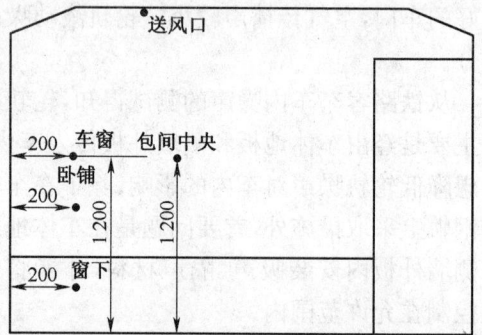

图 4-10　噪声测试位置及布点图

(二)普通铁路客车车内噪声分布规律

本次试验列车速度分别为 60 km/h、110 km/h、120 km/h 和 130 km/h,试验结果如图 4-11～图 4-14 所示。

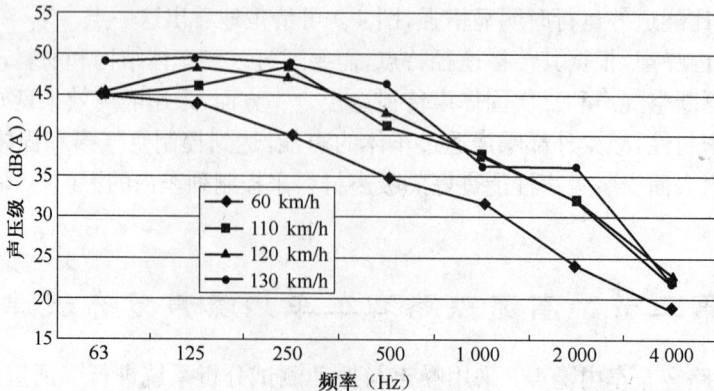

图 4-11　双耳信号采集器左耳在不同速度时的频谱图

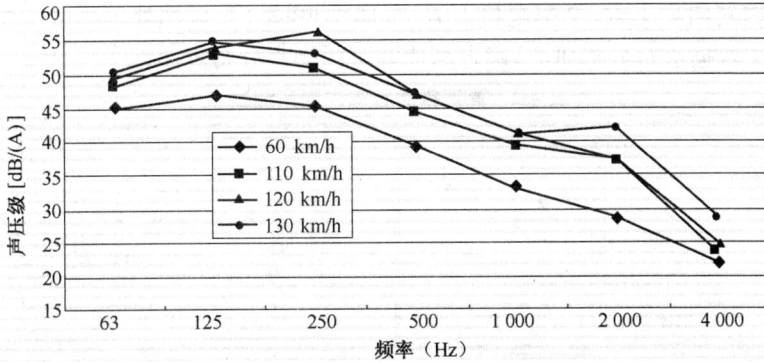

图4-12　卧铺测点在不同速度下的频谱图

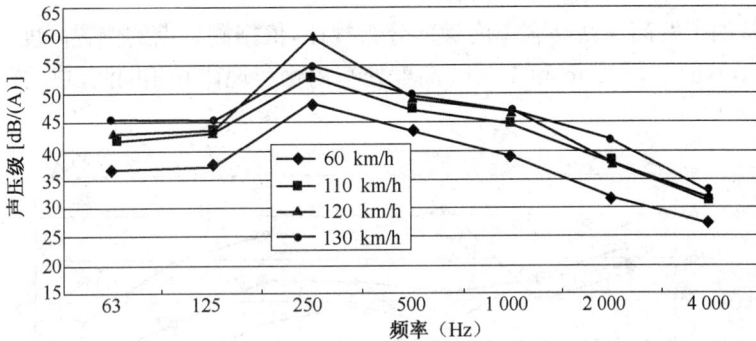

图4-13　包间中央测点在不同速度下频谱图

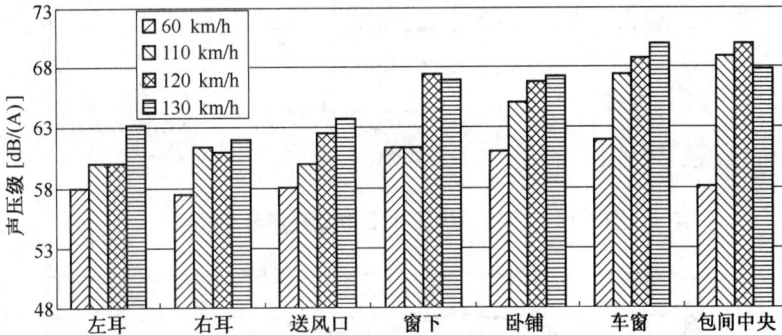

图4-14　在不同速度下各测点最大值

　　从图4-11～图4-14中可以看出，随着铁路客车速度的提高噪声值随之增高，同一测点在运行速度分别为110 km/h和130 km/h时，噪声值最大相差5 dB(A)左右。从频谱图上看，不同频率下噪声值区别较大。在中频、低频范围内噪声值较高，特别是在125～500 Hz低频区间达到高值。由图4-14中的测试位置和噪声值的关系看，运行速度为130 km/h时，车窗位置的噪声值最大已达到70 dB(A)；在运行速度为120 km/h时，包间中央的噪声值最大也达到70 dB(A)，高于车内其他部位。

二、高速铁路客车内噪声测试及结果分析

(一)测试内容及方法

为了掌握高速铁路客车噪声源的分布及车内噪声的频谱特性，根据国家标准和实际需要，测点分别在车内转向架上方、牵引电机上方、车体中央、车门、风挡处等测试位置,如表 4-2 所示。最后对相关数据进行分析研究,确定高速客车内噪声分布规律。

表 4-2　高速铁路客车内噪声测试点

测试点	测试位置(m)	测试点	测试位置(m)
测点 1	车门处高 1.6	测点 5	车体中央座椅上 1.2
测点 2	转向架上方高 1.2	测点 6	车体中央高 1.6
测点 3	转向架上方高 1.6	测点 7	风挡中央距渡板 1.6
测点 4	牵引电机上方高 1.2		

注:测点高度是距车内地板的高度。

（二）高速铁路客车车内噪声分布规律

为了更清楚的了解高速铁路客车内噪声分布规律,依据测试点的位置高度,分别研究相同运行速度(200 km/h)下,1.2 m 和 1.6 m 高度处车内噪声规律和相同测试位置不同速度下噪声的分布规律。

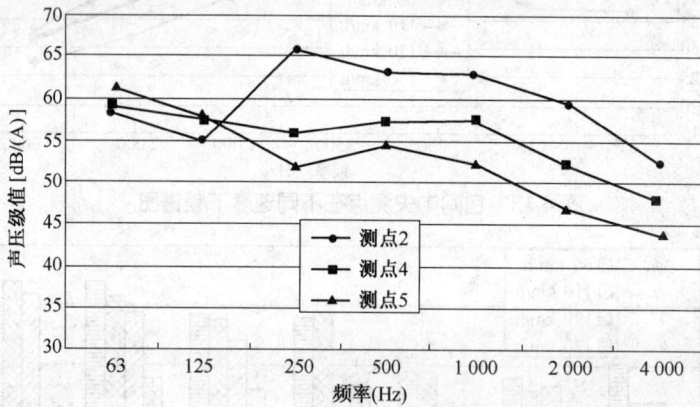

图 4-15　200 km/h 下 1.2 m 处噪声分布规律

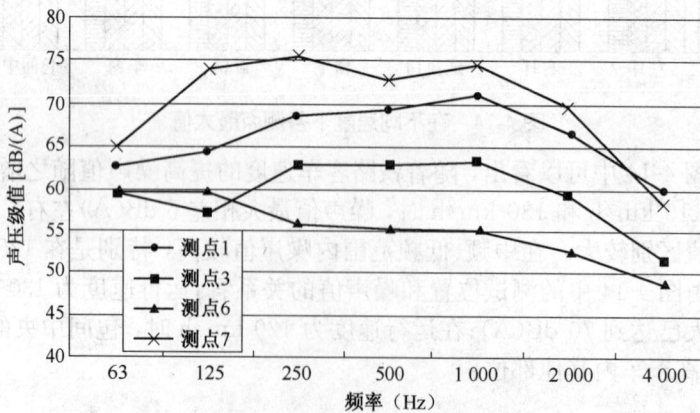

图 4-16　200 km/h 下 1.6 m 处噪声分布规律

通过图 4-15 和图 4-16 可以看出,在相同速度下高度 1.6 m 处的声压级值明显高于 1.2 m

处的声压级值。相同高度下,风挡和车门处的噪声声压级值明显高于车内其他位置。

对于高速铁路客车来说,风挡和车门是降噪措施比较薄弱的环节,风挡和车门部位密封不严而产生的声泄漏是其噪声值偏大的主要原因。

高速铁路客车中的动力转向架上附有牵引电机及冷却风扇、齿轮减速箱等设备,这些设备工作过程中产生噪声,由此激发车体侧板振动并向车内辐射噪声。若能降低转向架附近传入车内的噪声,车体中央的噪声也会随之减小。

分析图 4-17 得出,车门的噪声值随着速度提高相应增加,噪声峰值出现在 $125 \sim 2\,000$ Hz 之间。与其他测试位置比较,车门处的噪声值相对较高。在车体钢结构设计时,保证车门处的光滑过渡,减少凹凸不平,能够减少空气动力噪声。

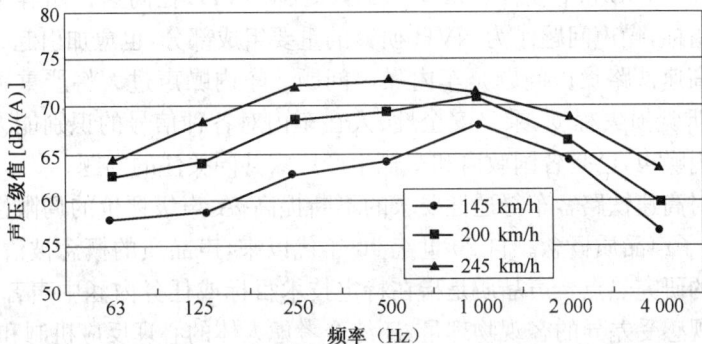

图 4-17 车门处 1.6 m 高度在不同速度下的噪声频谱图

除此之外,车门的材料和密封处理不容忽视,如选用性能良好的吸声材料和隔声构件,采取性能优良的密封措施,可减少从车门传入车内的噪声,明显改善降噪效果。

综上所述,降低车辆噪声必须从噪声源、传播途径、接受点三方面综合考虑,以期达到降噪效果。由于噪声的研究涉及声学、数学、机械工程、电子工程等多方面的知识,因此,噪声的治理是一项复杂的系统工程。

复习思考题

1. 铁路客车的噪声源有哪几类?
2. 铁路噪声的传播途径有哪些?
3. 轮轨噪声的产生原因有哪些?
4. 空气动力噪声主要有哪几类?
5. 采用什么方式可以减少列车运行中的空气阻力系数?

第五章 高速铁路客车声品质

第一节 概 述

近年来,随着国际产品工业的快速发展以及人们对消费品质量和舒适性要求的提高,噪声(Noise)、振动(Vibration)和平顺性(Harshness)(简称NVH)在高速铁路客车设计中成为客车舒适性的重要指标,噪声问题作为NVH研究的重要组成部分,也愈加引起人们的重视。目前人们最关注的高速铁路噪声问题是车内噪声问题。车内噪声过大将严重影响客车的舒适性、语言清晰度、听觉损失程度、乘坐安全性、人在车内对各种信号的识别能力及人的心理状态。因此降低车内噪声,已是各国政府和车辆生产厂家共同关注的问题。

随着消费者对高速铁路客车舒适性要求的不断提高,A声级评价的局限性日益突出。在这种情况下,提出了声品质概念。自20世纪90年代以来,声品质的概念被清晰定义,并成为噪声分析与控制的研究热点。声品质是指在特定技术目标或任务内涵中声音的适宜性,不仅分析造成人体主观感受差异的客观物理量,还综合考虑人体的心理反应机制和声音感知特性,能较为准确地反映人体对声音的主观感受。因此,研究车内声品质评价方法对于提高客车乘坐舒适性具有重要的作用。国内外许多研究者都对汽车声品质问题进行了探讨和研究,并且已经达成了声品质具有多维度特性的共识。

一、声品质研究内容

声品质研究涵盖两个方面的内容:①环境声品质,对声品质的评价与传统意义上环境声学评价内容直接相关,但更加偏重于评价的主观属性和环境噪声的烦恼度研究;对如何改善提高环境声品质(室内环境、区域环境、社区环境等)的研究,与声景观的设计研究直接相关。②产品声品质,研究产品的噪声所反映出来的与产品的质量、品味、功能、偏好等相关的信息。

声品质研究的初级阶段是理解人们对于声信号主观判断的本质,揭示其规律,形成客观的评价方法;高级阶段是如何提高和改善声品质,或者能够根据需求对声品质事先做一些设计。声品质研究的工作流程如图5-1所示。

声品质的研究,实际上提出了现代噪声控制的全新理念,即噪声控制不仅要降低噪声的声压级,还要能够调节产品的声音特性。其最终目的在于实现选择性噪声控制,消除总体噪声中令人

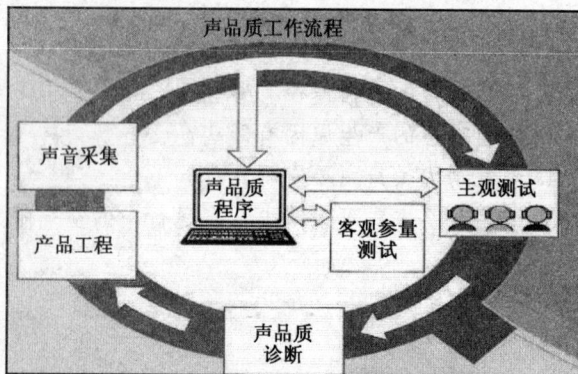

图5-1 声品质研究的工作流程

烦躁的成分,同时适当保留令人愉悦的成分,从而使产品声音符合消费者主观感受的要求。

声品质研究最终的评判标准是人的听觉感受,虽然这种主观感受不能用现有的仪器和设备直接测出,但可以用某些客观参量来进行描述。以心理声学评价参数为基础,建立能够客观衡量声品质的评价模型,不仅可以减小声品质评价成本、提高声品质评价效率,满足工程应用的需求,而且对于现代交通工具噪声的评价、分析与控制都具有重要意义。

目前,国际上对于声品质理解的不同导致研究方法手段和研究结果差异很大,还没有形成统一的声品质评价标准。一般采取两种方法,一种是主观评价,即人们对于噪声声品质从主观感知的角度如何去理解;另一种是客观评价,即寻求噪声声品质的心理声学、物理声学的属性。

二、国内外声品质研究现状

(一)国外声品质主观评价研究进展

"声品质"的概念最早产生于 20 世纪 80 年代末至 90 年代初。声品质研究是基于人耳对声信号的听觉感知,是一种区别于传统物理方法的研究。声品质研究近年来在国际上得到广泛的关注,国外已有许多大学和研究单位建立了声品质研究机构。1985 年,日本丰田汽车公司的工程师发表在美国汽车工程协会(SAE)会议上的一篇题为《A Study of Noise in a Vehicle Passenger Compartment During Acceleration》的论文被公认为是第一篇关于汽车声品质方面的论文。

声品质本身反映了人对声音的主观感受,目前现有的测试仪器和相关方法尚无法直接测量该指标。不过研究显示,声品质能够用直接测量和计算获得的客观物理参数来描述,这些反映不同声音信号造成主观感受差异的客观物理参量,综合考虑了人体心理反应机制和声学感知特性,称为心理声学参数。

国际上的噪声声品质的研究单位,都以心理声学研究为背景,不同研究单位在研究方向和方法上差异很大。如英国和法国强调它是一门感知学科,强调心理试验方法的研究,揭示感知心理属性结构。德国和丹麦偏重物理机制方面的研究和工程实践。相比而言,由于有着发达的汽车工业支持,德国和美国在声品质研究方面水平高,应用广,并且重视基础研究作用机制和工程应用。

在声品质测试诊断设备方面,德国 HEAD 公司开发了 24 bit 的数字人工头,丹麦 B&K 公司开发了模拟人工头,用以开展声音数据采集、编辑、回放等。

国外学者对声品质描述指标进行了深入的探讨。奥地利 AVL LIST 公司较早给出了系统描述声学属性的 48 个物理特征量,并把它们归纳为 8 类评价指标,包括声压级、综合级参数、周期性测量、音质响度、音质尖锐度、脉冲性、粗糙度和声压分布。日本学者近期提出的评价指标分为响亮、轰鸣、平稳、尖锐、坚实、强劲、活泼、豪华、驾驶乐趣、动感、偏爱和发动机延展性等 12 类。

国外在做声品质主观评价时,对评价组的要求为无听力障碍,并且要有一定的声品质评价经验,对噪声环境比较熟悉。但选用有丰富声学评价经验的评判组来进行测试的做法,往往忽略了普通听音者的主观感受。声品质主观评价研究是采用问卷调查或主观评价实验等形式,对主观评价数据通过统计分析等方法,获得适当的评价术语,以描述声品质的主观感知特征。声品质主观评价方法有:排序法、幅度调节法、等级评分法、成对比较法、语义细分法等。对声品质概念的不同理解会形成评价方法上的差异。不同评价方法都有其优缺点以及适用环境,因此经济、有效评价方法的研究也是声品质研究中的一个重要方面。

国外关于声品质主观评价方面的研究,基本思路和流程大体相同。首先组织评价组对多个不同的有效车辆噪声采样信号评分。然后,以统计学方法对噪声样本进行多重回归分析,确定主观评分等级与客观物理参数之间的相关性,最终建立用心理声学参量表达的声品质函数公式,并以此作为汽车产品设计和制造的声学参考和评价指标。常用噪声信号评价方法有两种:等级评分法和成对比较法,这两种方法有着各自的特点。前者可获得声音评价的绝对数值,且简单易于实现。后者可提供多个噪声采样之间的相对排序,而且比较精确。但是当被评价的声音样本评价量较大时,该方法费时、工作量较大。另外还有简单排序法、语义细分法等评价方法,这些方法各有利弊,适用于不同的试验条件。因此,选择适宜的评价方法进行主观评价才能获取良好的评价结果。

自从 1959 年 Solomon 首先将语义细分法用于声学研究以来,在应用的过程中针对不同的情况实验流程有所不同。其中,德国奥登堡大学和波鸿大学在进行车内噪声声品质的研究中及以后的很多研究者对语义细分法采用了不同的研究流程,以适用不同的研究要求。成对比较法在声品质研究中应用较广,1994 年 Chouard 研究表明回放顺序对主观评价结果没有显著影响,但是,不同的样本序列会给评价者的评判结果带来差异。近几年在具体的声品质应用研究中,成对比较法以及分析模型仍然处于讨论研究中。

1997 年 Farina 和 2002 年 Gabriella 分别提出不需采用双耳记录,通过传递函数将单个传声器信号合成得到的双耳信号进行主观评价的方法,通过比较研究发现对主观评价没有影响。

1998 年 Bodden 在比较几种不同的主观评价方法的基础上,提出一种适宜于工业应用的个性化测试法,可发挥评价者的主观能动性,减少评价工作量。但这种评价方法由于太"自由",容易造成评价进程的混乱。

1999 年 Otto 等曾提出汽车声品质主观评价导则,比较系统地介绍了评价环境、评价准备工作、评价和分析方法等。但只介绍了一般的方法流程,并未涉及到一些方法的改进及最新进展。

Schick 于 1979 年和 1996 年的研究表明,不同的评价者构成,由于认知、情感的不同会对声品质评价结果产生影响。而 Nielsen 于 1993 年在丹麦工学院的 OSSQAR 项目中的研究结果表明,正常听力和受损听力两类人对声品质的评价感知可以在相同的感觉空间进行描述。2004 年 Anna Preis 关于专业评价者与非专业评价者对乐器声品质的成对比较法实验研究表明,专业与非专业评价者对于声品质偏好性的评价没有什么不同。

一般情况下大多数的研究工作多是围绕声品质的满意度、偏好性或烦躁度等方面的特征进行,并将其解释为多维的特征。1981 年 Cardozo 从声级高低和声特征好坏两个维度上来描述主观感受上的烦躁度。1994 年 Boemak 提出采用明亮度(Brightness)、柔和度(Softness)两个维度来描述汽车发动机的声品质。1995 年~1997 年 Bisping 通过一系列的实验研究认为,车内声品质感知中愉悦度和劲度两方面的特征最为重要。在车辆标准驾驶状态下,这两个因素占总变量的 60%~70%。

近年来,声品质的研究伴随着汽车工业的发展而发展,国外的一些大型汽车制造厂商,已经形成了一套适合自己的声品质研究实验方法,并取得了一些成果。

(二)国外声品质客观评价研究进展

一些研究主要考虑从时间历程和频率构成特征的角度进行分析,试图降低某些频率段声压级,以提高噪声的和谐结构成分、改善噪声的声品质。

1999 年 Bodden 和 Heinrichs 在研究柴油发动机的嗒嗒声品质评价时，采用考虑时域掩蔽和时域积分的时域响度模型来反映（响度、平均响度、抖晃度，以及响度在时域的平均偏差），相关系数达到 0.95。而在 Fidel 的研究中显示，即使在可控制条件下，声能的频谱密度仍然不能较好地反映环境噪声的烦躁度。

一些研究基于心理声学特征量对于声品质主观特征进行表征。比较有代表性的是 1991 年 Hussain 提出的烦恼度指数，以及 1984 年 Aures 把响度、粗糙度、锐度和音调组合起来提出的感觉愉悦度。

1999 年 Scot 和 Jeff 在进行细致的主观评价实验与分析之后，采用基于响度及其在时域的标准偏差、抖晃度对汽车启动声的主观评价结果进行客观量化，取得比较好的效果。

1999 年 Hoeldrich 和 Pflueger 等对粗糙度的计算方法提出进一步的改进，以适用于特定车内噪声声品质的应用研究。2002 年 Otto 在对发动机声品质研究中发现现有模型具有很大的局限性，认为粗糙度应具有时域范围内抖晃的特征，发现依据发动机的转速信息密切相关的阶次和半阶次特征所提出的粗糙度计算模型效果比较好。

2001 年 Teik C. Lim 通过研究将影响汽车电动车窗噪声烦躁度的因素归为四类：响度、尖叫声、脉冲声、时域变化。1997 年 Zhang 和 Vertiz 认为对电动窗听觉感知的主要因素和偏好特征为噪声强度、音色变化以及锐度，其中强度（包含响度、粗糙度等）为最主要的因素，用户更加偏好于这些参量值较低的产品。

2001 年日本神户大学提出考虑信号的自相关、两耳互相关机制以及脑半球的散射作用等，从自相关函数中抽取的 3 个时域因子和从两耳互相关函数中抽取的 4 个空间因子，建立一种 Auditory-Brain 系统模型来描述声品质。

2002 年韩国科学技术学院，通过专门设计的实验，运用正交矩阵评价分析研究吸尘器声品质与频谱构成之间的关系，指出不同频带的变化明显影响主观评价结果，同时高频成分主要影响满意度，低频成分与吸尘性能相关。

Berglund 研究发现，与短时傅里叶变换相比采用小波分析可以较好地识别声品质的特征成分。

2002 年 C. Hogstrom 在对火车上空调通风系统噪声引起的烦躁度的研究中，通过对于频谱构成以及心理声学量的分析，采用主成分分析确定声品质描述量之间的关系以及频谱的特征，在对有调度模型分析的基础上，发现尖锐度和有调率是影响烦躁度的主要原因和提高声品质的关键所在。又通过最小二乘回归分析建立烦躁度的预估模型。另外 C. Hogstrom 在对铁路机车内部的声品质研究中分析了有调声、抖晃度、语言可懂度等的影响，认为提高声品质主要应该减少有调声、增加语言可懂度，提出了应该在私密交谈和语言可懂度之间实行均衡掌握的准则。

低频噪声对于声品质的研究非常重要，有许多工作集中于典型的低频噪声以及特定条件下的隆隆声研究。2000 年 Hashimoto 等在对车内噪声声品质的研究中，将 300Hz 以下的低频噪声在耳膜处产生的声压感受称为轰鸣感。车辆稳态行驶时心理声学轰鸣级（Booming Level）的模型结果与轰鸣感相关性较好。而在加速时，提出另外采用轰鸣指数（Booming Index）来评价。针对怠速以及发动机低转速时加速情况下的车外噪声，采用脉冲度来评价。

美国的 Purdue University 和丹麦的 Aalborg University 认为有调度的模型也有待改进。Aaron Hastings 指出，经过不同阶滤波器的声信号感觉上并不是具有同等的有调感觉，提出半功率点并不是感觉频带宽度好的表示,同时在有调音的模型中对附加的谱包络信息应该有所考虑。

总而言之,国际上对于声品质的研究仍不成熟。由于对声品质理解的不同导致研究方法手段百花齐放,研究结果差异很大。另外一些研究涉及商业机密,模型具体方法并未完全公布。1997年Bodden甚至认为"可以预见,已经有几个其他指标形成,只是因保密因素而没有公布。其原因很简单,这些指标由工业界研发,实际上适用于特殊情况,成为市场竞争的有利手段"。同时,针对不同产品,一些模型的可行性和适用程度还有待研究。声品质还需进一步的深入研究,更谈不上形成统一的声品质评价标准。

(三)国内声品质主观评价研究进展

根据研究报道,我国关于声品质的研究开展较迟。

在主观评价方法方面,国内曾经进行过厅堂音质评价研究。由于评价者对厅堂音质与声品质的心理感知需求不同,评价术语方面有较大区别,研究结果必然会存在很大差异。

中国科学院声学研究所与日本大阪大学合作开展了跨文化的噪声评价用语的研究,对基于非度量多维尺度分析的噪声声品质主观评价进行探讨。

同济大学声学所与上海大众汽车公司开展汽车声品质主观评价方法的研究。而上海交通大学则开展噪声品质的评价方法研究。另外,国内的空调企业为了降低产品的噪声也在声品质方面做出了积极的努力。国内声品质研究的开展,对于建立适合我国人群的评价体系和评价参量具有重要意义,同时为国内声品质的应用奠定了良好的基础。

2005年中国科学院声学研究所焦风雷以双耳记录的车内噪声经等响处理后为例,针对非度量多维尺度分析(NMDS)是否适用于研究一致性较强的噪声声品质主观评价这一疑问进行研究。显然随着人们物质生活水平的提高、环保意识的增强,对汽车声品质的要求也不断提高,从而促进了汽车声品质研究的不断深入开展。

声品质在交通运输领域同样有广泛的应用前景,如汽车发动机系统、汽车排气消声系统、汽车传动系统、电动摇窗机、汽车关门声、侧向湍流风噪声以及轮胎噪声等方面的声品质研究。这些研究为以后高速交通噪声设计提供了依据和借鉴。

《2006-2007环境科学技术学科发展报告》中指出,声品质新的发展趋势主要集中在三个方面:①加强心理声学基础研究;②关注环境中低频噪声评价模型的研究;③分析噪声声品质群特征的影响因素。

声品质领域的研究涉及多学科的交融,并与数字音频和语音信号处理、声景观研究以及产品的情感化设计等领域结合在一起,推动科学和技术进步。

(四)国内声品质客观评价研究进展

在国内,声品质客观评价方法的研究刚刚起步。

2002年南京理工大学唐振民进行了空调器噪声品质客观评价技术的研究与软件开发。

2004年合肥工业大学的陈剑探讨了人耳听觉的一般特性及其描述方法,并以其为基础确立了基于主观感觉的声品质客观评价方法。

主观评价的目的除了比较判断现有产品噪声的某些主观指标的优劣外,还要为指导噪声的改善设计(即声设计)服务。寻求主观评价的结果与客观计算参量之间的相关性,可以获得主观评价指标对计算参量的依赖关系,从而得到为改善噪声的某些主观评价指标,及噪声的计算参量(客观物理量)进行改进的方向。而许多计算参量的结果与产品的结构和声学设计存在因果关系,因此知道了要对计算参量作怎样的调整,就可以对产品的结构和声学设计作相应的调整,以达到最终改善主观评价指标的目的。

三、声品质研究的发展趋势

目前,国际上对声品质评价问题的研究逐渐深入,但还存在很多不足。国内声品质改善措施在高速铁路客车设计制造领域的应用才刚刚起步。预计今后的研究侧重和发展趋势主要集中在以下几方面。

(一)基于听觉模型的智能化声品质评价模型的研究

国外研究者对现有的一般性心理声学参数并不满意,有研究表明,按照通常方法计算得到的粗糙度参量与大量的主观评价数值几乎不存在稳定的相关性。因此,探讨和确立适宜于评价车辆噪声属性的基于听觉模型的智能化声品质评价模型,使之尽可能与主观评价结果有良好的相关性是值得重视的研究方向之一。

(二)声品质作为高速铁路客车产品研发的目标之一

高速铁路客车厂商和研究机构对声品质指标的重视程度正日益提高,在整车和零配件的研发过程中都将越来越多地考虑主观评价结果,并以形成良好的声音特性为目标,以各种方式进行改善车内声品质的尝试,在新产品设计阶段即实现对于声品质主观感知的预测。

(三)构建我国噪声主观评价的数据库

不同国家的消费者由于民族习惯和文化背景的不同,对车辆噪声的主观感觉差异很大,因此国外声品质的研究成果不能直接为我国采用。国内高速铁路客车声学设计应借鉴国外经验,研究中国人对于声音声品质的主观评价,构建本民族的车辆噪声主观评价数据库,并研究心理声学客观参数的解析描述实现物理参数特征化,为提高国产高速铁路客车的质量和市场竞争力服务。

(四)声品质特征参数的仿真研究

在高速铁路客车新产品研发中结合高速铁路客车动态模拟器,对国产高速铁路客车声品质特征参数进行仿真研究,结合新车 CAE 设计,用整车的有限元模型(FEA)或统计能量法模型(SEA)为车辆噪声和控制提供一个交互式平台。

可以预见,随着声品质与人主观感知属性研究的不断深入以及随着可听化技术的不断发展,在不远的将来,声品质理念必将融入工业产品的设计之中。

第二节 声品质客观参量

对人而言,判断噪声是否是骚扰性的依据是其主观感受的噪声特性或声音质量。由于人主观因素的介入,会出现以下情况:用 dB(A)测量是达标的,但感觉是骚扰性的,或者用 dB(A)测量声级强度较大的声音,感觉上却比声音小的更悦耳。目前对噪声的主观评价尚不能用现有的仪器直接测量,这就导致无法用相关参量来评价感官对声音的主观感受。但是噪声信号的不同物理特性可用声压、声强和声功率等物理量来描述,那么对噪声的主观听觉感受声品质也可用客观的可测量的不同参量来描述。为此,国际上许多厂商及研究机构的专家学者做了大量的工作。

常用以下参量描述与噪声特性有关的声音品质属性:愉悦度、活跃度、明亮度、力度、响度、粗糙度、音调、轰隆声、敲击声、嗡鸣声、脉冲度、平稳度、尖锐度、抖动度等。这些参量的确立实现了人对噪声主观感受的定量计算,使人对声音的主观评价有了客观的测量方式和方法,形成了心理声学。由于国内在这方面的工作开展不多,作为探索阶段,评价经验的缺乏即受到评价人员对某些参量理解的限制,而且有些参量之间有较高的相关性,如明亮度和高音音调,敲击声和脉冲度等。所以现阶段不宜使用所有的评价量,因此本书只介绍:响度、尖锐度、粗糙度、抖动度这四个国际上比较常用的参量客观评价声品质,如图 5-2 所示。

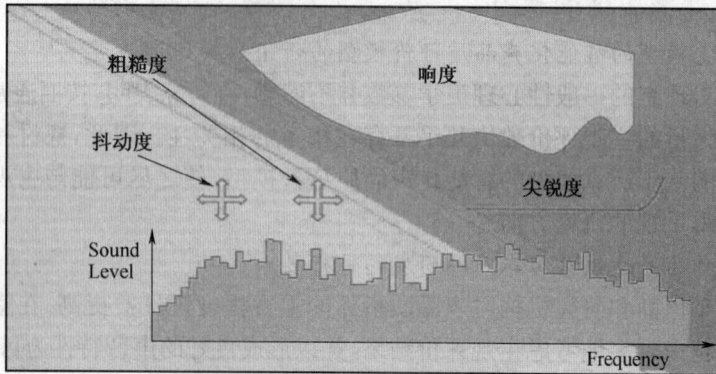

图 5-2　心理声学参数示意图

一、响度与响度级

人耳对于仪器测出声压级相同但频率不同的声音,听起来不一样响。因为同一声压级的高频声要比低频声响,因此心理声学中用响度级、响度来衡量。

(一)等响曲线与响度级

1933 年 Fletcher 和 Munson 首次测量等响曲线,1961 年国际标准化组织(ISO)制定了等响曲线的国际标准。以频率的常用对数为横坐标,声压级为纵坐标,绘出不同频率的声音与1 000 Hz 的标准声音等响时的声压级与频率的关系曲线即等响曲线。图 5-3 是在自由声场中测得的等响曲线图。

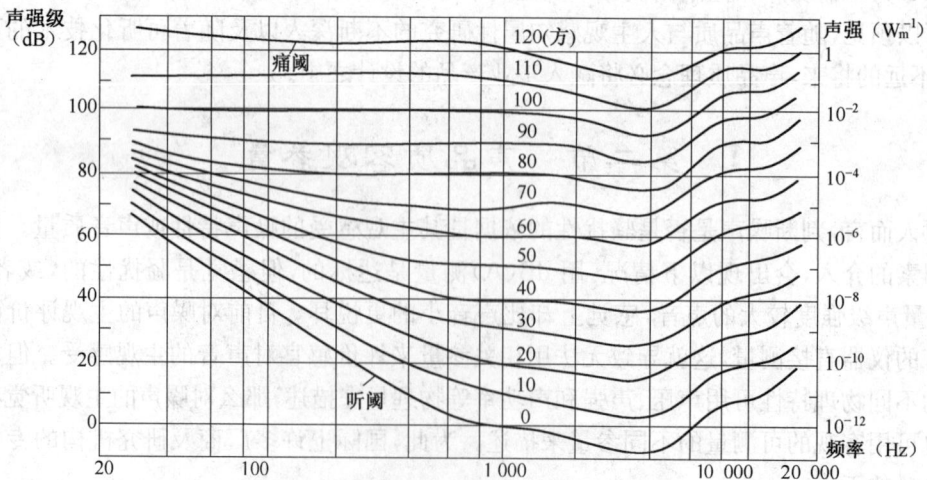

图 5-3　人耳等响曲线

等响曲线有两个主要声学特征:第一,在大于 1 kHz 时等响曲线变得凹凸不平,这是由于外耳的共振产生的。外耳道长约 25 mm,一端封闭另一端开放,使得听觉在约 3.4 kHz 产生第一个共振,由于外耳道形状的不均匀性,第二个共振频率约为 13 kHz,共振现象可以提高听觉在共振频率的灵敏度;第二,听觉的灵敏度还与声压级有关,能引起听觉的声音,不仅在频率上有范围限制,而且在声压上也有一定范围。就是说,频率在 20～2 000 Hz 以内的声波,其声压还必须达到某一量才能引起人耳听觉。听觉内在的转换和诠释声波的方式决定了其灵敏度频率响应随声压幅度的变化而变化,即听觉灵敏度是随频率和振幅变化的函数。

从图 5-3 还可以看出:

1. 可听声音的强度范围较小。声频范围虽然由 20～2 000 Hz 很宽,但其强度范围在 1 kHz 时为最大,0～120 dB;当频率为 5 kHz 时,强度最高值只能达到 108 dB。

2. 等响曲线上 2～5 kHz 处有明显下凹部。反映出人耳对高频声,特别是 2～5 kHz 的声音敏感,而对低频声不敏感。

3. 当噪声声压级达到 100 dB 左右时,等响曲线呈水平线,即此时频率变化对响度级变化的影响不明显。说明此时声压级的分贝值与响度级的方值是一致的。

响度级是反映不同频率声音的等响感觉的度量,它的单位是"方",phon。将欲测的不同频率的声音与此基准声音比较,若被测声音听起来与基准音的某个声强级一样响,这时基准声的声强级就是该被测声音的响度级。响度级的确定考虑了人耳特性,并将声音的强度与频率用同一单位——响度级统一起来,既反映了声音客观物理量上的强弱,又反映了声音主观感觉上的强弱。响度级只是一个相对量,因此引出响度的概念。

(二)响　　度

响度是用来描述声音响亮程度的主观感觉量,它不仅与声音的强度有关,还与声音的频率紧密联系。响度考虑人耳对声音频谱的掩蔽特性,能比 A 声级更准确地反映声音信号的响亮程度。响度是最主要的心理声学参量,是计算其他客观评价指标的基础。响度的单位是"宋",sone。定义 1 kHz 纯音声压级为 40 dB 时的响度为 1 sone。响度与响度级之间的关系用数学式表示为:

$$N = 2^{(I_N-40)/10} \tag{5-1}$$

或
$$L_N = 40 + 10\log_2 N$$

在客观度量中,声音的强弱是由声波的振幅决定的。但是作为主观评价量的响度不仅取决于振幅的大小,还取决于频率的高低、频带的宽度、频谱特性和声音的持续时间。一般而言,噪声的响度值越大,对人造成的烦恼越严重,因此,引入响度分析可以为辨识异常噪声提供依据。关于稳态噪声响度计算,国际标准 ISO532:1975 规定了 A、B 两种计算方法。A 方法是由 Stevens 提出的,使用倍频带或 1/3 倍频带谱数据计算,适用于具有平坦频谱的扩散声场;B 方法由 Zwicker 提出,使用 1/3 倍频带作为基础数据,引入临界频带对人耳的掩蔽效应作修正,适用于自由声场或扩散声场的计算。B 方法的计算过程中,响度模型是不同临界带宽的特性响度在整个临界带宽上的积分,特性响度值(sone/Bark)与声音临界带宽下的激励级有如下关系:

$$N'(z) = 0.08 \left(\frac{E_{TQ}}{E_0}\right)^{0.23} \left[\left(0.5 + 0.5\frac{E}{E_{TQ}}\right)^{0.23} - 1\right] \tag{5-2}$$

式中　E_{TQ}——安静状况下听阈对应的激励;

　　　E_0——参考声强 $I_0 = 10^{-12}$ W/m^2 对应的激励;

E——被计算声音对应的激励。

在 0~24 Bark 上对 N' 积分得总响度：

$$N = \int_0^{24} N' \mathrm{d}z \tag{5-3}$$

日本 HONDA 公司经过反复试验和测算，总结出如下响度合成公式：

$$N_B = (N_L^{1/0.669} + N_R^{1/0.669})^{0.669} \tag{5-4}$$

式中　N_B——双耳响度；

　　　N_L——左耳响度；

　　　N_R——右耳响度。

Chouard 于 1997 年完成了双耳响度和愉悦度感知的研究得出：在双耳响度不对称情况下，总响度的感知与双耳响度平均值 $N_M = (N_L + N_R)/2$ 的感知等同。

为了得到感知响度的近似值，许多学者致力于该方向研究，提出了几种基本的典型心理声学模型，主要通过以下四个步骤实现噪声激励到响度的转化计算过程：

(1)用于估计外耳和中耳的频率响应的滤波器；

(2)滤波器的频谱向激励模式的转化计算；

(3)激励模式向特征响度的转化计算；

(4)计算特征响度的总和得出总响度。

模型中其他几个心理声学参数的中间过程也都是采用基于 Zwicker 理论的响度模型的国际标准 ISO532:1975 进行分析和计算。考虑噪声的声压级、带宽、频谱特性、时域特性和持续时间等因素对响度的影响，用合并后的 1/3 倍频带，近似模拟特征响度频带作为响度计算程序的输入，然后按照 Zwicker 响度计算方法编制响度计算流程，如图 5-4 所示。

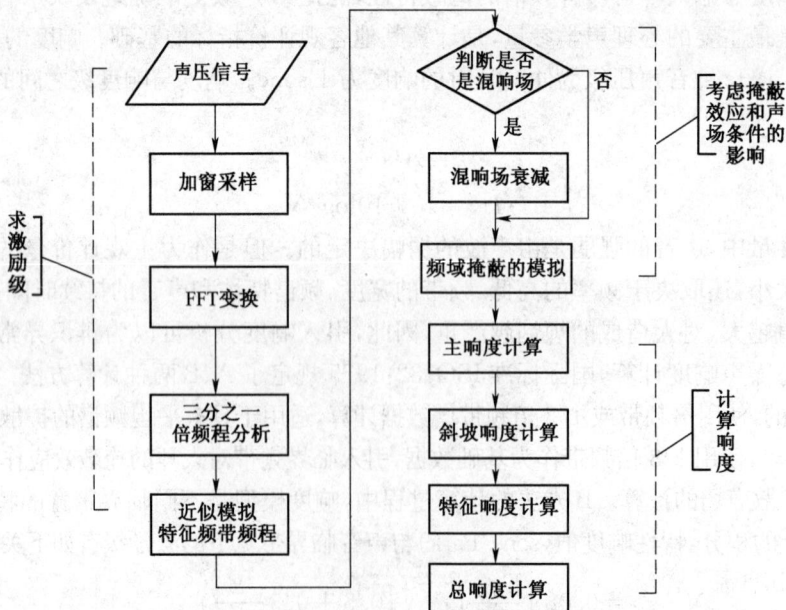

图 5-4　响度计算流程图

二、尖锐度

尖锐度是描述高频成分在声音频谱中所占比例的参数,是人耳对声音信号中高频成分主观感受程度的心理声学参数,它反映了声音信号的刺耳程度。由于人耳对高频声音比较敏感,因此尖锐度对声音的舒适程度影响很大,声音的尖锐度值越高,给人的感觉就越刺耳。尖锐度的单位是 acum,定义中心频率为 1 kHz、带宽为 160 Hz 的 60 dB 窄带噪声的尖锐度为 1 acum。声压级对尖锐度的影响相对较小,如声压级从 30 dB 增加到 90 dB,尖锐度仅增加一倍。只要噪声带宽小于特征频带对尖锐度的影响就较小。影响尖锐度最重要的因素是噪声信号的频谱成分和窄带噪声的中心频率。噪声信号的高频成分占优势时尖锐度就高,为此可通过改进信号的频谱,增加低频成分的方法来改善声品质。

目前,尖锐度计算还没有统一的国际标准,一般采用对响度谱加权积分的方式计算。

尖锐度的数学模型以响度模型为基础。当 Bark 数大于 16,即特征频带数大于 16 Bark 时,声音的尖锐度明显提高。因此,在计算声音的尖锐度时,引入加权因子 $g(z)$,其关于 Bark 域的解析式如下:

$$S = 0.11 \frac{\int_0^{24} N'(z)g(z)z\mathrm{d}z}{\int_0^{24} N'(z)\mathrm{d}z} \tag{5-5}$$

式中　计权项为:

$$g(z) = \begin{cases} 1 & z < 16 \\ 0.066\mathrm{e}^{0.171z} & z \geqslant 16 \end{cases} \tag{5-6}$$

其中　z——特征频带 Bark 尺度。

Aures 提出的尖锐度模型比较常用,将总响度用 $\ln(0.05N+1)$ 代替。$g(z)$ 关于 z 的关系曲线如图 5-5 所示。

根据边界条件:中心频率为 1 kHz、带宽为 160 Hz 的 60 dB 窄带噪声的尖锐度为 1 acum,得到尖锐度的数学模型:

$$S = k \frac{\int_0^{24\mathrm{Bark}} N'(z) \cdot z \cdot g(z)\mathrm{d}z}{N} \tag{5-7}$$

式中　k——加权系数,$k=0.11$;

$N'(z)$ 和 N——表示特征响度和响度。

尖锐度的计算流程如图 5-6 所示。

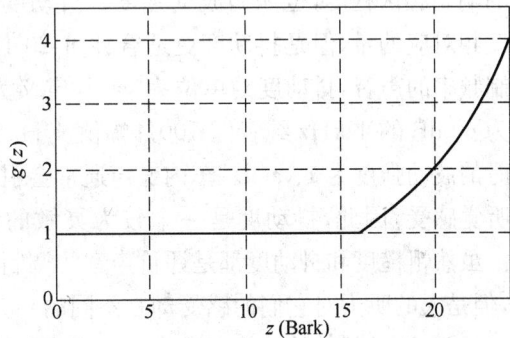

图 5-5　加权因子 $g(z)$ 关于 z 的关系曲线

特征响度频谱 → (加权) → 特征尖锐度频谱 → (积分) → 尖锐度

图 5-6　尖锐度计算流程图

三、粗 糙 度

粗糙度是描述声音信号调制程度的心理声学参数,它反映信号调制幅度的大小、调制频率的分布等特征,适应于评价 20～200 Hz 调制频率的声音,特别对 70 Hz 附近的声音有突出的评价效果。影响人对声音粗糙度感觉的主要因素为:听觉系统的频域处理和时域处理作用。频域处理可以模型化为特征响度相对于特征频带位置的分布。对于时域处理效果,为了便于研究,假定人的听觉系统只能处理随时间的各个特征频带位置的特性响度变化或激励变化。因此粗糙度的计算基于由调制引起的随时间变化的激励。对于振幅调制的信号,其时域掩蔽级的变化就是描述激励变化的最有效数据,用 ΔL_E 表示,称为掩蔽深度。随着调制频率的降低,ΔL_E 逐渐增大,但粗糙度感觉并不与之对应。对于同样的调制频率,ΔL_E 的大小还与载波信号的频率有关,即与载波所处的特征频带位置有关。粗糙度常用 Zwicker 计算模型:

$$R = 0.3 f_{mod} \int_0^{24} \Delta L_E(z) \mathrm{d}z \tag{5-8}$$

$$\Delta L_E(z) = 20 \lg_{10} \left[\frac{N'_{max}(z)}{N'_{min}(z)} \right] \tag{5-9}$$

式中　　ΔL_E——激励级的变化量;

　　　　f_{mod}——调制频率,kHz;

　　　　N'_{max}——临界频带内的指定响度最大值;

　　　　N'_{min}——临界频带内的指定响度最小值。

粗糙度的计算流程如图 5-7 所示。

四、抖 动 度

抖动度反映了人耳对缓慢移动调制声音主观感受到的响亮起伏程度,也叫做波动强度。抖动度是和粗糙度相对应的量,但是抖动度更适合评价 20 Hz 以下调制频率的声音,抖动度的单位为 vacil,定义:声压级为 60 dB 的 1 kHz 纯音经 100% 幅值 4 Hz 频率调制时的波动强度为 1 vacil。车内噪声通常会引起波动性听觉感受,因此,抖动度是一个较为灵敏的评价参数。虽然粗糙度和抖动度都是评价声音的调制程度特性,但是人的听力对它们的感受却是不同的。

目前,波动强度的计算还没有统一的国际标准。

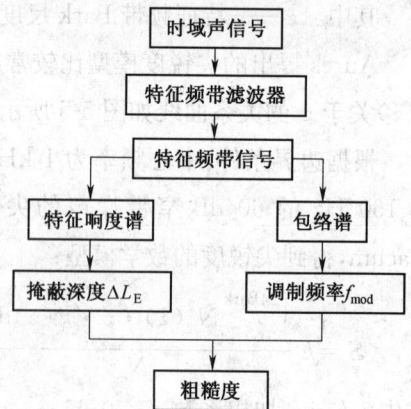

图 5-7　粗糙度的计算流程图

从事声学研究的两位学者 Zwicker 和 Fastl 提出了两种波动强度模型,一种用于音调,一种用于宽带噪声。两种模型的波动强度都在调制频率为 4 Hz 左右时达到最大值。他们计算正弦振幅调制的宽带噪声的波动强度公式为:

$$F_{BEN} = \frac{5.8(1.25m - 0.25)(0.05L_{BEN} - 1)}{(f_{mod}/5)^2 + (4/f_{mod}) + 1.5} \tag{5-10}$$

式中 m——正弦振幅调制的调制因素;

L_{BBN}——宽带噪声级,dB;

f_{mod}——正弦调制频率,Hz。

对于音调,公式有所变化。设 $N'(z,t)$ 为同时掩蔽模式,z 为临界频带数。以 z 为中心频率的一个临界频带内的两个拍音,$N'(z,t)$ 会有一个强幅度的调制频率,称为拍频。波动强度的计算公式如下:

$$F=0.008\frac{\int_0^{24}\Delta L(z)\mathrm{d}t}{\frac{f_{mod}}{4}+\frac{4}{f_{mod}}} \tag{5-11}$$

式中 ΔL——同时掩蔽量,定义为:

$$\Delta L(z)=20\lg\frac{N'(z)_{max}}{N'(z)_{min}} \tag{5-12}$$

其中 N'_{max}——整个采样时间段上 $N'(z,t)$ 的最大值;

N'_{min}——整个采样时间段上 $N'(z,t)$ 的最小值;

f_{mod}——调制频率,Hz;

z——临界频带的 Bark 数。

B&K 公司相关软件中的波动强度计算可用于所有类型声音的计算,基于式(5-12)经过修正后将同时掩蔽量计算公式改为:

$$\Delta L(z)=20\lg\frac{N'_1(z)}{N'_{99}(z)} \tag{5-13}$$

式中 $N_1(z)$——采样时间段上超过 1% 的时变响度;

$N_{99}(z)$——采样时间段上超过 99% 的时变响度。

式(5-13)被调整为特征波动强度 $F'(z)$,计算公式为:

$$F'(z)=0.008\frac{\Delta L(z)\Delta z}{\frac{f_{mod}}{4}+\frac{4}{f_{mod}}} \tag{5-14}$$

式中 f_{mod}——与 $N'(z,t)$ 相关的调制频率。

波动强度为 0~24 Bark 临界频带内各特征波动强度之和,定义为:

$$F=\sum_{z=0}^{24}F'(z) \tag{5-15}$$

虽然以上这些参数有利于估算单一包络的声音信号的波动强度,但对于复杂包络声音信号的波动强度还不能很好的预测。当调制是综合的,就不能直接求得到合适的调制频率 $f_{mod}(z)$,而当同时存在不同频率的多重调制时,也不能清晰地处理特征响度 $N'(z,t)$。

Zwicker 提出的抖动度计算模型为:

$$F=0.008\frac{\int_0^{24}\Delta L_E(z)\mathrm{d}z}{(f_{mod}/f_0)+(f_0/f_{mod})} \tag{5-16}$$

式中 f_0——调制基频,$f_0=4$ Hz。

抖动度的计算流程图如图 5-8 所示。

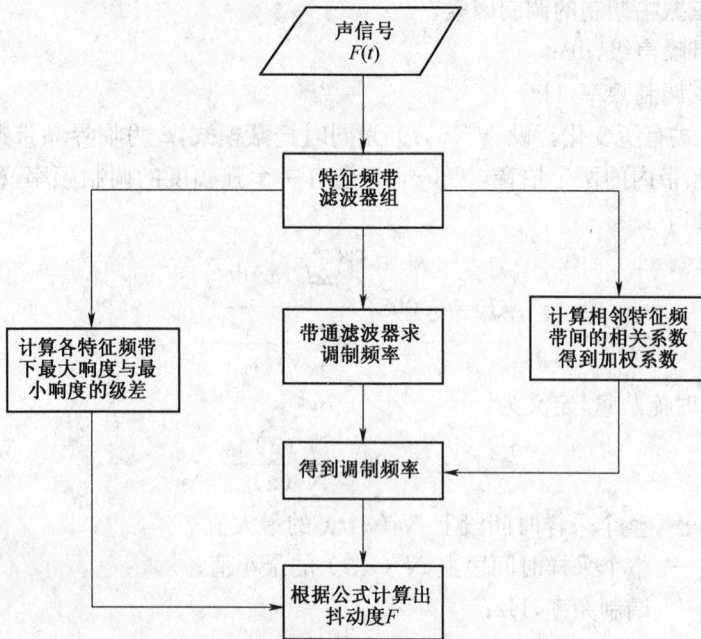

图 5-8　抖动度计算流程图

第三节　声品质主观评价方法

　　交通运输工具 NVH 工程师的工作应以用户需求为中心,因听者是声品质研究过程中的主体,声音品质的好坏最终要由听者来决定,所以主观评价是客观评价的基础。因此进行主观评价方面的研究是很有必要的,是基础性研究。声品质主观评价研究采用结合听音测试的问卷调查形式,对主观评价数据通过统计分析方法,获得适当的描述声品质主观感知的评价术语以及声音样本的分值及排序。

　　声品质主观评价是基于一个或者一组听音者对声信号试听的基础上,根据某种预先约定的尺度来对声信号划分质量等级的,听音测试结束后,对测试结果进行统计分析以得到最终结果。主观评价反映了听音者对声信号质量好坏程度的一种主观印象。

　　声品质主观评价涉及人的听觉感受的诸多方面,如描述、满意、喜爱和情绪等,这些都是在人对声音的认识过程中发展出来的。有时这几个印象相互关联,如果一个声音是悦耳的,那么它也可能让人们觉得愉快。

　　语言是受环境和行为影响的社会存在,人们用语言来描述主观感受并表达他对世界的品评,特别是一些形容词可以表达主观感受的程度,如可以用“响的”、“嘈杂的”等词汇形容高声级的噪声,用“小的”、“弱的”等词汇形容低声级的噪声。合适地选择形容词可以组成语义差别量表,在评价声信号的品质时就可以采用。

　　对于声品质评价来说,一个直接的考察方式就是询问人们对声品质是否满意和喜爱。满意涉及声信号的很多方面,是对声信号的综合的评定。同时,人们在对声信号的品质进行判断时,会有意无意地对声信号进行比较,对喜爱和等级次序进行判断,比较性是评价的一个重要特征。在声品质的主观评价中,成对比较法是常用的一个方法。对声信号的客观方面做出判断的同时,这种判断也会引起我们情绪上的变化,譬如觉得愉快、兴奋、激动或不安。

为了获得可靠性和重复性高的主观声品质评价数据,完成声品质的主观评价,必须征募大量的听音者,需要对技术设施和人力进行大量的投资,根据试验的目的和用途确定声音样本。

人是声音的最终接受者,主观评价的结果是对声品质的真实反映。但主观评价的缺点也是十分明显的,一致性和可重复性较差,导致稳定性差,成本和时间的代价较大,并且结果是主观评价描述,对于噪声的诊断和解决没有直接的用处。

由于声品质主观评价是一个复杂的生理和心理过程,涉及较多的领域,主观评价结果也因人而异,一致性较差。评价结果受评价主体的背景和评价前的培训等因素的影响,受评价方法的制约,受环境的影响,因此,主观评价的设计非常重要,这就要求在评价指标和评价方法的选择、评价主体的选择和培训、评价设备和环境的选择、声信号回放的顺序以及分析方法的选择等方面都应十分谨慎。

常用的主观评价方法有简单排序法、等级评分法、成对比较法和语义细分法等,这些方法各有利弊,适用于不同的实验条件。评价方法要根据评价任务和要求的不同来确定,针对不同评价测试采用与之相适应的评价方法,可以让评价者的评价结果更为准确可靠。

表 5-1、表 5-2 分别为成对比较法和等级评分法的简单模式说明。

表 5-1　成对比较法

组别	A 比 B 好	A、B 差不多	B 比 A 好
组 1			
组 2			
⋮			

表 5-2　等级评分法

您的感觉	一点不烦躁	有一点烦躁	令人烦躁	比较烦躁	非常烦躁
对应分值	1　2　3	4　5　6　7	8　9　10　11	12　13　14　15	16　17　18　19　20
声音 1					
声音 2					
⋮					

一、简单排序法

简单排序法是最简单的主观评价方法之一。实验要求评价主体针对某个或者几个评价指标(如偏好性、烦恼度等),对听到的所有声音样本连续播放进行排序。评价过程中,评价者可以根据自身需要对某个声音样本进行多次重放。然而,由于排序工作的复杂性是随着评价样本数量的增加而增加的,所以样本数量通常比较少(6 个或者更少)。该方法的主要缺点是无法给出具体的比例尺度信息,只能得出声音 A 比声音 B 更好,但是究竟 A 比 B 好多少,好在哪里则无法评价。因此,只有在人们想快速得到某些声音的简单比较结果时才用到排序法。排序法常用于判断几个声音设计最终结果好坏的评价。

二、等级评分法

评分法是一种比较常用的方法,它用客观分值来记录评价者对于声音的不同反应。听者要对听到的声音在设定的评分范围内评分。等级评分法将声品质的某一属性划分为若干个等级,每个等级中包含不同的分值,试验中评价者根据各自的主观感知程度给出对应的评价分值,对某声音样本的全部评分取算术均值,作为该声音样本的声品质等级。这种方法简单快捷,可以直接获得评分结果,评价工作量相对较小。它的主要缺点是:

(1)用数字来表达对某声音的感觉并非人们习惯的方法。没有经验的听者对数字"2"、"5"、"9"具体代表何种感受没有概念,人们不可能用这些数字去直观地表达对声音的感受,他们往往习惯用"响"、"粗糙"等来形容。

(2)不同的听者会使用不同的评分范围,有些人使用较小的评分范围,有人会使用较大的评分范围。

(3)极端值通常不会被使用。由于听者听的是连续的声音样本,他们会担心一旦使用了极值,会因为下面的一个声音样本超过前一个而导致无法给分。

(4)得到的主观数字评价很难与客观评价结果相比拟。

三、成对比较法

成对比较法又称 A/B 比较法,它是将声音样本成对播放,评价者对这两个样本的某一属性进行比较并给予评价。由于评判是相对的,而不是绝对的,评价者可以不用顾忌所做出的评价,因此成对比较法很适合无经验者使用。但其缺点是比较对的数量相当大,因为它是按照样本数量的平方增长的。更确切地说,一个完整的全矩阵成对比较法中比较对的数量是 t^2,其中 t 表示样本的数量。这就意味着假如有大量的样本,那么评价势必会相当冗长,容易引起评价者的疲劳,而影响评价结果。

成对比较法除了用于我们常见的声品质主观评价方面外,还常用于声信号的检测,即从比较对中选出包含规定信号成分的声音。这也称作强迫选择的成对比较法。用于声信号相似性评判,称作相似性成对比较法。

运用成对比较法,可以完成以下三种评价任务。

(一)检　　测

让听者指出两个样本中哪个含有需要被检测的声信号。比如,为了检测一个被宽带噪声掩蔽的纯音,可用掩蔽声作为其中一个样本和多个混合声配对,每对中的混合声所含纯音声级不同。

(二)评　　价

听者要以某个评价标准对听到的成对声音的表现作出相关判断。有时两个样本听起来都不够舒服,那么就使用"烦恼度"作为标准。如果要使用诸如"响度"、"粗糙度"作标准,那么必须要确定听者能够在样本中区分这些特点。其中可以加入一些变化,比如在比较对两个样本的偏爱度的同时说明具体偏爱程度的多少。

(三)相似性判断

相似性判断与检测和评价不同,它不要求作出选择,而是要作出相似性的判断。声音同样被播放两遍,而后对这两者的相似性作出评价。听音者两端分别用"非常相似"、"完全不相似"

且在没有刻度的直线上描述出自己的感受。试验中所有的组合都要被评测过,而且每个声音都要和它自己配对作比较来了解听者的感觉是否准确。最后,可以在直线上放上刻度得到量化的评价。

四、语义细分法

语义细分法是一种同时对声音的多种属性进行评价的测试方法,主要用来判断声音的哪一种属性更为特定的测试人群所看重。评价者根据一系列语义相反的形容词来给予评判,例如:安静的/响亮的、平滑的/粗糙的、低沉的/尖锐的、强劲的/乏力的等。每对形容词之间划分为若干个等级,通常是 5 个、7 个或者更多,评价者从中挑选他们认为合适的等级来表征试听样本的声音属性。该法获取有效结果的前提是所有评价者对这些形容词的理解大体相同,在实际操作中满足该条件并不容易。同样,要求测试者具有丰富的声学评价经验。为避免语义细分法的缺点,该方法改进为参考语义细分法,评价过程中采用参考声分别与剩余的声音样本组成评价对,先回放参考声,再回放要评价的声音样本,对所须评价词汇,评价者根据评价样本相对参考样本的变化,作出区域判断。

采用极性化词汇描述噪声的极性轮廓,各形容词对的选择往往因人而异。所以针对不同类别的噪声,语义形容词组必须进行专门的设计并通过主观评价来验证。语义词组的设计需要考虑到以下 4 点:

(1)所选择的词汇项目与要评价内容的相关性;
(2)词汇项目的两极性,或反义词的存在与否;
(3)词汇项目是否能正确反映各种不同的噪声特征;
(4)所选择词汇与所评价噪声的特征有足够高的灵敏度。

复习思考题

1. 分析声品质研究的主要内容。
2. 论述国内外声品质研究现状。
3. 分析声品质客观参量的含义。
4. 声品质主观评价方法有哪几种? 分析其各自特点。
5. 声品质的研究侧重和发展趋势主要集中在哪些方面?

第六章 噪声控制技术

当由于技术或经济上的原因,在噪声源和接收者处难以达到降噪效果时,需要在噪声传播途径上采取合理的降噪措施。振动的声源可向周围空气中辐射噪声而形成空气声,也可激起与其相连结构的声振动而形成固体声。吸声和隔声技术通常指空气声的吸收和隔绝,而隔振和减振技术则可减小固体声传播和减小声源振动。本章介绍吸声、隔声的基本原理及声屏降噪原理。

第一节 隔声降噪理论

隔声是控制噪声传播途径有效方法之一。隔声性能用传声损失 TL 表示

$$TL = 10\lg \frac{1}{\tau} \tag{6-1}$$

式中 τ ——透射系数,为透射声能 E_t 和入射声能 E_i 之比;

TL ——传声损失,表征障板本身的特性。

传声损失,相当于障板为无限大面积时,取一单位面积来考虑入射声能与透射声能。传声损失在国家标准 GB/T 19889.3—2005 中称隔声量 R,其定义是入射到受测试件上的声功率 W_1 和透过试件的透射声功率 W_2 之比值,取以 10 为底的对数乘以 10,表示为

$$R = 10\lg \frac{W_1}{W_2} \tag{6-2}$$

通常传声损失即为隔声量。但传声损失是反映障板本身隔声性能的物理量,不能与障板两侧声压级差混淆。实际上当障板有边界时,或有各种界面条件时,障板两侧的声压级差与传声损失有很大差别。本书中提到的障板为匀质板,即各向同性,对于各向异性板本书不作讨论。

一、单层障板的传声损失

(一)质量定律

厚度为 h 的无限大障板(媒质 2)插入到无限大媒质 1 中,如图 6-1 所示。一列平面波 p_i 垂直入射到该无限大障板上,一部分声波 p_r 反射回到媒质 1 中;另一部分透射入媒质 2 中,当该声波行进到障板第二个界面(媒质 2-媒质 1 界面)时,由于特性阻抗的改变,又会有一部分声波 p_{2r} 反射回障板中;其余部分透射入障板后面的媒质 1 中成为透射声波 p_t,媒质 1 延伸到无限远,所以透射波不会再发生反射。

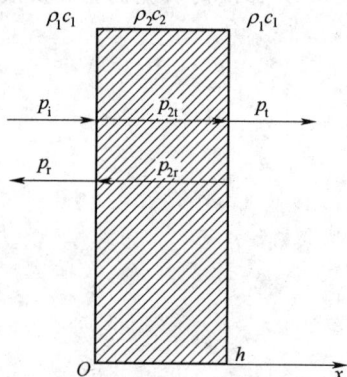

图 6-1 平面波垂直入射到障板上

由于媒质 1 中的入射波、反射波、透射波和媒质 2 中的反射波、透射波均为平面波,其声压和质点振动速度表达式已知,根据媒质 1 和媒质 2 边界处($x=0,x=h$)声压和质点振动速度连续性条件,即可得到声压透射系数 τ_p(透射声压与入射声压之比)和声强透射系数 τ_1(透射声强和入射声强之比)。在公式(6-1)中透射系数即为声强透射系数,$\tau=\tau_1=|\tau_p|^2$,因此可根据公式(6-1)计算得到传声损失 TL。

研究对象通常为薄板,即声波波长远大于板的厚度,因此可以用一种较简单的方法得到透射系数。对于无限大障板,面密度为 $m(m=\rho_2 h,\rho_2$ 为障板密度,h 为障板厚度),当平面声波 p_i 垂直入射时,障板以声波激励频率作整体振动,振动的障板向另一面辐射声波,透射声波为 p_t,如图 6-1 所示。假定不考虑障板内部声波传递(假定波长比障板厚度大很多)及损耗,则障板阻抗仅为质量抗 $j\omega m$,其中 ω 是圆频率,同时障板背后的负载是媒质 1 特性阻抗 $\rho_1 c_1$。因此,障板表面的法向声阻抗率 Z_s 是障板质量抗 $j\omega m$ 和媒质 1 特性阻抗 $\rho_1 c_1$ 的串联,$Z_s=\rho_1 c_1+j\omega m$。声压反射系数为:

$$r_p=\frac{Z_s-\rho_1 c_1}{Z_s+\rho_1 c_1}=\frac{j\omega m}{j\omega m+2\rho_1 c_1} \tag{6-3}$$

当障板内部的消耗不计时,能量透射系数 τ 等于能量吸收系数 α,

$$\tau=\alpha=1-|r_p|^2 \tag{6-4}$$

对于两侧均是空气的固体障板,通常面密度足够大,一般满足板的质量抗远大于空气特性阻抗,即 $\omega m \gg \rho_0 c_0$,这时传声损失为:

$$TL=10\lg\frac{1}{\tau}=10\lg\left[1+\left(\frac{\omega m}{2\rho_0 c_0}\right)^2\right]\approx 20\lg\frac{\omega m}{2\rho_0 c_0} \tag{6-5}$$

常温 20℃,空气密度 $\rho_0=1.21$ kg/m^3,空气声速 $c_0=344$ m/s,该式可表示为:

$$TL=20\lg(mf)-42 \tag{6-6}$$

从式(6-6)可知,障板的面密度越大,传声损失就越大,面密度增加一倍,传声损失增加 6dB,该隔声规律即为隔声原理中最基本的质量定律。式(6-6)同时说明频率越高,传声损失越大,频率提高一倍,传声损失增加 6dB。该式是声波垂直入射的理论。当声波无规入射时(相当于所有入射角 0~90°的平均值),传声损失 TL_r 约为

$$TL_r=18.5\lg(mf)-47.5 \tag{6-7}$$

例如,密度为 7.8×10^3 kg/m^3 的钢板,5 mm 厚时面密度为 39 kg/m^2。频率为 100、500、1 000、4 000 Hz 时传声损失分别为 19、32、37 和 49 dB。

实际声场,入射角变化范围主要在 0°~80°,这时称为场入射角传声损失(TL_f),经计算近似为:

$$TL_f=20\lg(mf)-47.5 \tag{6-8}$$

从隔声质量定律得知,对于单一的匀质材料,好的隔声性能与好的吸声性能往往不能兼得。高密度材料,传声损失大,但其吸声系数就会较小;多孔性材料通常具有高的吸声系数,但这种单层吸声材料声透射系数较大,不会产生较高的传声损失。对于一般障板很容易达到的 20 dB 传声损失,对吸声材料而言,需要吸收声能的 99%,只有 1% 透射到另一侧才可实现。如果在某一室内同时有高的吸声和隔声要求时,应采用坚实材料作为高隔声性能的围护结构,再用吸声材料或结构作为高吸声内壁。

(二)吻合效应

实际固体材料既可承受剪切应力也可承受压应力,因此剪切波、扭转波和压缩波(纵波)都

可以在固体中传播。音频范围内,在厚重结构中3种形式的声波都会辐射声波,如大型建筑的钢梁。但是对于薄板结构,若仅有压缩波就很难辐射声波,因为声波能通过墙体透射到空气中,主要是由于墙体中弯曲波的作用,而弯曲波是压缩波和剪切波共同作用的结果。在薄板中,弯曲波平行于板面传播,并且产生垂直于板面的法向位移,使板在厚度方向弯曲,如图 6-2(a)所示,并使板产生法向振动向空气中辐射声波。

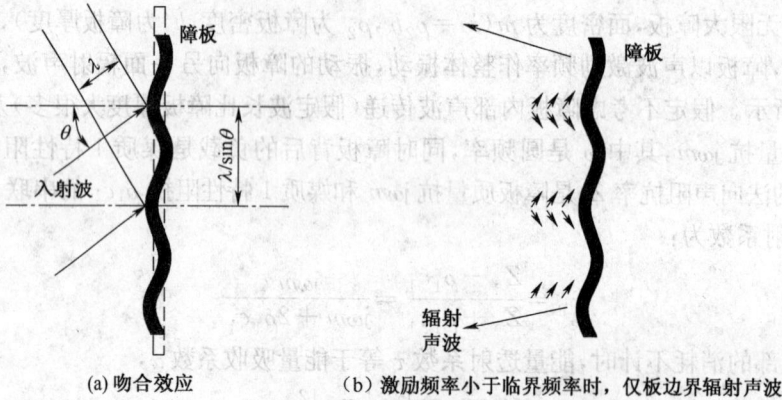

(a) 吻合效应　　　　　　　　(b) 激励频率小于临界频率时,仅板边界辐射声波

图 6-2　弯曲波和吻合效应

弯曲波传播速度随弯曲波长与板厚度之比的减小而增加,即板的弯曲刚度随波长减小或激励频率增加而增加。弯曲波传播速度 c_B 可用下式给出:

$$c_B = (B\omega^2/m)^{1/4}, B = EW(1-\mu^2) \tag{6-9}$$

式中　　B——弯曲刚度;

　　　　E——板材料杨氏模量;

　　　　W——单位宽度惯性矩,$W = h^3/12$;

　　　　h——板厚;

　　　　μ——泊松比。

从式(6-9)可知,弯曲波传播速度随 $\sqrt{\omega}$ 的增加而增加。因此,对能承受剪应力的板,就存在一个临界频率,此时,弯曲波传播速度等于空气中的声速。临界频率可表示为

$$f_c = \frac{c_0^2}{2\pi}\sqrt{\frac{m}{B}} = \frac{c_0^2}{2\pi h}\sqrt{\frac{12\rho(1-\mu^2)}{E}} \tag{6-10}$$

弹性板在声波的激励下产生弯曲受迫振动并向前传播。如果在某一频率下,空气中声波波长正好等于板中弯曲波波长在声波传播方向上的投影,此时,弯曲波和空气中的声波在板表面发生共振产生吻合效应,板的振动和空气中声波的振动强烈耦合,板将大量地辐射声波,使透射声非常大。f_c 即为发生吻合效应的最低频率。

只要入射声波频率等于临界频率,以任意方向掠入射(声波入射方向平行于板面),都会强烈激励板中相应的弯曲波,使板辐射大量声波。在临界频率以上,声波若以特定的 θ 角斜入射时,会使入射声波与对应的弯曲波相吻合,即 $\lambda/\sin\theta = \lambda_B$。在扩散场中,入射到障板的声波来自各个方向,因此在临界频率附近及临界频率以上,板会受到强烈激励,并大量辐射声波。这是一种共振现象称为吻合效应,在临界频率附近响应非常强烈,其强烈程度取决于板的阻尼。

若声波以 θ 角入射,则产生吻合效应的频率为:

$$f_{\theta} = \frac{c_0^2}{2\pi \sin^2\theta} \left[\frac{12\rho(1-\mu^2)}{Eh^2} \right]^{1/2} \tag{6-11}$$

式中　θ——声波入射角;

　　　ρ——材料密度。

当声波垂直入射时,$\sin\theta = 0$,$f_{\theta} \to \infty$,即不产生吻合效应;当声波掠入射时,$\sin\theta \to 1$,即得到临界频率 f_c。

在临界频率以下,固体声波长比空气声波长短,因此二者不会发生耦合。在这种情况下,无限大障板不会与入射声场耦合,如图 6-2(b)所示。板内仅产生局部扰动,且彼此相互抵消,并迅速衰减。对于有限大障板也仅在板边界辐射噪声。

一般材料泊松比 μ 的值在 0.3 左右,所以在近似计算中可将$(1-\mu^2) \to 1$,然后将式(6-10)改写为:

$$f_c h \approx \frac{c_0^2}{2\pi} \left(\frac{12\rho}{E} \right)^{1/2} \tag{6-12}$$

表 6-1 中列出一些材料的密度和杨氏模量,由这两个量及材料厚度 h,可以通过式(6-12)估计临界频率的位置。在 f_c 及大于 f_c 的一段频率范围内,出现传声损失低谷,称"吻合谷"。

(三)简正频率

质量定律和吻合效应都是无限大障板本身的特性。实际障板与周围其他构件相连组成围护结构,因此对于一个围护结构中的某一个面来说,如铁路客车中的侧墙、地板、端墙、车顶,都可以看做是具有一定形状、尺寸和边界条件的板。波在有界边界中传播时,由于受到边界面的反射,使得入射波和反射波相互叠加,形成驻波。每一个驻波对应一个简正频率,由于满足边界条件的驻波有无穷多个,因此,相应的简正频率也有无穷多个。常用板一般是薄板,板的厚度相对于表面尺寸较小,与板中传播的声波波长比也很小。薄板的简正频率与其边界的连接方式有关,式(6-13)给出以简支方式连接匀质矩形薄板的简正频率,矩形板,长 l_x,宽 l_y。

$$f_n = \frac{\pi}{2} \sqrt{\frac{Eh^2}{12\rho(1-\mu^2)}} \left[\frac{n_x^2}{l_x^2} + \frac{n_y^2}{l_y^2} \right] \tag{6-13}$$

式中　(n_x, n_y)——沿 x 方向和 y 方向第 n 阶模态序数,其第一阶共振频率为

$$f_1 = 0.5\pi \sqrt{EW/[\rho h(1-\mu^2)]} \, (l_x^{-2} + l_y^{-2})$$

对厚度 h 的匀质薄板,第一阶简正频率可简化为:

$$f_1 = 0.453 c_L h (l_x^{-2} + l_y^{-2}) \tag{6-14}$$

式中　$c_L = \sqrt{E/\rho(1-\mu^2)}$——薄板中纵波波速。

各种材料特性代表值由表 6-1 给出。表 6-1 中给出的材料阻尼损失因子范围较大,主要是其对连接方式非常敏感。

表 6-1　材料特性

材料	杨氏模量 $E \times 10^9 (N/m^2)$	密度 $\rho(kg/m^3)$	声速 $c_L(m/s)$	损失因子 η
空气(20℃)		1.21	344	
新鲜水(20℃)		998	1 481	

续上表

材料	杨氏模量 $E \times 10^9 (\text{N/m}^2)$	密度 $\rho (\text{kg/m}^3)$	声速 $c_L (\text{m/s})$	损失因子 η
海水		1 026	1 500	
铝	71.6	2 700	5 150	0.000 1~0.01
铁	210	7 800	5 200	0.000 1~0.01
铅	16.5	11 300	1 210	0.015
混凝土	19.6	1 700	3 400	0.005~0.02
石块	4.8	900	2 300	0.005~0.02
砖	16.2	1 800	3 000	0.01
玻璃	67.6	2 500	5 200	0.001~0.01
玻璃(Pyrex)	62	2 300	5 200	
树脂玻璃	3.7	1 150	1 800	0.002
透明合成树脂	4	1 200	1 800	
石膏板	2	760	1 600	0.1
胶合板(冷杉)	8.7	600	3 800	0.01~0.04
小木块板(硬纸板)	4.5	690	2 500	
压缩硬纸板复合材料	4	1 000	2 000	
柚木材	17	900	4 350	
杨木材	10	500	4 470	
冷杉木材	8	550	3 800	0.04
轻木材(排列)	2.1~5.2	96~176	4 700~54 00	
PVC	2.4	1 400	1 310	
聚亚氨酯	1.6	900	1 330	
聚苯乙烯	3	1 000	1 730	
聚乙烯	0.2	930	460	
尼龙 6.6	2	1 140	1 320	

铝蜂窝					
蜂窝尺寸 (mm)	底板厚 (mm)				
6.4	0.05	1.31	72		
6.4	0.08	2.24	96		
9.5	0.05	0.76	48		
9.5	0.13	1.86	101		

　　当声波频率与某个简正振动频率一致时便产生共振而使传声损失降低。例如将铝板一些物理常数代入，可以得到简支铝板的共振频率，如 3 mm 厚、50×30 cm^2 的铝板，其最低共振频率 $f_1 = 113$ Hz$(n_x = 1, n_y = 1)$。

　　建筑物墙体共振现象发生的频率约在 30 Hz 以下，不在主要的声频范围。但某些简单的隔板,或者是面积较小的隔声构件,其第一阶或高次简正频率有可能会在声频范围内,若发生共振,透射声能增加,会使板隔声量低于质量定律确定的隔声量。

（四）传声损失频率特性

板在整个音频范围内的隔声量,应将质量抗、吻合效应和共振的影响均考虑在内。

频率较低时,板法向声阻抗率可表示为

$$Z_s = R_s + j[\omega m - 1/(\omega C_s)] \qquad (6-15)$$

式中　R_s——声阻率;

　　　ωm——质量抗率;

　$1/(\omega C_s)$——容抗率。

当 $\omega m = 1/(\omega C_s)$ 时,声阻抗率最小,即 R_s,此时激励频率 $f_r = \sqrt{1/(mC_s)}/(2\pi)$。当 $f \ll f_r$ 时,容抗率远大于质量抗率,板传声损失由其弹性控制,该频率范围称为弹性控制区;当 $f \approx f_r$,声阻抗率起作用,该区域称为阻尼控制区;当 $f \gg f_r$,质量抗起作用,称为质量控制区,此时 $Z_s \approx j\omega m$,即满足质量定律,与本章第一节所述一致。当声波频率较高,接近临界频率时,由于吻合效应产生隔声吻合谷。对于实际有限尺寸板,共振频率不是唯一的 f_r,但由于高频振动阻尼很大,声衰减较快,也仅在第一阶简正频率 f_1 有较大的隔声低谷。传声损失频响曲线如图 6-3 所示。

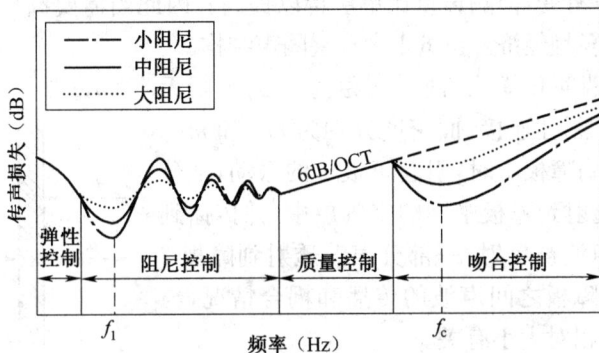

图 6-3　板传声损失特性

在板的第一阶共振频率处,声透射较高,传声损失曲线在该位置出现低谷,如果板的阻尼不大,则传声损失谷值较大;如果板的阻尼较大,则传声损失谷值较小。因此板的阻尼也部分地决定了板的传声损失。在板第一阶共振频率以上,会有一个较宽的频率范围,在该范围内,板面密度控制其传声损失,频率增加一倍,传声损失增加 6 dB。在更高的频率范围内,在临界频率以上,发生吻合效应。如果障板材料和边界连接方式的阻尼大,则谷比较浅,传声损失降低比较小;阻尼小,则谷深,传声损失降低较多。设计中应尽量使临界频率避开降噪频段,如选用薄而密实的材料使临界频率在高频段,或选用多层结构避开临界吻合频率。在非常高的频率范围内,传声损失继续增加,受阻尼控制,逐渐接近质量定律延长线。

质量定律区域大小取决于板的刚度。例如,厚度 0.3 m 的钢筋水泥墙吻合效应临界频率为 60 Hz,这就严重限制了这面厚重大墙的隔声量。但是对于一面铅幕帘墙在超声范围内才会产生吻合效应,而且大的内部阻尼也使第一阶共振响应大大降低,因此在整个声频范围内,它的传声特性基本都是由质量定律控制。

实际情况中,由于板第一阶共振频率通常在我们研究的频率范围之外,并且该共振频率下,板的传声损失取决于入射声场特性和板阻尼,很难评估。应按照实际情况尽可能增加阻尼,这样在板第一阶简正频率处的传声损失,仅会稍稍小于质量定律给出的值。

具体板构件的传声损失(隔声量)通常是在实验室测得的。把构件放在连通两个混响室的开孔上,一个房间作为发声室,另一个房间作为接收室。发声室声源辐射的声能通过构件传递到接收室。通过测量声源室和接收室的平均声压级,并考虑接收室声吸收的影响,进而得到降噪量。

进行构件传声损失测试时,一定要注意,除了测试板,所有其他声传递路径均应可忽略。也就是说,应保证侧向传声对总透射声能的贡献微不足道。GB/T 19889.3—2005《声学　建筑和建筑构件隔声测量　第3部分:建筑构件空气声隔声的实验室测量》中给出了详细的测试过程。具体测试方法亦可参考本书第三章内容。

二、双层隔声结构

(一)无限大障板隔声

根据质量定律,面密度增加一倍,传声损失增加 6 dB。为了提高隔声量可增加板厚。但单纯依靠增加厚度来提高隔声量显然不是最佳选择。但如果把单层墙做成双层墙,中间留有空气层,墙的总重量没有变,但隔声量比单层得以提高。因此当需要高传声损失结构时,双层墙或三层墙比单层墙轻且经济。图6-4为双层隔声结构。

图6-4为双层隔墙简化模型,两个间距为 d 的平行无限大障板,障板之间无刚性连接,面密度分别为 m_1 和 m_2。当声波从空气中入射到障板1时,引起障板1的振动,部分声波被反射,部分被透射到障板中间的空气层中,并传播到障板2,又使一部分声波被反射,一部分声波透射到障板2后面的空气中。两个障板之间声波的传播和耦合情况,与障板间距 d 和波长的相对大小有关。

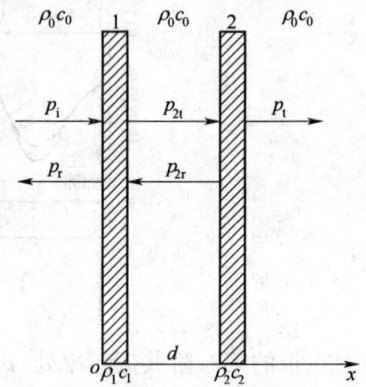

图 6-4　双层隔声结构

仅考虑平面声波垂直入射的简单情况,先假定 $m_1=m_2=m$,根据入射波、反射波和透射波均为平面波,在板的左、右两侧面,即板和空气交界处声压和质点振动速度连续,经过计算得到入射声压 p_i 与透射声压 p_t 之比:

$$\frac{p_i}{p_t}=\left[1+j\frac{\omega m}{\rho_0 c_0}+\left(2\frac{j\omega m}{\rho_0 c_0}\right)^2(1-e^{-j2kd})\right]e^{jkd} \tag{6-16}$$

式中　$k=2\pi/\lambda$——波数;

$\rho_0 c_0$——空气特性阻抗。

首先考虑频率非常低、波长比两障板间距大很多时,即有 $kd\ll1$ 的条件,这时展开指数项,取前两项 $e^{-j2kd}\approx1-j2kd$,得到:

$$\frac{p_i}{p_t}=\left[1+j\left(\frac{\omega m}{\rho_0 c_0}-\left(\frac{\omega m}{2\rho_0 c_0}\right)^2 2kd\right)\right]e^{jkd} \tag{6-17}$$

从式(6-17)可看出,若方括号中虚部为零,声压透射系数等于1,声波完全透射。此时,两障板质量抗率与空气层弹性抗率相等,两障板的质量与中间空气层(相当于弹簧)耦合,产生共

振。该结构共振频率为

$$f_0 = \frac{c_0}{2\pi}\sqrt{\frac{2\rho_0}{md}} \tag{6-18}$$

在共振频率处,传声损失会出现一个谷,在两墙中间填充多孔性吸声材料可适当抑制这种共振。当激励频率低于共振频率时,式(6-17)方括号内虚数部分的第二项可略去,这时传声损失为:

$$TL = 10\lg\left[1 + \left(\frac{\omega m}{\rho_0 c_0}\right)^2\right] \tag{6-19}$$

对于重的障板,面密度较大,满足 $\omega m/\rho_0 c_0 \gg 1$,因此式(6-19)可简化为与式(6-5)相同的形式。这说明,在较低激励频率时,两个分开的障板的隔声作用,就像合并在一起,即中间没有空气层一样。这是由于低频时,声波波长远大于空气层厚度,因此相对于波长,空气层仅象一个质点一样在振动,起不到弹簧的作用,像两个障板刚性连接在一起。

当激励频率高于共振频率时,式(6-17)方括号内虚数部分的第一项可略去,对于重障板传声损失为:

$$TL \approx 10\lg\left[\left(\frac{\omega^2 m^2}{4\rho_0^2 c_0^2}\right)(2kd)\right]^2 = TL_1 + TL_2 + 20\lg(2kd) \tag{6-20}$$

相当于两个障板各自透射声损失之和再加一个值($2kd < 1$ 该值为负,$2kd > 1$ 该值为正)。这说明如果障板一分为二,分开一定距离时,总传声损失大为增加。同时说明增加两板间距可以增加传声损失,但是在后面分析中会看到,两板间距应有一适当值,否则一味增加间距对增加传声损失无益。

当激励频率继续增高,不能满足 $kd \ll 1$ 时,式(6-17)不再适用,式(6-16)表示为

$$\frac{p_i}{p_t} = \cos kd\left(1 + j\frac{\omega m}{\rho_0 c_0}\right) + j\sin kd\left[1 + j\frac{\omega m}{\rho_0 c_0} - \frac{1}{2}\left(\frac{\omega m}{\rho_0 c_0}\right)^2\right] \tag{6-21}$$

从式(6-21)中可以看出,随频率增加,相应的波长与两障板间距离 d 有一定的倍数关系时,透射系数会出现极大值和极小值的交替变化。当 $kd = n\pi$ 时,即 d 是半波长整数倍时,就得到式(6-19)。当波长为半波长整数倍时,就像空气层不存在一样,两层墙的传声损失等于两层墙合并到一起的单层墙的传声损失。当 $kd = (2n+1)\pi/2$ 时,即 d 为 1/4 波长的奇数倍时,比两个单独障板的传声损失之和还增加 6 dB。

$$TL \approx 20\lg\left[2\left(\frac{\omega m}{2\rho_0 c_0}\right)\left(\frac{\omega m}{2\rho_0 c_0}\right)\right] = 2TL_1 + 6 \tag{6-22}$$

双层隔声频率特性可由图 6-5 曲线表示。图中虚线表示两层障板合并为一层时($d=0$)单层障板质量定律。谷值 c 点处频率对应于式(6-18)共振频率,传声损失降低很多。由于一般隔声障板面密度较大,该频率值很低,对所需降噪频段传声损失影响不大;但对于轻型隔声结构,应注意该频率的影响,增加阻尼可以降低谷底深度。图中 ab 段声波频率 $f \ll f_0$,这时双层结构犹如没有空气层一样,紧贴一起进行整体振动,传声损失曲线与虚线重合。在主要的频率范围 d-e-f 段,双层障板传声损失高于

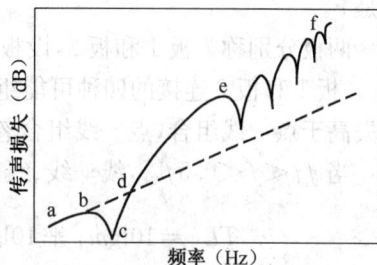

图 6-5　双层板传声损失频率特性
曲线(声波垂直入射)

同样厚度的单层障板传声损失。

上述为双层无限大障板传声损失,实际的双层结构通常是固定在骨架上。要得到较理想的隔声效果,双层墙结构中的两个板彼此应无机械连接或声学连接。两个板可分别安装在两个分开的错排骨架上,或者弹性连接到骨架上。通常是在两板之间保持尽量宽的间距,并在板间填充满吸声材料。另外,双层隔声结构的两层材料不要使用相同材料或相同厚度,使两层障板的吻合频率不相同,从而避免出现较大的传声损失低谷。

(二)有限大障板隔声

对于有限尺寸的障板,第一阶板简正频率和板吻合效应临界频率与单层板传声特性密切相关。双层板传声特性主要与四个频率有关:第一阶声共振频率、第一阶系统共振频率、与两板间距有关的极限频率和吻合效应临界频率。

第一阶声共振频率 f_{1a} 可表示为:

$$f_{1a} = c_0/(2L) \tag{6-23}$$

式中 L——两障板组成腔体的最长尺寸。

该双层板系统可近似假定两弹性板通过一无质量的声顺连接在一起,声顺由板间空腔内空气提供。两板面密度分别为 m_1、m_2。对于一般墙结构引入一经验因子1.8,这样对于一般墙体结构理论与现有数据有更好的一致性。第一阶系统共振频率为:

$$f_1 = \frac{c_0}{2\pi}\sqrt{\frac{1.8\rho_0(m_1+m_2)}{dm_1m_2}} \tag{6-24}$$

极限频率 f_1 与板间距 d 有关,

$$f_1 = c_0/(2\pi d) \approx 55/d \tag{6-25}$$

频率 f_{1a},f_1 决定了双层板传声特性,各板吻合效应临界频率也很重要。图6-6虚线给出双层板传声损失估计曲线。

但无机械连接、无声连接在现实中很难实现。例如要把障板连接在支撑座上,点连接或线连接,都会构成结构—空气声传递机械桥,使结构声可在两板间传递。在机械桥频率 f_b 以上,结构—空气声传递限制了传声损失,使其远小于理论推导结果,即式(6-19)、式(6-20)和式(6-22)传声损失。桥频率高于结构共振频率 f_1,低于极限共振频率 f_1,在桥频率以上,频率增加一倍,传声损失增加6 dB。

作为板的附件,支撑座的性质决定了结构声从板到支座的传递效率,反之亦然。点连接和线连接这两种连接方式,两两组合可组成四种可能的组合方式。沿支座长度方向,板直接连接在支座上。这样的支撑称为线支撑。板通过垫板连接在支座上,两支座间距为 b。点支撑间距是 e。

两板分别称为板1和板2,设板1吻合效应临界频率小于或等于板2临界频率,即 $f_{c1} \leqslant f_{c2}$。板1和板2连接的四种可能组合为:线—线、线—点、点—线和点—点。线—点组合传声损失高于点—线组合,点—线组合忽略。因为高临界频率板用点支撑可有更高的传声损失。

当 $f_b < f < 0.5f_{c1}$,线—线、线—点和点—点支撑传声损失见式(6-26)~式(6-28)。

$$TL_{ll} = 10\lg m_1 + 10\lg(f_{c2}b) + 20\lg f + 20\lg\left(1+\frac{m_2 f_{c1}^{0.5}}{m_1 f_{c2}^{0.5}}\right) - 72 \tag{6-26}$$

$$TL_{lp} = 20\lg m_1 + 20\lg(f_{c2}e) + 20\lg f + 10\lg(1+2X+X^2) - 93 \tag{6-27}$$

式中 $X = 77m_2/(m_1 e\sqrt{f_{c1}f_{c2}})$。X值通常很小,涉及该值的项可以忽略。

$$TL_{pp} = 20\lg m_1 + 20\lg(f_{c2}e) + 20\lg f + 20\lg\left(1 + \frac{m_2 f_{c1}}{m_1 f_{c2}}\right) - 99 \qquad (6\text{-}28)$$

Sharpe 提出一种估计双层板传声损失的方法（简称为 Sharpe 法），传声损失由图 6-6 中实线表示，图中未明确考虑第一阶声共振频率 f_{1a}。但可以预见，在该频率传声损失会稍小于质量定律传声损失，即在该频率处形成传声损失低谷，谷值大小取决于腔体阻尼。另外，在第一阶声共振频率以下，传声损失再次增加，如图 6-3 中弹性控制区一样。该图中所提出的方法，假设 $Mf > \rho_0 c_0$，$M = m_1 + m_2$。

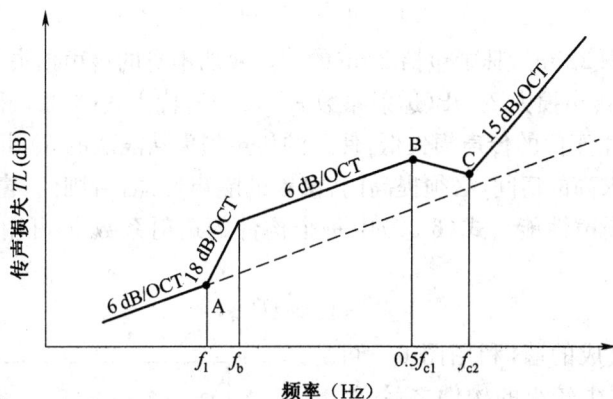

图 6-6 双层板传声损失估计

在下面利用 Sharpe 法的计算中，两板分别为板 1 和板 2。f_{c1}、f_{c2} 分别为板 1、板 2 吻合效应临界频率，且 $f_{c1} \leq f_{c2}$。m_1 和 m_2 分别为板 1 和板 2 面密度。d 是板间距，b 是线支撑间距，e 是点支撑间距。c_0 和 c_L 分别为空气中的声速和板材中纵波声速，对于薄板 $c_L = [E/\rho(1-\mu^2)]^{0.5}$，$\rho$ 是板密度。h 是板厚，η_1 和 η_2 分别为板 1、板 2 阻尼损失因子。

点 A 对应双层板-空气系统共振频率 f_1，参见式(6-24)，也可写为

$$f_1 = 80\sqrt{(m_1 + m_2)/(dm_1 m_2)}$$
$$TL_A = 20\lg(m_1 + m_2) + 20\lg f_1 - 48 \qquad (6\text{-}29)$$

点 B 对应频率 $0.5f_{c1}$，f_{c1} 计算见式(6-10)，也可写为

$$f_{c1} = 0.55c_0^2/c_{L1}h_1$$
$$TL_{B1} = TL_A + 20\lg(f_{c1}/f_1) - 6$$

线—线支撑，$TL_{B2} = 20\lg m_1 + 10\lg b + 30\lg f_{c2} + 20\lg\left(1 + \frac{m_2 f_{c1}^{0.5}}{m_1 f_{c2}^{0.5}}\right) - 78 \qquad (6\text{-}30)$

线—点支撑，$TL_{B2} = 20\lg(m_1 e) + 40\lg f_{c2} - 99$

点—点支撑，$TL_{B2} = 20\lg(m_1 e) + 40\lg f_{c2} + 20\lg\left(1 + \frac{m_2 f_{c1}}{m_1 f_{c2}}\right) - 105$

如果两板间空腔内未放吸声材料，那么 B 点传声损失 $TL_B = TL_{B1}$，否则 TL_B 大于式(6-30)中的 TL_{B1} 和 TL_{B2}。

点 C

$$\begin{aligned} TL_C &= TL_B + 6 + 10\lg\eta_2 & f_{c2} \neq f_{c1} \\ TL_C &= TL_B + 6 + 10\lg\eta_2 + 5\lg\eta_1 & f_{c2} = f_{c1} \end{aligned} \qquad (6\text{-}31)$$

三、组合传声损失

闭空间墙通常包含几种构件,每种构件有不同的透射系数。例如,墙可能由不同材料构成,有传送材料或冷空气的常开孔,包括检查窗或供进出的门。如铁路客车,侧墙有窗,端墙有门。这些结构在设计时都应给予考虑,如一隔墙由几种构件组成,每部分的面积分别为 S_1、$S_2 \cdots S_n$,相应的透射系数分别为 τ_1、$\tau_2 \cdots \tau_n$,则平均透射系数为

$$\bar{\tau} = \sum_{i=1}^{n} S_i \tau_i / \sum_{i=1}^{n} S_i \tag{6-32}$$

例如,一隔墙面积 22 m^2,其中包括 2 m^2 的门。隔墙本身的传声损失 $TL = 50 \text{ dB}$(即透射系数 $\tau = 10^{-5}$),门的传声损失 20 dB(透射系数 $\tau = 10^{-2}$),代入式(6-32),得 $\bar{\tau} = 0.9 \times 10^{-3}$,传声损失约为 30 dB。由于门的传声损失低,使总的传声损失从隔墙的 50 dB,降低到 30 dB。该例说明,对于隔声要求高的房间,必须提高门、窗等的隔声性能,否则门、窗的低传声损失会大大降低墙体的整体隔声性能。式(6-32)中每个构件的透射系数 τ_i 可用其传声损失 TL_i 表示为:

$$\tau_i = 10^{-0.1 TL_i} \tag{6-33}$$

对由两种构件组成的墙,利用图 6-7 可得到添加一个传声损失较小的构件之后,组合构件的传声损失增量,并可计算得到该两构件组合墙的总传声损失。根据低传声损失构件和高传声损失构件面积之比 S_1/S_2 和两构件等传声损失差值 ΔTL 曲线,可得到对应的传声损失增量 δTL。如两板面积之比为 0.1,两板传声损失差值为 20 dB,则传声损失增量为 12 dB。若 $TL_1 = 20 \text{ dB}$,则组合隔墙的隔声量为 $TL = TL_1 + 12 = 32 \text{ dB}$。

从图 6-7 可以看出,在高传声损失墙内部加一低传声损失构件,该低传声损失构件会严重降低该墙传声损失性能。任何附属结构传声损失必须与整个结构的传声损失相称。实际上,像门、窗、入口和通风口应尽可能地高,面积应尽可能地小。这与对式(6-32)的分析相符。

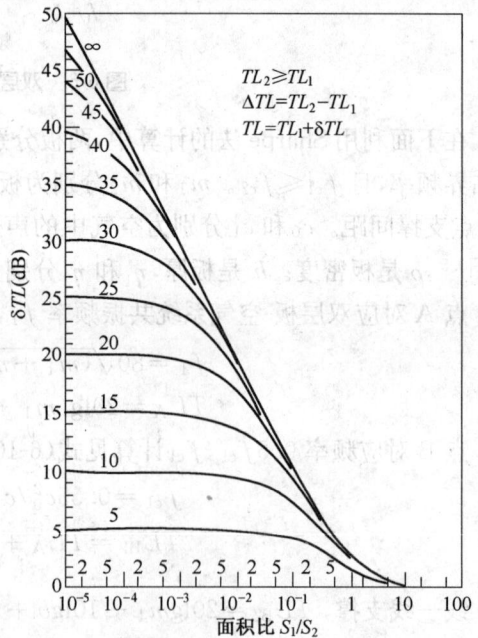

图 6-7 由两构件组成的组合构件传声损失估计图

四、闭空间

(一)办公室

办公室的噪声源主要来自室外。假定闭空间外部被一混响声场包围,在距壁面至少半波长处混响场声压级为 L_{p1}。透过面积为 S_E 的外部墙体进入闭空间的功率流为

$$W_i = S_E p_{e1}^2 \tau / (4 \rho_0 c_0) \tag{6-34}$$

上式中均方声压 $p_{e1}^2 = \lim_{T\to\infty} \frac{1}{T}\int_0^T p_1^2 dt$。空气特性阻抗取 400 N·s/m³,等式两边分别取以 10 为底的对数,得出入射到闭空间内的声功率级 L_{Wi} 与室外混响声场声压级 L_{p1} 关系:

$$L_{Wi} = L_{p1} + 10\lg S_E - TL - 6 \tag{6-35}$$

为了估计闭空间内声场,我们用方程

$$L_p = L_W + 10\lg\left(\frac{Q_\theta}{4\pi r^2} + \frac{4}{R}\right)$$

式中　Q_θ——声源指向性因数;

　　r——声源与受声点距离;

　　R——房间常数。

详见本章第二节(四)高频稳态声场。直达声项用外部面积 S_E 的倒数代替,室内声压可表示为

$$L_{pi} = L_{Wi} + 10\lg\left(\frac{1}{S_E} + \frac{4(1-\bar\alpha)}{S\bar\alpha}\right) \tag{6-36}$$

式中　S——室内总表面积;

　　$\bar\alpha$——室内各表面平均吸声系数。

因此,闭空间内外声压级差,即降噪量为:

$$NR = L_{p1} - L_{pi} = TL - C \tag{6-37}$$

上式中常数 $C = 10\lg[0.3 + S_E(1-\bar\alpha)/(S\bar\alpha)]$。

如果声源到达闭空间一面墙或两面墙的声波以直达声为主,为了估算入射到每面墙上的声场,要把墙面作为一个屏障来处理。屏障隔声参见本章第三节。

(二)窗

为了改善窗的隔声性能,首先要保证采用隔声性能良好的玻璃。虽然中空玻璃保温性能较好,但其隔声量在中、低频会下降。因为常用的中空玻璃由两块 3~6 mm 厚、间距 5~12 mm 组成,这么小的中空距离使得两玻璃间的空气层呈现较高的刚性,不能起到空气弹簧的作用,而且在中、低频范围,还会发生结构耦合共振。为了提高玻璃的隔声性能,可采用叠合玻璃和夹层玻璃,其隔离频率曲线接近质量定律。叠合玻璃是采用两片或三片厚度不同的薄玻璃充当厚玻璃使用,隔声性能比同厚度的单片玻璃好。因为两片玻璃厚度不同,吻合效应临界频率错开,使吻合谷变浅。夹层玻璃又称夹胶玻璃,用透明薄胶片把两或三片玻璃粘在一起,由于胶片的阻尼作用使隔声吻合谷变浅。

一般单层窗要达到 40 dB 的隔声量很难,可采用双层窗,为使双层窗共振频率低于 100 Hz,空气层厚度应大于 10 cm。沿双层窗窗框作吸声处理,能使隔声量增加 3~5 dB。若采用薄玻璃窗吻合效应被减弱,改善更明显。

(三)漏声

如果墙面有缝隙、孔等,房间的隔声性能会大大降低。缝隙对隔声性能的影响比孔、洞严重,在中低频就有较大的下降,高频更为严重。缝隙通常是在可以动的板周围或者在能进、出闭空间的地方,如门周围或盖子底座。图 6-8 给出了缝隙传声损失随频率和缝宽的变化,可查阅某一频率的透射系数,进而计算闭空间墙面的平均透射系数为 $\bar\tau$。

如一扇门,它下面有一条 10 mm 宽的缝,对一般的门,缝和门面积比 $S_1/S_2 = 0.01$,其中

S_1 是缝面积的 2 倍(考虑地板反射作用),S_2 是门面积。频率 1 000 Hz 时,查得缝隙的透射系数 $\tau=0.2$,传声损失 7 dB。若门所在的墙面隔声量为 30 dB,则该墙面的平均透射系数为 $\overline{\tau}=0.003$,平均传声损失 $\overline{TL}=25$ dB,门使墙的传声损失降低了 5 dB。

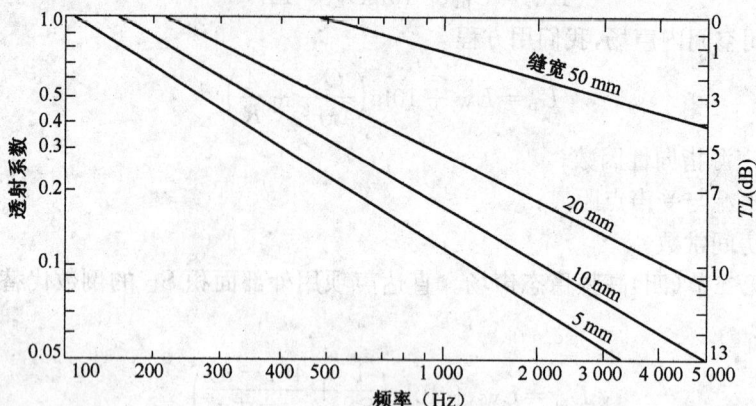

图 6-8　长窄缝透射系数

对于孔透声,因为有衍射、阻尼等因素的影响,孔透声问题的详细计算很复杂。对于低频近似条件,即隔层厚度 t 和孔半径 a 均比波长小很多的情况,小孔的透射系数有以下近似结果:

$$\tau \approx \frac{m}{n}\frac{a^2}{l_e^2} \tag{6-38}$$

式中　l_e——隔墙有效厚度,$l_e \approx t+1.6a$(考虑末端修正);

　　　m——与声场特性有关的常数,声波无规入射时 $m=16$,平面声波垂直入射时,$m=8$;

　　　n——孔位置有关,孔在隔层中间时 $n=2$,孔在两面交界棱线上时 $n=1$,孔在三面交角上时 $n=1/2$。

例如孔在墙角($n=1/2$),孔的半径为 1.5 cm,隔墙处于混响声场区,属无规入射(如在管道中,则低频很可能是平面波垂直入射),即 $m=16$。隔墙厚 16 cm,代入上式计算得 $\tau \approx 0.22$,$TL \approx 6.5$ dB。

在设计和施工时应注意克服缝和孔漏声引起的传声损失下降。如施工完成后穿线的管应用石蜡、沥青或其他材料堵塞,不能透气。门窗的缝隙要设计弹性压条,包括使用压紧措施,以保证关闭后门窗缝隙严密。

（四）出入口和通风

为了改善闭空间隔声性能,必须对壁面进行吸声处理,但是大多数闭空间要求有通风,那么出入口声学性能要与闭空间壁面声学性能匹配。

如果为了散热需要通风,而热载荷不大,可采用自然通风(消声器入口较低靠近地板,出口较高高于地板)。为了避免过热需要强制通风,用式(6-39)可以确定所需近似流量。

$$\rho C_p V = H/\Delta T \tag{6-39}$$

式中　V——所需要的气流体积速度;

　　　H——闭空间的热输入;

　　　ΔT——温差(室外温度与室内最高温度之间的温差);

ρ——气体密度；

C_p——比热容。

如果要用风扇来强制通风,消声器通常放在风扇的外部。当要求高的体积流量时,需要考虑风扇噪声。由于风扇噪声通常随叶片转速 5 次方增加,所以应首选体积大、转速慢的风扇。

(五)半封闭空间

对于需要简单、连续的出入口连接机器部件,而无法采用全封闭空间的半封闭空间,其某处的具体降噪量很难预测,因为降噪量取决于半封闭空间的几何形状。图 6-9 给出了各种封闭程度的闭空间声功率降噪量。如封闭程度 90%,闭空间壁面 20 dB 传声损失时,可以获得的声功率降噪量是 10 dB。

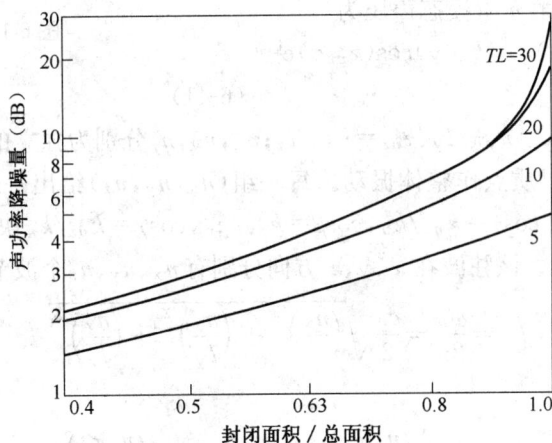

图 6-9　半封闭空间声衰减

第二节　吸声降噪理论

声波通过媒质或入射到媒质分界面上时声能减少的过程称为吸声或声吸收。当媒质在空气中传播时,由于空气质点振动产生的摩擦作用,声能转化为热能损耗引起的声波随传播距离增加逐渐衰减的现象,称为空气声吸收。当媒质分界面为材料表面时,部分声能被吸收称为材料声吸收。

任何材料由于它的多孔性、薄膜或共振作用,对入射声能都有一定吸声能力,具有较大吸声能力的材料称为吸声材料。通常平均吸声系数超过 0.2 的材料均可称为吸声材料。

铁路客车车内表面采用的硬质表面防火板材声吸收很小,对于车内乘客而言,除了听到由噪声源直接传来的直达声,还会听到由壁面反射而来的反射声。在客室内地面铺设地毯等有吸声作用的材料,使反射声减弱,从而使总的噪声减小称为吸声降噪。

一、室内声场

当声源在封闭空间中辐射声波时,边界面将反射声波,同时也会吸收一部分声能。在空间较大时,还要考虑高频空气声吸收。

当声源稳定地辐射声波时,空间内的声能逐渐增长,当声源辐射的声功率与室内所吸收(包括界面吸收与空气吸收)的声功率达到动态平衡时,空间内声压达到某一稳定值(不同位置有不同的数值)。当声源停止辐射时,空间内声能逐渐衰减。

（一）矩形闭空间模态

我们考虑一种极端情况,矩形闭空间为刚性壁面,空间三维尺寸分别为 l_x、l_y 和 l_z,如图 6-10 所示。

无源波动方程可写为:

$$\nabla^2 p + k^2 p = 0 \qquad (6\text{-}40)$$

式中　k——波数;

　　　p——闭空间内任一点声压。

在刚性壁面上,法向质点振动速度为 0,根据此边界条件,得到方程特解,即第 n 阶模态声压为

$$p_n = A_n \cos(k_{nx}x)\cos(k_{ny}y)\cos(k_{nz}z)e^{j\omega_n t}$$

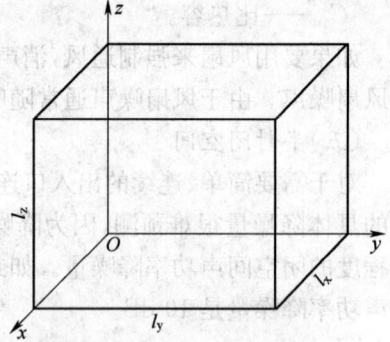

$$(6\text{-}41)$$

上式中 $k_{nx}=n_x\pi/l_x$,$k_{ny}=n_y\pi/l_y$,$k_{nz}=n_z\pi/l_z$;n_x,n_y,n_z 分别为独立的正整数,当 n_x,n_y,n_z 全部为 0 时,室内空气以质点作整体振动。每一组 (n_x,n_y,n_z) 给出一组传播常数 (k_{nx},k_{ny},k_{nz}),这是沿方向余弦为 $\cos\alpha=k_{nx}/k_n$,$\cos\beta=k_{ny}/k_n$,$\cos\gamma=k_{nz}/k_n$ 决定的方向传播的驻波($k_n^2=k_{nx}^2+k_{ny}^2+k_{nz}^2$)。该驻波在 x、y、z 方向分别有 n_x、n_y、n_z 个波节,房间简正频率为:

$$f_n = \frac{\omega_n}{2\pi} = \frac{c_0}{2}\sqrt{\left(\frac{n_x}{l_x}\right)^2+\left(\frac{n_y}{l_y}\right)^2+\left(\frac{n_z}{l_z}\right)^2} \qquad (6\text{-}42)$$

其特征函数为:

$$\Psi_n = \cos\left(\frac{n_x\pi}{l_x}x\right)\cos\left(\frac{n_y\pi}{l_y}y\right)\cos\left(\frac{n_z\pi}{l_z}z\right) \qquad (6\text{-}43)$$

根据 (n_x,n_y,n_z) 中有几个 n 值为 0,可将简正模态分为三种类型。有两个 n 为 0,一个不为 0,为轴向模态。例如,n_x,n_y 为 0,n_z 不为 0,这就是轴向波,平行 z 方向传播。有一个为 0,两个不为 0,为切向模态。例如,n_x 为 0,n_y,n_z 不为 0,这就是切向波,平行于 yoz 面传播。三个全不为 0,为斜向模态,传播方向由其方向余弦决定。

（二）模态密度

从 0 到 f 频率范围内激励起来的模态数可用下式表示

$$N = \frac{4\pi f^3 V}{3c_0^3} + \frac{\pi f^2 S}{4c_0^2} + \frac{fL}{8c_0} \qquad (6\text{-}44)$$

式中　$V=l_x l_y l_z$——矩形闭空间体积;

　　$S=2(l_x l_y+l_y l_z+l_x l_z)$——房间壁面总面积;

　　　$L=4(l_x+l_y+l_z)$——矩形房间的边线总长;

　　　　　c_0——空气中声速。

为了估算在窄带范围内平均激励起来的模态数,可以对上式求导,得到模态密度:

$$\frac{dN}{df} = \frac{4\pi f^2 V}{c_0^3} + \frac{\pi f S}{2c_0^2} + \frac{L}{8c_0} \qquad (6\text{-}45)$$

从上式中可看出,在低频每单位频率模态数很小,但随频率增加,模态密度急剧增加,在高频,被激励起来的模态数非常大。因此,在低频窄带噪声激励下,空间内不同位置声压级波动较大;但在高频,空间各位置声压波动较小,声场较均匀。

图 6-10　矩形闭空间

高频段和低频段的划分主要以模态重叠为依据。从式(6-45)可知,当频率较高时,模态密度主要由第一项决定,因此模态密度可近似表示为

$$n(f)=\frac{\mathrm{d}N}{\mathrm{d}f}\approx\frac{4\pi f^2 V}{c_0^3} \tag{6-46}$$

模态重叠数就是模态宽度内的模态数 M,

$$M=Bn(f)\approx\frac{4\delta_n f^2 V}{c_0^3} \tag{6-47}$$

上式中 $B=f_2-f_1=\delta_n/\pi$,是峰值下降 3 dB 的共振峰宽度,如图 6-11 所示。

阻尼的存在使声波传播过程中产生衰减,在特征函数中,传播常数为复数 $k_n=\omega_n/c_0\rightarrow(\omega_n/c_0+\mathrm{j}\delta_n/c_0)$, δ_n 是壁面模态衰减系数,一般房间壁面吸声系数都不大,为小阻尼壁面,因此 $\delta_n\ll\omega_n$。一般认为 $M=3$ 时,即使是单频声也可激起足够的模态数,使得房间内声场较均匀。图 6-11 给出一个模态重叠数的例子。满足 $M=3$ 的频率,称大房间频率 f_{Sch} 或 Schroeder 截止频率,并且由混响时间的定义,可将 δ_n 转换为混响时间 T_{60},得到

$$f_{Sch}=2\,000\sqrt{T_{60}/V} \tag{6-48}$$

对于一个体积 $V=500\ \mathrm{m}^3$, $T_{60}=1\ \mathrm{s}$ 的空间,Schroeder 截止频率为 90 Hz。在高于大房间频率的范围

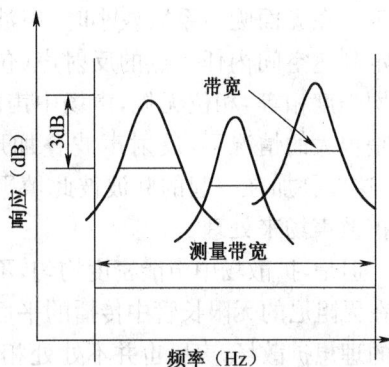

图 6-11　在某频率内的三个模态,模态重叠数为 0.6

内,用统计声学和几何声学处理室内声学问题,如礼堂、电影院、剧院等大的厅堂,在语言和音乐的主要频率范围内,能满足大房间频率的条件;对于小的录音室、列车上的司机室,铁路客车内包间、播音室等小的闭空间,可以用波动声学预测其声学性质,进行必要的声学处理。

(三)低频稳态声场

在封闭空间中,声源在某一位置稳定地辐射声波,则声场内声压可由有源波动方程求解得到,如声源为点声源,体积源强为 q_0,m^3/s,

$$\nabla^2 p+k^2 p=-\mathrm{j}\rho_0\omega q_0 \tag{6-49}$$

实际房间壁面多为小阻尼壁面,壁面稍有声吸收,但是吸声系数都不大。在这样的房间内,忽略时间因子,空间任一点 $r(x,y,z)$ 处的声压可表示为:

$$p(r,\omega)=\sum_{n=0}^{\infty} a_n\Psi_n(r) \tag{6-50}$$

式中　a_n——模态幅度;
　　　r——房间内任一点向量。

$$a_n=\frac{\omega\rho_0 c_0^2\Psi_n(r_0)}{\Lambda_n[2\zeta_n\omega\omega_n+\mathrm{j}(\omega^2-\omega_n^2)]}q_0 \tag{6-51}$$

式中　$\Lambda_n=V/D_n$,$D_n=D_{nx}D_{ny}D_{nz}$,$D_i=1,i=0;D_i=2,i\neq0,i=n_x,n_y,n_z$;
　　　ζ_n——模态阻尼系数,对于不同的模态,阻尼不同,但在小阻尼情况下可认为模态阻尼系数为一常数,通常取值 0.001~0.01;
　　　r_0——点声源位置。

从以上叙述可知,在低频段,某一频率下只能激励起一个或者几个模态。截取有限个模态数,就可计算出单频激励下较准确的声压值。

(四)高频稳态声场

对于高频,特别是在大房间频率以上,单频声可以激发出非常多的模态,必须要截取许多项模态之和才能得到精确声压解,很不方便。因此,对于高频,通常采用统计声学来处理。

当声源在封闭空间中以声功率 W 稳定地辐射声波时,空间中某点的声场可看作由两部分组成,一部分是由声源直接辐射到点 r 的声波,称直达声。除了直达声以外,空间内还有经过界面一次和多次反射的反射声,听起来像是直达声的延续,所有反射声的叠加称为混响声。在界面吸声系数较小时,声波要经过壁面多次反射才减弱到可被忽略的程度。因此假定到达空间内任一点的反射声(包括一次和多次反射声)来自各个方向,假定各个方向的平均强度相等,相位无规,声场中声能密度处处相等,这样的声场称为扩散场。在界面吸收不是很大的情况下,反射声波叠加形成数目极多的驻波,由于各驻波极大、极小值位置不同,这些叠加在一起的驻波彼此填平对方的谷,使得声场趋于均匀,因此可以把混响声场当作扩散声场来处理。

但是,扩散场中声能密度均匀,不同于声压均匀,单纯声压均匀的声场,绝不是扩散场。例如在无阻尼的无限长管中传播的平面波,声压处处均匀,但显然不是扩散场。而对于单频激励下的理想扩散场,声压也并不处处相同,各点声压级值的标准偏差为 5.57 dB,该结果可为混响室中的实验所验证。

扩散场中,壁面材料的吸声性能用无规入射吸声系数表示,即单位面积吸声材料反射的声能与由各个方向入射声能之比。无规入射吸声系数取各个方向的平均值。如果房间内各表面吸声系数为 α_i,其表面积分别为 S_i,则房间平均吸声系数为

$$\bar{\alpha} = \frac{\sum \alpha_i S_i}{S_i} \tag{6-52}$$

1. 混响时间

空间中的声能量在传播过程中不断被壁面吸收而逐渐衰减,当空间较大、频率较高时,在连续两次反射之间的传播过程中,空气对声波吸收的效应也应考虑。声波在各方向来回反射,而又逐渐衰减的现象称为混响。也就是当声源突然停止发声后,每束声波要经过多次反射,声强才逐渐减弱到可被忽略的程度,而不是马上降为零。声能密度衰减到原来的百万分之一,即衰减 60 dB 所需要的时间称为混响时间。

假定室内是扩散声场,首先考虑壁面声吸收引起的声能量衰减。假设声波是以声线方式向各方向传播,单位时间内声线碰撞壁面次数 N。

如果在声源突然停止时空间内平均声能量密度是 $\bar{\varepsilon}_0$,房间壁面平均吸声系数是 $\bar{\alpha}$,则在经过 N 次界面反射后声能量密度 $\bar{\varepsilon}_N = \bar{\varepsilon}_0 (1-\bar{\alpha})^N$。

用统计方法,可以计算得到两次连续反射之间距离的统计平均值,称为平均自由程:

$$\bar{L} = \frac{L}{N} = \frac{4V}{S} \tag{6-53}$$

式中　L——声线反射 N 次经过的距离;

　　　V——房间体积;

　　　S——房间壁面总表面积。

t 秒内声线反射次数为 $c_0t/\overline{L}=c_0St(4V)$，因此 t 秒后，室内平均声能量密度为：

$$\varepsilon_t = \varepsilon_0(1-\overline{\alpha})^{\frac{c_0 St}{4V}} \tag{6-54}$$

空气声吸收与声波在空气中传播距离有关，在空气中传播距离 x 时，声强从 I_0 衰减为 $I = I_0 e^{-mx}$，m 为衰减系数。该值可根据空气吸收附加衰减给出的百米衰减分贝数，转换成衰减系数，如果 t 时间内传播了 x 的距离，则 $x=c_0t$，由平均声能量密度和声强的关系 $\overline{\varepsilon}=Ic_0$，同时考虑壁面声吸收和空气声吸收，$t$ 时间后，室内平均声能量密度为

$$\overline{\varepsilon}_t = \overline{\varepsilon}_0(1-\overline{\alpha})^{\frac{c_0 St}{4V}} e^{-mc_0 t} \tag{6-55}$$

平均声能量密度和有效声压满足 $\overline{\varepsilon}=p_e^2/\rho_0 c_0^2$，经过 t 时间，声场声压由 p_{e0} 衰减为 p_{et}。

$$p_{et}^2 = p_{e0}^2(1-\overline{\alpha})^{\frac{c_0 St}{4V}} e^{-mc_0 t} \tag{6-56}$$

根据混响时间的定义，即声压级衰减 60 dB 所需的时间，可以得到

$$T_{60} = \frac{55.3V}{-c_0 S \ln(1-\overline{\alpha}) + 4mVc_0} \tag{6-57}$$

若吸声系数 $\overline{\alpha}<0.2$，将对数项进行麦克劳林级数展开，取前两项近似即 $\ln(1-\overline{\alpha})\approx-\overline{\alpha}$，则上式简化为：

$$T_{60} = \frac{55.3V}{c_0 S\overline{\alpha} + 4mVc_0} \tag{6-58}$$

当频率较低且房间较小时，空气声吸收可忽略，若取声速 $c_0 = 344 \text{ m/s}$，式(6-58)简化为 W. C. Sabine 通过大量实验得到的塞宾公式

$$T_{60} = \frac{0.161V}{A} \tag{6-59}$$

式中　A——房间壁面总的吸声量，$A=\overline{\alpha}S$。

2. 稳态声压级

当声源在封闭空间中自某个时刻开始稳定地向外辐射声波，在经过很短一段时间后，空间内的声场达到动态平衡状态，即由声源不断辐射的声能，正好补充在空间内被消耗(声吸收)的声能，此时室内形成稳态声场。

一般声场可以看作是直达声和混响声的叠加，由于直达声和混响声互不相干，声场在空间的叠加是两者声能量密度的叠加，即 $\overline{\varepsilon}=\overline{\varepsilon}_D+\overline{\varepsilon}_R$。对于无指向性声源，向空间辐射均匀的球面波，距声源 r 处直达声能量密度为

$$\overline{\varepsilon}_D = \overline{W}/4\pi r^2 c_0 \tag{6-60}$$

对于混响声场，若仅考虑壁面声吸收，首次壁面反射吸收的平均声功率为 $\overline{W}\overline{\alpha}$，则为混响声场提供的平均声功率为 $\overline{W}(1-\overline{\alpha})$；单位时间内声线与壁面碰撞次数是 $N=c_0S/(4V)$，若平均混响声能密度为 $\overline{\varepsilon}_R$，则单位时间壁面吸收的室内混响声能为 $\overline{\varepsilon}_R V\overline{\alpha}c_0 S/(4V)$，由稳态声场平衡条件

$$\overline{\varepsilon}_R V\overline{\alpha}c_0 S/(4V) = \overline{W}(1-\overline{\alpha}) \tag{6-61}$$

则达到稳态时室内平均混响声能量密度为

$$\overline{\varepsilon}_R = \frac{4\overline{W}}{Rc_0} \tag{6-62}$$

式中　$R=\bar{\alpha}S/(1-\bar{\alpha})$ 为房间常数，当 $\bar{\alpha}$ 较小时，$R\approx\overline{S\alpha}$。

声场平均声能量密度为式(6-60)和式(6-62)相加之和，又根据声能量密度和声压有效值之间的关系 $\bar{\varepsilon}=p_e^2/\rho_0 c_0^2$，则声压有效值为

$$p_e^2=\overline{W}\rho_0 c_0\left(\frac{1}{4\pi r^2}+\frac{4}{R}\right)\tag{6-63}$$

对于有指向性声源，需要考虑声源指向性因子 Q_θ，它是指离声源中心某一位置上(一般指远场)有效声压平方与同样功率无指向性声源在同一位置产生的有效声压平方之比。即使是无指向性声源，其放置位置也会使指向性因子起作用，如声源放在房间中间、壁面、棱边和房间角上时，指向性因子分别为 1、2、4 和 8。考虑指向性因子的作用，式(6-63)修改为

$$p_e^2=\overline{W}\rho_0 c_0\left(\frac{Q_\theta}{4\pi r^2}+\frac{4}{R}\right)\tag{6-64}$$

用声压级表示，参考声功率取 10^{-12} W，在 20℃时，$\rho_0=1.21$ kg/m³，$c_0=344$ m/s，最后一项为 0.1 dB，因此可忽略。

$$L_p=L_w+10\lg\left(\frac{Q_\theta}{4\pi r^2}+\frac{4}{R}\right)+10\lg\frac{\rho_0 c_0}{400}\tag{6-65}$$

当 $Q_\theta/(4\pi r^2)=4/R$ 时，直达声等于混响声，此时接收点到声源的距离称为临界距离，见式(6-66)。在临界距离以内，直达声大于混响声；在临界距离以外，混响声大于直达声。

$$r_c=0.14\sqrt{Q_\theta R}\tag{6-66}$$

图 6-12 中给出了直达声、混响声和总声压级随距离的变化。在临界距离以内，以直达声为主，相当于自由声场。在临界距离之外，以混响声为主，称为混响声场区。如果界面平均吸声系数小，则房间常数小，混响声比较大，则混响声场为主的空间较大；反之，则直达声场为主的空间较大。如果使一个房间壁面吸声系数接近 100%，到达壁面的声波几乎完全被吸收，无反射声，房间内声场近似为自由声场，这样的房间称为消声室。如果房间界面的吸声系数都很小，则除了非常靠近声源处外，室内都是混响声场，这样的房间称为混响室。

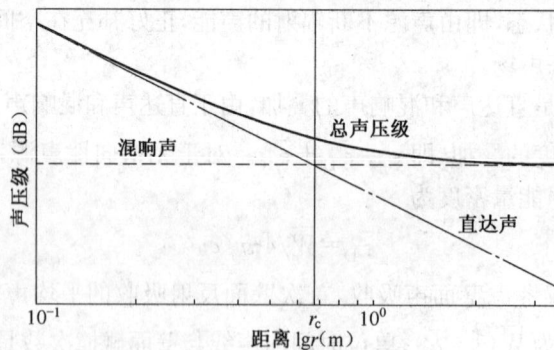

图 6-12　室内稳态声压级随距离变化

二、吸声降噪量

在封闭的空间内，室内声压的大小除了与声源性质，如源强、声源指向性、声源位置等有关，还与房间大小、几何形状及壁面阻尼(壁面的吸声特性)有关。吸声处理是通过改变房间常数来获得室内低声压级。

若吸声处理前后壁面平均吸声系数为 $\overline{\alpha_1}$ 和 $\overline{\alpha_2}$。则改装前、后，室内空间距声源 r 处降噪量 ΔL_p，可用改装前、后室内声压级差 $L_1 - L_2$ 表示为：

$$\Delta L = L_1 - L_2 = 10\lg\left(\frac{Q_\theta}{4\pi r^2} + \frac{4}{R_1}\right)\Big/\left(\frac{Q_\theta}{4\pi r^2} + \frac{4}{R_2}\right) \tag{6-67}$$

从式(6-67)可以看出，增加壁面平均吸声系数，改善壁面材料的吸声性能，只影响房间常数 $R = S\overline{\alpha}/(1-\overline{\alpha})$，仅可以减小混响声，不能减小直达声。

因此在离声源较近的位置，临界距离以内（$r < r_c$），$Q_\theta/(4\pi r^2) \gg 4/R$，此时降噪量 $\Delta L \approx 0$。

在离声源较远的位置，临界距离以外（$r > r_c$），$Q_\theta/(4\pi r^2) \ll 4/R$，降噪量 ΔL 可近似表示为：

$$\Delta L \approx 10\lg\frac{R_2}{R_1} = 10\lg\frac{\overline{\alpha_2}(1-\overline{\alpha_1})}{\overline{\alpha_1}(1-\overline{\alpha_2})} \tag{6-68}$$

室内壁面吸声降噪量也可由图 6-13 表示。图中为室内壁面不同平均吸声系数下的稳态声压级分布曲线（随距离 r 变化）。当距声源较近时，在同一接收点，两种情况下的声压级基本相同；当距声源较远时，壁面平均吸声系数不同，在同一接收点，两种情况下声压级不再相同，其差值就是式(6-68)。说明式(6-68)适用于吸声处理前、后，接收点均处于混响场的吸声降噪量的计算。

从式(6-68)和图 6-13 可以看出，室内壁面平均吸声系数决定了混响场的降噪量。对于普通房间和工厂车间，在进行吸声处理前，平均吸声系数很

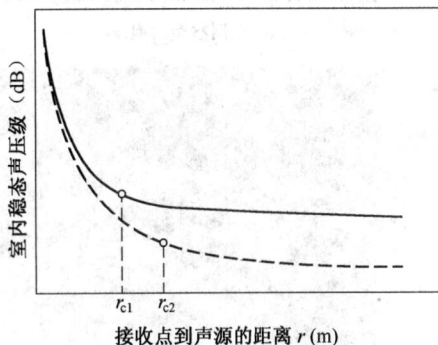

图 6-13　吸声降噪量示意图

小，即使是在较高的频率，一般也不超过 0.1。可通过测量混响时间计算得到平均吸声系数，或根据各个面的吸声系数和其他物体的吸声量估算出平均吸声系数。

一般室内壁面吸声系数较小，满足 $\overline{\alpha_1}\overline{\alpha_2} \ll \overline{\alpha_1}$ 或 $\overline{\alpha_2}$，并利用赛宾公式，降噪量可简写为

$$\Delta L \approx 10\lg\frac{\overline{\alpha_2}}{\overline{\alpha_1}} = 10\lg\frac{T_1}{T_2} \tag{6-69}$$

式中，T_1 和 T_2 分别为吸声处理前、后室内混响时间。

对室内通过吸声来降噪，降噪量很难超过 10 dB，一般在 5 dB 左右。要达到一定的吸声降噪，可通过在壁面贴敷多孔吸声材料，安装共振吸声结构或一些特殊吸声结构，如空间吸声体和吸声尖劈。当原来房间的平均吸声系数很低时，增加吸声量易于获得降噪量；如果原来已有一定的吸声处理，如平均吸声系数超过 0.2，则想通过增加吸声量使降噪量达到 5 dB 以上就很困难。通常吸声处理使室内声压降至与直达声相近的水平是较为合适的。

三、多孔吸声材料

多孔吸声材料是迄今为止应用最多的吸声材料。多孔材料最初是以麻、棉、棕丝、毛发等有机材料为主，目前主要由玻璃棉、矿渣棉等无机纤维代替。但是在对环保要求较高的场合，

多采用植物纤维类吸声材料。此外,由聚氨基甲酯酸等高分子材料合成的泡沫塑料等,若其内部气泡相互连通成为连续气泡、表面开孔,也构成多孔性吸声材料。图 6-14 给出了四种材料的放大图。

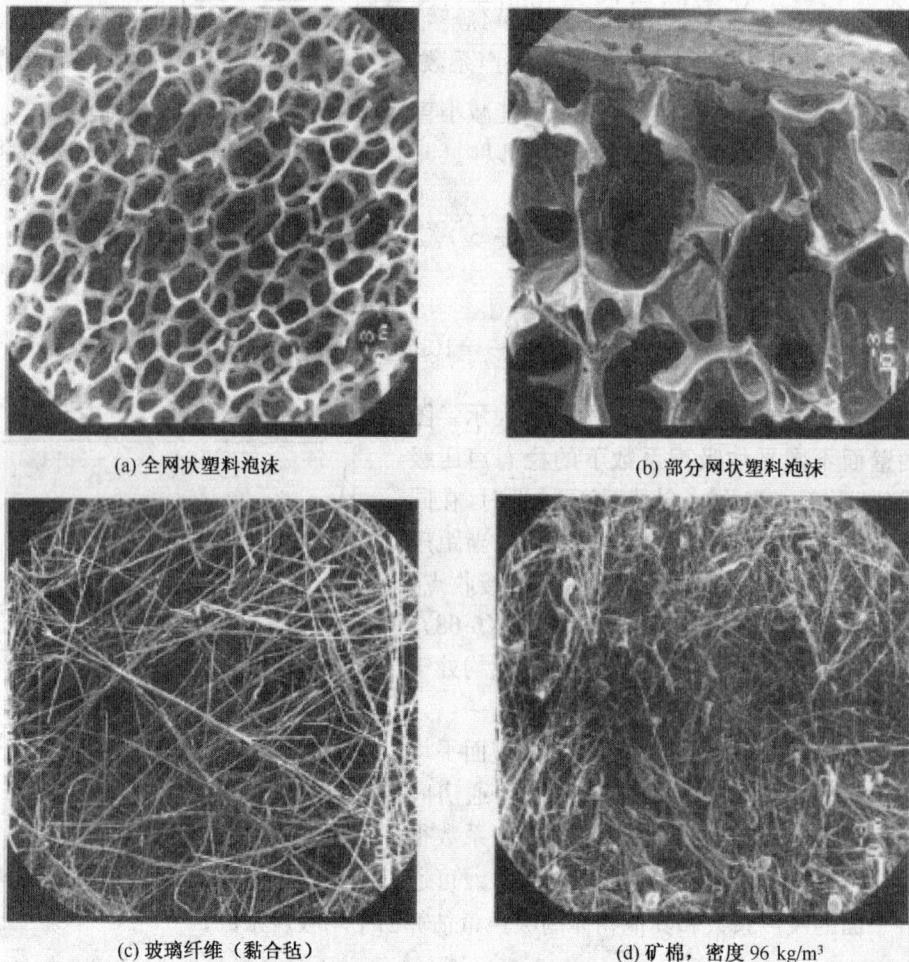

(a) 全网状塑料泡沫

(b) 部分网状塑料泡沫

(c) 玻璃纤维（黏合毡）

(d) 矿棉,密度 96 kg/m³

图 6-14　几种多孔吸声材料结构(14 倍放大图)

(一) 多孔吸声材料声学模型

多孔性吸声材料的构造特征是在材料中有许多贯通的微小间隙,且通到材料表面,因而具有较好的通气性能。多孔材料内透入声波后,空气分子振动时在微孔内与孔壁摩擦,空气中的黏滞损失使声能转变为热能消耗掉。所以多孔吸声材料应具有大量相互连通且通到表面的微孔。互不相通也不通到表面的闭孔材料不能成为吸声材料。如图 6-15 所示。

将开孔材料简化为瑞利模型,材料内部孔隙被简化为形状规则的管子。声波入射到管子内部,假定管壁是刚性的,管壁附近的媒质质点黏附于管壁

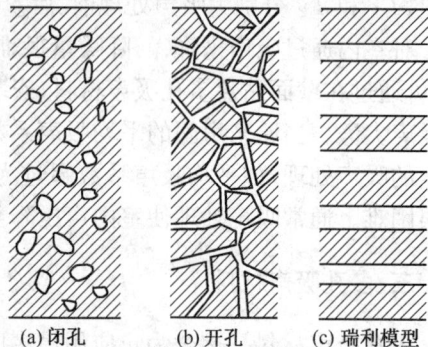

(a) 闭孔　(b) 开孔　(c) 瑞利模型

图 6-15　多孔材料的结构

上,速度为0,离管壁越远,质点受管壁约束越小,速度越大,管中质点速度不同,产生相对运动,因此媒质质点就会受到内摩擦力或称黏滞力的作用。由于吸声材料内部孔隙直径极小,即瑞利模型中管子非常细,这时边界层几乎充满整个管子,这种管子称为毛细声管。

由于毛细管极细,管半径 a 满足 $|Ka|<1$ 或 $a<\sqrt{\eta/(\rho_0\omega)}$,η 是空气切变黏滞系数(在室温下,η 约为 $1.8\times10^{-5}\,\mathrm{Pa\cdot s}$),$\omega$ 是声波角频率,ρ_0 是空气密度,$K^2=-\mathrm{j}\rho_0\omega/\eta$。将波动方程中的绝热过程改为等温过程,并结合上述前提条件,可得毛细管中的黏滞吸收系数 α_v 和声速 c:

$$\alpha_\mathrm{v}=\frac{2}{c_0 a}\sqrt{\frac{\gamma\eta\omega}{\rho_0}} \tag{6-70}$$

$$c=\frac{c_0 a}{2}\sqrt{\frac{\rho_0\omega}{\gamma\eta}} \tag{6-71}$$

式中　γ——绝热系数;

c_0——空气中的声速。

需注意,黏滞吸收系数单位为 $1/\mathrm{m}$,表明声波在耗散介质传播过程中声压振幅的下降速度。

从以上两式中可看出,由于管子极细,即 a 很小,吸收系数 α 很大,声速 c 比无界空间中的声速小很多,即 $c<0.5c_0/\sqrt{\gamma}$。一方面,毛细管对声波有较强的声吸收;另一方面,由于管中声速较小,管子的特性阻抗更接近空气的特性阻抗,使得入射声波可以更多地透入管子中。因此,毛细管会对声波产生强烈的声吸收。

声阻抗是反映材料声学性能的一个重要参数。毛细管的声阻抗可表示为:

$$Z_\mathrm{a}=R_\mathrm{a}+\mathrm{j}\omega M_\mathrm{a} \tag{6-72}$$

声阻 R_a 和声质量 M_a 分别为

$$R_\mathrm{a}=\frac{8\eta l}{\pi a^4} \qquad M_\mathrm{a}=\frac{4}{3}\left(\frac{l\rho_0}{\pi a^2}\right) \tag{6-73}$$

式中　l——管长。

根据瑞利模型,声学材料假定为由多个平行的毛细管组成,声波平行于管轴入射到材料表面。设单位面积内有 N 个毛细管,单位面积上的毛细孔面积,即穿孔面积比 $\sigma=NS_0$,$S_0=\pi a^2$。因此材料的声阻抗是各毛细管声阻抗并联,

$$\overline{Z}_\mathrm{a}=\frac{Z_\mathrm{a}}{\sigma}=\overline{R}_\mathrm{a}+\mathrm{j}\omega\,\overline{M}_\mathrm{a} \tag{6-74}$$

声阻和声质量分别为

$$\overline{R}_\mathrm{a}=\frac{8\pi\eta l}{S_0^2\sigma} \qquad \overline{M}_\mathrm{a}=\frac{4}{3}\left(\frac{l\rho_0}{S_0\sigma}\right) \tag{6-75}$$

从上式可看出,多孔材料声阻与毛细管长成正比,与毛细管截面积和穿孔比成反比。也就是说,材料越厚、孔隙越少或孔径越小,声阻越大。

(二)多孔吸声材料吸声性能

从第(一)小节可得到多孔吸声材料的简化模型,以此为基础分析多孔材料的声学特性。经验表明,上述定性规律与实际情况是大致相符的,对于我们了解吸声材料吸声本质有非常重

要的意义。但是由于实际材料结构的复杂性，其实际声学性能的定量描述需要实验得到。

　　材料的吸声性能用吸声系数 α 来表示，该值为无量纲量，表明声波入射到吸声材料界面上后有多少声能量被吸收，见式(6-76)。α 是吸收声能量 E_a 和入射声能量 E_i 的比值。$\alpha=1$，表示声能量全部被吸收。图 6-16 为材料吸声示意图。如前所述，由于实际多孔材料构造的复杂性，各种材料和结构的吸声系数，一般直接测量得到。

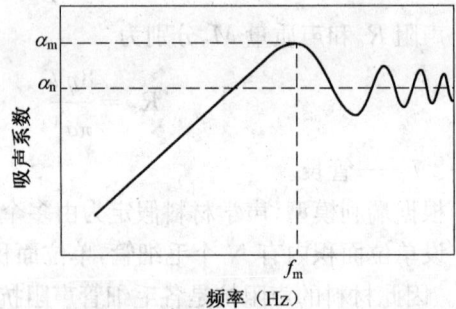

$$\alpha=\frac{E_a}{E_i}=1-\frac{E_r}{E_i} \tag{6-76}$$

式中　E_r——反射声能量。

　　一般多孔性材料紧贴刚性壁安装，有时在材料与刚性壁之间留有空隙，以改善低频吸声性能。当平面声波 p_i 垂直入射到材料时，反射声波为 p_r。在对吸声材料作理论研究时，往往从材料表面法向声阻抗率 Z_s 着手，这时声压反射系数 r 为：

$$r=\frac{p_r}{p_i}=\frac{Z_s-\rho_0 c_0}{Z_s+\rho_0 c_0} \tag{6-77}$$

式中　$\rho_0 c_0$——空气特性阻抗。

　　如果材料表面法向声阻抗率 Z_s（与材料的物理参数、厚度、背后结构等都有关）与空气特性阻抗很接近，则反射系数等于 0，相当于入射声波全部被吸收。

　　多孔性吸声材料典型的吸声系数频率特性如图 6-17 所示。一般材料不太厚，低频时吸声系数很低。随着频率增加，吸声系数逐渐增大，频率为 f_m 时，达到一个最大值 α_m。f_m 大约对应于材料厚度为 1/4 波长的频率值。频率进一步提高，吸声系数有些波动，高频时趋向于某一较小的 α_n 值。这表明多孔吸声材料不存在吸声上限频率，有更好的高频吸声性能，但在低频吸声系数衰减迅速。

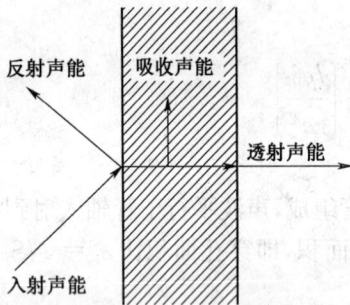

图 6-16　材料吸声示意图　　　　　　　图 6-17　多孔材料吸声频率特性

　　α_m 和 α_n 值的大小，主要和材料的流阻有关。纤维直径在 20 μm 以下的一类玻璃纤维材料，在一定密度下，α_m 可达 100% 左右，α_n 可达 99% 左右。甘蔗板、稻草板以及木质纤维板等材料，因纤维直径大，而且压得很密实，流阻大，高频时 α 值只有 70% 左右，甚至更低。对于一定厚度的吸声材料，应该有合理的流阻，过高或过低的流阻都无法使材料有良好的吸声性能。图 6-18 给出同一种板材在不同流阻下的吸声频率特性。

　　因此，为了改善低频吸声性能，应使 f_m 尽量小，又因其近似等于 4 倍材料厚度对应的频率值，因此增加材料厚度可使 f_m 向低频移动，从而改善低频降噪性能。在一定的厚度范围内，材料厚度增加一倍，吸声系数频率特性曲线约向低频移一个倍频程。因材料的吸声性能与材料的流阻相关，所以依靠增加厚度来改善低频吸声特性是受到限制的。如玻璃棉板厚度从

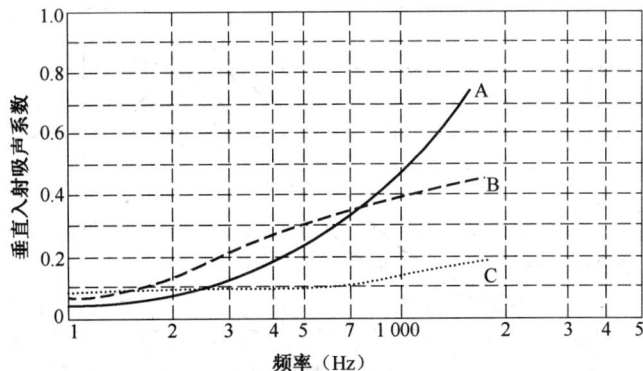

图 6-18 同一种板材的吸声频率特性

厚度为 20 mm；A—流阻 1 200 Pa・s/m；B—流阻 3 060 Pa・s/m；C—流阻 8 100 Pa・s/m

30 mm 增加到 40 mm，各频率平均吸声系数从 0.5 提高到 0.6。但板厚从 80 mm 增加到 100 mm 时，吸声系数增量不足 0.05。因此若材料厚度超过有效厚度，其降噪性能不会再有所改善。如玻璃纤维等直接使用时厚度几乎没有超过十几厘米的。图 6-19 给出不同厚度玻璃丝棉的吸声系数。

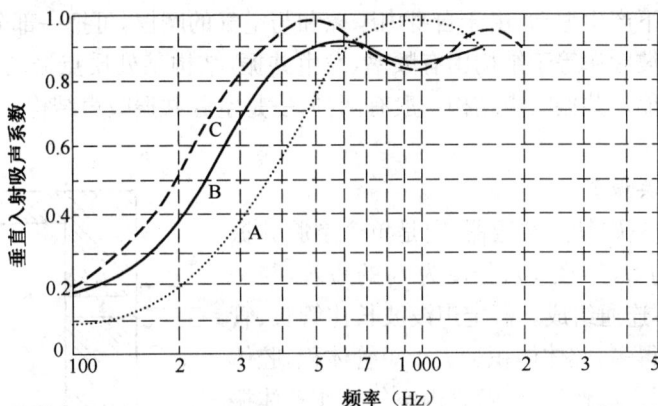

图 6-19 不同厚度玻璃丝棉的吸声系数（密度 200 kg/m³）

厚度 A—50 mm；B—70 mm；C—90 mm

在多孔吸声材料层与刚性壁之间留有一定空腔也可改善低频吸声性能。但对要降噪的主要频带范围，空腔厚度应与频率之间满足一定的关系，才能起到较好的降噪效果。如材料和空腔总厚度为 1/4 波长时，在相应频率下降噪性能可获得较大的改善。当总厚度为 1/2 波长时，吸声系数会变小。此外为了改善低频吸声性能，可将多孔材料做成尖劈形状吸声体。图 6-20 表明了背后加空气层对玻璃棉吸声系数的影响。

温度对多孔材料几乎没有影响，但是吸湿会使多孔材料的孔隙率减小，使得高频吸声系数降低。孔隙率是材料内部空气体积和材料总体积之比。为了保证多孔吸声材料安全牢固地安装在壁面上，通常用护面层，如护面织物、穿孔罩面板及塑料薄膜等来对吸声材料定型，一般护面层对材料吸声性能没有不利影响。由于多孔材料内部结构的复杂性，一般通过实验方法获得其吸声特性。实验方法主要有两种，测量垂直入射吸声系数的驻波管法和测量无规入射吸声系数的混响室法。具体测量方法参见本书第三章或 GB/T 18696—2002《声学 阻抗管中吸

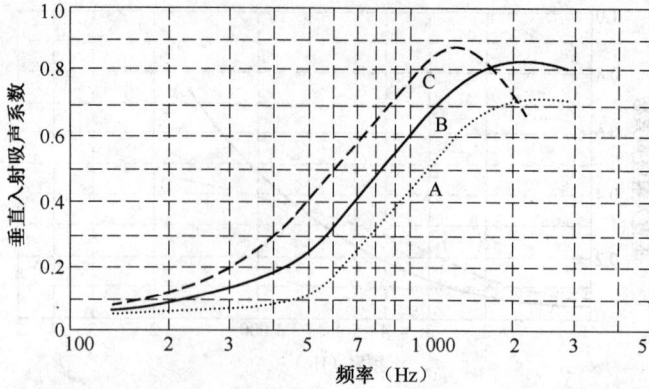

图 6-20　背后加空气层对玻璃棉吸声系数的影响

空气层厚度 A—0 mm；B—16 mm；C—50 mm

声系数和声阻抗的测量》和 GB/T 20247—2006《声学　混响室吸声测量》。

四、共振吸声结构

多孔吸声材料低频吸声性能较差，因此常用共振吸声解决低频声吸收问题。位于声场中的结构在声波激励下产生振动，由于自身内摩擦和与空气的摩擦，可把一部分振动能量转变成热能消耗掉。当声波频率等于结构固有频率，发生共振，结构某处质点振动速度最大，因黏滞损失而大量消耗声能。共振吸声结构一般有两种，一是空腔共振吸声结构，二是薄板或薄膜共振吸声结构。

（一）亥姆赫兹共振器

图 6-21 为一个亥姆赫兹共振器，它是单个空腔吸声结构，由面积为 S（半径 a）、长度为 l_0 的短管，与一个体积为 V_0 的腔体连通组成。假定声波波长比管长、管径和腔体线度都大得多，腔体体积远大于短管体积，腔体为刚性壁，则在入射声波作用下，短管内空气柱作整体振动，同时使腔体内空气产生压缩和膨胀，此时振动的空气柱相当于一个质量块，腔体内的空气相当于一空气弹簧，

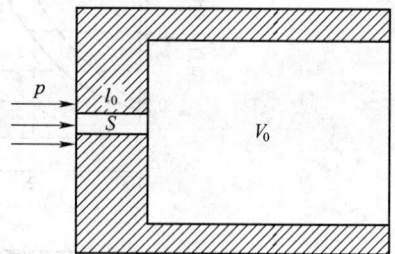

图 6-21　亥姆赫兹共振器

因此两者构成单自由度"质量块"和"弹簧"振动系统，称为亥姆赫兹共振器。亥姆赫兹首先利用它分析声音的频率成分，它的共振频率为：

$$f_r = \frac{1}{2\pi}\sqrt{\frac{1}{M_A C_A}} \tag{6-78}$$

式中　M_A——空气柱的声质量，$M_A = \rho_0 l_0 / S$；

　　　　C_A——腔体的声容，$C_A = V_0 / (\rho_0 c_0^2)$。

考虑到质量块振动时还要向外辐射声波，短管靠腔体 V_0 开口端向腔体内辐射声波，另一端近似为无限大障板上活塞向半空间辐射声波，结果等效于一个附加质量加在空气柱上，因此管长 l_0 需修正为有效长度 $l_e = l_0 + 1.7a$ ，a 为圆管半径。

共振腔在共振频率的吸声量为：

$$A = \frac{4\rho_0 c_0 R_a}{(R_a + R_r)^2} \tag{6-79}$$

式中　R_a——黏滞阻；

　　　R_r——颈口向空间的辐射声阻。

在颈口贴附多孔性吸声材料可增加吸声量，但会使其共振性削弱；在腔体内附加吸声材料不能改善其吸声量。而改善吸声量的最好方法是调节黏滞阻和辐射阻之间的关系，当两者相等时，吸声量最大为：

$$A_m = \frac{\lambda_0^2}{2\pi} \tag{6-80}$$

式中　λ_0——共振频率对应波长。

吸收由最大值降低一半的频率范围，称为共振器的吸声频带半宽 $\Delta f = (R_a + R_r)/(2M_A)$。最大共振吸声量相对频带宽度为：

$$\frac{\Delta f}{f_r} = \frac{8\pi^2 V_0}{\lambda_0^3} \tag{6-81}$$

从以上两式可看出，虽然在黏滞阻和辐射阻匹配时，吸声量较大，但由于空腔尺寸远小于共振波长，因此其吸收频带非常窄。

（二）穿孔板共振结构

由于亥姆赫兹共振器吸声频带窄和共振频率较低，较少单独采用。通常将多个单独的亥姆赫兹共振器并联而成穿孔板结构，如图 6-22 所示，穿孔板置于刚性壁前，距离为 D，板厚为 t，板上有半径为 r_0 的孔，穿孔率为 P（穿孔面积与板面积之比）。

每个共振器的颈长为 t（即板厚），颈截面积 $S = 4\pi r_0^2$，每个共振器的空腔是每个孔平均所占的板与刚性壁之间的体积，因此穿孔板共振吸声结构的频率就相当于一个共振器的共振频率，即式 (6-78) 所表示的共振频率，用穿孔率可以表示为：

$$f_r = \frac{c_0}{2\pi} \sqrt{\frac{P}{l_e D}} \tag{6-82}$$

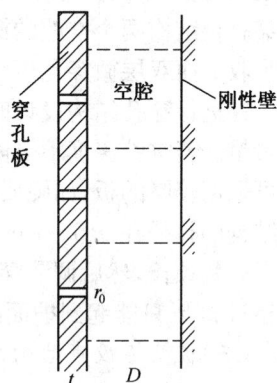

图 6-22　穿孔板共振结构

当入射声波的频率和系统的共振频率相等时，穿孔板颈内的空气与颈内壁产生强烈摩擦，加强了吸收效应，形成了吸收峰，使声能显著衰减。若远离共振频率时，则吸收作用较小。

孔的排列方式通常为正方形排列和三角形排列，如图 6-23 所示。正方形排列穿孔率 $P = \pi d^2/4B^2$，等边三角形排列穿孔率 $P = \pi d^2/2\sqrt{3} B^2$。

当声波垂直入射时，共振吸声结构的吸声系数为：

$$\alpha_0 = 1 - |r|^2 = \frac{4x_n}{(1 + x_n)^2 + y_n^2} \tag{6-83}$$

式中　x_n 和 y_n——共振器的法向声阻率比（共振器的声阻与空气特性阻抗之比）和法向声抗率比（共振器的声抗和空气特性阻抗之比）。

共振时，共振器声阻抗最小，声抗为 0，仅有声阻起作用，此时吸声系数最大，$\alpha_0 = 4x_n/(1 + x_n)^2$。要达到较高的吸声系数，法向声阻率比应控制在 1 左右，过大或过小都不合适。但 $x_n < 1$ 时，吸收峰窄；$x_n > 1$ 时，吸收峰宽。在噪声控制设计中若频率选择性较强，一方面共

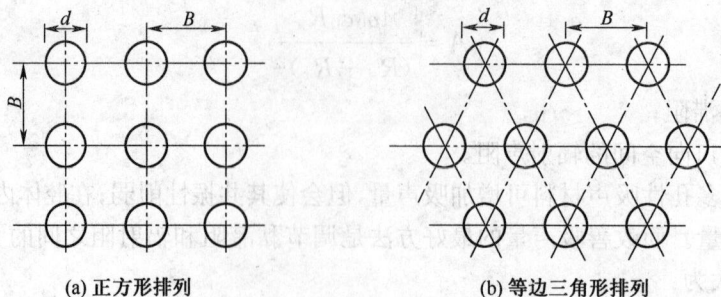

(a) 正方形排列　　　　　　　　(b) 等边三角形排列

图 6-23　穿孔板孔排列方式

振频率位置要很准确,另一方面要尽可能调节阻尼,使声阻抗率接近于 $\rho_0 c_0$,从而能获得 100% 的共振吸收峰值。一般情况,总是选择 $x_n > 1$ 的穿孔结构设计,使吸收峰值较宽而平坦,一般 x_n 值选 1.5～2 较合适。

如上所述,阻尼的控制对于穿孔吸声结构设计非常重要。当孔结构本身阻尼较小时,需要附加吸声材料,比较有效的做法是将一定厚度的多孔性吸声材料紧贴在穿孔板后面。这样会使共振频率向低频移动,通常偏移不超过一个倍频程,而整个吸声频率范围内吸声系数会显著提高。如果把穿孔直径减小到 1 mm 以下,可以使其流阻增大,这就是微穿孔板。它比穿孔板声阻大得多,不用另加吸声材料就可成为良好的吸声结构,有效加宽吸声频带。若合理调节双层穿孔板结构两个空腔的深度,可以使两个吸收峰相互连接,也可在较宽频带范围内有较高的声吸收。而双层微穿孔板,若设计合理,其吸声带宽可达到 3～4 个倍频程。

在进行穿孔结构设计时,先根据噪声主要频率范围,确定共振频率 f_r,通过式(6-82)确定各参量。若空腔深度不受限制,应先选择穿孔板的参数。首先应考虑获得较大的黏滞阻尼,因此可采用较厚的板,如硬质纤维板、软质纤维板、胶合板等。微穿孔板常采用金属板。一般穿孔结构的孔径在 0.5～1 cm 之间,微穿孔板孔径、板厚均在 1 mm 以下。根据板厚和孔径就确定了有效颈长,然后调节穿孔率 P 和空腔深度,就可确定 f_r。一般穿孔率在 1%～5% 左右,若超过 20% 只能起到护面的作用。

(三)板共振吸声结构

把不透气的薄板,如胶合板或铝板,安装在支座上,并与壁面之间留有一定空腔,如图 6-24 所示,m 是板面密度,L 是背腔深度。板和背后空腔声场的耦合振动起到吸声降噪的作用。声能量由于板的弯曲振动而消耗掉。此外,如果背腔填满多孔性吸声材料,一部分能量会被多孔材料耗散掉,可以增加吸声带宽。

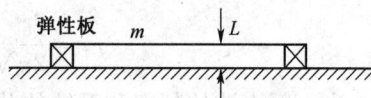

图 6-24　板共振吸声器

最大声吸收发生在板-腔系统第一阶共振频率处。如果板的劲度远大于腔体劲度,则可以把板-腔系统看作简单的质量-弹簧系统,共振频率为

$$f_0 = \frac{1}{2\pi} \sqrt{\frac{\rho_0 c_0^2}{mL}} \tag{6-84}$$

该式未考虑板的刚度或几何形状,Senda 在 1999 年提出了矩形胶合板共振结构的共振频率

$$f_0 = \frac{1}{2\pi} \sqrt{\frac{\rho_0 c_0^2}{mL + 0.6L \sqrt{ab}}} \tag{6-85}$$

式中　a、b——板的长和宽。

通常用吸声系数描述板共振吸声结构的吸声特性。虽然板的吸声不是取决于它的局部特性,而是它的整体响应,但用吸声系数描述简单明了。此外,板共振吸声结构依靠板和板后空腔声场的强烈耦合起作用,能量的耗散在很大程度上还取决于声场,所以板共振吸声结构的吸声性能很难预测。通过礼堂和音乐厅的实测数据可以确定板共振吸声结构的吸声系数;基于理论分析也可确定其吸声系数,但同样要求有大量的实验调查来确定理论中的相关参数。板共振吸声结构的典型吸声系数见图 6-25,腔体内吸声材料厚 10~50 mm,流阻 $(2\sim5)\rho_0c_0$。

图 6-25 和图 6-26 给出了曾用于礼堂和音乐厅的弹性板共振吸声结构预测方法。即从图 6-25 中选出所需吸声曲线,计算声吸收最大时所对应的共振频率 f_0,再由图 6-26 中所选吸声曲线和共振频率交点即可查出腔深和板面密度。

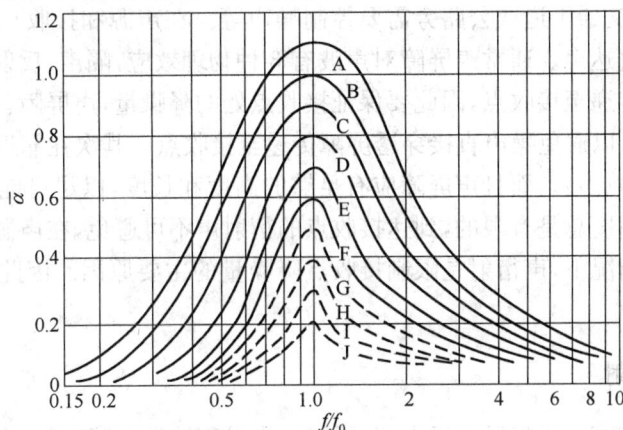

图 6-25　胶合板无规入射吸声系数

A~F 板背腔有吸声材料(吸声材料不与板接触,厚度 10~50 mm,吸声材料为玻璃丝面或矿物棉,流阻 1 000~2 000 MKS rayls,板支撑间距至少 0.4 m),G~J 板背腔无吸声材料

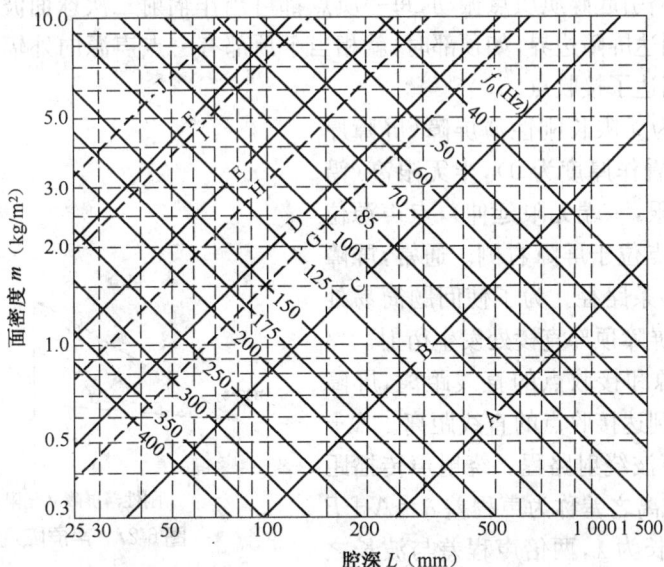

图 6-26　共振胶合板设计曲线,f_0 是最大声吸收频率

薄板共振吸声结构共振频率多在 80~300 Hz 之间,吸声系数约为 0.2~0.5,可以作为低频吸声结构。在弹性膜后设置适当空气层,类似于弹性板,在共振频率附近也可有较大的声吸

收。膜状结构的共振频率通常是 200～1 000 Hz,最大吸声系数是 0.3～0.4,一般作为中频吸声材料。

需要注意的是,膜或板的面积要比较大,一般板要有米的数量级,膜要有分米的数量级,才能大致符合材料在声波作用下作整体振动的假定。如果面积较小,边界又是固定的,就可能以产生简正振动模式的共振吸声为主了。

第三节　声屏障降噪理论及技术

对于不宜做封闭式处理的情况,例如大车间中机器噪声影响很大,但生产条件不宜与其他部分作封闭式隔离;交通干道或公路旁需要控制噪声等。在声源和接收点之间放置声屏障可减小到达接收点的直达声。通常声屏障对声波有 3 种物理效应,隔声、反射和衍射。这 3 种物理效应都会使声波传递至接收点,因此要保证接收点处的降噪量,声屏障首先应有足够的面密度(20 kg/m² 以上),以避免噪声直接穿透屏障传递至接收点。其次在靠近声源侧贴敷吸声材料以减小反射声(混响声)。而且声屏障应有足够的高度和长度,以尽可能减小到达接收点的衍射声。由于屏障高度总是有限的,到达接收点的衍射声不可避免,在声源侧贴敷吸声材料和屏障面密度足够的情况下,声衍射是限制接收点降噪量的主要原因。因此本节主要介绍衍射声降噪量。

一、薄板棱的衍射

当声波频率足够高或屏障尺寸远大于波长时,大量声波被屏障反射,在屏障前面形成声亮区,而在屏障背后形成声影区。当声波频率不够高,或者声波波长远大于屏障尺寸或与屏障尺寸相当时,有一部分声波绕过屏障到达声影区内,这种现象称为衍射。根据惠更斯-菲涅尔原理,由于原波的传播引起媒质质点振动,每一质点都可当作辐射二次球面波的点源。因此,当声源辐射的声波到达屏障边界,如顶部时,就相当于顶部有一点声源向外辐射球面波,因此使得声波绕过屏障到达了接收点。

图 6-27 所示为无限长刚性薄屏障(屏障厚度远小于波长,可看作厚度为 0),半无限高(沿高度方向,一端有限,一端无限延伸),点声源位于屏障左侧,接受点位于屏障右侧。通常,屏障周围的声衍射有多条路径。为了使问题简易处理,仅考虑声波在屏障顶部直棱处发生衍射。

图中 d 是声源和接收点的直线距离,屏障不存在时,是声波到达接收点的直线距离。$A+B$ 是屏障存在时声波绕射路程。绕射声传播距离与直达声传播距离之差称为声程差 $\delta=A+B-d$。已知声波波长为 λ,两倍声程差与波长之比定义为菲涅尔数 $N=\pm 2\delta/\lambda$。当声源和接收点连线在屏障顶部越过,不和屏障相交,即接收点不在屏障声影区内时 N 取负值。若声源与接收点连线和声屏障法线之间有一夹角 β,则菲涅尔数 $N(\beta)=N\cos\beta$。应用波的衍射理论和边缘的近场修正可以得到声屏障衰减的近似

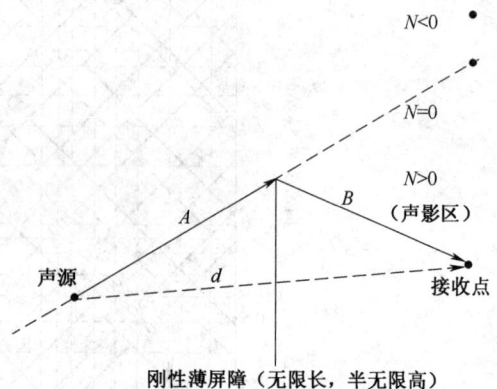

图 6-27　声屏障几何模型

式(6-86)

$$
\Delta_b = \begin{cases} 5 + 20\lg\dfrac{\sqrt{2\pi N}}{\tanh\sqrt{2\pi N}} & N > 0 \\[3mm] 5 & N = 0 \\[3mm] 5 + 20\lg\dfrac{\sqrt{2\pi\,|\,N\,|}}{\tanh\sqrt{2\pi\,|\,N\,|}} & -0.2 < N < 0 \\[3mm] 0 & N \leqslant -0.2 \end{cases} \tag{6-86}
$$

上式中 λ 为窄带噪声中心频率波长,例如,1/3 倍频带或 1 倍频带噪声;双曲正切函数 $\tanh x = (e^x - e^{-x})/(e^x + e^{-x})$。

从该式中可看出,当波长很长(频率很低)或声程差为 0 时,即屏障边缘接近声源到接收点的连线时,仍有 5 dB 的降噪量。即使当接收点不在声影区内,但偏离声影区不多时,屏障的存在使得接收点也有一定的降噪量;如果接收点远离声影区,屏障不起作用,降噪量为 0。

图 6-28 中给出 Δ_b 与菲涅尔数 N 的曲线。横坐标 $N > 1$ 取对数坐标,对 $N < 1$ 的值进行了调整,以使得图中曲线为直线。该图中结果和式(6-86)得到的结果近似。

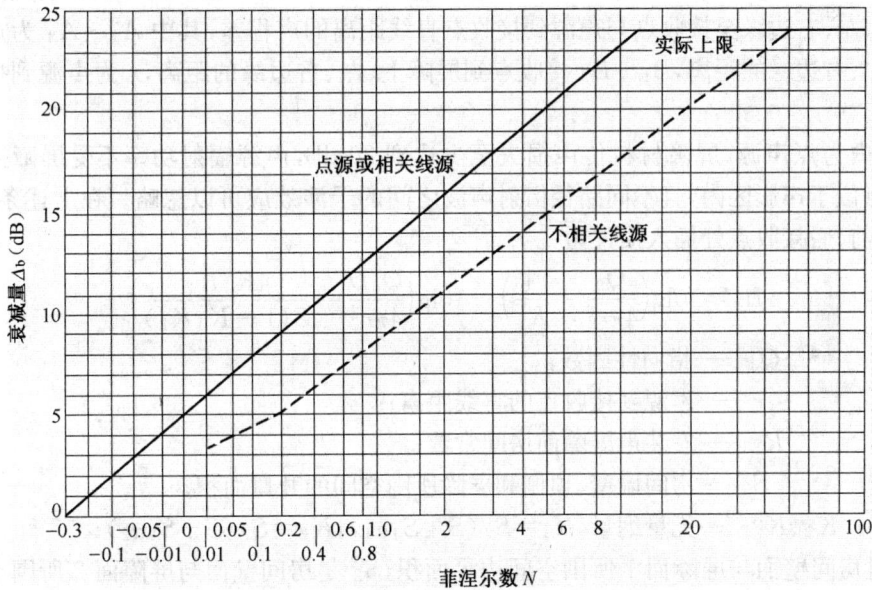

图 6-28　在自由空间中半无限大板声衰减

Menounou 对该式进行了修正,修正后的公式对靠近屏障的源和接收点位置,或者对靠近声亮区和声影区边界的接收点位置,计算结果更准确。

二、室内声屏障

声屏障主要是通过阻挡直达声以降低声源到达接收点的噪声。一般室内多为混响声,只有当室内经过吸声处理降低反射声的影响时,室内声屏障才能发挥一定的作用。除了车间内噪声,在敞开式办公室内,也可通过设立多段屏障分隔出人员各自相对独立的个人空间,减少相互之间的噪声干扰,如图 6-29 所示。

屏障插入损失受其衍射声的影响,该屏障衍射系数 D 可表示为:

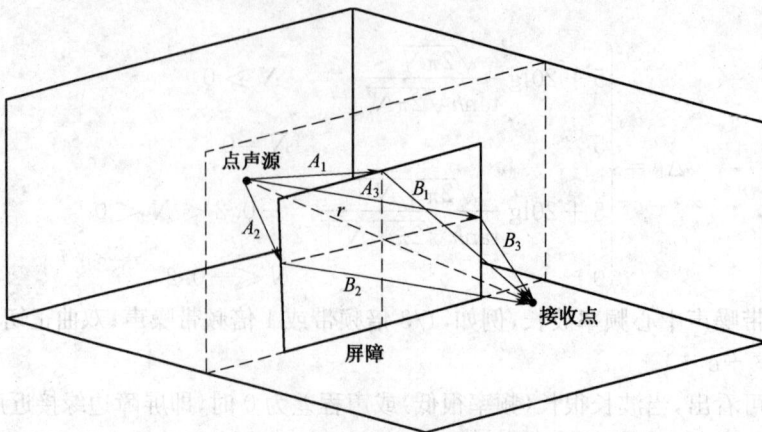

图 6-29　隔声屏与声源、接收点相对位置及参量

$$D = \sum_{i=1}^{3} \frac{\lambda}{3\lambda + 20\delta_i} \tag{6-87}$$

式中，δ_1、δ_2、δ_3——$\delta_1 = A_1 + B_1 - r$，$\delta_2 = A_2 + B_2 - r$，$\delta_3 = A_3 + B_3 - r$ 分别是声源通过声屏障上、左、右边缘至接收点与声源到接收点直线距离的声程差，其中 $A_1 \sim A_3$ 为点声源到屏障上、左、右边缘的距离，$B_1 \sim B_3$ 接收点到屏障上、左、右边缘的距离，r 为声源到接收点的直线距离。

若室内为点声源，屏障材料传声损失至少达到 20 dB，声源辐射功率不受屏障插入的影响，接收点位于声影区内，且不同路径衍射声波之间的干涉效应可以忽略。在上述条件下，放置声屏障前、后接收点处插入损失为

$$IL = 10\lg\left(\frac{Q_\theta}{4\pi r^2} + \frac{4}{R_1}\right) - 10\lg\left(\frac{Q_\theta D}{4\pi r^2} + \frac{4K_1K_2}{S(1 - K_1K_2)}\right) \tag{6-87}$$

式中　　　　　　Q_θ——指向性因数；

r——声源到接收点的直线距离；

R_1——安装声屏障前房间常数；

S——房间墙壁、顶棚和屏障所围空间的开口面积；

K_1、K_2——无量纲量，$K_1 = S/(S + S_1\bar{\alpha}_1)$，$K_2 = S/(S + S_2\bar{\alpha}_2)$；

S_1 是房间壁面与屏障面 1 所围空间边界面积，S_2 是房间壁面与屏障面 2 所围空间边界面积，S_1 和 S_2 满足关系 $S_1 + S_2 = S_0 +$ 屏障双面面积。

其中，S_1、$\bar{\alpha}_1$——屏障面 1 和房间对应面 1 面积之和，S_1 面平均吸声系数；

S_2、$\bar{\alpha}_2$——屏障面 2 和房间对应面 2 面积之和，S_2 面平均吸声系数；

D——声波衍射系数

$$D = \sum_{i=1}^{3} \frac{\lambda}{3\lambda + 20\delta_i} \tag{6-88}$$

其中，δ——声程差，$\delta_1 = A_1 + B_1 - r$，$\delta_2 = A_2 + B_2 - r$，$\delta_3 = A_3 + B_3 - r$。

δ_1、δ_2 和 δ_3 分别是声源通过声屏障上、左、右边缘至接收点与声源到接收点直线距离的声程差。

$A_1 \sim A_3$，$B_1 \sim B_3$ 见图 6-29。

三、室外声屏障

对于非常长的声屏障可认为其长度无限长,如本节第一部分所述,仅在屏障顶部有绕射声;若声屏障长度有限,端部的绕射声也很重要。在这两种情况下,由于地面反射的影响,使得衍射问题比仅在棱上的简单衍射更复杂。长屏障顶部衍射如图 6-30 所示,由于地面可能会发生反射,衍射路径有四条。地面以下的点源和接收点为各自的映像。

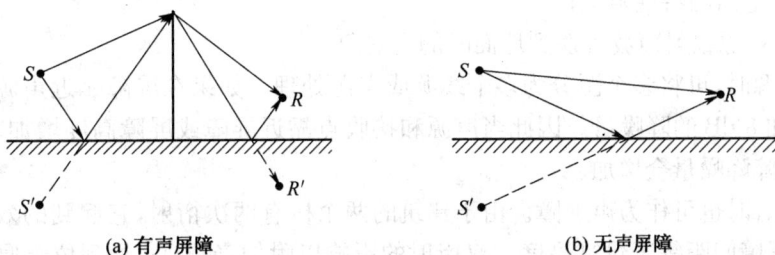

(a) 有声屏障　　　　　　(b) 无声屏障

图 6-30　有限高度声屏障衍射路径

假设地面为刚性,假定声源辐射声功率为常量。可分别计算出接收点处有无屏障时的声压级,二者相减即可得到屏障降噪量 NR,

$$\Delta_{bg} = 10\lg \sum_{j=1}^{2} 10^{-L_j/10} - 10\lg \sum_{i=1}^{4} 10^{-L_{bi}/10} \tag{6-89}$$

式中　j——无声屏障时声源到接收点的路径数;

L_j——无声屏障时第 j 条路径在接收点的声压级;

i——有声屏障时声源到接收点的路径数;

L_{bi}——有声屏障时第 i 条路径在接收点的声压级。

对有限长度声屏障,屏障端部的衍射也应考虑进去。绕端部衍射路径如图 6-31 所示,两个路径 SOR 和 $S'O'O''R$ 分别是声源绕过屏障和映像源绕过映像屏障到达接收点的最短路径。

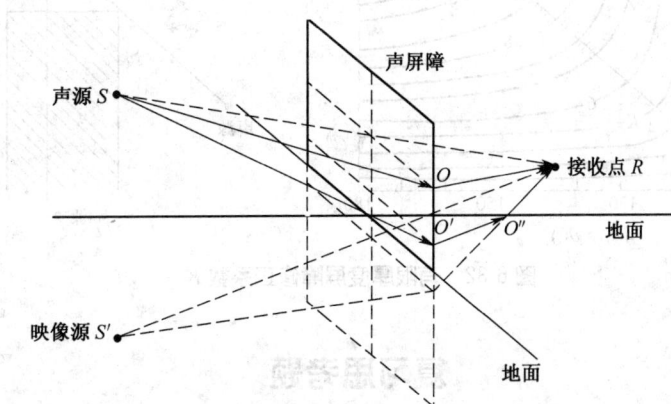

图 6-31　有限长度声屏障声绕射几何路径

因此,对放置在刚性地面上的有限长度声屏障从声源到接收点存在 8 条路径,总的降噪量 Δ_{bf} 为:

$$\Delta_{\mathrm{bf}} = 10\lg(1 + 10^{-\Delta_{\mathrm{g}}/10}) - 10\lg \sum_{j=1}^{8} 10^{-(\Delta_{\mathrm{bj}} + \Delta_{\mathrm{gj}})/10} \tag{6-90}$$

式中 Δ_{g} 是地面反射损失。假定反射波为平面波,则 $\Delta_{\mathrm{g}} = -20\lg|R_{\mathrm{p}}|$,假设地面为局部反应表面

$$R_{\mathrm{p}} = \frac{Z_{\mathrm{m}}\cos\theta - \rho_0 c_0}{Z_{\mathrm{m}}\cos\theta + \rho_0 c_0} \tag{6-91}$$

式中 Z_{m}——地面的特性阻抗;

　　θ——声源辐射声波入射到地面时的入射角。

　　当有多个源时,可将多个源分为多个线源或点源处理。如果在屏障靠近声源侧贴敷吸声材料,可以增加 8 dB 的降噪量。因此当声源和接收点靠近屏障或屏障高度增加时,由于贴敷吸声材料声屏障降噪量会增加。

　　现有建筑有时也可作为声屏障。由于建筑的两个棱有两次衍射,它起到的效果类似于两个薄屏障,两屏障间距等于建筑厚度。双衍射的影响以附加衰减 Δ_{c} 加到位于厚屏障厚度中央位置的薄屏障的衰减上。

$$\Delta_{\mathrm{c}} = K\lg(2\pi b/\lambda) \tag{6-92}$$

式中 b——屏障厚度;

　　λ——噪声频带中心频率波长;

　　K——用图 6-32 估算出的系数。

　　注意,用式(6-92)必须满足 $b > \lambda/2$ 的条件,否则屏障假定是薄屏障。用土丘可以获得类似的结果,土丘顶部的宽度就是屏障的有效宽度。但种在土丘上的树,对屏障衰减没有大贡献,可以忽略。

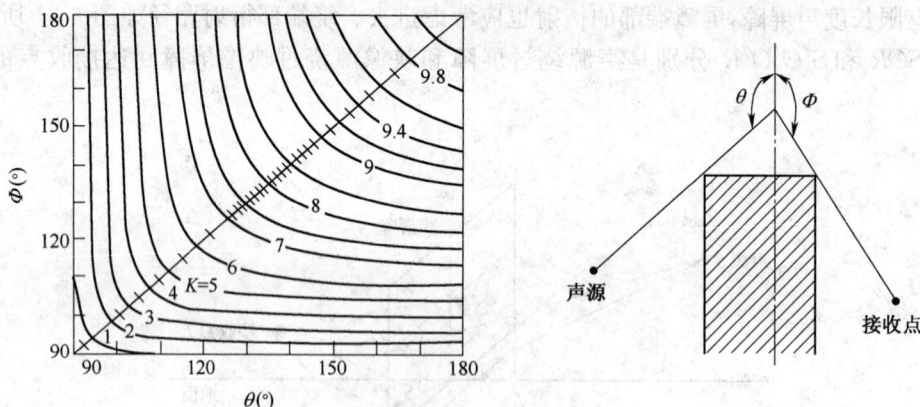

图 6-32　有限厚度屏障修正系数 K

复习思考题

　　1. 把一个双层石膏板墙固定在某实验设备(3.0×2.44) m² 开孔的边界处,板间距是 0.1 m,两板面密度均为 12.67 kg/m³,板临界频率为 2 500 Hz,用 Sharpe 法计算该双层墙的传声损

失。其中两墙中间填充了 50 mm 厚的吸声材料,板本身未进行阻尼处理。

2. 计算一面 10 m² 墙在 125 Hz 时的总传递损失,该墙主要墙体材料的传声损失是 40 dB,另包含 3 m² 传声损失 10 dB 的材料。

3. 一个内部尺寸为(2×3×2.5) m³ 的小型办公室,墙体由 125 mm 厚的单层砖砌成,墙体两面均抹灰,水泥地面,顶棚结构类似墙体(非砖砌,但重量相当,两面抹灰),计算该硬质墙体的预计降噪量(三种材料降噪系数如表 6-2 所示)。

表 6-2　三种材料的吸声系数和降噪量(dB)

材料参量	倍频程中心频率(Hz)							
	63	125	250	500	1 000	2 000	4 000	8 000
砖传声损失	30	36	37	40	46	54	57	59
地面水泥吸声系数	0.01	0.01	0.01	0.02	0.02	0.02	0.03	0.03
墙面抹灰吸声系数	0.04	0.04	0.04	0.06	0.08	0.04	0.06	0.05

4. 假定在习题 3 所述办公室内需要开一个 0.5 m² 的孔用于通风,若要求 250 Hz 时封闭空间降噪量不能低于 20 dB,则通风孔处消声装置至少应提供多大的降噪量才能满足该条件?

5. 六面刚性的矩形房间(2×2×2.43) m³,若在室内分别发出中心频率为 50 Hz、100 Hz、1 000 Hz 和 4 000 Hz,带宽为 10 Hz 的声波,试问它们分别能在室内激发起多少个简正振动方式?

6. 已知矩形房间(10×7×4) m³ 的室内平均吸声系数 $\bar{\alpha}=0.2$,试计算该房间的平均自由程,房间常数和混响时间(忽略空气声吸收)。

7. 某混响室空室时的混响时间为 T_{60},现在某一壁面上铺上一层面积为 S',平均吸声系数为 $\bar{\alpha}_1$ 的吸声材料,并测得此时室内的混响时间为 T'_{60},试证明这层材料的吸声系数可表示为 $\bar{\alpha}_1=\dfrac{0.161V}{S'}\left(\dfrac{1}{T'_{60}}-\dfrac{1}{T_{60}}\right)+\bar{\alpha}_0$,其中 $\bar{\alpha}_0$ 为未铺设吸声材料时,该壁面的平均吸声系数。

8. 在地面上方 1 m 处有一低频、宽带噪声源,接收点位于地面上方 1 m 且与声源相距 4 m,地面是玻璃,声源可看作点声源。若在声源和接收点之间设置 2 m 高,6 m 宽的声屏障,且声源和接收点到屏障的垂直距离相等,试计算接收点在 250 Hz 中心频率倍频带的降噪量。

第七章　工程振动

第一节　工程振动概论

振动是普遍存在的自然现象,是物体运动的一种特殊形式,它伴随在人类日常生活中无处不在。振动可分为有用的振动和有害的振动两大类。有用的振动就是有利于人类生活或生产过程的振动,根据振动原理研发的仪器设备得到广泛应用。在医疗方面,利用超声波能够诊断和治疗疾病;在土建工程中,广泛采用了振动沉桩、振动拔桩及混凝土灌注时的振动捣固等;振动应用在工程地质勘探、原油开采、海浪波动发电、电子和通信工程以及许多工矿企业等领域,发挥着重要作用。

人类自身诸多器官每时每刻都处在振动之中,如心脏搏动、脉搏跳动、血液循环、胃蠕动、肺部张缩呼吸及耳膜和声带的振动等,如果没有这些振动,人类的生命无法保证。但是运载工具的振动会使乘客感到不舒适,引起的环境噪声使人烦躁不安,共振及次谐波共振会引起机械设备、桥梁结构及飞机的破坏,地震使人民生命财产遭受巨大损失,这些振动是有害的。在产品的设计、制造、使用等各个方面都必须研究这些有害振动,提出有效措施来限制以至完全消除这些有害振动。

研究振动的目的就是为了掌握振动的规律,一方面合理地利用振动造福人类,另一方面是寻求控制和消除振动的方法,设法减少振动的危害。

一、振动问题的分类

所谓振动是一种运动形态,是指物体在平衡位置附近所作的往复运动。振动是一个过程,振动物体的位移、速度和加速度等物理量随时间变化,常用运动的时间历程来描述,即用振动物体的位移、速度和加速度的时间函数来表示。

实际振动的物体系统往往很复杂,而且振动形式多样。在理论分析中,根据研究的侧重点不同,可按不同的角度或不同的属性对振动进行分类。

(一)按对系统的激励类型分类

1. 自由振动,受初始激励后,不再受外界激扰,系统所作的振动。

2. 强迫振动,系统在外界激励下所作的振动。

3. 自激振动,系统受到由自身运动导致的激励作用,所产生并维持的振动。如由于踏面形状在运动过程中引起铁路列车车轮对的蛇形运动就属于自激振动。

4. 参数振动,系统自身参数随时间变化而引起的振动。例如荡秋千,由于人体的下蹲及站直而引起摆长的变化,使秋千受到以摆长随时间变化形式的激励,秋千在初始小摆角下被越荡越高形成参数振动。

(二)按系统的响应类型分类

根据响应存在时间的长短分为瞬态振动和稳态振动。瞬态振动只在较短的时间中发生;

稳态振动可在充分长的时间中进行。根据系统响应是否具有周期性可分为以下几种。

1. 简谐振动,响应为时间的正弦或余弦函数。

2. 周期振动,响应为时间的周期函数,故可用谐波分析的方法展开为一系列简谐振动的叠加。

3. 准周期振动,由若干个周期不可通约的简谐振动组合而成。

4. 混沌振动,响应为时间的始终有限的非周期函数。

5. 随机振动,响应不是时间的确定性函数,只能用概率统计的方法描述振动规律。

(三)按系统的自由度分类

1. 单自由度系统振动,只用一个独立坐标就能确定系统运动的系统振动。

2. 多自由度系统振动,需用多个独立坐标才能确定系统运动的系统振动。

3. 弹性体振动,要用无限多个独立坐标才能确定系统运动的系统振动,也称为无限自由度振动。

(四)按系统的性质分类

1. 确定性系统和随机性系统,确定性系统的系统特征可用时间的确定性函数给出;随机性系统的系统特征不能用时间的确定性函数给出,只具有统计规律性。

2. 离散系统和连续系统,离散系统是由有限个质量元件、弹簧和阻尼器构成的系统,具有有限个自由度,数学描述为常微分方程;实际工程结构的物理参数,例如板壳、梁、轴、杆件等的质量及弹性一般是连续分布的,具有无穷多个自由度,数学描述为偏微分方程,保持这种特征的模型所代表的系统称为连续系统。

3. 定常系统和参变系统,定常系统是系统特性不随时间改变的系统,数学描述为系数微分方程;参变系统是系统特性随时间变换的系统,数学描述为变系数微分方程。

4. 线性系统和非线性系统,线性系统是质量不变且弹性力和阻尼力与运动参数呈线性关系的系统,数学描述为线性微分方程;非线性系统是不能简化为线性系统的系统,数学描述为非线性微分方程。

对于相同的振动问题,在不同条件下可以采用不同的振动模型。振动模型的建立及分析结论必须通过科学实验或生产实践的检验,只有那些符合或大体符合客观实际的振动模型和结论,才是正确或基本正确的。

二、单自由度系统的振动

单自由度系统可用于许多实际工程结构的初步设计和分析,是研究复杂结构系统振动问题的基础。先介绍单自由度系统的振动特性,以了解振动系统的一些重要概念、特性和研究方法。

(一)单自由度系统的运动方程

设一个质量为 m 的钢球与弹簧相连,弹簧的另一端固定在不动位置上,钢球中心有圆孔套在光滑、水平放置的钢管上。给钢球一定的外力作用,钢球在钢管上往复运动,这就是弹簧—质点系统。图 7-1 给出了典型的单自由度系统的力学模型,它由刚性质量块、弹簧和阻尼器组成,弹簧和阻尼器的质量与刚性质量块

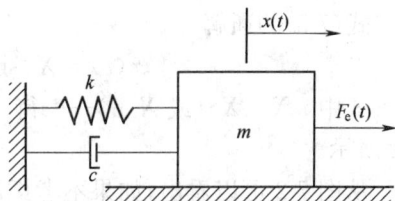

图 7-1　单自由度系统的振动模型

相比可以忽略，系统的位移完全由刚性质量块的位移 x 确定。

假设质量块在外力作用下，t 时刻处于偏离原平衡位置的位移量为 $x(t)$ 时，根据牛顿第二定律，可以得到

$$m\ddot{x}(t) + c\dot{x}(t) + kx(t) = F(t) \tag{7-1}$$

式中　　　m——质量块的质量；

　　　　　k——弹簧的弹性系数；

　　　　　c——系统的阻尼系数；

$x(t)$、$\dot{x}(t)$、$\ddot{x}(t)$——t 时刻质量块的位移、速度、加速度；

　　　　　$F(t)$——t 时刻所受的外力。

该式即为单自由度系统的动力平衡方程，通常称为运动方程。

式(7-1)中施加在质量块上的力 $F(t)$ 主要有周期力、非周期性力和随机力等 3 种类型。简谐力是最常见的周期力，用正弦函数表达，可描述由转动机械的不平衡而引起的典型分力。一个周期性的非简谐力可用傅里叶级数表示为一些简谐项的和。对于线性系统，总响应可由每一个简谐分量各自的响应叠加而得到。随机力随时间变化的过程不能用已知的函数来确定，而只能用统计的方式描述。简谐激励(或周期性激励)，一般不重视初始条件的影响，只需求解结构的稳态响应。对于瞬变力或非周期性的激励，则往往需要考虑初始条件的影响而求解结构的瞬态响应。

结构振动也可能由支座的强迫运动所激发。支座的强迫运动可以是简谐的、瞬变的或随机的。如地震、爆炸引起的结构振动，不平路面上行驶车辆的振动都比较典型。

(二)单自由度系统的自由振动

单自由度系统的运动方程(7-1)，若 $F(t)=0$，则方程变为

$$m\ddot{x}(t) + c\dot{x}(t) + kx(t) = 0 \tag{7-2}$$

此时，系统不受外部干扰作用仅由初始条件(初位移和初速度)引起的振动，式(7-2)称为自由振动方程。系统因持续地受到外部干扰作用而发生的振动称为强迫振动。式(7-2)考虑了阻尼的影响，称为有阻尼自由振动。如果不考虑阻尼影响，则称为无阻尼自由振动。无阻尼自由振动方程为

$$m\ddot{x}(t) + kx(t) = 0 \tag{7-3}$$

若令

$$\omega = \sqrt{\frac{k}{m}} \tag{7-4}$$

则无阻尼自由振动方程式(7-3)可写为

$$\ddot{x}(t) + \omega^2 x(t) = 0 \tag{7-5}$$

式(7-5)的通解

$$x(t) = X_1\sin\omega t + X_2\cos\omega t = X\sin(\omega t + \alpha) \tag{7-6}$$

式中　X_1、X_2(或 X、α)——待定常数，可由初始条件确定。将式(7-6)用曲线表示，如图 7-2 所示。

从图 7-2 可以看出，如果不考虑阻尼作用，质点的位移 x 值总是随着时间的增加周期变化，周而复始。这种振动称为简谐振动(或谐和振动)。X 称为振动的振幅，$(\omega t + \alpha)$ 称为相

角,α 称为初相角,相角、初相角单位均为 rad。

简谐振动属于周期性振动,角速度 ω 是周期振动的角频率或圆频率,称为单自由度系统的无阻尼自振(或固有)频率,单位为 rad/s。

工程上常用每秒内系统振动的次数来表示自振频率,也称自振(或固有)频率,即

$$f = \frac{\omega}{2\pi} = \frac{1}{T} \tag{7-7}$$

式中　f——自振频率,Hz;

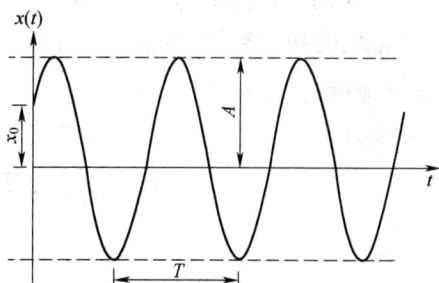

图 7-2　无阻尼自由振动曲线

　　　T——自振周期或固有周期,s。

将式(7-6)质点位移分别对时间求一阶、二阶导数,即可得到该时刻的速度、加速度

$$v = \dot{x}(t) = \omega X \cos(\omega t + \alpha) = \omega X \sin\left(\omega t + \alpha + \frac{\pi}{2}\right) = V_m \sin(\omega t + \alpha_v) \tag{7-8a}$$

$$a = \ddot{x}(t) = -\omega^2 X \sin(\omega t + \alpha) = \omega^2 X \sin(\omega t + \alpha + \pi) = A_m \sin(\omega t + \alpha_a) \tag{7-8b}$$

将简谐振动的位移、速度、加速度统一用正弦函数表示

$$x = X_m \sin(\omega t + \alpha_x)$$
$$v = V_m \sin(\omega t + \alpha_v) \tag{7-9}$$
$$a = A_m \sin(\omega t + \alpha_a)$$

简谐振动的位移、速度、加速度的幅值之间关系为

$$A_m = \omega V_m = \omega^2 X_m \quad 或 \quad V_m = \frac{A_m}{\omega} = \omega X_m \tag{7-10}$$

工程应用中,位移幅值单位用 mm 表示,速度幅值单位用 mm/s 表示,加速度幅值单位用 mm/s² 表示或用重力加速度 g 来表示,一般取 $1g = 9\ 800$ mm/s²。

简谐振动的位移、速度、加速度的相角之间关系为

$$\alpha_a = \alpha_v + \frac{\pi}{2} = \alpha_x + \pi \quad 或 \quad \alpha_a - \frac{\pi}{2} = \alpha_v = \alpha_x + \frac{\pi}{2} \tag{7-11}$$

要特别提醒一点,振动过程的振幅与初相角是由初始条件确定的,也就是说与振动的初始状态有关,但振动系统的自振频率 f(或 ω)和自振周期 T 则与初始条件无关,而仅取决于系统本身的刚度和质量。

由式(7-4)可见,当系统的质量增加,振动的角频率 ω 下降,即自振频率下降,若提高系统的刚度,将引起自振频率的增加。因此,在处理实际工程问题时,如果想提高某结构系统的自振频率,可以提高结构的刚度(如增加约束,采用刚度大的构件等),或者减小结构的质量(如改用轻质材料等)。

【例 7-1】 在图 7-1 中,假定质量块的质量 $m = 1$ kg,如果用 $F = 49$ N 的力沿 x 轴正向作用于物体上,弹簧静伸长 $\Delta = 1$ cm。当 $t = 0$ 时,将拉力卸掉。试计算 $t > 0$ 时质量块的运动规律,确定位移、速度、加速度的幅值与相角关系。

解: 弹簧的弹性系数 $k = \dfrac{F}{\Delta} = \dfrac{49}{0.01} = 4\ 900$ N/m

$$\omega = \sqrt{\frac{k}{m}} = \sqrt{\frac{4\ 900}{1}} = 70 \text{ rad/s}$$

$t > 0$ 时质量块的运动规律是无阻尼自由振动。

质量块的初始条件：初始位移为 $x_0 = \Delta = 1\ \text{cm} = 0.01\ \text{m}$，该值也是无阻尼自由振动的振幅，初始速度为 $\dot{x}_0 = 0$。

运动方程

$$x = X_m \sin\left(\omega t + \frac{\pi}{2}\right) = 0.01\sin\left(70t + \frac{\pi}{2}\right) \quad (\text{m})$$

速度

$$v = \dot{x} = X_m \omega \cos\left(\omega t + \frac{\pi}{2}\right) = -0.01 \times 70\sin\omega t = 0.7\sin(70t + \pi) \quad (\text{m/s})$$

加速度

$$a = \ddot{x} = -X_m \omega^2 \sin\left(\omega t + \frac{\pi}{2}\right) = 49\sin\left(\omega t - \frac{\pi}{2}\right) = 49\sin\left(70t - \frac{\pi}{2}\right) = 49\sin\left(70t + \frac{3\pi}{2}\right) \quad (\text{m/s}^2)$$

通过上述具体数字，可以看出位移、速度、加速度的幅值与相角关系符合式（7-10）和式（7-11）。

（三）阻尼对自由振动的影响

从图 7-2 可见无阻尼简谐振动，质点振动的振幅、周期始终不变，但系统在振动过程中，总要受到材料内部的摩擦阻力以及与介质间、各构件之间的摩擦阻力，称为阻尼作用。各种阻尼的作用，使自由振动将逐渐衰减。对阻尼机理的认识至今尚不是很清楚，人们提出了多种阻尼理论来解释结构的阻尼现象。假定质点振动时所受的阻尼作用与其运动速度成正比，用阻尼系数表示阻尼作用的黏滞（或黏性）阻尼模型是应用最为广泛的一种阻尼模型。阻尼系数单位是 N·s/m。

若引入阻尼特性系数

$$\varepsilon = \frac{c}{2m} \tag{7-12}$$

并式（7-4），则有阻尼自由振动方程式（7-2）可改写成

$$\ddot{x}(t) + 2\varepsilon\dot{x}(t) + \omega^2 x(t) = 0 \tag{7-13}$$

常微分方程（7-13）的特征方程为

$$s^2 + 2\varepsilon s + \omega^2 = 0 \tag{7-14}$$

特征方程的根为

$$s_{1,2} = -\varepsilon \pm \sqrt{\varepsilon^2 - \omega^2} \tag{7-15}$$

下面针对阻尼取值的几种情况来讨论式（7-15）方程的解。

（1）当 $\varepsilon = \omega$ 时，振动系统为临界状态，对应的阻尼称为临界阻尼系数

$$c_c = 2\sqrt{mk} \tag{7-16}$$

（2）当 $\varepsilon > \omega$ 时，阻尼很大，特征方程（7-14）有两个不等的实根。不难验证，随着时间 t 的增加，质点位移 x 值单调地趋于零，所表示的运动没有振动的特征。该振动系统称为超临界阻尼系统。

（3）当 $\varepsilon < \omega$ 时，阻尼不大，称为低临界阻尼系统，此时特征方程（7-14）有一对复数根，微分方程（7-13）的通解为

$$x(t) = Be^{-\varepsilon t}\sin(\omega_c t + \alpha) \tag{7-17}$$

式中 s —— $\varepsilon < \omega$ 时特征方程的根；

  ω_c ——习惯上称为有阻尼自振频率。

式(7-17)表示的运动如图7-3所示。由图7-3可见，由于阻尼的影响，振幅逐渐变小，振动逐渐衰减至静止。因此，有阻尼的自由振动不是谐和振动或周期振动。

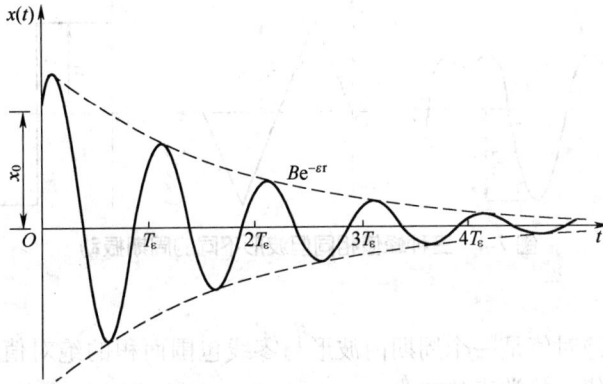

图7-3 有阻尼系统自由振动曲线

若引入系统的阻尼比，$\xi = \dfrac{\varepsilon}{\omega}$，即系统实际阻尼与其临界阻尼之比，反映阻尼相对值。显然，$\xi = 1$ 时的阻尼就是临界阻尼。容易证明有阻尼自振频率与固有频率的关系为

$$\omega_c = \omega \sqrt{1-\xi^2} \tag{7-18}$$

式中 ω ——固有频率(无阻尼自振频率)；

  ω_c ——有阻尼自振频率；

  ξ ——阻尼比。

通常的工程结构，ξ 的值一般在 $1\% \sim 10\%$ 之间，式(7-18)右端根号内的值非常接近于1，在 $\xi \leqslant 0.1$ 范围内，可以近似 $\omega_c \approx \omega$。一般在计算结构的自振频率时，可不考虑阻尼的影响，计算 ω 与实际的 ω_c 很接近，却大大简化了计算。有资料表明，即使在系统的振幅每周期衰减 50%(实际结构物一般没有这么大的阻尼)这样的情况下，二者差别亦仅在 0.6% 左右。

三、周期振动的时域与频谱

(一)周期振动的时域特征参数

振动量随着时间变化的过程或波形称为振动的时域曲线。现代测试技术的发展不难测出振动量的时域曲线，但从工程应用角度，往往要求衡量振动的大小。通常用振动的峰值、有效值、平均值等参量描述周期振动时域波形的特征。

周期振动过程可以表示为：

$$x(t) = x(t+kT) \tag{7-19}$$

式中 k ——整数；

  T ——振动周期。

1. 峰值

峰值是指波形上与零线的最大偏离值，用 X_p 表示。对于正弦振动，X_p 为正弦振动的振

幅。在稳态周期振动中,峰值是反复周期出现的,并且是恒定的。峰值反映振动的幅度有其实用价值,例如,结构的强度性破坏直接与峰值有关。峰值描述了一个周期中的最大瞬时值,峰值相同的周期振动波,其波形可能差别很大,如图 7-4 所示。峰值的缺点在于不考虑所测振动的时间历程。

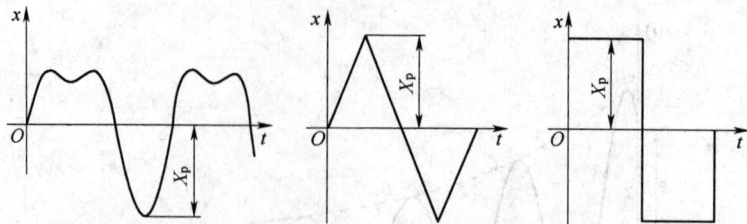

图 7-4　三种峰值相同但波形不同的周期振动

2. 平均绝对值

周期振动的平均绝对值是一个周期内波形与零线包围面积的绝对值对时间的平均值,工程应用上简称为平均值。数学表达式为

$$X_{av} = \frac{1}{T} \int_0^T |x| \, dt \tag{7-20}$$

简谐振动 $x(t) = X_m \sin(\omega t + \alpha)$ 的平均绝对值为

$$X_{av} = \frac{1}{T} \int_0^T |X_m \sin(\omega t + \alpha)| \, dt = \frac{2}{\pi} X_m$$

显然,平均值涉及了波形变化的过程,即振动的时间历程。

3. 有效值

有效值的计算式为

$$X_{rms} = \sqrt{\frac{1}{T} \int_0^T x^2 \, dt} \tag{7-21}$$

简谐振动 $x(t) = X_m \sin(\omega t + \alpha)$ 的有效值为

$$X_{rms} = \sqrt{\frac{1}{T} \int_0^T X_m^2 \sin^2(\omega t + \alpha) \, dt} = \frac{X_m}{\sqrt{2}}$$

用有效值来衡量振动量的大小是一种比较好的方法,它涉及振动随时间变化的过程,直接与振动能量有关,反映振动信号能量或功率大小。例如,位移的有效值直接与位能有关,速度的有效值则与动能有关。

4. 波形系数和波峰系数

一般用波形系数和波峰系数表示峰值、有效值和平均值之间的关系。分别定义为

波形系数

$$F_f = \frac{X_{rms}}{X_{av}} \tag{7-22}$$

波峰系数

$$F_c = \frac{X_p}{X_{rms}} \tag{7-23}$$

波形系数及波峰系数在一定程度上反映了波的形状差别。三种常见波形的系数为

正弦波:$F_f = 1.111$,$F_c = 1.414$

三角波：$F_f=1.156, F_c=1.732$

矩形波：$F_f=1, F_c=1$

(二)周期振动的频谱

工程中所遇到的周期振动几乎都不是纯粹的简谐振动。仅仅运用峰值、平均绝对值、均方值以及波形系数、波峰系数等参量尚不能很好地反映该周期振动的特性。为了确定这种振动的产生与结构以及振源的关系，目前有效的方法之一，就是所谓频谱分析法，又称为傅里叶分析法。

数学上，任何周期函数都可展开为傅里叶三角级数，将式(7-19)展开成三角级数形式

$$x(t)=a_0+\sum_{k=1}^{n}(a_k\cos k\omega_0 t+b_k\sin k\omega_0 t) \tag{7-24}$$

式中　$a_0=\dfrac{1}{T}\int_0^T x(t)\mathrm{d}t$；

$a_k=\dfrac{2}{T}\int_0^T x(t)\cos k\omega_0 t\mathrm{d}t$；

$b_k=\dfrac{2}{T}\int_0^T x(t)\sin k\omega_0 t\mathrm{d}t$；

$\omega_0=\dfrac{2\pi}{T}$。

工程中的周期振动，通常都属于有限振动，根据傅里叶理论，总可以将它分解成若干简谐分量，从而将周期振动表示为傅里叶级数的形式。

将式(7-24)改写成

$$x(t)=X_0+\sum_{k=1}^{n}X_k\sin(k\omega_0 t+\alpha_k) \tag{7-25}$$

式中　X_0——均值，$X_0=a_0$；

X_k——各谐波分量的幅值，$X_k=\sqrt{a_k^2+b_k^2}$；

α_k——各谐波的初相位，$\alpha_k=\arctan\left(\dfrac{b_k}{a_k}\right)$。

ω_0 称为基频，与之相应的振动分量称为基波；$2\omega_0, 2\omega_0, \cdots$ 称之为基频的二倍频、三倍频$\cdots$，n 倍频振动分量则称为 n 次谐波。

以频率 f(或 ω)为横坐标，以幅值为纵坐标，画出各次谐波的幅值，称为幅频图或幅值谱。以频率为横坐标，以初相位为纵坐标，画出各次谐波的初相位值，称为相频图或相位谱。幅频图和相频图统称为频谱图。

例如有一振动波形，如图 7-5 (a)所示，经傅里叶分解后，其表达式为

$$x(t)=a\sin\left(\omega_0 t-\frac{\pi}{4}\right)+\frac{a}{2}\sin(2\omega_0 t)$$

该波形只有两个简谐分量：

基频 ω_0——振幅为 a，初相角为 $-\dfrac{\pi}{4}$；

二倍频 $2\omega_0$——振幅为 $\dfrac{a}{2}$，初相角为 0。

该波形的幅频图为图 7-5(b)，相频图为 7-5(a)。

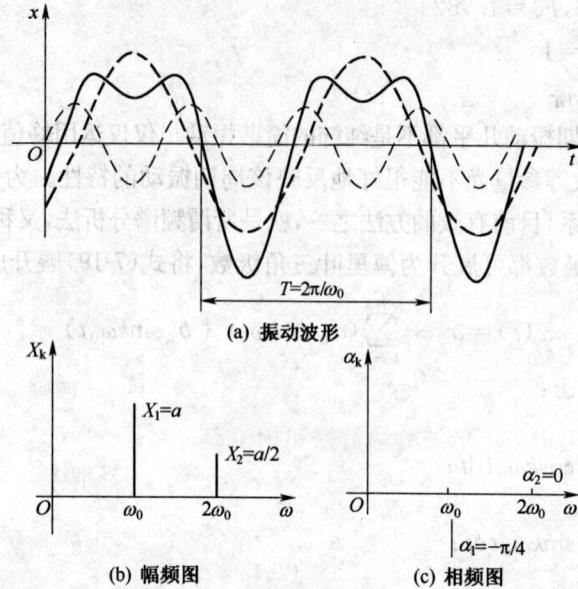

(a) 振动波形

(b) 幅频图

(c) 相频图

图 7-5　频谱图

【例 7-2】　图 7-6 所示周期矩形波,为一系列幅值为 A、宽度为 τ、周期为 T 的矩形脉冲,在一个周期($-T/2 \leqslant t \leqslant T/2$)内,其表达式为

$$x(t) = \begin{cases} A, & |t| \leqslant \dfrac{\tau}{2} \\[2mm] 0, & |t| > \dfrac{\tau}{2} \end{cases}$$

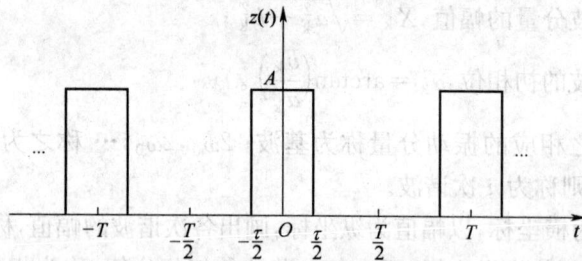

图 7-6　周期矩形波

试对该波形进行频谱分析。

解:根据式(7-24),得到傅里叶三角级数的各项系数:

$$a_0 = \frac{1}{T}\int_{-T/2}^{T/2} x\,\mathrm{d}t = \frac{1}{T}\int_{-\tau/2}^{\tau/2} A\,\mathrm{d}t = \frac{A\tau}{T}$$

$$a_k = \frac{2}{T}\int_{-T/2}^{T/2} x\cos k\omega_0 t\,\mathrm{d}t = \frac{2}{T}\int_{-\tau/2}^{\tau/2}\cos\frac{k2\pi}{T}t\,\mathrm{d}t = \frac{2A}{k\pi}\sin\frac{k\pi\tau}{T}$$

$$b_k = \frac{2}{T}\int_{-T/2}^{T/2} x\sin k\omega_0 t\,\mathrm{d}t = \frac{2}{T}\int_{-\tau/2}^{\tau/2}\sin\frac{k2\pi}{T}t\,\mathrm{d}t = 0$$

由式(7-25)可求得其均值、各谐波分量的幅值和初相位

$$X_0 = a_0 = \frac{A\tau}{T}$$

$$X_k = \sqrt{a_k^2 + b_k^2} = \frac{2A}{n\pi} \left| \sin \frac{n\pi\tau}{T} \right|$$

$$\alpha_k = \arctan\left(\frac{b_k}{a_k}\right) = \begin{cases} 0, & \dfrac{2m}{\tau} < f < \dfrac{2m+1}{\tau} \\ \pi, & \dfrac{2m+1}{\tau} \leqslant f \leqslant \dfrac{2m+2}{\tau} \end{cases}$$

式中　m——非负整数；

　　　f——振动频率，$f = \dfrac{n\omega_0}{2\pi}$。

图 7-7(a)、(b)分别给出了矩形波的幅值谱和相位谱。

如果 $\tau = T/2$，图 7-8 表示取不同项数谐波分量逼近矩形波的情况，可以看出，项数愈多，愈逼近真实波形。

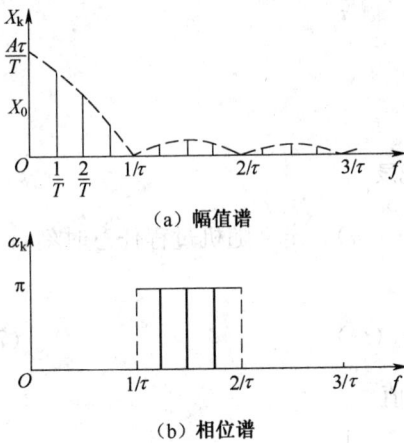

(a) 幅值谱

(b) 相位谱

图 7-7　周期矩形波的频谱

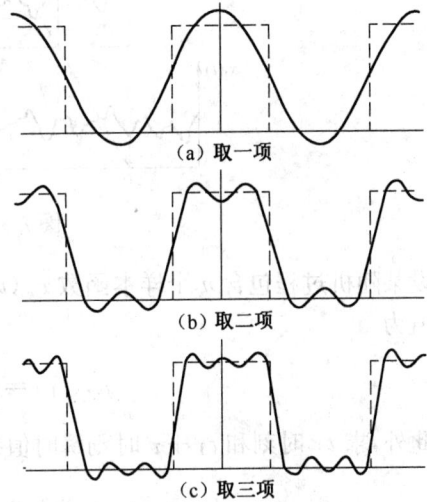

(a) 取一项

(b) 取二项

(c) 取三项

图 7-8　取不同项数谐波分量逼近矩形波

四、随机振动

(一)随机振动过程的基本特性

简谐振动、周期振动等可用时间函数来描述，即在任一指定瞬间 t，其瞬时值 $x(t)$ 是确定的，振动称为确定性振动。确定性振动响应具有可预知性，是由确定性的激励所引起的。

自然界和工程中还存在着另一类不能用确定性函数来描述的振动，其瞬时值具有不可预知性，是一种非确定性振动。若要描述这类振动的某一个振动时间历程，只能借助一组实际记录的数据来表达。每一个记录，称为一个样本，这种样本无论有多少个，都不可能找到任意两个是重复的。这类时间历程通常不可能精确重复或预测的振动称为随机振动。如车辆在凹凸不平的路面上行驶时发生的振动，车刀和刀架在切削过程中产生的振动，大气湍流引起的机翼振动，海浪使船舶或海洋结构发生的振动等等，都是随机振动的实例。随机振动响应是由随机性的激励所引起的。

　　如果把一种随机振动的一个样本作为时间的函数来分析,看起来是混乱而无规律可循的。但实际上,随机过程并非毫无规律,只要获得足够多、足够长的样本函数(即时间历程记录),就可以求得其概率意义上的统计特征参数,即统计规律。如均值、均方值、方差、概率密度函数、概率分布函数、相关函数和功率谱密度函数等等。

　　图7-9表示同一过程的 n 个样本记录曲线,所有的样本集合称为一种随机过程。一般说,随机过程的特征参数由无限多个样本函数(称为系集)通过"横切法"来确定。

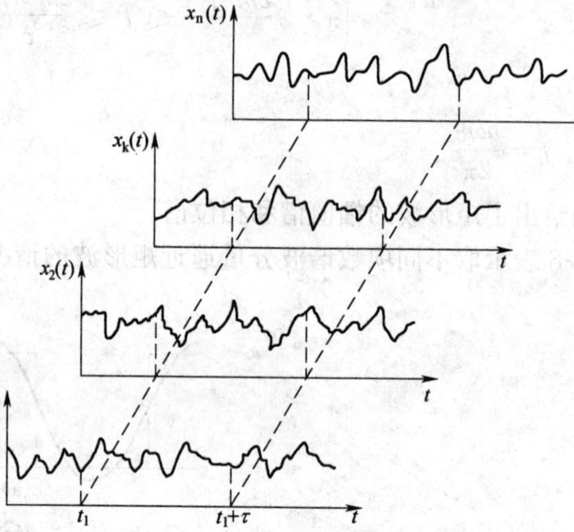

图 7-9　随机过程记录

　　设某随机过程包含 n 个样本函数 $x_k(t)$ $(k=1,2,\cdots,n)$。定义随机过程任意时刻 t_1 的集合均值为

$$\mu_z(t_1) = \lim_{n \to \infty} \frac{1}{n} \sum_{k=1}^{n} x_k(t_1) \tag{7-26}$$

此外,求 t_1 时刻和 $t_1 + \tau$ 时刻瞬时值乘积的平均值

$$R_x(t_1, t_1 + \tau) = \lim_{n \to \infty} \frac{1}{n} \sum_{k=1}^{n} x_k(t_1) x_k(t_1 + \tau) \tag{7-27}$$

式(7-27)称为该随机过程在时刻 t_1 和时刻($t_1 + \tau$)的自相关函数。

　　按类似方式,还可计算更高阶次的其他平均值。一般情况,所研究系集的一个或几个平均值随时刻 t_1 取值不同而变化的过程称为非平稳过程。所有平均值均不随 t_1 的取值而变化的特殊过程,称为平稳随机过程。

　　在平稳随机过程中,如果任何单个样本的时间平均值都等于全体样本的系集平均值,则该随机过程称为各态历经过程。在工程振动测试中,一般都把被测随机过程当作各态历经过程来处理,即只取一个或几个有限长度记录样本的时间平均来代替集平均值,即有

$$\lim_{T \to \infty} \frac{1}{T} \int_{-T/2}^{T/2} x_k(t) \mathrm{d}t = \mu_z(k) = \mu_z$$

$$\lim_{T \to \infty} \frac{1}{T} \int_{-T/2}^{T/2} x_k(t) x_k(t + \tau) \mathrm{d}t = R_x(k, \tau) = R_x(\tau) \tag{7-28}$$

　　各态历经随机过程任一个样本的瞬时值的长期数学平均,趋向某一特定值的均值 μ_z ,是反映过程特征的一个数字,因此 μ_z 是随机过程数字特性。式(7-28)第一式所定义的时间平

均,不仅仅适用于确定性过程,对非确定性过程亦适用。在统计数学上,一个样本的瞬时值的长期数学平均又称为数学期望,即

$$\overline{x}(t) = \lim_{T\to\infty}\frac{1}{T}\int_{-T/2}^{T/2}x(t)\mathrm{d}t = \lim_{T\to\infty}\frac{1}{T}\int_{0}^{T}x(t)\mathrm{d}t = E[x(t)] \tag{7-29}$$

式中　$\overline{x}(t)$——数学平均值;

　　$E[x(t)]$——数学期望符号。

随机过程的数字特征还表现在其均方值、方差及标准差,定义如下:

均方值

$$\overline{x^2} = E[x^2(t)] = \lim_{T\to\infty}\frac{1}{T}\int_0^T x^2(t)\mathrm{d}t \tag{7-30}$$

方差

$$\sigma^2 = \lim_{T\to\infty}\frac{1}{T}\int_0^T [x(t)-\overline{x}]^2\mathrm{d}t$$
$$= \lim_{T\to\infty}\frac{1}{T}\int_0^T[x^2(t)-2\overline{x}\cdot x(t)+(\overline{x})^2]\mathrm{d}t = \overline{x^2}-(\overline{x})^2 \tag{7-31}$$

可见,方差等于均方值与均值的平方之差。

标准差

$$\sigma = \sqrt{\sigma^2} \tag{7-32}$$

式中　σ^2——方差。

下面以一个确定性函数为例,说明上述数字特征。设该函数的表达式为

$$x(t)=\begin{cases}0 & -\dfrac{T}{2}<t<0\\[2mm]\dfrac{2A}{T}t & 0<t<\dfrac{T}{2}\end{cases}$$

根据该函数表达式,可算得

$$\overline{x}(t)=\frac{1}{T}\int_{-T/2}^{T/2}x(t)\mathrm{d}t=\frac{1}{T}\int_0^{T/2}\frac{2A}{T}t\mathrm{d}t=\frac{A}{4}$$

$$\overline{x^2}=\frac{1}{T}\int_0^{T/2}\left(\frac{2A}{T}t\right)^2\mathrm{d}t=\frac{A^2}{6}$$

$$\sigma^2=\overline{x^2}-(\overline{x})^2=\frac{A^2}{6}-\left(\frac{A}{4}\right)^2=\frac{5}{48}A^2$$

$$\sigma=\sqrt{\frac{5}{48}}A=\frac{\sqrt{15}}{12}A$$

(二)概率分布函数和概率密度函数

概率分布函数和概率密度函数是描述随机过程的重要统计特性函数。

所谓概率分布函数就是表示在一个记录中,瞬时值小于某一给定值 x 的概率,即

$$P(x)=\mathrm{Prob}[x(t)\leqslant x]=\lim_{T\to\infty}\frac{T_x}{T} \tag{7-33}$$

式中　T——全部时长;

　　T_x——瞬时值小于或等于给定值 x 的总时间。

显然存在

$$P(x=-\infty)=0, P(x=+\infty)=1 \tag{7-34}$$

概率密度函数表示信号瞬时值落在指定区间 $[x, x+\Delta x]$ 内的概率对 Δx 比值的极限,即

$$p(x)=\lim_{\Delta x \to 0}\frac{P(x+\Delta x)-P(x)}{\Delta x}=\frac{\mathrm{d}P(x)}{\mathrm{d}x} \tag{7-35}$$

根据定义,概率分布函数与概率密度函数存在

$$P(x)=\int_{-\infty}^{x}p(x)\mathrm{d}x \tag{7-36}$$

图 7-10 画出了 $p(x)$ 与 $P(x)$ 的对应关系,$p(x)$ 是 $P(x)$ 在 x 点的斜率。

在得到了概率密度曲线后,随机过程的均值和均方值可分别表示为 $p(x)$ 的一次矩和二次矩,即

$$\mu_z=\bar{x}=\int_{-\infty}^{\infty}xp(x)\mathrm{d}x \tag{7-37}$$

$$\overline{x^2}=\int_{-\infty}^{\infty}x^2p(x)\mathrm{d}x \tag{7-38}$$

式(7-37)表示 $p(x)$ 曲线下,面积的重心位置,式(7-38)则表示该面积对 $x=0$ 的惯性矩,如图 7-11 所示。

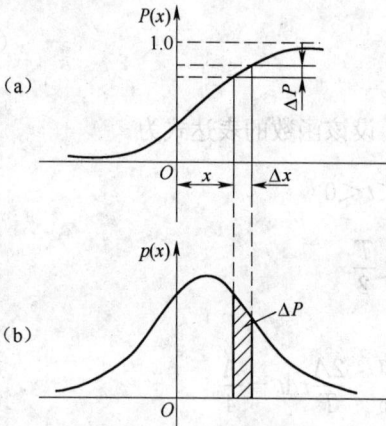

图 7-10　概率分布 $P(x)$ 与概率密度 $p(x)$　　　图 7-11　$p(x)$ 的一次矩及二次矩

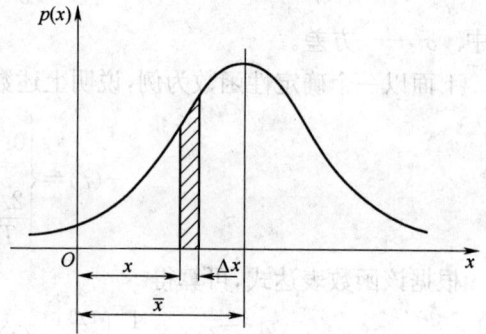

图 7-12 给出了实用中常见的正弦波、宽带随机记录、窄带随机记录等三类振动的时间记录及其概率分布函数和概率密度函数。正弦函数的概率分布 $P(x)$ 和概率密度函数 $p(x)$ 分别为

$$P(x)=\frac{1}{2}+\frac{1}{\pi}\arcsin\frac{x}{A}$$

$$p(x)=\begin{cases}\frac{1}{\pi\sqrt{A^2-x^2}}, & |x|<A \\ 0, & |x|>A\end{cases}$$

宽带随机记录其幅值、相位乃至频率都是随机变化的,属非确定性函数,其瞬时值不能用分析表达式表达。如无线电噪声,喷气发动机的压力波动,大气扰动等。

若让一个宽带随机信号通过一个窄带(或称狭带)滤波器,或是通过一个共振系统,并且其

滤波带宽比其中心频率 f_0 要小,那么就会得到窄带随机波形。这实质上是一种固定频率的振动,但其幅值和相位都是缓慢变化的。

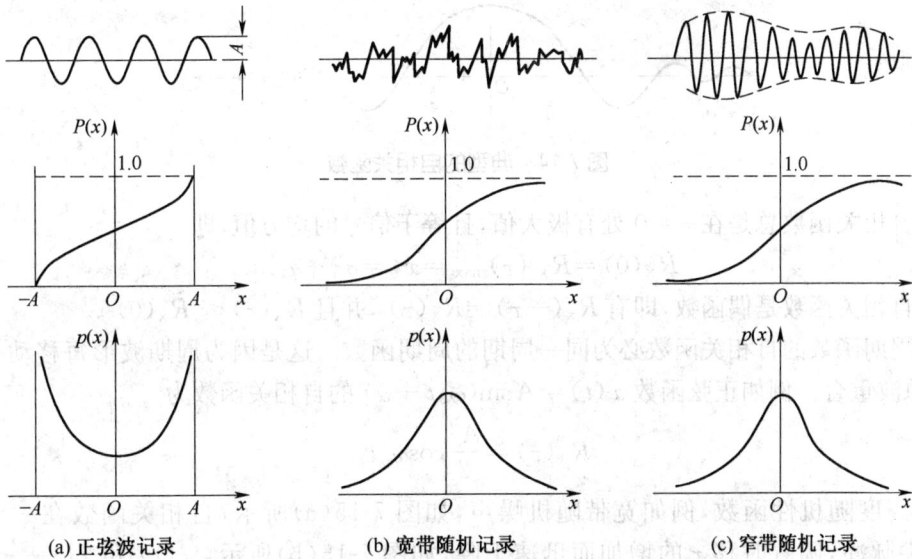

(a) 正弦波记录　　　　　　(b) 宽带随机记录　　　　　　(c) 窄带随机记录

图 7-12　三类典型记录的概率函数及概率密度函数

(三)相关分析

相关是两个时间记录的相似性的一种衡量,相关分析是在时域中研究随机信号的统计特性的一种方法。相关函数是随机过程重要的数字特征,包括自相关函数和互相关函数。

图 7-13 是两个时间函数记录,欲比较它们的相关性,引入相关函数为

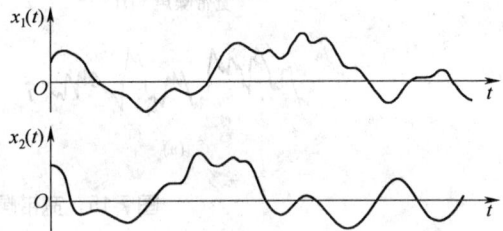

图 7-13　两个时间记录

$$<x_1(t),x_2(t)>=\frac{1}{n}\sum_{i=1}^{n}x_1(t_i)x_2(t_i)$$

(7-39)

式中　　$<x_1(t),x_2(t)>$ —— $x_1(t)$ 与 $x_2(t)$ 乘积的平均值。

若二者相似或相等,其相关值将最大。对于两个不相似的记录,其乘积会出现一部分为正,一部分为负,那么平均值必然因为正负相抵而变小,表示相关性低。

1. 自相关函数

自相关函数定义为:

$$R_x(\tau)=E[x(t)x(t+\tau)]=<x(t),x(t+\tau)>=\lim_{T\to\infty}\frac{1}{T}\int_{-T/2}^{T/2}x(t)x(t+\tau)dt$$

(7-40)

式中　　$E[x(t)x(t+\tau)]$ —— $x(t)$ 和 $x(t+\tau)$ 的数学期望;

　　　　$<x(t),x(t+\tau)>$ —— $x(t)$ 和 $x(t+\tau)$ 的乘积的平均值。

图 7-14 表示典型的自相关函数曲线。

自相关函数的特点:

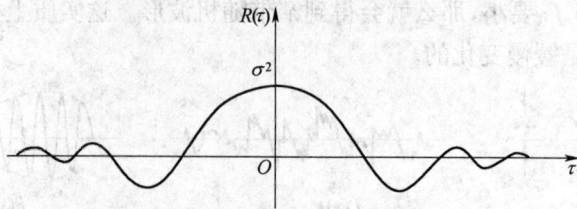

图 7-14 典型的自相关函数

（1）自相关函数总是在 $\tau = 0$ 处有极大值，且等于信号的均方值，即

$$R_x(0) = R_x(\tau)_{\max} = \overline{x^2} = \sigma^2 + \mu_z^2$$

（2）自相关函数是偶函数，即有 $R_x(-\tau) = R_x(\tau)$，并且 $R_x(\tau) \leqslant R_x(0)$。

（3）周期函数的自相关函数必为同一周期的周期函数。这是因为周期波形每移动一个周期将与原波重合。例如正弦函数 $x(t) = A\sin(\omega_0 t + \alpha)$ 的自相关函数为

$$R_x(\tau) = \frac{A^2}{2}\cos\omega_0 t。$$

（4）高度随机性函数，例如宽带随机噪声，如图 7-15（a）所示，自相关函数在 $\tau = 0$ 处为一个尖脉冲，随着时移 τ 的增加而迅速下降，如图 7-15（b）所示，$x(t)$ 和 $x(t+\tau)$ 很快便失去了相似性。这就是说，宽带随机记录除了在 $\tau = 0$ 及其附近外，具有很小的相关性或不具有相关性。

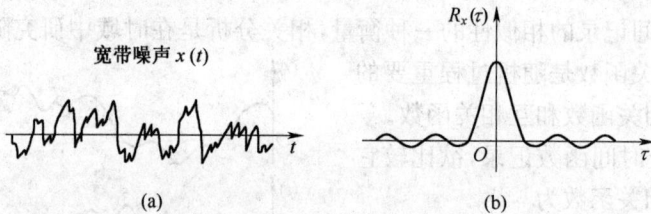

图 7-15 宽带噪声及自相关函数

（5）窄带信号记录，其自相关函数具有某些与正弦波相关函数相似的特性。在 $\tau = 0$ 处为最大值的偶函数，以窄带的中心频率为频率向两边成衰减振荡形式，如图 7-16 所示。

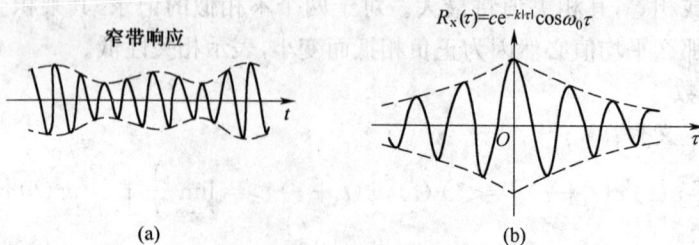

图 7-16 窄带随机响应及其自相关函数

2. 互相关函数

互相关又称交叉相关。两随机时间函数 $x(t)$ 和 $y(t)$，其互相关函数为

$$R_{xy}(\tau)=E[x(t)y(t+\tau)]=<x(t),y(t+\tau)>=\lim_{T\to\infty}\frac{1}{T}\int_{-T/2}^{T/2}x(t)y(t+\tau)\mathrm{d}t$$

$$R_{yx}(\tau)=E[y(t)x(t+\tau)]=<y(t),x(t+\tau)>=\lim_{T\to\infty}\frac{1}{T}\int_{-T/2}^{T/2}y(t)x(t+\tau)\mathrm{d}t$$
(7-41)

各态历经过程,存在

$$R_{xy}(\tau)=R_{yx}(-\tau),R_{yx}(\tau)=R_{xy}(-\tau)$$ (7-42)

可见,$R_{xy}(\tau)\neq R_{yx}(\tau)$,因此 $R_{xy}(\tau)$ 的下标不能颠倒。图 7-17 为典型的互相关函数曲线。

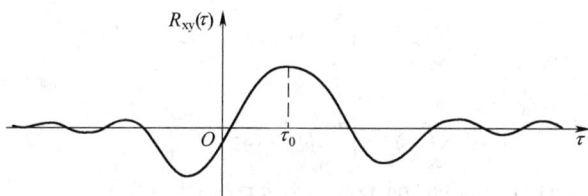

图 7-17 典型的互相关函数

互相关函数 $R_{xy}(\tau)$ 不是偶函数,也不是奇函数,该函数的最大值也不一定发生在 $\tau=0$ 处,而可能在 τ_0 处有一个极大值。$R_{xy}(\tau)$ 是实值函数,可正可负,$R_{xy}(\tau)=0$ 时,称 $x(t)$ 和 $y(t)$ 不相关。对于大多数随机过程,当 τ 很大时,$x(t)$ 和 $y(t)$ 之间不存在相关性。可以证明

$$|R_{xy}(\tau)|\leqslant\sqrt{R_x(0)R_y(0)},\ |R_{xy}(\tau)|\leqslant\frac{1}{2}[R_x(0)+R_y(0)]$$ (7-43)

相关研究的出发点在于研究两个过程之间的依赖关系,涉及两个变量。自相关是互相关的一个派生结果或特殊情况,在有些情况下,自相关问题的计算中也将涉及互相关问题。

若两个信号频率不同,则其相关函数为 0,即两个非同频的周期信号是不相关的。

互相关的这一性质可以用来提取噪声背景下的周期信号。用不同频率的正弦信号与随机样本记录做相关处理时,由于正弦信号和噪声之间几乎是不相关的,因而在处理中噪声信号将被抑制,即可发现其中的同频周期信号。在线性系统的响应分析中,只要将激振信号与响应信号进行互相关处理,不必进行时移($\tau=0$),就可得到由激励引起的响应幅值和相位差而消除了噪声干扰的影响。逐步改变激振频率,就可用这一方法得到频响函数。

(四)功率谱密度分析

相关分析是在时域中研究随机信号的统计特性的一种方法,功率谱密度分析则是在频域中的对应分析方法。功率谱密度函数是信号的一种频域特性,通过功率谱密度的分析能够提取信号的频域信息。

1. 自功率谱密度函数

随机信号是时域无限信号,不具备可积分条件,因此一般不能像周期信号那样通过傅里叶变换来了解随机过程的频率组成,而是对它的自相关函数来做傅氏分析。自相关函数是随机过程的一种数学变换,不会丢失随机过程的频域信息,自相关函数满足傅氏变换的条件。著名的帕塞瓦尔定理,建立了系统振动能量按时域计算和按频域计算的关系,即信号按时域计算的平均功率等于按频域计算的平均功率。

设 $X_1(f)$、$X_2(f)$ 分别为 $x_1(t)$ 和 $x_2(t)$ 的傅氏变换,$X_1^*(f)$、$X_2^*(f)$ 表示 $X_1(f)$、$X_2(f)$ 的共轭复数,则有

$$\int_{-\infty}^{\infty} x_1(t)x_2(t)\mathrm{d}t = \int_{-\infty}^{\infty} X_1(f)X_2^*(f)\mathrm{d}f = \int_{-\infty}^{\infty} X_1^*(f)X_2(f)\mathrm{d}f \tag{7-44}$$

式(7-44)称为帕塞瓦尔定理。帕塞瓦尔定理是将时域积分变换为频域积分的一个很有用的工具,可将均方值、自相关、互相关表示为傅氏变换。

如果

$$S(f) = \lim_{T\to\infty} \frac{1}{T}X(f)X^*(f) \tag{7-45}$$

可以证明

$$R(\tau) = \int_{-\infty}^{\infty} S(f)\mathrm{e}^{\mathrm{j}2\pi f\tau}\mathrm{d}f \tag{7-46a}$$

其反变换为

$$S(f) = \int_{-\infty}^{\infty} R(\tau)\mathrm{e}^{-\mathrm{j}2\pi f\tau}\mathrm{d}\tau \tag{7-46b}$$

由于 $R(\tau)$ 在 $\tau = 0$ 时是对称的,即 $R(-\tau) = R(\tau)$,可导出

$$S(f) = 2\int_{0}^{\infty} R(\tau)\cos 2\pi f\tau\mathrm{d}\tau \tag{7-46c}$$

式(7-46a、b、c)称为维纳-辛钦方程。$S(f)$ 表示信号的平均功率在频域上的分布,即单位频带的功率随频率变化的情况,故称之为自功率谱密度函数,简称自功率谱或自谱,说明了自相关函数的傅氏变换正是自功率谱密度函数。$S(f)$ 是 f 的实偶和非负数函数,是包含正、负频率的双边功率谱函数。实际测量分析中常采用不含负频率的单边功率谱函数,用 $G(f)$ 表示。单边功率谱函数与双边功率谱函数的关系为

$$G(f) = 2S(f), f \geqslant 0 \tag{7-47}$$

如图 7-18 所示,设随机信号 $x(t)$ 为位移信号,单位为 mm,则 $S(f)$ 与 $G(f)$ 的单位为 $\mathrm{mm}^2/\mathrm{Hz}$。

根据信号功率(或能量)在频域中的分布状况,将随机过程区分为窄带随机、宽带随机和白噪声等几种类型。窄带过程的功率(或能量)集中于某一中心频率的附近,宽带过程的能量分布在较宽的频带,白噪声过程的能量在所分析的频域内呈均匀分布。

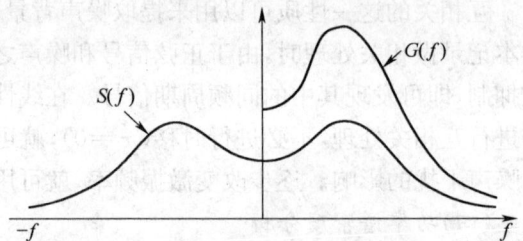

图 7-18　双边功率谱与单边功率谱

2. 互功率谱密度函数

如果研究两个过程 $x(t)$ 和 $y(t)$ 之间的交叉相关,定义

$$S_{\mathrm{xy}}(f) = \lim_{T\to\infty} \frac{1}{T}X^*(f)Y(f) \quad -\infty \leqslant f \leqslant \infty \tag{7-48}$$

$S_{\mathrm{xy}}(f)$ 称为 $x(t)$ 和 $y(t)$ 的互功率谱密度函数,简称互功率谱或互谱。当 $y(t) = x(t)$ 时,互谱转为自谱。

根据维纳-辛钦方程,可以得到互相关函数 $R_{\mathrm{xy}}(\tau)$ 与互功率谱 $S_{\mathrm{xy}}(f)$ 的关系

$$R_{\mathrm{xy}}(\tau) = \int_{-\infty}^{\infty} S_{\mathrm{xy}}(f)\mathrm{e}^{\mathrm{j}2\pi f\tau}\mathrm{d}f$$
$$\tag{7-49}$$
$$S_{\mathrm{xy}}(f) = \int_{-\infty}^{\infty} R_{\mathrm{xy}}(\tau)\mathrm{e}^{-\mathrm{j}2\pi f\tau}\mathrm{d}\tau$$

并有

$$S_{xy}(f) = S_{yx}^*(f) = S_{yx}(-f) \tag{7-50}$$

$S_{xy}(f)$ 是含正、负频率的双边互谱,实用中也常取只含正频率的单边互谱,其关系与自谱类同。自谱是 f 的实函数,而互谱是 f 的复函数。

第二节 工程振动测量

解决工程振动问题有试验研究和数值分析两大类方法。试验研究包括工程结构的实物现场测试(原型试验)和实验室试验(模型试验)两种。现场测试就是对现有工程结构在真实工作状态下的实时检测,获得的结果真实可靠,但这需要在工程结构建成之后才能进行。实验室模拟试验,模拟系统的工作条件施加已知激励,以测试系统的响应,来验证理论分析结果,或研究系统的固有特性,从而提出对工程结构的事先评价和改进建议。

数值分析方法是在建立系统的力学模型或数学模型基础上,通过数学推导获得解析解,或运用大型软件进行数值模拟仿真获得数值结果。

数值分析结果可用于指导试验研究,试验数据可验证判断数值分析结果的正确性。理论分析和试验研究相互补充、相互促进,为解决复杂的工程振动问题创造了有利的条件。由于测试与分析仪器的发展和完善,振动试验已发展成为一种独立解决问题的方法。本节着重讨论试验方法。

一、振动测量概述

(一)振动测量分类

结构振动的类型很多,振动测量的内容相当广泛,总体包含振动系统的输入、输出及系统特性,即振动环境测量、系统对一定输入的响应测量、系统动特性参数测量三个方面。按测量与分析目的主要分为:

1. 振动基本参量的测量。如测量结构上某点的位移、速度、加速度的幅值以及频率、相位和动应力等。

2. 结构动力特性的测量。如测量结构的固有频率、阻尼、刚度以及振型等。

3. 随机振动统计特性的测量与分析。如测量分析随机振动的功率谱密度、幅值概率分布密度、相关函数、相干函数等。

4. 结构系统参数识别与故障诊断。如由结构系统动态响应数据建立系统的数学模型,确定系统的模态参数(模态质量、刚度、阻尼、频率、振型等),或分析测量信号以判断结构系统工作是否正常(即故障诊断)。

(二)振动测量的方法

机械振动的测量方法可分为机械法、光测法和电测法三类。

1. 机械测试法是利用杠杆机构或惯性原理接收并记录振动的一种测量方法。构造简单,抗干扰能力强,但频率范围和动态线性范围窄,灵敏度低,测量的振幅不能太小,主要用于测量低频、大振幅振动及扭转振动。

2. 光测法是将振动参量转换成光信号,经光学系统放大测量与记录,利用光干涉原理的激光和多普勒效应等进行测量。测量精度高,适于非接触测量,利用激光单色性好、波长稳定性等特点测量微小振动；利用激光能量集中、准直性好的特点，可进行远距离位移测量，利用激光全息摄影方法，可测结构振型等。在精密测量以及传感器、测振仪的标定中应用较多。

3. 电测法是将振动参量转换成电信号，经电子系统放大，进行测量、记录与分析。灵敏度高，频率范围和动态线性范围宽，易于实现多点同时测量和远距离遥控测量，机电转换用的传感器类型多，适应不同测试对象的要求，是目前最广泛应用于各种领域的测量方法。

（三）电测法的基本环节

电测法的整个测试过程大体上可分为 5 个基本环节。

1. 测量对象或称为试验模型。它是测试的主体，既可以是实际结构原型，也可以是按一定比例关系制作的模型。

2. 激励环节。为了获得测试所需的结构振动响应，必须对结构施加一定形式的激励。按试验的要求不同，有多种激励方式和设备可供选用。通用的是电磁激振器，此外还有液压激振器、电动力式振动台、机械式振动台和力锤等激励设备。

3. 测量环节。测量环节包括由传感器及其配套的测量电路所组成的传感器测量系统。传感器测量系统在整个测试过程中，担当了将机械振动量转换为电信号的重任，它直接关系到试验的成败和精度。因此，应根据试验所要求的频率范围、幅值量级、测量参数（振动位移、速度、加速度、力和应变等）及试验模型的条件选择合理的传感器测量系统，并保证这一环节的可靠性。

4. 分析环节。分析环节是对来自传感器测量系统的原始振动信号进行波形分析、频谱分析、运算、变换和滤波等处理，以给出试验所要求的结果。动态信号分析的内容极其丰富，从时域的时间平均、自相关、互相关和概率密度的分析，到频域的线性谱、自功率谱密度、互功率谱密度、传递函数及倒频谱的分析，直至对结构进行模态分析等。随着试验研究的深入和测试技术的发展，分析的内容也在不断地充实和发展。用于分析的仪器设备，从模拟式分析仪器到以微处理器为基础的数字式分析仪器，种类越来越多，功能越来越强。

5. 检测环节。检测环节以数据和图表形式提供最后的测试结果，包括多种用于显示、记录和绘图的仪器，比如幅值和相位检测仪器、电子示波仪、光线示波仪、x-y 函数记录仪、电平记录仪、数字绘图仪、打印机和用于存储分析的磁盘驱动器等。

二、激振系统

振动试验系统，通常包含着激振系统、测量系统、分析系统等。

振动试验必须通过激励使被测结构产生某种振动，施加激励的目的是使结构在所选定的频率范围内产生振动。激励有人工激励和自然激励（自激励），通常所说的激励是指人工激励，即根据需要通过一定的激励装置施加于被测结构上。人工激励可以控制和测量，即振动系统的输入、输出量均可知，故可确定系统特性，如做模态实验大都使用人工激励。自激励是施加于实体结构上的自然力，如风载荷、波浪载荷、机器运转时的动力源等，自激励一般是不可控制、不可测量的，即振动系统的输入未知，只能测得响应信号，不能确定系统的振动特性，故只能用时域法进行参数识别。下面讨论模态实验中经常使用的人工激励。

（一）激励方式

在模态实验中，不同的参数识别方法对频响函数测试的要求不同，所选激励方式也不同。激励方式有单点激励、多点激励和单点分区激励。

1. 单点激励

单点激励是指对测试结构一次只激励一个点的某一方向,是最简单、最常用的激励方式,是 SISO(单输入单输出)参数识别所要求的激励方式。单点激励是建立在假设振动系统的可控性和可观性基础上的。所谓振动系统的可控性,是指对所选点施加激励,能激发出系统的各阶模态。理论上讲,只要激励点不在各阶模态振型的节点上,且具备足够的能量,就可以激发出系统的各阶模态。所谓振动系统的可观性,是指测量出的各响应点的输出信号中也包含各阶模态的信息。系统具备了可控性和可观性才可辨识,才能获得系统的各阶模态频率、模态质量、模态刚度和模态阻尼及一组完整的模态振型。

单点激励用于中小型结构的模态分析可获得满意效果,但对大型或复杂结构,往往丢失模态,或由于激励能量有限而得不到有效的高信噪比频响函数,有时甚至无法激起结构的整体振动,导致模态实验无法达到预期效果。

2. 多点激励

多点激励是指对多个点同时施加激振力的激励方式,与 MIMO(多输入多输出)参数识别技术相对应。其思想是基于相位共振原理,调节各同频率稳态正弦激振力的幅值、相位(同相或反相)和频率,并使这些激振力刚好抵消该阶模态阻尼力,达到相位共振状态,从而激发出该阶模态的无阻尼振型(纯模态或固有模态),通过实测方法而不是分析方法得到该阶模态的各种模态参数。

多点激励方式的特点是不易遗漏模态,输入能量大且传递均匀,获得的频响函数信噪比高,一次性获得频响函数矩阵,比单点激励分别求出的频响函数矩阵一致性要好。多点激励方式有多点随机激励和多点全相干激励。多点随机激励使用的激励信号为随机信号。多点全相干激励要求各点激励完全相干,具有固定的比例关系,要求激励信号为确定性信号。与多点随机激励相比,多点全相干激励方法简单,容易实现且数据处理量小得多,结果更精确。

多点激励要求激振力的个数等于系统的自由度数,即使采用计算机自动控制,多点激励仍然十分复杂,需要丰富经验和相当长的测试时间。

3. 单点分区激励

对于较大型结构,采用多点激励要求激励设备复杂,若条件不具备时,可采用单点分区激励。

单点分区激励的基本思想是将被测结构分成几个区,在每个区域内实施单点激励,先测出该区内各点之间的频响函数,再测出各区域激励点之间的频响函数,将各区域频响函数联系起来,组成整体结构的频响函数,以识别整体模态振型。

(二)激励装置

典型的激励装置有激振器系统、冲击锤、阶跃激励装置等。

1. 激振器系统

激振器一般必须与信号发生器、功率放大器一起组成激励系统才可使用,图 7-19 是激振器系统示意图。激振器系统产生的激励信号广泛,可控性强,自动化程度高,因而是最常用的激励装置。

(1)信号发生器

信号发生器提供激振器所需要的激励信号源,信号源类型一般有稳态正弦信号、周期信号、随机信号、猝发信号,模拟信号或数字信号均可。因数字式信号发生器提供的信号质量较

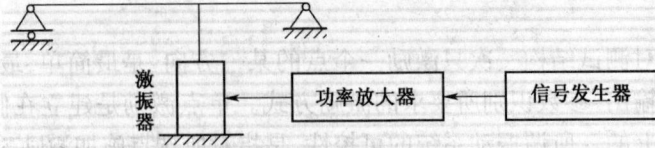

图 7-19　激振器系统

高,已逐渐成为主流信号源。大多数数字式信号发生器是硬件设备,也有些信号源由计算机软件实现,计算机提供的信号源更易于控制和改变。

(2)功率放大器

信号发生器提供的激励信号主要包含特定频率成分和作用时间的电压信号,一般能量很小,无法直接推动激振器,必须经过功率放大器转换为有足够能量的电信号来驱动激振器。

为了得到稳定输出,功率放大器内部都没有负反馈电路。根据负反馈类型不同,分为定电压功率放大器和定电流功率放大器,二者在模态实验中的用途不同。定电流功率放大器,输出信号电流恒定,通过激振器产生的激振力幅恒定,当振动系统进入共振区时,会产生很大的响应,容易使测量放大器过载。定电压功率放大器,输出信号电压恒定,在系统进入共振区时,响应增大,负载反射阻抗增大,电流减小,通过激振器产生的激振力幅减少;而在反共振点附近,响应减小,负载反射阻抗减小,功率放大器输出电流增大,激振力增大。定电压功率放大器在进行频率响应测试时有很大的优越性。在进行适调多点激振和多输入多输出频响函数估计时,定电流功率放大器较为适宜。使用功率放大器时要反复调试放大倍数,以便测量系统放大器不致过载,并具有较高的信噪比。

(3)激振器

用于振动测试的激振器种类很多。按工作原理来分,有机械式、电动力式、电动液压式、压电式、电磁式、涡流式等。按接触形式不同可分为接触式和非接触式两种。电磁式和电涡流式激振器属于非接触式激振器,其余属接触式激振器。在模态实验中,不同激振器的用途不同,常用的有电动力式和电动液压式,这两种激振器均需信号发生器和功率放大器提供激励信号。

2. 冲击锤

冲击锤又称力锤,由锤子和力传感器构成,是模态实验中常用的激励装置。

3. 阶跃激励装置

阶跃激励是模态实验中特有的一种激励方式,是通过突加或突卸载荷(或位移)实现对系统的瞬态激励,给结构输入一个阶跃力,其频率含量与冲击力相似。如使用刚度大、质量轻的缆索拉紧被测结构某一部分,突然释放缆索中的拉力,即可形成系统的一个阶跃激励。阶跃激励的特点是能给结构输入很大的能量,适于大型、重型结构的模态分析,激励中高频成分少,一般只能激励出系统的较低几阶主振动。阶跃激励一般是在其他激励方式很难实现时采用,并非常用或优选的激励方式。

(三)激励信号

共振频率、阻尼系数和模态振型是描述系统振动特性的模态参数,实验模态分析的目的就是测量这些系统的模态参数。激励信号是进行实验模态分析的重要环节,在制定模态实验方案时,必须根据被测结构特点、测试环境、现有仪器条件、测试精度等诸因素选择激励方式及合适的激励信号。

激励信号有多种分类方法,主要分为单频信号和宽带信号。单频信号即稳态正弦信号,包括扫描正弦信号和步进正弦信号。宽带信号则包括暂态信号、周期信号和非周期信号三种。模态实验中的常用激励信号分为稳态正弦信号、纯随机信号、周期信号和瞬态信号。

1. 稳态正弦信号

稳态正弦信号属于单频信号，是模态实验最早采用的一种激励信号。通过缓慢改变正弦信号的频率可激发系统的各阶主振动。频率改变方式有两种，一种是通过模拟式正弦信号发生器连续、缓慢改变信号频率，称为慢扫频正弦信号；另一种是通过数字式正弦信号发生器非连续、缓慢改变信号频率，称为分段扫频正弦信号或步进扫频正弦信号。因数字式正弦信号发生器能精确地控制信号频率的变化，已逐渐代替模拟式正弦信号发生器。

频率的变化必须足够慢，以使结构响应达到稳态，尤其在共振区附近，信号频率改变量要小，在非共振区信号频率改变量可稍大些。在测试过程中先初步扫频，根据响应确定系统的几个共振峰后，再仔细扫频获得详细激励与响应数据。

信号的频率改变有线性变化和对数变化两种。当关注的被测结构固有频率范围不大时采用线性扫频，如果关注的固有频率范围较大时，采用对数扫频要快速有效得多。

稳态正弦信号有以下优点，激励能量能集中在单一频率上，测量信号有很高的信噪比，测试精度很高，信号的频率和幅值易于控制，能够检测出系统的非线性程度，直接得到频域数据（模态数据）。因此在一些大型结构的模态实验中，一直在采用这种激励信号。其缺点是需逐个测量各个频率点上的稳态响应，测试周期长，容易产生"泄漏"误差。

2. 纯随机信号

纯随机信号又称白噪声信号。理论上的纯随机信号是具有高斯分布的白噪声，在整个时间历程上都是随机的，没有周期性。频率域是一条平直的直线，包含 $0 \sim \infty$ 的频率成分，且任何频率成分所包含的能量相等。目前纯随机信号都是由数字式随机信号发生器或计算机软件产生，其统计特性可以精确控制。

在模态实验中使用纯随机激励信号的优点是，可以经过多次平均消除噪声干扰和非线性因素的影响，得到线性估算较好的频响函数，测量速度快，可做在线识别。其缺点是容易产生泄漏误差，会导致频率分辨率降低，小阻尼系统尤为突出，此外激励力谱难以控制。

3. 周期信号

常用的周期信号有快速扫频正弦信号、伪随机信号和周期随机信号三种。

(1)快速扫频正弦信号

快速扫频正弦信号是一种典型的周期信号，由快速扫频正弦信号发生器产生。在一个选定的时间周期内，正弦信号频率按线性扫频或对数扫频方式由某一值迅速增至另一值，即在数据采集时间段内频率快速向上或向下扫描，实现激励信号的宽频带变化，这一变化频带即为被测结构的固有频率范围，该过程可不断重复形成周期函数。

快速扫频正弦信号的优点是可以设定测量的频率范围，信噪比较高且测量速度快。如果分析仪的采样周期（样本长度）等于扫频周期的整数倍，在测量的后处理中不会产生泄漏误差。缺点是采样数据是周期、重复性的，故不能用总体平均减少试验结构的非线性影响，在测量结果中存在非线性失真。如果扫频周期很短，测量系统的增益和量程不易控制。

(2)伪随机信号

伪随机信号是由数字电路或计算机产生的一段方差为零的随机信号。在一定频率范围内其幅频特性曲线为一直线，相频特性随机均匀分布。随机信号段的长度就是伪随机信号的周期,伪随机信号每个周期内的相关函数、功率诺密度函数等统计特性是严格不变的,可以准确地重复。重复同一个时间数据块就会将不相干噪声平均掉。

伪随机信号的优点是激励信号的大小和频率成分易于控制,测量速度快,有很好的峰值有效值比,频谱能平滑控制,允许限带激励。如果分析仪的采样周期等于伪随机信号周期的整数倍,可以消除泄漏误差。缺点是抗干扰能力差,由于信号的严格重复性,不能采用多次平均来减少噪声干扰和测试结构非线性因素的影响。

(3)周期随机信号

周期随机信号实际是一种统计特性变化的伪随机信号。在每个周期内,都是一种伪随机信号,但各个周期内的伪随机信号统计特性不同,即各周期内的伪随机信号互不相关。

周期随机信号既具周期性,又具随机性,综合了纯随机信号和伪随机信号的优点,同时避免了两种信号的缺点。利用周期性,可以消除泄漏误差;利用随机性,可以用总体平均的方法减少噪声干扰和非线性因素的影响。缺点是比纯随机信号和伪随机信号要慢一些,但比稳态正弦信号要快得多。对于低频测量或细化测量需要很长的测量时间,所要求的硬件也较复杂。

4. 瞬态信号

瞬态信号亦称暂态信号,其形式和产生方式有多种,有信号发生器产生的扫频正弦猝发信号和随机猝发信号;有冲击锤产生的冲击信号和随机冲击信号;有阶跃激励装置产生的阶跃激励信号等。由于瞬态信号包含较宽的激励力频率成分,且频率成分比较容易控制,故瞬态信号是模态实验中采用的主要激励方式之一。

猝发激励前,首先要进行猝发激励调试工作。即将分析仪的采样时间 T_s 分为两部分,前一部分时间称为激励时间,用 T_b 表示,在激励时间 T_b 内将激励信号送给激振器,随即关闭激励信号,结构进入自由响应阶段。观察自由响应时间历程,精心调节激励时间 T_b,使自由响应信号在整个采样时间 T_s 内能衰减至零,即完成调试工作。然后方可正式猝发和测试。

猝发激励有两个特点:一是时间短暂[$T_b=(0.1\sim0.75)T_s$],具有周期激励的性质,二是在采样时间 T_s 内,试验结构几乎消耗掉激励的全部能量,使自由响应信号趋于零。

(1)扫频正弦猝发信号

以快速扫频正弦信号作为激励信号,并取其扫频周期为猝发激励时间($T_b=T$),即观察期的后半段被消减为零,便获得扫频正弦猝发信号。其优点是可消除泄漏误差、信噪比好、测试速度快和容易控制激励的频率含量等。缺点是为控制猝发时间需特殊硬件,并且不能消除结构非线性因素的影响。

(2)随机猝发信号

以周期随机信号作为激励信号,其周期作为猝发激励的时间($T_b=T$),就可获得随机猝发信号,又称瞬态随机信号。随机猝发信号具有周期随机信号的全部优点,既具周期性,又具随机性和瞬态性,而且测试速度较周期随机激励要快,可最大限度减小泄露误差,能给出非线性系统的最佳线性近似,是一种优良的激励信号。缺点是为了控制猝发时间,需增加特殊硬件设备。

(3)冲击信号

冲击信号又称脉冲信号,是一种确定性瞬态信号,冲击锤(力锤)是产生脉冲激励最常用的激励装置。锤脉冲的形状和幅值决定着力谱的量级,锤脉冲的宽度决定基带频展,最高频率与脉冲宽度成反比。冲击脉冲的特性取决于操作者用力的大小、力锤的质量、锤头的硬度以及结构上被敲击点的可塑性。如果锤头硬、锤的质量轻、用力小、试件表面硬,则力锤与试件之间的接触时间就短,敲击脉冲就窄,基带频展就越宽。如果锤子重、锤头软,接触时间就会加长,只能激出较低的频率。

冲击信号的频率成分和能量可大致控制,试验周期短,无泄漏,是一种简单实用的激励方式。特别适用于质量较轻、比较硬的结构。但信噪比差,因为对大型结构,冲击锤产生的激励能量往往不足以激起足够大的响应信号。

(4)随机冲击信号

随机冲击信号由冲击锤随机敲击得到。各次冲击的时间间隔和冲击力幅值都是随机变化的,尽量避免各次冲击形成固定节拍。与单次冲击相比,随机冲击能够提供较大的输入能量,信噪比优于单次冲击信号,因此可用于较大型结构,特别是结合单点分区激励和分区模态综合法,可得到良好的模态实验结果。

三、测量系统

(一)测量系统的组成

测量系统用于采集被测结构振动的运动量,并转换成某种电信号,经前置放大和微积分变换,再转换成可供分析仪器使用的电压信号。振动测量主要有拾振、放大、显示与记录三个环节,由传感器及其配套测量电路组成,如图 7-20 所示。测量系统是整个动态测试系统的基本和重要环节,直接关系到试验的成败和精度。所以选择测量系统要考虑试验要求的频率范围、幅值量级、测量参数(位移、速度、加速度、力、应变等)及试验环境、测试条件等多种因素。

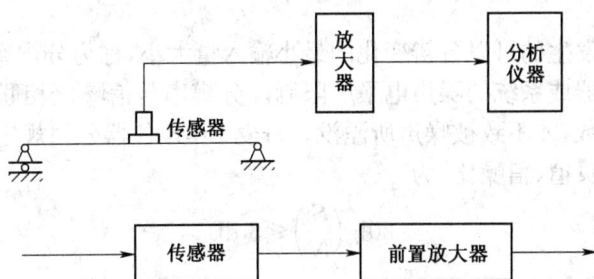

图 7-20　测量系统示意图

传感器(亦称拾振器)是将结构振动的运动量按正比例关系转换成电信号的机电转换装置。传感器的作用就是接收振动信号,再将其转换为电信号,是机械振动电测法的关键。传感器有多种分类方法,根据测试信号不同,分为力传感器和响应传感器,响应传感器又有位移传感器、速度传感器、加速度传感器及应变传感器等。根据传感器换能方式不同,分为电感式、电动式、压电式、压阻式、涡流式等。根据传感器接收信号方式不同,分为绝对式和相对式。根据与被测结构的接触方式不同,分为接触式和非接触式。

依据测量的目的及不同的振动参量,选用不同传感器和与其配套的测量放大电路组成不同类型的测量系统。

(二)测量系统的主要性能指标

1. 灵敏度

灵敏度实质上就是最后输出量与最初输入量之比。不同类型的仪器,灵敏度的表达方式不同。

机械式测振仪,通过顶杆的接触将振动体的运动量转变为顶杆的运动量,经过杠杆系统放大后显示或记录。其灵敏度表示为输出机械量与输入机械量之比,如果输出和输入量属于同一机械量,亦称为放大倍数。

动圈式的电磁传感器,利用发电原理将振动量转化为电量,灵敏度为输出电压量和输入机械量之比,如速度传感器的灵敏度表示为

$$S_v = \frac{U_m}{V_m} \tag{7-51}$$

式中 V_m——测点振动速度的幅值;

U_m——仪器输出电压信号的幅值。

振动测量中的多数传感器,都采用机械量—电量转换形式,灵敏度均可用类似表达式表达。

假如与传感器相连的二次仪表(放大显示仪表)及线路也具有理想的转换性能,则整个测量系统灵敏度可表示为

$$S = \frac{最后输出量}{最初输入量} = S_1 S_2 S_3 \cdots \tag{7-52}$$

式中 S_1——拾振器(传感器)的灵敏度;

S_2、S_3等——后接各级仪表的灵敏度。

灵敏度指标是选择测量系统的重要依据。有些测量系统的灵敏度不是固定不变的,与频率及幅值有关,可根据测试要求设置。

2. 分辨率

能够引起输出量发生的可以分辨变化的最小输入量大小,称为分辨率。

分辨率往往受仪器或系统的噪声电平所限制。分辨率与信噪比相联系,只有当信号电平高于噪声电平一定倍数,才不致被噪声所湮没。丹麦 B&K 仪器公司规定,最低可测信号电平与噪声电平比值的分贝值(信噪比)为

$$20 \lg \left(\frac{S}{N}\right) \leqslant 5 \ dB \tag{7-53}$$

式中 S——被测信号电平;

N——噪声电平,满足该等式时的被测信号大小称为最低可测振级;这时被测信号电压约为噪声电压的 1.77 倍。

3. 线性度和线性度范围

线性度或称幅值线性度。仪器的灵敏度在一定限度内波动而不超越的限度称为该仪器的线性度。线性度实际上就是在正常情况下灵敏度的误差范围,如图 7-21 所示。

仪器只能在一定的幅值范围内保证线性度。该范围称线性度范围,其低端为最低可测幅度,由仪器的分辨率或非线性特性决定。其高端为仪器的最高可测幅度,取决于仪器的电性能或仪器的结构。例如,某些传感器中的弹簧部件,若位移过大可能超越弹簧的线性范围,甚至超过弹性范围而造成破坏。

4. 使用频率范围

使用频率范围一般是指在此范围内,仪器灵敏度随频率的变化量不超出给定的误差限度,如图 7-22 所示。使用频率范围的两端为频率下限和频率上限。如果下限可扩展至零,称该测量系统具有零频率响应或静态响应,可用来测量静位移、恒加速度及常力等静态机械量。

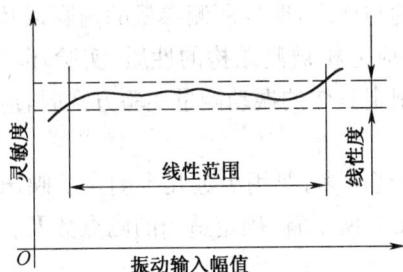

图 7-21　线性度及范围

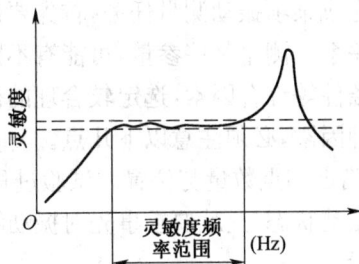

图 7-22　使用频率范围

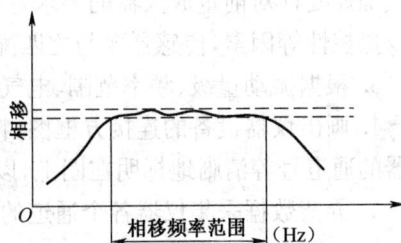

图 7-23　相移

测量系统的使用频率范围上限不仅取决于传感器机械接收部分的频率特性,同时还与机电转换部分和测量电路的频率特性有关,传感器的安装条件也会影响频率上限。使用频率范围是测量系统的重要性能参数,在选用测量系统时,首先要看使用频率范围是否满足测量的要求。有的仪器还要求在使用频率范围内输出的正弦波和输入的正弦波之间的相移不超过某一限度,如图 7-23 所示。

5. 工作范围

综合使用频率范围和线性度范围就可以完全确定一台仪器的工作范围。仪器的工作范围由频率、位移、速度、加速度的上限与下限组成的诺模图表示。诺模图横轴为频率、纵轴为速度,坐标轴用对数标尺表示,如图 7-24 所示,图中有 4 组线:铅垂线为等频率线,其中①号线表示频率的上限、下限;水平线为等速度线;正 45°线为等位移线,其中②号线表示位移的上限、下限;负 45°线为加速度线,其中③号线表示加速度的上限、下限,白色区域是该传感器的工作范围。可看出其频率范围(①线)为 10～800 Hz,线性度范围(②线)为 10^{-6}～1 mm,加速度幅值范围(③线)为 10^{-3} g～10^3 g。

6. 环境条件

每一种传感器都有它的适用环境条件,包括温度范围、湿度、电磁场、辐射场和声场。测量系统应给出使用环境的要求及必要的修正系数。

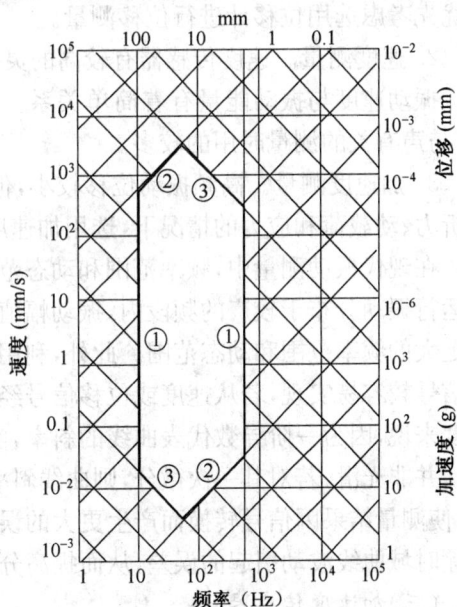

图 7-24　传感器工作范围的诺模图

四、机械振动运动量的测量方法

(一)振动运动量测量的一般问题

振动研究中,能够直接测量的主要运动量为振动位移、速度和加速度。理论上,位移、速度和加速度之间存在着简单而明确的关系,测量哪个量可以是任意的,但实际测量往往需要考虑诸多因素。

为完成某项振动测量任务,首先要确定测量的目的与要求,明确所测参量的内容以及各量之间的关系。测量某些参量,可能有不同的试验方法,应分析被测结构的性质、实验环境及实际具备条件等综合因素,选定较合理的试验方法。在制定具体的振动测量实验方案时,应综合考虑各种因素,必须注意以下几点。

1. 确定测点数量与位置。试验过程中测点数不可能太多,要用少数几个测点反映出整体结构的振动状态,这就要求事先对振动结构的振动性质有所了解,确定适当的测点数及合理的测点位置。

2. 选择传感器及合适的电子设备。应考虑不同传感器对配用电子设备的特殊要求,如压电式加速变计对前量放大器的要求等。选用电子设备一定要考虑频率、相位特性、动态范围,以及操控性等因素,传感器要与之匹配,量程大小要合理,不能小也不宜过大。

3. 根据振动量级、频率范围、电气绝缘以及避免对地回路等选择传感器的安装方法。

4. 画出仪器设备的连接方框图,将测点位置编号、传感器型号与灵敏度等参数、数据采集仪器的通道号等清晰地标明在图上,以便现场试验和后期数据处理。

5. 弄清数据采集仪器各个通道的灵敏度系数,对采集系统进行清零、平衡与标定。

(二)传感器类型的选择

关于传感器的选择,主要取决于被测振动体的振动特性,应重点关注被测量的参量。

1. 位移测量。一般来说,低频振动往往伴随着较大的位移,直接选用位移计可较为精确测量出位移量。如需要控制位移量、对变能有严格限制,或需要通过测量位移来确定应力时,应优先考虑选用位移计进行位移测量。

2. 速度测量。速度传感器有较高的灵敏度且便于信号放大,测量中频振动时有较高的精度。振动速度与振动能量有着简单关系。速度的均方根值称为"振动烈度"。声压正比于速度,与声有关的测量时用的较多。

3. 加速度测量。高频振动位移较小,但加速度较大。因为动载荷与加速度有关,在需要分析力、动载荷和应力的情况下,选用加速度传感器来测量加速度更合理。

在现代振动测量中,频率范围和动态范围是首选,特别是在机械运行工况检测监测中,机械运行振动分布于较广的频段内,振动幅值波动很大。加速度传感器较速度传感器重量轻,且有更大的频率范围和动态范围。此外,利用仪器通过积分将加速度信号变换为速度信号或位移信号较容易实现,若从速度或位移信号经微分变换为加速度信号则复杂得多。从数值分析角度来说,因为一阶导数代表曲线的斜率,实际采集的时域信号带有一定误差,时域曲线存在波动并非光滑,若对其一次微分,则曲线斜率变化无序,不能反映应有的规律,还会放大高频噪声,使测量结果因信号转换而产生更大的误差,甚至失效。相反对于曲线积分是求面积,可以消除时域曲线波动引起的误差,从而提高分析的精度。

(三)加速度传感器

加速度传感器质量小,粘在结构上对结构的影响小,测量精度高,工作频率范围更宽,数字信号通过积分转换为速度信号或位移信号容易实现,可减小高频噪声等。在振动测量中,尤其是在模态分析试验中应用最广泛。

其中压电式加速度计是广泛采用的拾振器,有多种型号可供选择,选择时要注意以下事项。

1. 灵敏度和频率范围。通常几何尺寸较小的加速度计有较高的固有频率和较宽的工作频带,但其灵敏度较低。高灵敏度的加速度计必然做得比较大而重,固有频率较低,当然也限制了它的使用频率范围。

确定加速度计的使用频率范围需根据它的频响特性曲线(标定曲线)。根据经验,将频响特性曲线共振频率的三分之一视为该加速度计的使用频率上限,误差(线性度)不会超过12%(约1 dB)。某些情况下,如用于机械内部工作状态监测的振动测量,对线性度要求并不严格,仅对重复性要求较高。加速度计的使用频率上限甚至可提高到共振频率的1/2~2/3,此时其线性度约为3 dB。

2. 横向灵敏度与方向特性。由于压电材料的不均匀性、不规则性以及压电片与金属零件间的不理想配合等原因,使压电加速度计存在所谓横向灵敏度。横向灵敏度与主轴灵敏度相比在3%~4%以内,不同型号有所差别。好的加速度计其横向灵敏度应小于主轴灵敏度的1%。

压电式加速度计也存在横向共振频率,并且较主轴灵敏度的共振频率低。当横向共振频率落在主轴灵敏度曲线的使用频率范围内时(如进行高频测量),则有可能引入横向共振所造成的测量数值误差。

如果加速度计的主轴方向与被测振动方向有夹角,测量数值会小于实际数值。因此加速度计的安装要注意主轴方向与测量方向一致,才能保证测量结果的真实性。

3. 前置放大器

由于压电式加速度计的压电晶体是一种阻抗特别高的元件,若将加速度计所得信号直接接向一般放大器,属于高阻与低阻的并联,整个系统的灵敏度将大大降低,频响范围也将减小。前置放大器可将较高阻抗的输入信号转换为较低阻抗的输出信号,因此利用前置放大器就可将信号接向一般的放大器或分析仪。

前置放大器分为电压放大和电荷放大两种类型,近年来电压放大器已逐渐被电荷放大器取代。主要原因在于,电压放大器的灵敏度与外接电缆的电容有关,更换电缆(尤其改变长短)时需重新标定系统的灵敏度。而电荷放大器由于线路作用而不受连接电缆变化的影响,但要求加速度计的灵敏度与电荷放大器的量程匹配。

现代前置放大器除解决阻抗变换这一基本要求之外,通常还包括有灵敏度适调、积分、高通及低通滤波等功能。

4. 压电式加速度计的使用还受温度、湿度、磁场、核辐射等因素的影响,使用时应注意说明书对各种环境条件的要求。

(四)简谐振动基本参量的测量步骤

简谐振动是最简单的振动形式,但振动参量却不少。通过简谐振动基本参量的测量,学习常用测振传感器及配套仪器的一般操作,以及了解简谐振动各基本参数的相互关系。

测量内容:使用电涡流式位移计测量振动位移,用电动式速度计测量振动速度,用压电式加速度计测量振动加速度。

振动源:采用电动式振动台,通过振动控制器可以调节台面的振动幅值及频率。如果条件受限,可用锤击法。

1. 在构件上标注测点位置并编号。根据测试方案安装不同类别的传感器。

2. 连接仪器设备。将传感器与动态信号采集仪器、控制电脑,按要求连接并记录测点号与信号采集仪器通道号以便后续分析。

3. 接通电源预热。在确认传感器与采集仪器连接无误,按一定顺序(有时顺序不能颠倒），分别打开不同仪器的电源开关开机预热一定时间。

4. 系统参数设定。根据采集参量是位移还是速度或加速度以及传感器的灵敏度等，设定系统各通道。系统的采样频率至少是要测量构件的最高频率的 3 倍。

5. 系统标定。采集数据前，要对系统的各通道进行平衡、标定和清零，以使采集的数据真实可靠。

6. 数据采集。打开所有采集系统的仪器设备，激励被测构件使其振动，采集振动信号。

7. 实时监测。实时监测每个采集通道是否采集到数据信号及数据时域曲线是否合理等。如果发现异常，要全面检查该通道，传感器的安装、连线、参数设定等环节。

8. 数据保存。采集的数据文件命名尽量不要采用默认命名，要有一定的约定，便于区分采集内容及测试次数等信息。做好记录，以便后期数据分析处理与数据管理。

9. 多工况测试。若采用振动台激振，通过调节振动幅值及频率进行测试；若锤击法激励，改变敲击位置和敲击力度，重复上述步骤，可实现不同工况测试。改变测点位置或传感器方向，可测量不同位置或方向的振动参量。

(五)测量操作过程中应注意的问题

位移计为非接触式，位移计探头需紧紧顶靠住被测构件的表面，并能有一定的位移量，探头可用磁性千分表支架固定在不动的振动台壳体上。下面着重讨论压电式加速度计。

1. 注意传感器的安装固定方法

加速度计的主轴方向应与被测振动方向一致，同时注意使横向最小灵敏度方向与垂直振动方向一致。采用不同的方法将加速度计安装到测点上对测量精度和范围有很大的影响。

理想的安装方法是用一个螺栓直接将加速度计固定到测量点。若安装点很平整，安装孔足够深，螺栓拧紧时与加速度计安装孔的基底尚有间隙，其安装共振频率最高，几乎与加速度计的标定共振频率相近。

另一种常用的方法是用蜂蜡将加速度计粘到平整的测点上。此时共振频率比螺栓连接时略低。同时注意测点温度应在 40 ℃以下，被测加速度应在 $10g$ 以下。

用双面胶纸将加速度计粘在测量点上也是一种常用的固定方法。但加速度计的频率范围将明显下降。

用永久性磁铁将加速度计吸附在测点上，可以使加速度计与被测体绝缘。对于一般中型加速度计，将使安装共振频率降到 7 kHz 左右，导致最高使用频率的上限不能超过 2 kHz。另外因磁吸力有限，可测振动水平不得超过 200 g。

2. 接线电缆的固定

压电式加速度计是高阻抗仪器，要特别注意防止"噪声干扰"。接线电缆受到动力弯曲、压缩、拉伸等作用时会引起导体和屏蔽之间的局部电容和电荷的变化，从而形成"噪声干扰"。如图 7-25 所示，接线电缆要尽可能固定好，避免相对运动，避免接线电缆打死弯、打扣或严重的拧转，以避免破坏电缆的减噪处理效果或影响接头连接。留在地面上的电缆线，应绝对避免脚踏或重压。

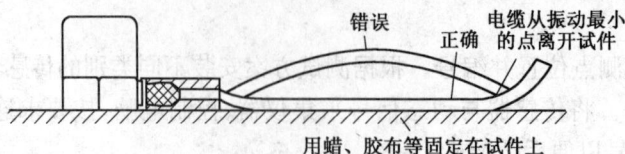

图 7-25　传感器接线电缆的固定

3. 避免接地回路

测试系统接地是电测系统中的一个重要问题,直接影响采集数据的质量。如果存在多点接地,仪器与大地间将形成一个或多个地回路,如图 7-26,导致测量信号中产生大量干扰信号,其中主要是 50 Hz 交流噪声,所以要求测试系统要单点接地。

单点接地的方式有并联接地和串联接地两种。所谓并联接地,是将各测试仪器的地线并联地连接到同一接地点,如图 7-27(a)所示,这种接地方式效果最好,但需连接几根较长的地线。串联接地是将所有仪器的地线用一根线连在一起,然后选择一个接地点接地,一般选在主要仪器的接地点上,如图 7-27(b)所示。特别要注意的是,不管何种单点接地方式,传感器都要与被测结构绝缘。测试系统接地点与其他接地点(特别是大电流电路系统)应严格分开。通常,要求振动测试仪器接地电阻不大于 4 Ω。

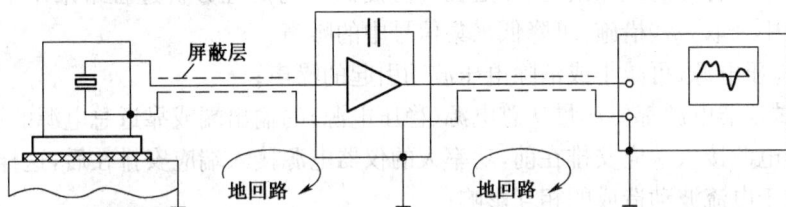

图 7-26　多点接地引起的地回路

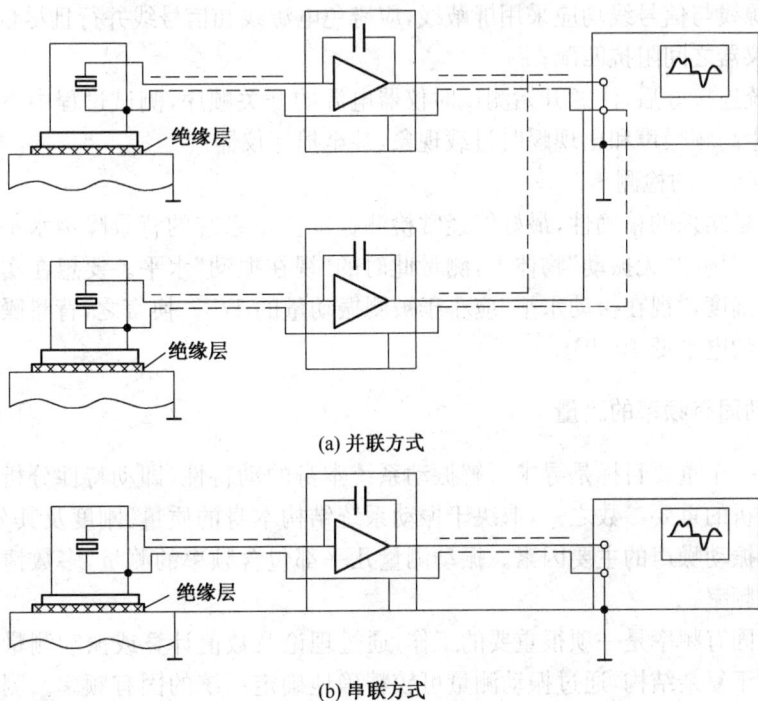

(a) 并联方式

(b) 串联方式

图 7-27　单点接地连接方式

浮动输出也是一种良好的接地方式。浮动输出中各测量仪器均各自接地,但接地线并非信号线,而是连接电缆的屏蔽线,信号线在屏蔽线内,如图 7-28 所示。

4. 抑制噪声干扰的方法

任何测试信号和分析结果中都包含噪声成分。噪声的来源包括电源、仪器内部电子线路、

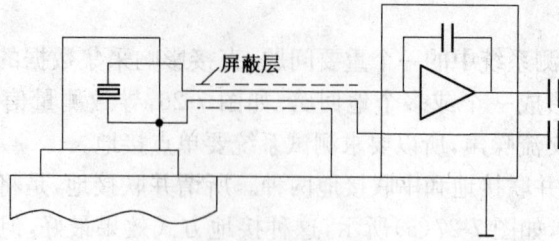

图 7-28　浮动输出接地方式

各种连接导线、仪器组成的网络以及大地。噪声的表现形式有来自电源的工频(50 Hz)正弦信号及各次谐波成分,也有来自其他方面的随机噪声信号。抑制噪声影响的途径有两种:一是在测试系统中采用合理的减噪措施,二是在动态测试后的处理分析过程中采用平均技术。另外在测试系统中采取一些措施,可降低采集信号中的噪声。

(1)使用稳压电源,可减小或消除电压波动引起的噪声;

(2)各测试仪器电源都要尽量从总电源(稳压电源)的输出端或靠近总电源的输出端接出,功率小的仪器电源接入端应安排在前,功率大的仪器电源接入端应安排在后,这样可减少共电源仪器之间由于电流波动造成的相互影响;

(3)测试系统应良好接地;

(4)所有电源线与信号线均应采用屏蔽线,应避免电源线和信号线并行且尽量远离;

(5)注意各仪器之间阻抗匹配;

(6)测试系统连接好后,注意开始测试时仪器电源的开关顺序,测试过程中不要拨动仪器开关,否则将产生高频噪声和出现瞬时过载现象,甚至损坏仪器。

5. 背景噪声水平的检测

为了保证测量结果的精确性,最好能经常检测振动测量系统的背景噪声水平。方法是将加速度计安装在现场的"无振动"物体上,测量此时的"视在振动"水平。要想在实际振动测量中获得合理的精确度,"视在振动水平"应小于被测振动量的 1/3。换言之,背景噪声的电平至少要比被测振动的电平低 10 dB。

五、机械振动固有频率的测量

振动分析的一个重要目标是寻求了解振动系统本身的动特性,即动特性分析。固有频率是系统动特性分析的重要参数之一,取决于振动系统结构本身的质量、刚度及其分布,是影响结构振动形态及振动噪声的主要因素。振动测量几乎都包含频率的测量,多数情况下首先要确定系统的固有频率。

确定系统的固有频率是一项很重要的工作,通过理论及数值计算或振动测量可得到系统的固有频率。对于复杂结构,通过振动测量可较精确地确定系统的固有频率。测量系统固有频率的方法很多,比较方便而又常用的测试方法是自由振动法和强迫振动法两类。

(一)自由振动法

自由振动法就是给被测振动系统一定的初始冲击或初始位移,使系统作自由振动。自由振动法实际上是衰减振动法,因为实际的振动系统在振动过程中,总是有能量消耗,系统在阻尼作用下作衰减自由振动,较高阶自由振动衰减较快,几乎在振动波形中无法看到,所以采用自由振动法测量机械系统的固有频率一般只能测量系统的最低阶固有频率。

通常采取初位移法或敲击法使机械系统产生自由振动。初位移法就是在机械系统上加一个力,使系统产生一个初始位移并处于平衡状态,继而突然快速地将力卸掉,机械系统便开始作自由振动。敲击法则是用橡胶锤敲击机械系统,系统受到冲击脉冲的作用,产生自由振动。通过频谱分析可以看出,冲击脉冲包括了从零到无限大所有频率的能量,且频率谱是连续的,但只有在与机械系统的固有频率相同时,相应的频率分量才起作用,激励机械系统以其自身的低阶固有频率作自由振动。

由于阻尼总是存在的,系统的自由振动很快就衰减下来。为了测量系统的固有频率,在实验中,通常需要把机械系统作衰减振动的波形、标准时间信号的波形同时记录下来,按照录波比较法,将被测振动信号和时标信号一起送入示波器或记录仪中同时显示或打印在同一张纸上,根据波形图上的振动波形和时标信号两者之间的周期比,计算被测振动波形的频率,测定系统在衰减振动中的固有频率。用自由振动法测得的系统固有频率,略小于实际的固有频率。

写成

$$f_d = f_n \sqrt{1 - \xi^2} \tag{7-54}$$

式中　f_d——测量的固有频率;

　　　f_n——系统的固有频率;

　　　ξ——系统的阻尼比。

用自由振动的方法测量机械系统的最低阶固有频率,优点是方法比较简便,在测试系统固有频率的同时,也可测试出系统的衰减系数。缺点是振动波形衰减很快,测出的固有频率数值偏小。

(二)强迫振动法

强迫振动法实质上就是利用共振特点来测量机械系统的固有频率,亦称共振法。在振动测量中,通过外界激振力使系统产生强迫振动。常用方法有电磁激振器激振、偏心块激振器激振、电动式振动台激振、晶体激振和声波激振等。

测量过程中,激振器对系统输入一个幅值为常量并按正弦变化的激振力,激励机械系统做强迫振动。然后逐步提高激振器的振动频率,并测量出相应的振幅,找出共振频率就找到了机械系统的固有频率。

所谓共振就是当激振频率到达某一特定值时,振动量的幅值达到极大值的现象。但系统振动时,振动的位移、速度、加速度存在相位差,各自到达极大值的频率有所不同,到达极大值的频率由式(7-55)确定。

$$\begin{aligned} f_x &= f_n \sqrt{1 - 2\xi^2} \\ f_v &= f_n \\ f_a &= \frac{f_n}{\sqrt{1 - 2\xi^2}} \end{aligned} \tag{7-55}$$

式中　f_x, f_v, f_a——分别为振动的位移、速度、加速度的共振频率;

　　　f_n——系统的固有频率;

　　　ξ——系统的阻尼比。

在 $2\xi^2 \ll 1$ 时,$\dfrac{1}{1 - 2\xi^2} \approx 1 + 2\xi^2$,则式(7-55)中第三式加速度共振频率可近似为

$$f_a = f_n \sqrt{1 + 2\xi^2}$$

　　由式(7-55)可见,振动的位移共振频率较系统的固有频率小,加速度共振频率较系统的固有频率大,只有速度共振频率与系统的固有频率始终保持一致。图 7-29 画出了位移、速度、加速度的幅频特性曲线,即系统的固有频率很明显,位移、速度、加速度的共振频率不一致,只有速度的共振频率与系统的固有频率相同,位移的共振频率前移,而加速度的共振频率却后移。在弱阻尼条件下,三种共振频率与有阻尼自由振动都接近于系统的固有频率。只有当阻尼比 $\xi=0$ 时,它们才互相相等,而且等于系统无阻尼自由振动频率。表 7-1 列出幅频特性曲线上几个特殊点的幅值。

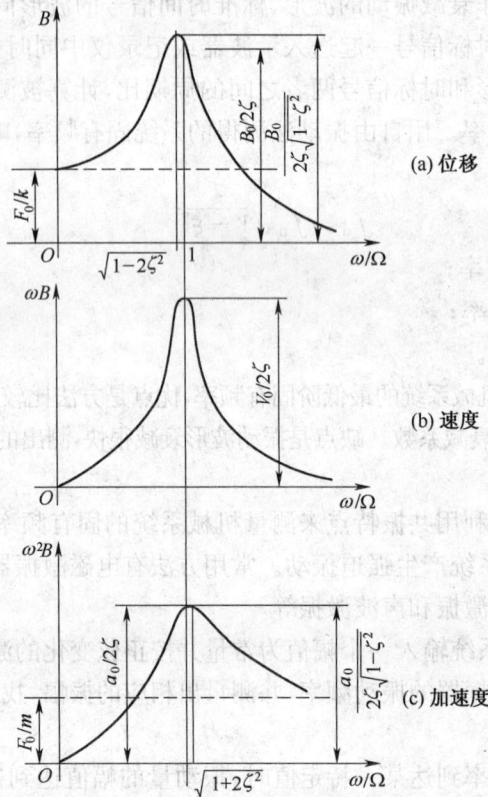

图 7-29　位移、速度和加速度的幅频特性曲线

表 7-1　幅频特性曲线上的特殊点

参量	幅值	$\omega=0$	$\omega=\Omega$	共振时		$\omega=\infty$
				峰值	ω/Ω	
位移	B	$\dfrac{F_0}{k}=B_0$	$\dfrac{B_0}{2\xi}$	$\dfrac{B_0}{2\xi\sqrt{1-\xi^2}}$	$\sqrt{1-2\xi^2}$	0
速度	ωB	0	$\dfrac{1}{2\xi}\left(\dfrac{F_0}{k}\right)\Omega=\dfrac{v_0}{2\xi}$	$\dfrac{v_0}{2\xi}$	1	0
加速度	$\omega^2 B$	0	$\dfrac{1}{2\xi}\left(\dfrac{F_0}{k}\right)\Omega^2=\dfrac{a_0}{2\xi}$	$\dfrac{a_0}{2\xi\sqrt{1-\xi^2}}$	$\sqrt{1+2\xi^2}$	$\dfrac{F_0}{m}=a_0$

　　注:表中 F_0 为激振力的幅值,m 为质量,k 为弹性系数,Ω 为系统的固有角频率,ω 为振动角频率。

用强迫振动的方法测量机械系统的固有频率，能够得到稳态的振动波形，便于观测，可测得系统的前几阶固有频率。但强迫振动法需要一套能够激振机械系统做强迫振动的激振装置，若想得到更高阶的固有频率，可应用实验模态分析法。

六、锤击法简支梁模态实验

(一)模态分析概述

模态是结构的固有振动特性，包括固有频率、阻尼比和模态振型，确定这些模态参数的过程称为模态分析。模态分析最终目标是识别出系统的模态参数，为结构系统的振动特性分析、振动故障诊断、预报以及结构动力特性的优化设计提供依据。

模态分析是研究结构动力特性的一种近代方法，是系统辨别方法在工程振动领域中的应用。模态分析主要有数值计算法和试验法两大类。数值计算法是采用有限元分析计算获得模态，称为计算模态分析。通过试验将采集的系统输入与输出信号经过参数识别获得模态参数，称为试验模态分析。通常，模态分析都是指试验模态分析。

模态试验及分析的主要过程大致可分为动态数据的采集、频响函数或脉冲响应函数分析、建立结构数学模型与参数识别、模态振型动画等。完成模态试验及分析这些过程需要有激振装置、拾振装置、双通道 FFT 分析仪、计算机等硬件仪器设备，同时还需要一套完善的模态分析软件包。通用的模态分析软件包必须适合不同结构或构件的几何特征，具有多种拟合方法，并能将结构的模态振动在屏幕上的三维动画实时显示。

模态试验的动态数据采集包括激励与数据采集两个环节。即对结构或构件施加一定的动态激励，采集各点的振动响应信号及激振力信号，根据力及响应信号，用各种参数识别方法获取模态参数。

激励方法主要有单输入单输出(SISO)、单输入多输出(SIMO)、多输入多输出(MIMO)三种。

数据采集中，SISO 法要求同时高速采集输入与输出两个点的信号，用不断移动激励点位置或响应点位置的办法取得振型数据。SIMO 及 MIMO 法则要求大量通道数据的高速并行采集，需要较多的振动测量传感器或激振器，试验成本较高。

(二)冲击锤与冲击力谱

冲击锤是将锤子和力传感器结合在一起构成的一件仪器，冲击锤一般包括锤体、锤柄、锤帽、附加质量和力传感器等，如图 7-30 所示。力传感器用来测量冲击激励信号，锤体和锤柄为一体，其余部件均可更换。冲击锤有多种规格，小到几十克，大到几十千克，用于产生不同的激励信号，以适应不同的测量需要，实物如图 7-31 所示。

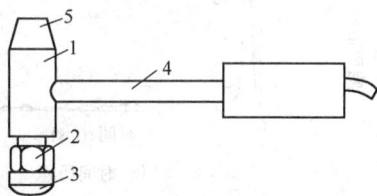

图 7-30　带力传感器的冲击锤
1—锤体；2—力传感器；3—锤帽；
4—锤柄；5—附加质量

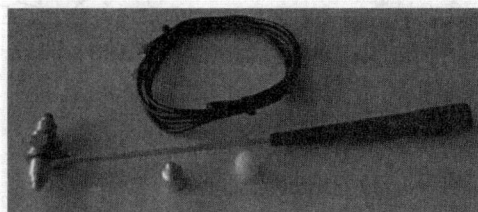

(a) 小弹性冲击锤　　　　　　(b) 中弹性冲击锤

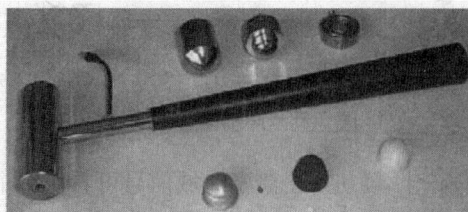

图 7-31　冲击锤实物图

目前冲击锤多用于 SISO 参数识别方法中,对普通结构,用 SISO 频域法做参数识别时,使用冲击锤一般能得到相当满意的结果。冲击锤是模态实验中常用的激励装置,与激振器试验相比,其突出优点是激振设备简单、价格低廉、使用方便,对工作环境适应性较强,不需要支撑装置,对激振点的选择可以更加随意,特别适合于现场测试。在一般工程测试中,锤击激励常作为优先考虑的激励方式。极端情况下,用锤激法甚至可以激励共振频率很低的重型结构,如建筑物、火车、船舶、地基等。

冲击试验分单次冲击和随机冲击两种激励方式。

1. 单次冲击激励力谱

冲击激励是一种脉冲信号。理想的脉冲信号即 δ 函数,其傅氏谱为一水平直线,包含所有频率成分。实际的冲击激励信号是宽度和高度都有限的脉冲信号,如图 7-32(a)所示。脉冲激励信号的宽度 τ 表示激励作用时间,高度 A_0 表示冲击力幅值,曲线下面与时间 t 轴所围面积表示冲击力的冲量。图 7-32(b)为这一脉冲激励的实测频谱,可以看出,在低频段能量近似均匀分布,而在高频段能量逐步衰减。说明实际冲击激励的力谱总是有限带宽上的频谱,有效频带只是低频部分,高频响应较差。自谱曲线与水平频率轴所围面积是冲击力的总能量。

理论分析时,冲击力时域信号近似用半个正弦波表示,即

$$f(t) = \begin{cases} A_0 \sin \frac{\pi}{\tau}t, t \in [0,\tau] \\ 0, \qquad t \notin [0,\tau] \end{cases} \tag{7-56}$$

对其进行傅氏变换,即为力谱

$$s(f) = \frac{4A_0^2 \tau^2 \cos^2 \pi f \tau}{\pi^2 (1-4\tau^2 f^2)^2} \tag{7-57}$$

2. 随机冲击激励力谱

图 7-33 为实测随机冲击激励的时间历程和力谱。从时间历程上看,曲线由多个随机脉冲组成,每个力脉冲的宽度近似相等,高度和延续时间均随机变化。

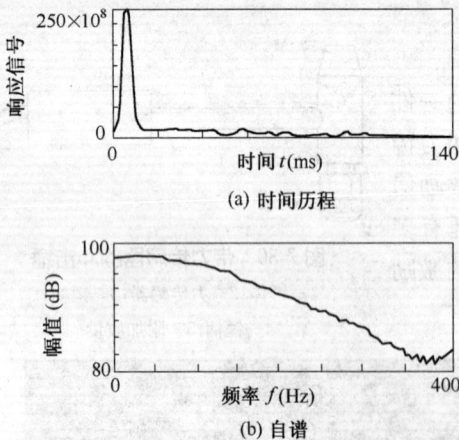

图 7-32　冲击信号

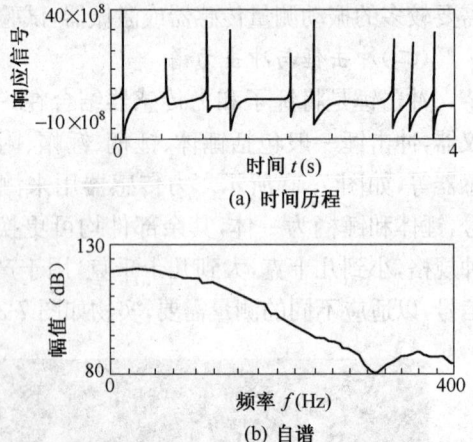

图 7-33　随机冲击信号

理论上,随机冲击激励时域信号可看作多个随机变化的半正弦波信号,表达式为

$$f_\tau(t) = \sum_{i=0}^{n} A_i \sin \frac{\pi}{\tau}t, \quad t \in [t_i, t_i + \tau] \tag{7-58}$$

式中 A_i、τ——第 i 次冲击脉冲的高度和宽度。

对式(7-58)进行傅氏变换,经过多次平均,可得平均力谱

$$\bar{s}_\tau(f) = s(f)\left(1 + \sum_{i=0}^n r_i^2\right) \tag{7-59}$$

式中 r_i——随机变量,$r_i = \dfrac{A_i}{A_0}$。

可见包含 n 个冲击脉冲的随机冲击激励,力谱 $\bar{s}_\tau(f)$ 是单次冲击(第一个脉冲)力谱 $s(f)$ 的 $\left(1 + \sum\limits_{i=0}^n r_i^2\right)$ 倍,显然激励能量大大增加。

(三)冲击试验中的输入能量

1. 影响输入能量的因素

单次力脉冲的能量决定了输入给结构的冲击能量。力脉冲的能量来自冲击锤的动能 $\left(\dfrac{1}{2}mv^2\right)$,取决于冲击锤的质量和速度。精确控制冲击锤的速度很难,一般通过调节冲击锤的质量来控制输入结构的能量。

冲击锤的质量包括锤体、锤帽、附加质量以及力传感器的质量。根据试验结构不同,应选择不同质量的冲击锤。

随机冲击激励能量包含一次采样时间内所有力脉冲能量的总和。因此,随机冲击激励输入能量不仅与冲击锤的质量和速度有关,还与一次采样所包含的力脉冲个数有关。若延长采样时间,则包含更多的力脉冲,将增加输入到结构的能量,并提高信噪比。比如,每次采样 8～10 个力脉冲,随机冲击激励的力谱幅值是单次冲击的 7 倍多,相当于提高 8 dB。如果一次采样时间内包含的力脉冲个数较少,则随机冲击和单次冲击的输入能量差别不大。

2. 影响能量分布的因素

影响冲击能量分布的因素有两个,即脉冲的宽度 τ 和高度 A_0。τ 和 A_0 越小,能量分布越平缓,反之则变化越大。

力脉冲宽度 τ 决定于锤帽与结构的接触刚度。锤帽越硬刚度越大,冲击时接触时间越短,脉冲宽度 τ 越小,力谱越平缓。图 7-34 为使用 3 种刚度的锤帽测得的时间历程和冲击力谱曲线。锤帽的材质通常有钢、铝、尼龙、橡胶及充气锤帽等。实际操作时,通过更换不同材料的锤帽可控制力的脉冲宽度 τ。

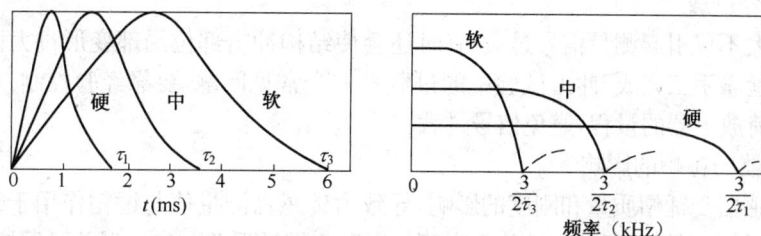

图 7-34 使用不同刚度锤帽测得的时间历程及力谱曲线

脉冲的高度 A_0 主要取决于输入能量的大小。由于控制输入能量的方法主要是控制冲击锤质量,在相同冲击速度下,冲击锤的质量越小,则力脉冲高度 A_0 越小,力谱越平缓。图 7-35 给出使用 3 种不同质量的冲击锤时测得的力谱曲线。

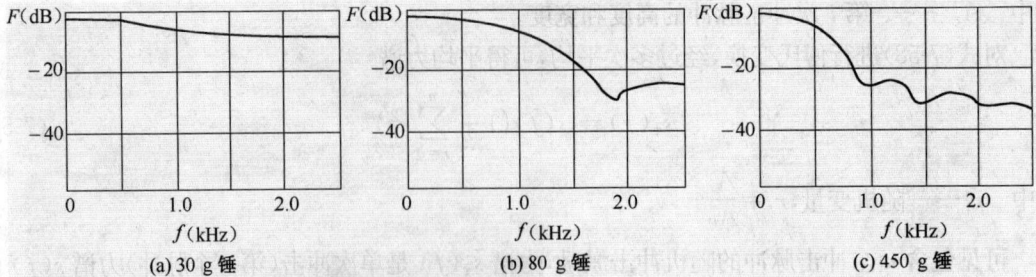

图 7-35　使用 3 种不同质量的冲击锤时的力谱曲线

(四)冲击试验中需要考虑的几个问题

1. 鉴别试验结构非线性程度,选择合适的冲击方式

正式试验前,宜用大、中、小 3 种力度分别锤击试验结构,测量某两点之间的频响函数,对这 3 种状态下的频响函数进行比较。如果三者基本相同,说明试验结构非线性性质不明显,对于中小型和固有频率在 200~300 Hz 以下的结构,当非线性性质不明显时,宜采用单次冲击方式。对较大型和固有频率较低的结构,允许有不太强的非线性影响,宜采用随机冲击或激振器激励方式。

2. 选择合适的冲击锤

冲击激励能量输入与频率范围是矛盾的。一方面,总希望结构能得到足够大的激励能量,以提高信噪比;但输入能量增大会导致频率范围降低,影响试验的高频特性。因此,选择冲击锤质量与锤帽刚度是一对矛盾,必须针对实际情况综合考虑。尽可能将输入能量集中在所希望的频率范围内,要求在此范围内的力谱曲线比较平直,波动不要超过 10~20 dB。同时力脉冲的宽度不宜太小,应至少采集到力脉冲主瓣的 4 个数据点。

3. 选择合适的敲击点

敲击点宜选在适当远离振动模态反节点的位置。如果结构各部分刚度变化较大,敲击点宜选在刚度较大的部位。

4. 敲击周期的控制

单次冲击方式,每次采样包含一个力脉冲,敲击周期即采样时间。每次敲击的力度、延续时间应尽量相同,在一次采样中使信号基本衰减到零。

随机冲击激励,每次采样包含多个力脉冲,力脉冲的个数视实际情况而定。各次冲击应尽量保证随机性,避免出现周期性。

5. 防止信号过载

冲击力过大不仅引起测量信号过载,有时还会使结构冲击部位局部变形过大而引起塑性变形。若冲击试验靠手工完成,冲击试验中的过载是一个常见问题,要靠经验控制。在预试验中,应反复调整电荷放大器的量程,避免信号过载。

6. 力传感器与锤帽的影响

由于力传感器受锤帽质量和刚度的影响,导致力传感器测量值与锤帽作用于结构上的力产生一定误差,引起实测频响函数与结构真实频响函数之间的误差。这一误差可用校正系数修正。

(五)简支梁模型 SISO 模态

本节主要介绍一根简单的梁模型 z 方向模态测试的具体过程,了解模态测试数据采集过程中如何根据测试要求确定测点数目及参数设定,如何根据被测量的频率范围确定变时倍数等。本例采用移动力锤敲击、单点响应方式。

1. 试验梁的描述

梁模型长（x 向）为 700 mm，宽（y 向）50 mm，高（z 向）8 mm。测试简支梁模型 z 方向模态，得到结构的前 5 阶弯曲模态。图 7-36 为简支梁模型 SISO 模态实验装置。

2. 测点的确定

简支梁在宽度 y 和高度 z 方向尺寸与长度 x 方向尺寸相差较大，可以简化为杆件，不考虑 y、z 方向的影响，只需在 x 方向按顺序布置若干个锤击点与测点。测点数量视关注的模态阶数而定，测点数量要远多于所关心的模态阶数得出的高阶模态振型才可信，而且测点数量越多，各阶模态振型越光顺。

图 7-36　简支梁模型 SISO 模态实验装置

本例中沿 x 方向把梁 14 等分，两端点视为不动点，可布置 13 个测点，如图 7-37 所示。选取拾振点时要尽量避免使拾振点在模态振型的节点上，此例取拾振点在 4 号测点处，响应加速度传感器通过粘胶方式安装在 4 号测点位置。

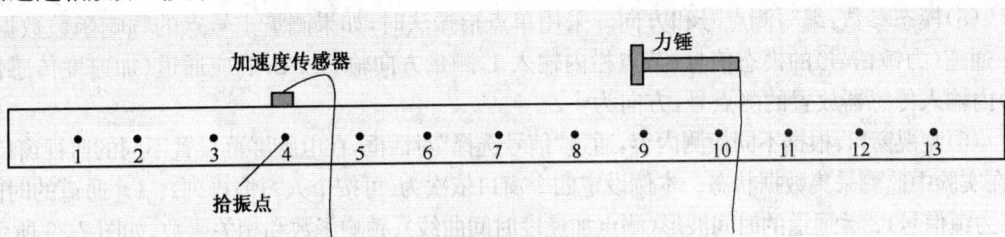

图 7-37　梁的测点分布示意图

总的测量自由度等于测点总数乘以单个测点的测量自由度，在本例中总测点数为 13，每个测点仅测量 z 方向一个自由度，故总的测量自由度为 13，输入自由度和输出自由度均为 13。因此，能得到的模态阶数远小于 13。

要特别提示的是，由于对称结构存在反对称振型，故不能只取结构的一半进行模态测试。

3. 仪器选择

根据分析梁模型的前五阶弯曲模态的频率范围在 1 100 Hz 以内，选用小弹性力锤，橡胶头作为激励锤头能激起这个频率范围内的模态。

由于梁模型本身质量不超过 3 kg，故选取的加速度传感器要求轻质、频响大于 1 100 Hz。本例中所选传感器重约为 10 g。

4. 仪器连接

小弹性力锤上的力传感器通过双头 M5 导线接到电荷调理器上，电荷调理器通过双头 BNC 导线接入智能信号采集仪第 1 通道。加速度传感器通过 M5-BNC 导线连接到采集仪第 2 通道，采集仪通过 USB 线（或无线设备）与电脑连接，如图 7-38 所示。

5. 参数设置

仪器连接完成后，打开仪器电源，启动控制分析软件，选择分析/频响函数分析功能。在"分析"菜单中选择分析模式"单输入频响"选项。

采集数据前要进行系统参数设置。不同型号、不同厂家的振动采集分析仪系统参数设置步

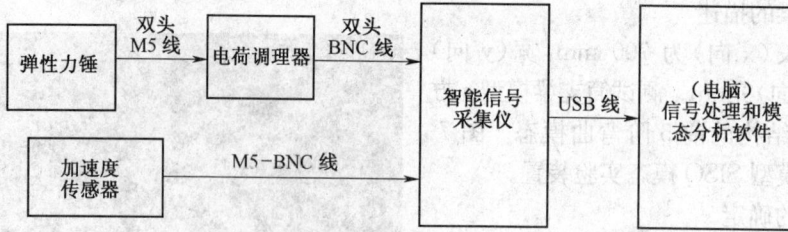

图 7-38　仪器连接示意图

骤和设置方法可能不同,但内容基本相同,包括:

(1)分析参数设置有:采样频率、采样方式、触发方式、延迟点数、平均方式、预览平均等项目。

(2)参考通道,力信号、加速度信号。

(3)工程单位和灵敏度。将传感器灵敏度输入相应通道的灵敏度设置栏内。传感器灵敏度为 KCH(PC/EU),表示每个工程单位输出了多少 PC,若力的工程单位设为牛顿(N),此处为 PC/N;若加速度工程单位设为 m/s^2,此处为 PC/ m/s^2;若加速度工程单位设为 g ,则此处为 PC/g。

(4)量程范围:调整量程范围,使实验数据达到较好的信噪比。调整原则:不要使仪器过载,也不要使信号过小。

(5)模态参数:编写测点号和方向。采用单点拾振法时,如果测量 1 号点的频响函数数据,在 1-1 通道(力锤信号)的模态信息/节点栏内输入 1,测量方向输入+Z;响应通道(加速度传感器信号)内输入传感器放置的测点号,方向为+Z。

(6)监视窗口:根据不同检测内容,通过"信号选择"对话框,在电脑屏幕设置不同的监视窗口,以便在实验中监测采集数据状态。本例设定四个窗口依次为(可按个人习惯排列):1♯通道的时间波形(力锤信号)、2♯通道的时间波形(测点加速度时间曲线)、频响函数和相关函数,如图 7-39 所示。

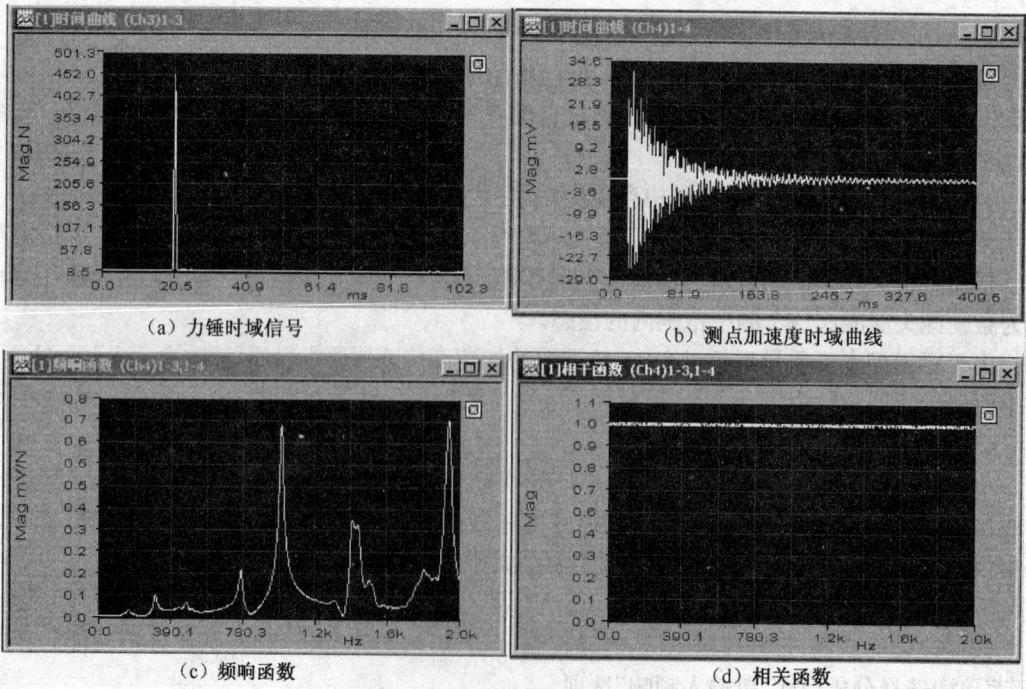

(a)力锤时域信号　　(b)测点加速度时域曲线

(c)频响函数　　(d)相关函数

图 7-39　实测过程中屏显

移动敲击时,必须修改相应的力锤通道的模态信息/节点栏内的测点编号。每次移动力锤后都要新建文件。

6.预采集数据

用力锤敲击各个测点,观察有无波形,若有通道无波形或波形不正常,就要检查仪器连接是否正确、导线是否接通、传感器、仪器的工作是否正常等,直至波形正确为止。使用适当的敲击力度敲击各测点,调节量程范围,保证力的波形和响应的波形既不过载也不过小。

7.采集数据与判断

通过预试验,系统各项参数设置合理,力锤敲击测点的力度适当,方可开始正式试验。每次敲击采集数据后,通过预览平均方式,判断敲击信号和响应信号的质量。判断原则为:力锤信号无连击,信号无过载。提示是否保存该次试验数据。图7-39为实测过程中的屏显内容。

8.试验数据分析

(1)调采样数据

采样完成后进入基本分析模块,对采样数据进行传函分析。首先要调入分析数据,输入信号为力信号,输出信号为响应信号。为力信号加力窗,为响应信号加指数窗。

(2)传函分析

按设置的测点号做全部采样点的传函分析,显示并保存分析结果。

(3)模态分析

进入模态分析模块,首先新建模态文件,新建模态文件的试验名、试验号和路径应与采样时设置的相同。

在振型编辑之前,要生成简支梁的结构图,并且输入相对应的约束。采用集总平均法进行模态定阶,采用复模态单自由度拟合方法进行模态拟合,得到拟合结果。在完成模态振型编辑以后可以观察、打印和保存分析结果,也可以观察模态振型的动画显示。

振型动画将显示收取的各阶模态振型,根据每个对话框中的相应按钮可对动画进行控制,如更换显示阶数、显示轨迹;在视图选择中选取显示方式:单视图、多模态和三视图;改变显示色彩方式;振幅、速度和大小以及几何位置等等。

9.简支梁模态试验结果

表7-2是简支梁的前5阶频率和阻尼试验结果。图7-40是简支梁的前五阶模态振型图。

表7-2　简支梁的模态频率和阻尼

阶数	频率(Hz)	阻尼(%)	阶数	频率(Hz)	阻尼(%)
1	49.354	1.301	4	652.262	0.082
2	173.543	1.035	5	1 005.691	0.143
3	362.042	0.790			

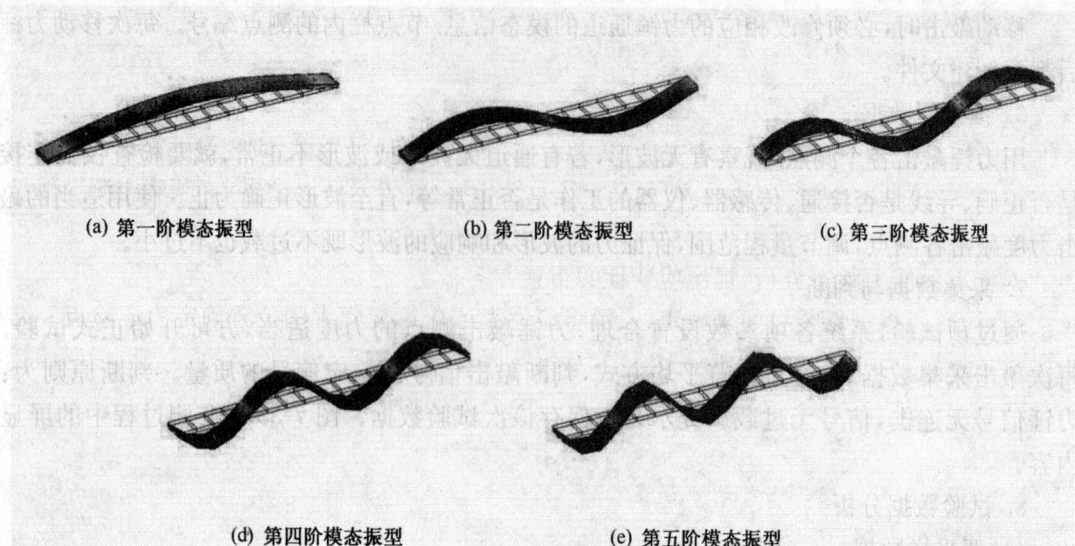

(a) 第一阶模态振型　　　　　　(b) 第二阶模态振型　　　　　　(c) 第三阶模态振型

(d) 第四阶模态振型　　　　　　(e) 第五阶模态振型

图 7-40　简支梁的前五阶模态振型

第三节　动应力的测量

一、概　述

应力是决定结构强度和承载能力的主要因素,任何结构设计必须进行强度分析。强度分析中时常需要现场测量结构构件在运行工况下的应力或荷载。由于机械运行中受动载荷作用,在构件中产生动应变和动应力,故实验中经常需要测量动态应力应变。振动结构的应力不是常量,而是随时间不断变化,应力值大小波动,甚至应力符号改变,即某点拉应力-压应力交替变化。动应力对结构的疲劳强度、结构寿命影响很大。分析动应力的应力水平及分布状态,是评价结构工作安全性、提出结构优化方案、提高结构寿命的基础工作。

动应力的测量方法与静态应力测量基本相同,应用最普遍的是电阻应变计电测法。即利用电阻应变计(或称应变片),先测量动应变,再根据动应变的大小来计算动应力。电阻应变计是一种将非电量的应变转换成电量变化输出的传感元件。将电阻应变计牢固、密实地贴在被测点上,即可随同被测点一起变形而产生与被测点同样的应变,该应变引起应变计上的敏感栅产生一定的阻值变化,从而改变了电流的输出量。应变计的电阻变化率与构件被测点的应变成正比。

由于动态应变信号变化快,动态测量时不能采用静态应变测试系统,不能直接读出应变值,必须使用具有动态采集记录功能的应变仪,将应变信号随时间变化的曲线测试并记录下来,再换算成动应力。所选动态应变仪应满足被测动应变频率的要求,一般机械构件动应变频率在 $500 \sim 1\,000$ Hz,动态应变仪载波频率一般为 $5 \sim 10$ kHz,工作频率为其 $1/10 \sim 1/7$ 为好。动态应变仪和记录仪器组配,除考虑工作频率外,还要注意仪器间阻抗匹配问题。

当结构振动频率较低(如 200 Hz 以下)时可采用动静态应变仪,一些动静态应变测试系统采样速率最高达 1 kHz。相对而言,动静态应变仪具有操作简单、价格便宜等特点,在工程现场应用中有较高的性价比。

二、测　　点

　　测量结构上点的应变需要在被测点处粘贴应变计,一旦粘贴完成,应变计位置和方向就不能再改变。结构上每点的应变大小和方向都不同,因此在粘贴应变计之前,必须确定测点位置以及测量方向。通常利用有限元分析技术先对结构进行数值分析,根据计算结果,确定测点位置,再对测点的应力状态分析,提出应变计的布置方案。

　　测点位置可根据研究目的来确定,一般将应力大或应力变幅大的位置确定为危险点。结构尺寸突变点或有缺陷点等结构应力集中点,焊缝周围等残余应力较大点等,这些位置对结构安全性影响很大,都是危险点。测点数量取决于动态数据采集系统的通道数量,并且决定了测试的工作量,最终确定的动应力测点位置要与测点数量协调考虑,有选择地确定动态应变测量点位置和通道数。

　　应变计的布置方式取决于测点的应力状态。一般当主应力方向明确,则可采用单向布置应变计方式。当应力方向不明确时,需采用应变花同时测试几个方向的应变,通过计算确定结构表面某点的主应力大小及方向,这种方法适用于平面应变场中应变测量。

三、接线桥路

　　如图 7-41 所示,应用应变计测量应变时,由电阻应变仪与测试应变计组成电桥线路,R_1、R_2、R_3、R_4 四个电阻组成电桥桥臂,电阻可用应变计或精密电阻。AC 对角线上接电源,称电源对角线,AC 两点电位差称为桥压。BD 对角线接测量仪器称为测量对角线或输出端,BD 两点之间电压 U_g 和电流 I_g 称为输出电压和电流,R_g 称为负载内阻。

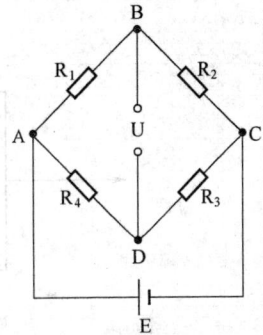
图 7-41　测试应变电桥线路

　　电桥作用原理是,当四个电阻阻值相等时电桥处于平衡状态,输出端显示电压值为零。当其中任意一个发生阻值变化 ΔR,平衡状态被打破,仪器输出端电压值发生变化。$\Delta R/R$ 愈大,ΔU_g 也愈大,它们之间有对应关系。

　　根据图 7-41 桥路的关系,容易推导出应变仪读数与各桥臂上应变计电阻变化之间的关系

$$\varepsilon_{ds}=\frac{1}{K_{yq}}\left(\frac{\Delta R_1}{R_1}-\frac{\Delta R_2}{R_2}+\frac{\Delta R_3}{R_3}-\frac{\Delta R_4}{R_4}\right)$$
$$=\frac{K}{K_{yq}}(\varepsilon_1-\varepsilon_2+\varepsilon_3-\varepsilon_4)$$

(7-60)

式中　ε_{ds}——应变仪读数;
　　　K_{yq}——应变仪的灵敏系数;
　　　K——应变计的灵敏系数;
$\varepsilon_1,\varepsilon_2,\varepsilon_3,\varepsilon_4$——各应变计代表的应变。

　　当 $K=K_{yq}$ 时,则有

$$\varepsilon_{ds}=\varepsilon_1-\varepsilon_2+\varepsilon_3-\varepsilon_4$$

(7-61)

　　应变仪的应变读数是各桥臂上应变计承受应变的代数和,其中 ε_1、ε_3 为正,ε_2、ε_4 为负,相邻两桥臂上应变计指示的应变相减,相对两桥臂上应变计指示的应变相加。

　　实测中,利用电桥线路特点,根据构件上测点应变计的布置方式及不同测量要求,采用不同的接桥方法,将全部四个桥臂或部分桥臂接入应变计,组成不同的接线桥路,这样可增加应变仪的读数,提高电桥灵敏度,消除一些不需要的应变读数。在复杂受力情况下,可采用不同桥路测量各方向的应变量。

1. 全桥接法

　　全桥接线,R_1、R_2、R_3、R_4四个电阻应变计均为测量应变计(又称工作应变计),适当布置应变计和采用合理的接桥方法,既能实现温度补偿、消除不需测定的因素,又可得到较大的应变读数,达到较理想的测量效果。

　　测量轴向拉压作用的构件应变时,构件主应力方向明确,但由于构件初曲率和加载设备、夹具的偏心,一般难免产生附加弯矩。这样试件上粘贴的应变计除了受轴向力产生的拉伸应变外,还有附加弯矩产生的应变,采用全桥接线可消除弯曲产生的应变。

　　图 7-42 所示的纵横布片方式即全桥接线,其中 R_1、R_2、R_3、R_4 均为测量应变计,R_2 和 R_4 兼做温度补偿应变计,起到温度补偿的作用。考虑横向应变与纵向应变的关系($\varepsilon_2 = -\mu\varepsilon_1$,$\varepsilon_4 = -\mu\varepsilon_3$),应变仪所反应出的应变读数为

$$\varepsilon_{ds} = 2(1+\mu)\varepsilon_1$$

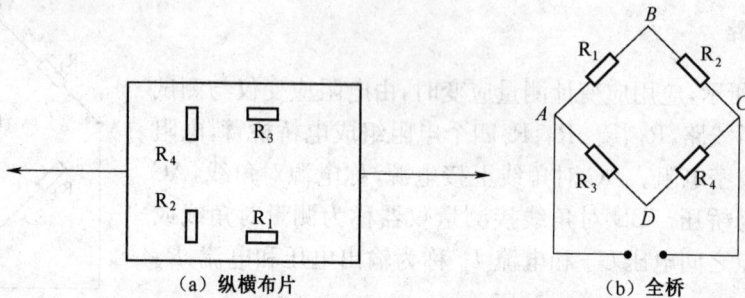

　　　　　(a) 纵横布片　　　　　　　　　　　(b) 全桥

图 7-42　轴向力作用的纵横布片全桥接线

将实际应变放大了 $2(1+\mu)$ 倍,μ 为材料的泊松比。实际主方向的应变 ε 为,

$$\varepsilon = \frac{1}{2(1+\mu)}\varepsilon_{ds} \qquad (7-62)$$

2. 半桥接法

　　半桥接线也是实测中常用的方式。如图 7-43,两个应变计 R_1、R_2 相互垂直,测量 R_1 方向应变,R_2 兼做温度补偿片。测试桥路图 7-41 中的另外两个桥臂,接入仪器内置的平衡电阻(R_3、R_4)。

　　在测量过程中内置平衡电阻 R_3、R_4 属于精密电阻,保持恒定无变化,即 $\varepsilon_3 = \varepsilon_4 = 0$,应变仪读数为:

$$\varepsilon_{ds} = \varepsilon_1 - \varepsilon_2 = (1+\mu)\varepsilon_1$$

测试方向的应变

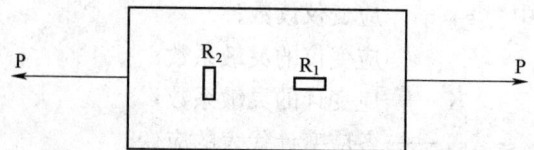

图 7-43　轴向力作用的纵横布片半桥接线

$$\varepsilon = \frac{1}{(1+\mu)}\varepsilon_{ds} \qquad (7-63)$$

3. 四分之一桥接法

四分之一桥路中采用两个应变计,R_1粘贴在受力构件上,方向与主应变的方向相同,R_2粘贴在不受任何外力作用的补偿块上。补偿块的材料要求与测量应变的材料相同,补偿块要放在测点附近。R_2只起温度补偿作用,不再是测量应变计。另外两个桥臂接平衡电阻 R_3、R_4。因为 $\varepsilon_2 = \varepsilon_3 = \varepsilon_4 = 0$,则应变仪读数就是测量的应变,即

$$\varepsilon = \varepsilon_{ds} \tag{7-64}$$

4. 弯扭联合作用下扭矩的测量

在一般动力机械中,例如汽轮机、电机等主轴,在运转过程中都需要测试其扭矩,以确定机械传递功率和校核主轴的强度。

材料力学计算扭矩公式为

$$M_T = 2GW_T\varepsilon \tag{7-65}$$

式中 ε——与轴线成 $45°$方向的应变;

  G——剪切弹性模量;

  W_T——抗扭截面模量

实心圆轴:$W_T = \dfrac{\pi D^3}{16}$,

空心圆轴:$W_T = \dfrac{\pi D^3(1-\alpha^4)}{16}$,

  $\alpha = \dfrac{d}{D}$,

其中 d——空心圆轴内径;

  D——外径。

因此测量扭矩在主轴表面与轴线成 $45°$方向上所产生的应变 ε,即可确定扭矩。这类动力机械工作时以扭矩方式传递动力,但同时伴有弯矩作用,ε 中包含弯矩作用产生的附加应变,由此计算的扭矩存在很大的误差。若按图 7-44 方式贴片,采用全桥接线,可测定扭矩 M_T 产生的应变同时消除弯矩 M 的影响。

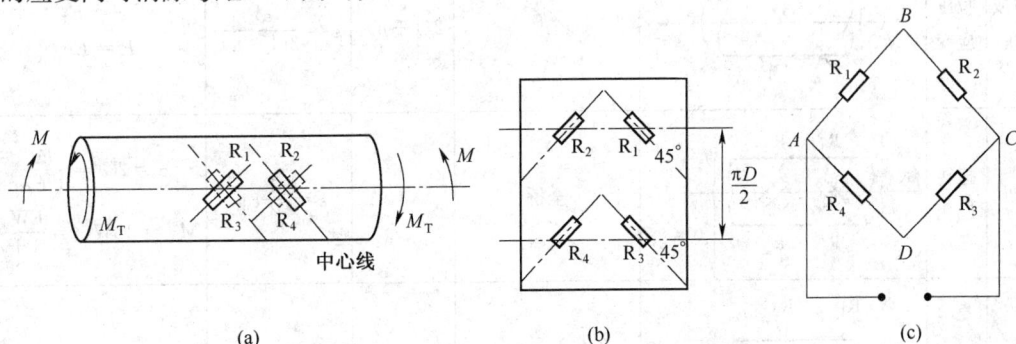

图 7-44 测量扭矩作用纵横布片全桥接线

贴片时,先画出一条母线,R_1、R_2与母线均成 $45°$,R_1与 R_2相互垂直。再画出另一条母线,二者相差 $180°$,同样粘贴 R_3、R_4,如图 7-44(a)所示,展开后如图 7-44(b)所示。此时,存在(未计入弯矩应变,若计入弯矩应变最终结果相同)

$$\varepsilon_1 = -\varepsilon_2 = \varepsilon_3 = -\varepsilon_4$$

则应变仪读数

$$\varepsilon_{ds}=\varepsilon_1-\varepsilon_2+\varepsilon_3-\varepsilon_4=4\varepsilon_1$$

所以 45°方向的实测应变

$$\varepsilon=\frac{1}{4}\varepsilon_{ds} \tag{7-66}$$

5. 几种常用组合受载的接桥方法

测量工程结构应力,还有其他的接桥方法,每种接桥方法都有其不同的特点。测量应变时,根据各种受载情况和测量精度、工作量等具体条件,适当布置应变计和采用合理的接桥方法。表 7-3 给出构件在不同受载情况下,关注不同测量内容的接桥方法。

表 7-3　各种受载情况下的接桥方法

受力状态	测量内容	应变计布置	接桥方式	$\dfrac{\varepsilon_{ds}}{\varepsilon}$	实测 ε	应力、载荷计算公式
拉弯或压弯	拉压应变	R_1 M P R_3 R_2 R_4 补偿	全桥(R_2、R_4不受载)	2	$\varepsilon=\dfrac{1}{2}\varepsilon_{ds}$	$\sigma=E\varepsilon$ $P=EA\varepsilon$
拉弯或压弯	弯曲应变	R_1 M P R_2	半桥(R_3、R_4接平衡电阻)	2	$\varepsilon=\dfrac{1}{2}\varepsilon_{ds}$	$\sigma=E\varepsilon$ $M=EW\varepsilon$
拉扭或压扭	扭转应变	R_1 R_2 M_T P R_3 R_4	全桥	4	$\varepsilon=\dfrac{1}{4}\varepsilon_{ds}$	$\tau=2G\varepsilon=\dfrac{E\varepsilon}{1+\mu}$ $M_T=2GW_T\varepsilon=\dfrac{EW_T\varepsilon}{1+\mu}$
拉扭或压扭	拉压应变	R_1 R_2 M_T P R_3 R_4	全桥	$2(1+\mu)$	$\varepsilon=\dfrac{\varepsilon_{ds}}{2(1+\mu)}$	$\sigma=E\varepsilon$ $P=EA\varepsilon$
弯扭	扭转应变	R_1 R_2 M_T M R_3 R_4	全桥	4	$\varepsilon=\dfrac{1}{4}\varepsilon_{ds}$	$\tau=2G\varepsilon=\dfrac{E\varepsilon}{1+\mu}$ $M_T=2GW_T\varepsilon=\dfrac{EW_T\varepsilon}{1+\mu}$
弯扭	弯曲应变	R_1 R_2 M_T M R_3 R_4	全桥	$2(1+\mu)$	$\varepsilon=\dfrac{\varepsilon_{ds}}{2(1+\mu)}$	$\sigma=E\varepsilon$ $M=EW\varepsilon$

说明:1. 接桥方式按图 7-41 接线;

2. ε_{ds} 为仪器反应的应变值;ε 为主测方向的实测应变值;

3. A—截面积,W—抗弯截面模量,W_T—抗扭截面模量。

四、动应力测试要注意的问题

1. 动应力测量,应变计承受交变应变,故要求有较高的疲劳寿命,且与导线连接牢靠,导线应结实固定在构件上。

2. 动态应变测量中,使用动态应变采集仪要求每个通道单独组成桥路(半桥或全桥),单独补偿,不宜采用公用温度补偿。

3. 普通应变计输出信号较小,动态测量时,接线往往需要采取屏蔽措施以防止干扰。

4. 计算应变值时应考虑应变计电阻值、灵敏系数和导线长度等因素,须适当的修正得到真实应变并计算应力。

第四节　振动信号的处理与分析

一、概　　述

通过振动测量得到了激励和响应的时域信号,这些时域信号包含着被测结构的振幅、振动速度、振动加速度、振动频率等信息。同时,由于测试环境的变化和干扰以及测试系统内部因素的影响,使动态测试信号中又包含很多与被测对象无关的甚至是错误的信息。因此,要获得反映被测对象真正有用的信息,就必须正确地处理和分析测得的信号和数据。需要对测得的信号做加工、变换和运算等一系列处理,剔除混杂在信号中的噪声和干扰,削弱信号中的多余内容,将有用的部分强化,以利于从信号中提取有用的特征信息,修正波形的畸变,得到可靠的结果。

通常把研究信号构成和特征量的过程称为信号分析,而将信号经过必要变换以获得所需信息的过程称为信号处理。信号分析和信号处理没有明确的界限,它们互相关联、互相渗透,一般将它们合称为测试信号处理与分析技术。

信号分析主要是研究信号和数据的组成及特征量。动态测试信号一般都是由几种基本的信号和干扰信号组合而成,每种信号分量具有自己的特征量,如频率、幅值和相位等。通过信号分析,可以确定组成复杂信号的各分量及其特征量。动态测量后续分析的目的是根据实时激励和响应的时间历程,通过一定方法获得测试结构的非参数模型——频响函数或脉冲响应函数。因动态测试信号可在时域和频域描述,相应的信号分析也可以归纳为时域分析和频域分析。

常用的信号处理有:将时域信号经过傅里叶变换得到频域信号,以便于进行频谱分析;把连续的模拟信号经过一定频带的带通滤波,以排除明显的干扰信号和不必要的频率成分等等。从数学的观点看,信号处理只是一种数学变换,不论变换的形式和复杂程度如何,变换的结果不应失去原有信号所含的有用信息。

动态测试信号通常是随时间连续变化的足够长的模拟电压信号,信号处理一般分为模拟法和数字法两大类,由模拟信号处理系统或数字信号处理系统来完成。处理步骤大致分为信号获取、预处理、模数转换、信号传输、数据检验、数字信号处理、数字信号分析及结果显示等阶段。

模拟信号处理系统由硬件组成,其核心是带通滤波器,由于这类仪器分析速度慢、精度差、功能少,已基本淘汰。数字信号处理系统由硬件与软件结合来实现,具体的仪器和软件名称不统一,一般统称为频谱分析仪或频谱分析系统,也常称为动态信号分析系统。事实上,动态信号分析系统所包含的功能更多,使用的范围更为广泛。数字式频谱分析系统使用的基本处理技术包括,采样和量化、加窗、FFT、平均、数字滤波、细化等,涉及的基本问题有采样速率、频率混淆、泄漏、功率谱估计、噪声影响等。

二、连续时间信号采样与量化

实际测得的激励和响应的时域信号虽不是无限长信号,但也是足够长的连续信号。对这种信号进行处理的第一步就是通过采样和量化将其数字化。

(一)采样

采样又称抽样,是将连续(或模拟)信号数字化处理的第一个环节,它是利用采样脉冲序列 $p(t)$,从连续时间信号 $x_c(t)$ 中抽取一系列离散样值,得到离散时间采样信号或称采样数据 $x_s(t_k)$,$t_k=k\Delta t$,$k=0$、±1、$\pm2\cdots$ Δt 为采样时间间隔。通常一个连续时间信号的离散化是通过周期采样来实现,所谓周期采样就是按一定的等时间间隔 Δt 采样。

(二)量化

量化又称幅值量化,是把采样信号 $x_s(t_k)$ 经过舍入变为只有有限个有效数字。$x_s(t_k)$ 经幅值量化编码后便得到数字信号 $x(k)$,它是连续时间信号 $x_c(t)$ 的一个样本。图 7-45 表示了采样过程,并反映了连续信号、脉冲信号、离散信号、数字信号之间的相互关系。

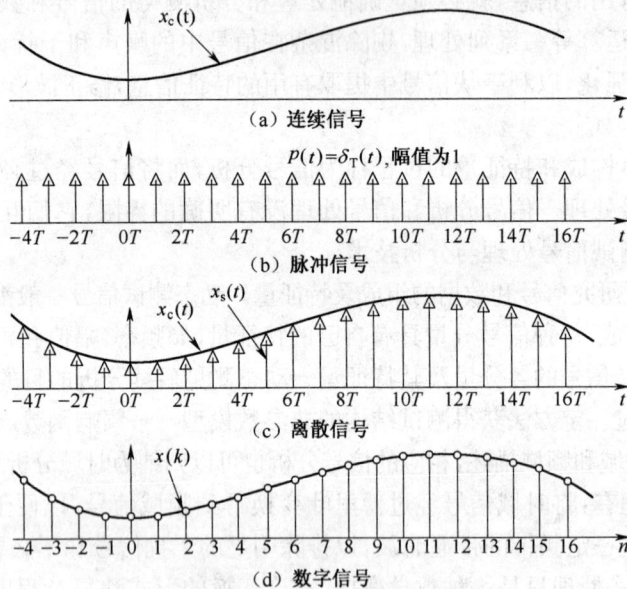

图 7-45　连续时间信号的采样

从连续时间信号采样得到样本序列 $x(k)$,

$$x(k)=x_c(t)\Big|_{t=k\Delta t}=x_c(k\Delta t),k=0、\pm1、\pm2\cdots \tag{7-67}$$

式中　Δt——采样脉冲序列 $p(t)$ 的触发时间间隔,称为采样周期。

它的倒数 $f_s=\dfrac{1}{\Delta t}$ 是采样频率,即每秒内的样本数,$\omega_s=2\pi f_s=\dfrac{2\pi}{\Delta t}$ 称为采样圆频率。

离散时间转换器(C/D)或采样器,可以看成是一个电子开关,开关每隔 T 秒闭合一次,闭

合延续时间为 τ。实质上 τ 为每个周期内的脉冲宽度,实际采样过程中 $\tau \neq 0$。如果 $\tau \to 0$（或 $\tau \ll \Delta t$）时,则称为理想采样,此时采样脉冲序列 $p(t)$ 变成冲激函数序列 $\delta(t)$。由于每一个冲激函数准确地出现在采样瞬间时刻,就能准确地获得连续时间信号 $x_c(t)$ 在采样瞬间时刻的幅度。

【例 7-3】 有一连续时间信号

$$x_c(t) = A\sin(200\pi t) + B\sin(500\pi t)$$

A、B 为常数,若以采样频率 $f_s = 1\ \text{kHz}$ 对其进行采样,求序列 $x(k)$ 及周期。

解:采样频率 $f_s = 1\ \text{kHz}$,则采样间隔 $\Delta t = \dfrac{1}{f_s} = 10^{-3}$（s）,故

$$
\begin{aligned}
x(k) = x_c(t)\Big|_{t=k\Delta t} &= [A\sin(200\pi t) + B\sin(500\pi t)]\Big|_{t=k\Delta t}\\
&= A\sin(200\pi k\Delta t) + B\sin(500\pi k\Delta t)\\
&= A\sin(200\pi k \times 10^{-3}) + B\sin(500\pi k \times 10^{-3})\\
&= A\sin(0.2\pi k) + B\sin(0.5\pi k)
\end{aligned}
$$

序列 $x(k)$ 包含两项,因为正弦函数的周期是 2π,第一项的周期 $N_1 = 2\pi/0.2\pi = 10$,第二项的周期 $N_2 = 2\pi/0.5\pi = 4$,序列 $x(k)$ 的周期为该两项周期的最小公倍数 $N = 20$。序列 $x(k)$ 的周期实质上就是连续时间信号在一个周期内的采样点数。用时间表示,$T = N \cdot \Delta t = 20 \times 0.001 = 0.02$（s）。

说明获得一个周期的序列 $x(k)$ 采样时间需持续 0.02 s。

三、采样信号的频域表示

(一)无限长离散信号

将输入的连续时间信号转换成离散时间信号,完成了连续（模拟）信号的采样,其频谱会有什么变化？与原始信号的频谱有什么关系？在什么条件下,可以从采样数据 $x_s(t_k)$ 中无失真地恢复原始连续时间信号 $x_c(t)$ 呢？为此要进行有关变量的傅里叶变换,即频谱分析。

无限长连续时间信号 $x_c(t)$ 的傅里叶变换为

$$X_c(\omega) = \int_{-\infty}^{\infty} x_c(t)e^{-j\omega t}\,dt \tag{7-68}$$

如果 $x_c(t)$ 是非周期信号,则傅氏谱 $X_c(\omega)$ 是连续谱,如图 7-46 所示。非周期连续信号的双边傅氏谱（幅值）是连续谱,包含 $(-\infty, \infty)$ 所有频率成分。

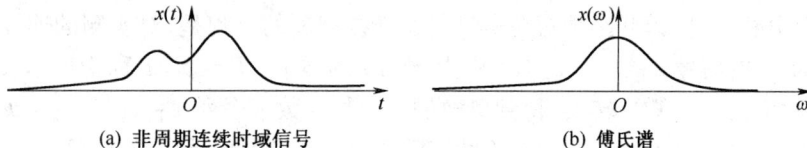

(a) 非周期连续时域信号   (b) 傅氏谱

图 7-46 非周期连续信号及其傅氏谱

将无限长连续时间信号 $x_c(t)$ 进行离散化,得到无限长离散采样信号 $x_s(t_k)$,可用数学描述为

$$x_s(t_k) = x_c(t)\tilde{\delta}(t_k) = \sum_{k=-\infty}^{\infty} x_c(t)\delta(t - k\Delta t) \tag{7-69}$$

式中

$$\widetilde{\delta}(t_k) = \sum_{k=-\infty}^{\infty} \delta(t - k\Delta t) \tag{7-70}$$

为单位脉冲序列,由在 $k=0$、±1、$\pm2\cdots$ 各点处的单位脉冲按 Δt 等间隔排列组成序列,单位脉冲序列 $\widetilde{\delta}(t_k)$ 的傅氏谱 $\widetilde{\Delta}(\omega_n) = \omega_s \sum_{k=-\infty}^{\infty} \delta(\omega - k\omega_s)$ 仍为脉冲序列,其谱值为 ω_s,谱线间隔为 ω_s,如图 7-47 所示。

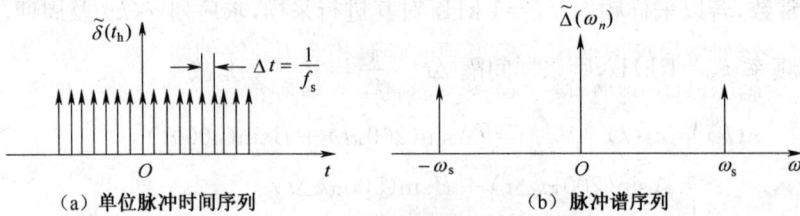

(a) 单位脉冲时间序列　　　　　　　　　(b) 脉冲谱序列

图 7-47　单位脉冲序列及其谱

根据卷积定理,由式(7-68)和式(7-69),经推证,得到无限离散信号 $x_s(t_k)$ 的傅氏谱为

$$\widetilde{X}(\omega) = f_s \sum_{n=-\infty}^{\infty} X(\omega - n\omega_s) \tag{7-71}$$

图 7-48 表示无限长离散信号 $x_s(t_k)$ 及其傅氏谱。可见离散后的无限长离散信号 $x_s(t_k)$ 的傅氏谱 $\widetilde{X}(\omega)$ 沿着频率轴每隔一个采样频率 ω_s 重复出现一次,即频谱产生了周期延拓。$\widetilde{X}(\omega)$ 是连续信号 $x_c(t)$ 傅氏谱 $X(\omega)$ 的周期延拓,延拓周期为 f_s 或 ω_s。

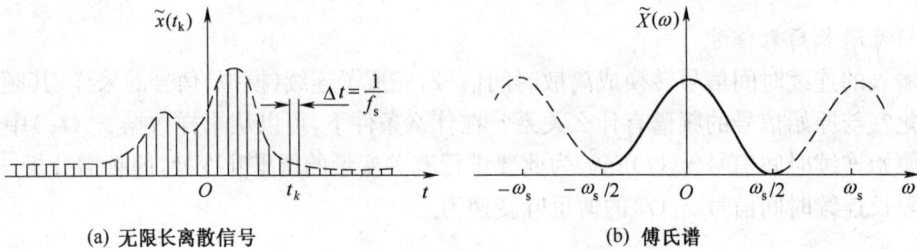

(a) 无限长离散信号　　　　　　　　　(b) 傅氏谱

图 7-48　无限长离散信号及其傅氏谱

(二)有限长离散信号

实际的数字信号分析系统不能实现对无限长离散信号数字序列的处理,而只能对有限长数字序列进行分析处理,因此必须对信号进行截断。截断的过程是,对实测的连续信号 $x_c(t)$ 截取一段长为 T 的信号 $x_T(t)$,$x_T(t)$ 称为 $x_c(t)$ 的样本,$T = N\Delta t$ 称为样本长度,N 为采样点数。样本信号经过 A/D 转换,得到离散的有限长度数字序列 $x_T(t_k)$,$t_k = k\Delta t$($k=0$、1、2,$\cdots$、$N-1$)。对样本信号 $x_T(t_k)$ 所做傅氏变换称为离散傅氏变换(DFT)

$$\widetilde{X}_T(\omega_n) = \sum_{k=0}^{N-1} x_T(t_k) e^{-j2\pi kn/N} \tag{7-72}$$

由于截断,对此有限长度数字序列信号 $x_T(t_k)$ 做傅氏变换得到的频谱不再保持周期连续谱,而是离散的周期序列或周期离散谱,周期仍为 ω_s。在一个周期 ω_s 内有 N 条谱线或 N 个谱值 $\widetilde{X}_T(\omega_n)$,$\omega_n = n\Delta\omega$($n=0$、$1$、$2\cdots N-1$),如图 7-49 所示。$\Delta\omega = \dfrac{2\pi}{T}$,称为频率分辨率。

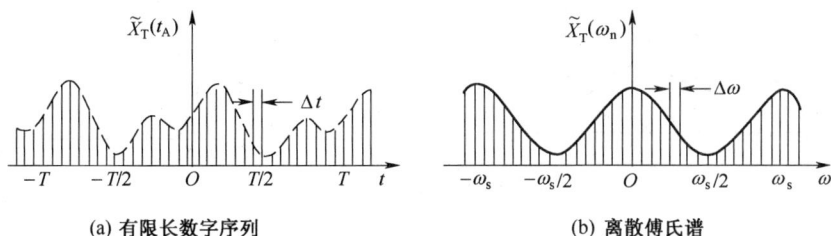

(a) 有限长数字序列   (b) 离散傅氏谱

图 7-49 有限长数字序列信号及其傅氏谱

对有限数字序列所做离散傅氏变换得到的频谱相当于对序列傅氏变换所得频谱的频域离散采样。离散傅氏变换所得频谱除了包含序列傅氏变换所得频谱的全部误差，还增加了时域截断带来的截断误差。只有在一定条件下，才能消除截断误差。

四、混频现象和采样定理

(一)混频现象

从时域信号重构的角度说明频率混叠现象。图 7-50 表示一个正弦函数 $x_c(t)$，根据两个不同采样频率得到的采样信号重构原信号。第一个采样信号 $x_{s1}(t_k)$ 在一个周期内采样 8 次，即 $\omega_s = 8\omega_m$，连接采样点，采样信号能够反映原信号特征，即采样信号能够重构原信号，如图 7-50(a)所示。第二个采样信号 $x_{s2}(t_k)$ 则在 7 个周期内采样 8 次，即 $\omega_s = \dfrac{8}{7}\omega_m$，采样信号不能反映原信号特征，即不能重构原信号，发生频率混叠，复原的是一个虚假的低频信号，不能保持原信号的频谱特性，如图 7-50(b)所示。

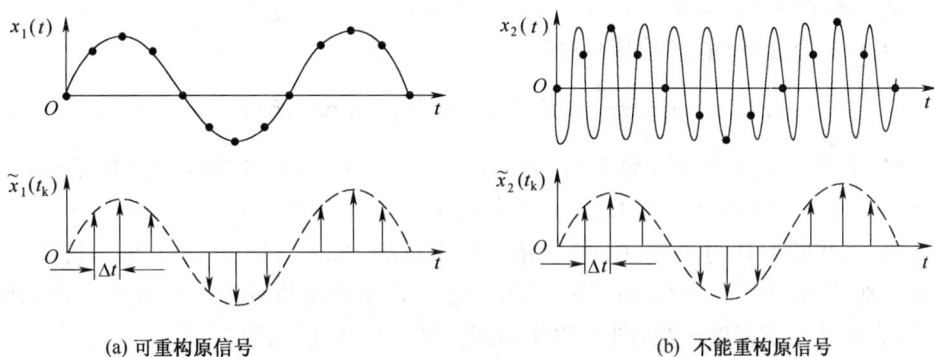

(a) 可重构原信号   (b) 不能重构原信号

图 7-50 从时域信号重构看频域混叠现象

从频域角度分析，由于连续信号经过采样后，采样信号的频谱发生变化，它的频谱将沿着频率轴每隔一个采样频率 ω_s 重复出现一次，这就可能发生高频与低频成分混淆，这种现象称为混频现象或频谱混叠效应。

连续信号 $x_c(t)$ 的傅氏变换为 $X_c(\omega)$，其频带范围为 $-\omega_m \sim \omega_m$，如图 7-51(a)所示。采样离散信号 $x_s(t_k)$ 傅氏变换 $\widetilde{X}(\omega)$ 是一个周期性谱图，其周期为 ω_s。如果 $\omega_s \geqslant 2\omega_m$，周期谱图彼此分离，如图 7-51(b)；而当 $\omega_s < 2\omega_m$ 时，周期谱图中有相互重叠部分，即高频与低频发生部分重叠，如图 7-51(c)，这样，若进行信号复原，将丢失原始信号中的高频信息，产生波形失真。

用离散信号 $x_s(t_k)$ 傅氏变换 $\widetilde{X}(\omega)$ 的周期性进一步说明混频现象。因为 $\widetilde{X}(\omega)$ 具有周

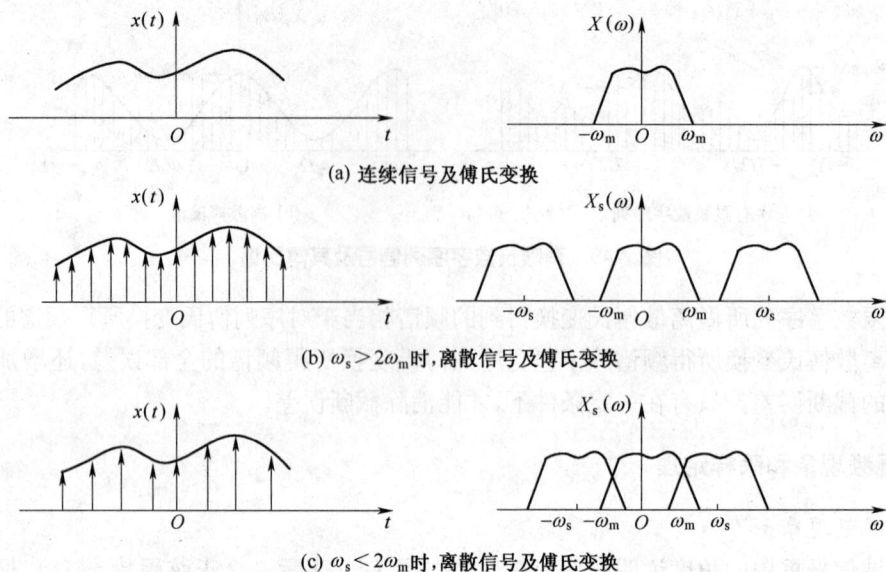

(a) 连续信号及傅氏变换

(b) $\omega_s > 2\omega_m$ 时,离散信号及傅氏变换

(c) $\omega_s < 2\omega_m$ 时,离散信号及傅氏变换

图 7-51　采样信号的混频现象

期性,具体地讲,对于任何一个频率 f 若 $0 \leqslant f \leqslant \dfrac{1}{2}f_s$,与它混淆的高频是

$$f_s \pm f, 2f_s \pm f, \cdots, kf_s \pm f, \cdots \tag{7-73a}$$

或写成

$$\omega_s \pm \omega, 2\omega_s \pm \omega, \cdots, k\omega_s \pm \omega, \cdots \tag{7-73b}$$

式(7-73)这种频率混淆现象可以用图 7-52 表示。

证明如下,根据正弦函数的周期,存在

$$\sin 2\pi f \Delta t = \sin \frac{2\pi f}{f_s} = \sin 2\pi \left(k \pm \frac{f}{f_s}\right) = \sin 2\pi (kf_s \pm f)\frac{1}{f_s}$$

这说明,采样频率为 f_s 时,所有 $kf_s \pm f$ 频率处的数据与 f 处的数据具有相同的正弦函数。例如,$f_s = 200$ Hz,则 $f = 30$ Hz 处的数据将与 170 Hz、230 Hz、370 Hz、430 Hz 等处的数据混淆,并且这些频率处的功率也一样混淆。功率量 $\sin^2 2\pi ft$ 和 $\cos^2 2\pi ft$ 在 f 与 $kf_s \pm f$ 频率处没有区别,因此当 $f_s < 2f_m$ 时,将在真功率谱密度函数中折叠进混淆功率谱密度函数,如图 7-53(a)为真功率谱密度函数,图 7-53(b)为混淆功率谱密度函数。

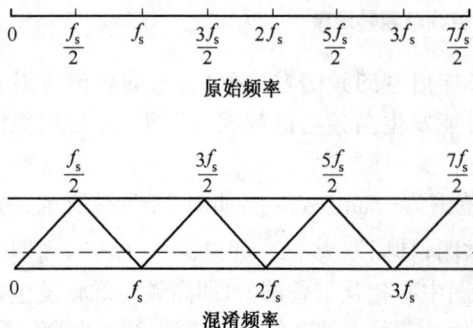

图 7-52　$f_s < 2f_m$ 时,频率混淆折叠示意图

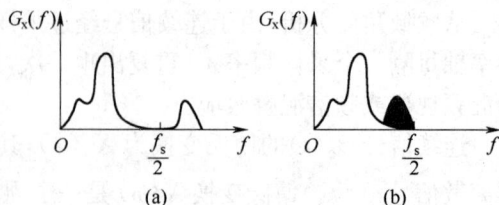

图 7-53　功率谱密度函数的混淆示意图

由此可见,当采样频率不满足采样定理时,采样的时间序列频谱将发生混叠现象。由于频谱的对称性,频谱线将以 $\frac{f_s}{2}$ 为镜面产生折射,将下一个周期的频谱线折射到 $0 \sim \frac{f_s}{2}$ 的频域上,这样混叠区域的频谱将不是原来信号的真实频谱,而产生虚假的频谱线。因此,在实测中应严加注意。

（二）采样定理

通过上述分析,如果 $\omega_s \geqslant 2\omega_m$ 则不发生混频现象,否则会发生混频现象。这就要求对采样脉冲序列的间隔 Δt 加以限制,使得采样频率 f_s 或 ω_s 必须大于或等于时域信号 $x_c(t)$ 中最高频率的两倍,即 $f_s \geqslant 2f_m$ 或 $\omega_s \geqslant 2\omega_m$,这是采样的基本法则,称为采样定理。

需要注意的是,在对信号进行采样时,满足了采样定理,只能保证不发生频率混叠,保证对信号的频谱作逆傅里叶变换时,可以完全变换为原时域采样信号 $x_s(t_k)$,而不能保证此时的采样信号能真实地反映原信号 $x_c(t)$。工程实际中采样频率通常大于信号中最高频率成分的 $3 \sim 5$ 倍。

在振动测试中,为避免高、低频混淆现象产生,必须首先确定采样频率,再设置抗混淆滤波器的高、低频截断开关。抗混淆滤波的工作主要在专门的抗混淆滤波器上进行,也可在前置放大器的高、低通滤波器上进行。

如果事先不知道原始信号的最大频率 f_m,可以任选两个采样频率 f_{s1} 和 f_{s2} 分别进行采样,得到频谱 $\widetilde{X}_1(\omega)$ 和 $\widetilde{X}_2(\omega)$,并比较二者大小。如果 $f_{s1} < f_{s2}$,比较 $\widetilde{X}_1(\omega)$ 和 $\widetilde{X}_2(\omega)$ 差别不大,可以认为最大频率 $f_m \leqslant \frac{f_{s1}}{2}$。若差别较大,再以 $f_{s3} > f_{s2}$ 采样,且比较 $\widetilde{X}_3(\omega)$ 和 $\widetilde{X}_2(\omega)$。同样,若差别不大,则可认为最大频率 $f_m \leqslant \frac{f_{s2}}{2}$。否则,依此类推,即可确定最大频率 f_m。如果想较为精确地确定 f_m,则需多做几次试采样进行比较。f_m 确定后,就可选取采样频率 f_s。

【例 7-4】　设分析信号的振幅为 1.0 mm,频率为 $f_m = 3$ Hz,采样频率 $f_s = 5$ Hz。求产生的高、低频混淆频率值。

解：由于信号的最高频率 $f_m = 3$ Hz,采样频率 $f_s = 5$ Hz,$f_s/f_m = 5/3 = 1.7 < 2$ 不满足采样定理要求的 $f_s \geqslant 2f_m$ 基本条件,将发生混频现象。

折射点：$\dfrac{f_s}{2} = \dfrac{5}{2} = 2.5 \text{(Hz)}$

根据镜面频率折射原理,得高、低频混淆频率为

$$f = \frac{f_s}{2} - \left(f_m - \frac{f_s}{2}\right) = \frac{5}{2} - \left(3 - \frac{5}{2}\right) = 2 \text{ (Hz)}$$

如图 7-54 所示。

五、信号截断、能量泄漏及窗函数

（一）信号截断与能量泄漏效应

数字信号处理的主要数学工具是傅里叶变换,通过傅里叶变换研究整个时域和频域的关

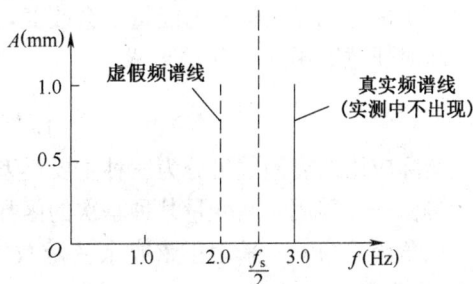

图 7-54　高、低频混淆频率示意图

系。实际应用中,即使信号的时间历程是无限的,但也不可能做无限长时间的测试,计算机也不可能对无限长时间信号进行处理。由于只能对有限长的信号进行处理,必须截断过长的信号时间历程,从无限长或足够长的信号中截取一个时间片段,作为样本信号进行分析。

信号截断就是将无限长的时间函数乘以时间宽度有限的窗函数,又称加窗。"窗"的意思是指透过窗口能够看见"外景"(信号的一部分),而把"窗口"以外的信号视为零。

截断信号会带来截断误差。截取的有限长信号不能完全代表或反映原信号的频率特性,其频谱发生了畸变,原来集中在中心频率 f_0 处的能量会被分散到较宽的频带上,这种现象称为频谱能量泄漏。

信号截断以后产生的能量泄漏现象是不可避免的,因为窗函数 $w(t)$ 是一个频带无限的函数,即使原信号 $x_c(t)$ 是限带宽信号,而在截断以后也将成为无限带宽的函数,信号在频域的能量被扩展。从采样定理可知,无论采样频率多高,只要信号一经截断,就不可避免地引起混频现象,因此信号截断必然导致一些误差,这是信号分析中不容忽视的问题。

为了减少频谱能量泄漏,可采用不同的截取函数截断信号,截断函数称为窗函数,简称为窗。泄漏与窗函数频谱的两侧旁瓣有关,图 7-55 表示了矩形窗谱图的主瓣与旁瓣。如果窗函数的宽度增大,即加大截断长度 T,窗谱 $W(\omega)$ 的图形将被压缩变窄(π/T 减小),主瓣增高、旁瓣抑低,中心频率以外的频率分量衰减较快,泄漏误差减小。如果两侧旁瓣的高度趋于零,能量相对集中在主瓣,泄漏误差小,就可以较为接近于真实的频谱。当窗口宽度 T 趋于无穷大时,则窗谱 $W(\omega)$ 将变为 $\delta(\omega)$ 函数,而 $\delta(\omega)$ 与 $X(\omega)$ 的卷积仍为 $X(\omega)$,这说明,如果窗口无限宽,即不截断,就不存在泄漏误差。

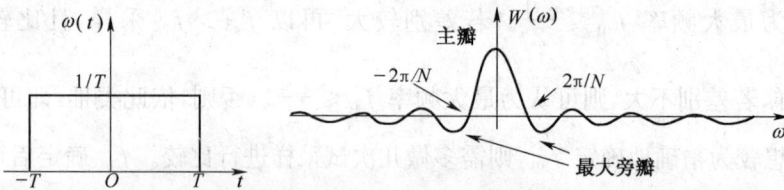

图 7-55　矩形窗谱的主瓣与旁瓣

(二)常用的窗函数

为了减小或抑制泄漏,提出了各种不同形式的窗函数来对时域信号进行加权处理,以改善时域信号截断处的不连续状况。此外加窗有时还可抑制噪声,提高分辨率。窗函数的优劣,大致可从最大旁瓣峰值与主瓣峰值之比、最大旁辨 10 倍频程衰减率以及主瓣宽度等三方面评价。窗函数谱图主瓣窄的,可提高频率分辨能力,谱图旁瓣小的,可以减小泄漏。因此所选择的窗函数应力求其频谱的主瓣宽度窄些、旁瓣幅度小些。

为了保证加窗后信号的能量不会改变,要求窗函数与时间轴所围面积与矩形窗面积 T 相等。即对任意窗函数 $w(t)$,要求

$$\int_0^T w(t)\mathrm{d}t = T \tag{7-74}$$

实际应用的窗函数可分为三种主要类型:

幂窗——采用时间变量某种幂次的函数,如矩形窗、三角窗、梯形窗等;

三角函数窗——采用正弦或余弦函数组成的复合函数,如汉宁窗、海明窗、凯塞-贝塞尔窗、平顶窗等;

指数函数窗——采用指数函数,如高斯窗等。

每个窗函数都有具体的表达式和相应的频谱,这里不赘述。

矩形窗使用最多,习惯上不加窗就是使用了矩形窗。矩形窗属于时间变量的零次幂窗,优点是主瓣比较集中,缺点是旁瓣较高,并有负旁瓣(图 7-55),导致变换中带入了高频干扰和泄漏,甚至出现负谱现象。

三角窗亦称费杰窗,是幂窗的一次方形式。与矩形窗相比,主瓣宽约等于矩形窗的两倍,但旁瓣小,且无负旁瓣,如图 7-56 所示。

汉宁窗与矩形窗的谱图对比,可以看出,汉宁窗主瓣宽度加大(第一个零点在 $2\pi/T$ 处),主瓣高度降低,旁瓣显著减小,且旁瓣衰减速度也较快,如图 7-57。从减小泄漏角度,汉宁窗优于矩形窗,但主瓣加宽,相当于分析带宽加宽,频率分辨力下降。

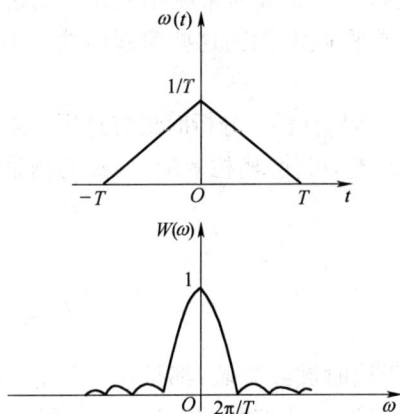

图 7-56　三角窗及窗谱

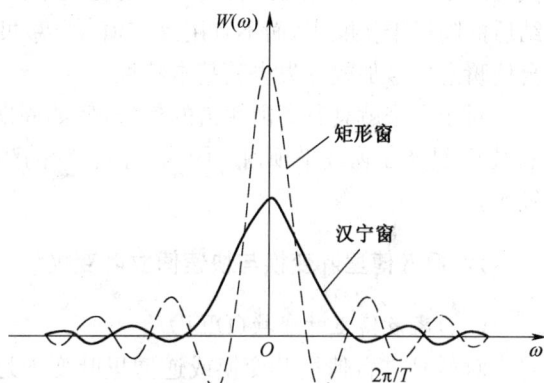

图 7-57　汉宁窗与矩形窗比较

图 7-58 为分别用矩形窗、三角窗、汉宁窗分析同一个信号的谱图比较后有以下特点,矩

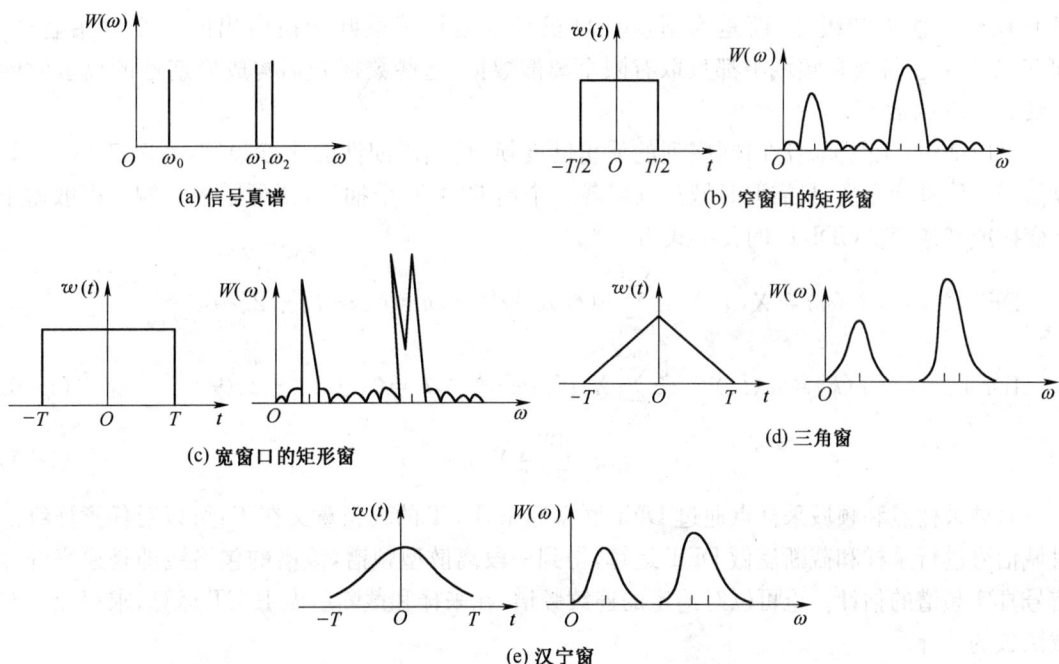

(a) 信号真谱

(b) 窄窗口的矩形窗

(c) 宽窗口的矩形窗

(d) 三角窗

(e) 汉宁窗

图 7-58　矩形窗、三角窗、汉宁窗的谱图

形时域窗口宽$(-T,T)$,谱图主瓣窄,分辨率高;窗口窄$(-T/2,T/2)$分辨率低,相邻的两谱线不能分辨;三角窗和汉宁窗分辨率低、相邻谱线不能分辨,但由于旁瓣衰减快,谱的分布区域窄而边沿清晰。

由于窗谱的特点不同,应根据所分析信号的性质和处理要求选择窗函数。如果仅要求精确地读出主瓣频率而不考虑幅值精度,则可选用主瓣频率比较窄而便于分辨的矩形窗,例如,测量物体的自振频率等;如果分析窄带信号,且信号中含有较强的干扰噪声,则应选用旁瓣幅度小的汉宁窗、三角窗等;对于随时间按指数衰减的函数,可采用指数窗来提高信噪比。

随机过程的测量,通常选用汉宁窗,因为汉宁窗在主瓣宽度增加不多的情况下,旁瓣的高度降低较大,从而有效减少了功率泄漏。冲击和瞬态过程的测量,一般选用矩形窗,如可采用截短的矩形窗平滑冲击过程终结后的随机干扰噪声,也可采用指数窗来减小衰减振动过程终结后的随机干扰噪声,而不宜用汉宁窗、凯塞-贝塞尔窗或平顶窗,因为这些窗起始端很小的权会使瞬态信号加权后失去其基本特性。

对于本来就具有离散频谱的信号,例如周期信号或准周期信号,分析时最好选用旁瓣极低的凯塞-贝塞尔窗或平顶窗。因为这两种窗的频谱主瓣较宽,可使"栅栏效应"导致的测量偏差较小。

六、离散傅里叶变换与快速傅立叶变换

(一)离散傅里叶变换(DFT)

对信号进行傅里叶变换或逆傅里叶变换运算时,无论时域或频域,都是在$(-\infty,+\infty)$区间做积分运算。若在计算机上实现这一运算,必须首先把连续信号(包括时域、频域)改造为离散数据,把计算范围收缩到一个有限区间,实现正、逆傅里叶变换运算,这样构成的变换对称为离散傅里叶变换对。所以离散傅里叶变换(DFT)并非泛指对任意离散信号取傅里叶积分或傅里叶级数,而是为适应计算机计算运算傅里叶变换引出的一个专用名词。DFT特点是在时域和频域中都只取有限个离散数据,这些数据分别构成周期性的离散时间函数和频率函数。

可以证明,无限长离散时间序列的傅里叶变换,得到周期性的连续频谱,如图7-48所示。故信号的傅里叶变换,只需取时域和频域各一个周期的N个抽样,便可了解全貌。离散傅里叶变换或其逆变换(IDFT)的关系式为

$$\text{DFT：}\qquad \widetilde{X}(n)=\widetilde{X}(\omega_n)=\sum_{k=0}^{N-1}x(t_k)\mathrm{e}^{-\mathrm{j}2\pi kn/N},n=0、\pm1、\pm2、\cdots \tag{7-75}$$

$$\text{IDFT：}\qquad x(k)=x(t_k)=\frac{1}{N}\sum_{n=0}^{N-1}\widetilde{X}(\omega_n)\mathrm{e}^{\mathrm{j}2\pi nk/N},k=0、\pm1、\pm2、\cdots \tag{7-76}$$

$$x(k)\xrightarrow[\text{IDFT}]{\text{DFT}}\widetilde{X}(n) \tag{7-77}$$

时域采样点和频域采样点通过DFT联系起来,DFT的真正意义在于:可以对任意连续的时域信号进行采样和截断后做DFT运算,得到一段离散型频谱,该谱的包络线即是原来连续信号真实频谱的估计。也可以对给定的连续频谱,在采样和截断后做IDFT运算,求得相应时域函数的估计。

表7-4列出了离散傅里叶变换的主要性质。

表 7-4　DFT 的主要性质

性　　质	时　　域	频　　域
线性	$ax(k)+by(k)$	$aX(n)+bY(n)$
时移	$x(k-i)$	$X(n)\mathrm{e}^{-\frac{\mathrm{j}2\pi ni}{N}}$
频移	$x(k)\mathrm{e}^{-\frac{\mathrm{j}2\pi ki}{N}}$	$X(n-i)$
时域卷积	$x(k)\times y(k)$	$X(n)\cdot Y(n)$
频域卷积	$x(k)\cdot y(k)$	$\dfrac{1}{N}X(n)\times Y(n)$

（二）快速傅里叶变换（FFT）

虽然 DFT 为离散信号的分析从理论上提供了变换工具，但由于计算量太大而很难实现。从式（7-75）可见，若计算一个频谱 $\widetilde{X}(n)$，需要进行 $x(t_k)$ 与 $\mathrm{e}^{-\mathrm{j}2\pi kn/N}$ 的 N 次复数乘法运算和 $N-1$ 次复数加法运算。如果计算 N 个频谱，则需计算 N^2 次的复数乘法运算和 $N(N-1)$ 次的复数加法运算。

假设在振动测试中，信号样本数据长度取 $N=1\,024（2^{10}）$，则需要进行 $2\,096\,128$ 次复数运算。在 PC 机上进行 200 多万次复数运算，需花费相当长的机时，达不到实时分析的要求。为了减少计算次数，节省计算时间，很多学者对此进行了大量研究，1965 年美国的 J. W. Cooley 和 J. W. Tukey 提出了"有限离散序列傅里叶变换的快速算法"，即快速傅里叶变换 FFT（Fast Fourier Transform）。FFT 巧妙地利用了复指数函数的周期性、对称性，通过选择和重新排列中间结果，使计算工作量大大减少，在速度上较 DFT 有明显的优势，计算效率更高，使得数字信号处理更为实用化，曾被认为是信号分析和处理划时代的技术进步。现在 FFT 计算方法很多，算法有多种变型，各种算法书中都可查到 FFT 标准程序。目前 FFT 算法已有专用硬件芯片和软件模块，可直接选用。

常见的 FFT 算法要求采样点数 N 是 2 的幂，即 $N=2^M$，其中 M 为正整数。一般 FFT 采样点数为 $128（2^7）$，$256（2^8）$，$512（2^9）$，$1\,024（2^{10}）$ 等，称为"基 2 算法"。这里简单介绍 FFT 基 2 算法的基本思想。

基 2 算法的出发点是充分利用周期性和对称性等特点，重新合理安排计算顺序，计算次数大为减少。把一个 N 点 DFT 运算分解为两组 $\dfrac{N}{2}$ 点的 DFT 运算，即把 $x(k)$ 按 k 的偶数和奇数分解为两部分，分别进行 DFT，将偶数项和奇数项变换后记为 $G(n)$ 和 $H(n)$，$G(n)$ 和 $H(n)$ 各包含 $\dfrac{N}{2}$ 个点，周期均为 $\dfrac{N}{2}$。由它们重新组合成一个 N 点的 DFT，所计算的 DFT 与直接计算的 DFT 结果相同，但运算量却大不相同。若采用蝶形流程图，$G(n)$ 和 $H(n)$ 还可以再分解为偶数项和奇数项。采用多级蝶形流程图，对于 $N=2^M$ 的任意情况，只需要把奇偶分解逐级进行下去，全部 DFT 运算就可以分解为 M 级蝶形流程图，其中每级都包含 $N/2$ 次乘法运算和 N 次加法运算。因此 FFT 的计算量为：

复数乘法——$M\,\dfrac{N}{2}=\dfrac{N}{2}\log_2 N$ 次；

复数加法——$MN=N\log_2 N$

M 为 2 的幂，N 为采样点数。若信号样本数据长度取 $N=1\,024$，即 $M=10$，则 FFT 复数运算次数为 15 360,比起 DFT 的 200 万次复数运算,计算次数少了 136 倍。然而复数乘法的用时远多于复数加法用时,所以 DFT 与 FFT 计算用时比近似为 $\dfrac{DFT}{FFT} \approx \dfrac{N^2}{0.5N\log_2 N} = \dfrac{N}{0.5M}$。当 $N=1\,024$ 时,二者比值为 204.8。

七、噪声与平均技术

在数字信号的采集和处理过程中,存在不同程度的噪声污染,如电噪声、机械噪声等,可能来自试验结构本身,也可能来自测试仪器的电源及周围环境。

在信号测试阶段,虽然采取了如良好接地等技术措施来设法减少噪声污染,但测试信号中的噪声仍会存在。在信号处理阶段,通过平均技术可降低噪声的影响,一般的信号分析仪都具有多种平均处理功能。可以根据研究的目的和所分析信号的特点,选择适当的平均类型和平均次数。

(一)谱的线性平均

谱的线性平均是一种最基本的平均类型,会对每个给定长度的记录逐一做 FFT 和其他运算,然后对每一频率点的谱值分别进行等权线性平均,即

$$\overline{A}(n\Delta f)=\frac{1}{n_{\mathrm{d}}}\sum_{i=1}^{n_{\mathrm{d}}}A_i(n\Delta f),n=0、1、2、\cdots N-1 \tag{7-78}$$

式中　$A(f)$——自谱、互谱、有效值谱、频响函数、相干函数等频域函数;

$\quad\quad\ i$——被分析记录的序号;

$\quad\quad\ n_{\mathrm{d}}$——平均次数。

对于平稳随机过程的测量分析,增加平均次数可减小相对标准偏差。

对于平稳的确定性过程,例如周期过程和准周期过程,其理论上的相对标准差应该总是零,平均的次数没有意义。不过实际的确定性信号总是或多或少混杂着随机的干扰噪声,采用线性谱平均技术能减少干扰噪声谱分量的偏差,但并不降低该谱分量的均值,因此实质上并不增强确定性过程谱分析的信噪比。

(二)时域线性平均

增强确定性过程谱分析信噪比的有效途径是采用时间记录的线性平均,称时域线性平均。时域平均首先设定平均次数 n_{d}。对于 n_{d} 个时间记录的数据,按相同的序号样点进行线性平均,即

$$\overline{x}(k\Delta t)=\frac{1}{n_{\mathrm{d}}}\sum_{i=1}^{n_{\mathrm{d}}}x_i(k\Delta t),k=0、1、2\cdots N-1 \tag{7-79}$$

然后对平均后的时间序列再做 FFT 和其他处理。

时域平均可以在时域上抑制随机噪声,提高确定性过程谱分析的信噪比。采用时域平均只需最后做一次 FFT,与多次 FFT 的谱平均相比,可大大节省机时,提高分析速度。然而,时域平均技术只适用于确定性信号分析,且有很严格的限制条件,需要同步触发,以免起始时刻的相位随机性使确定过程的平均趋于零。随机过程的测量一般不能采用时域平均。

(三)指数平均

功率谱平均和时域平均都是线性平均,参与平均的所有 n_{d} 个频域子集或时域子集赋予相等的权,即 $1/n_{\mathrm{d}}$。

指数平均与线性平均不同,指数平均对新的子集赋予较大的加权,越旧的子集赋予越小的权。例如某谱分析仪的指数平均就是对最新的子集赋予 1/4 加权,而对于此前经过指数平均的谱再赋予 3/4 的加权,二者相加后作为新的显示或输出的谱。也就是说,在显示或输出的谱中,最新的一个谱子集(序号 m)的权是 $1/4$,从它往回数序号为 $m-n$ 的子集的权是 $\frac{1}{4}\left(\frac{3}{4}\right)^n$,如图 7-59 所示。

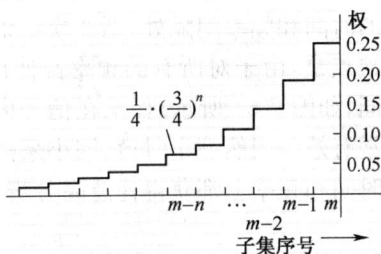

图 7-59　指数平均中各个子集的权

指数平均常用于非平稳过程的分析,可考察"最新"测量信号的基本特性,又可通过与"旧有"测量值的平均(频域或时域)来减小测量的偏差或提高信噪比。

有关的平均技术还有许多种,如峰值保持平均技术、无重叠平均技术、重叠平均技术等,它们各有其特点和用途。如何选择平均技术是振动测量中的一个重要步骤,在实际测量中要依据所选用的数字信号分析仪的功能,选择适当的平均技术,以提高振动测量的准确性。

八、信号的时频分析简介

时域和频域分别从不同方面表达信号。时域分析是从波形的角度来分析信号的特征,分析时域波形时,显示信号为随时间的幅值波形,从波形图上可以得到信号在各个时间点的幅值大小,可直接进行最大值、平均值、有效值、方根幅值等量的统计分析,但从时域信号中很难得到准确的频率信息。频域分析则通过傅里叶变换将时域信号转换为频域信号,是从频率的角度来分析信号的构成,频域中的幅值谱显示某一频率在信号中的强度,但通常不能提供相关谱分量的时间变化信息。对平稳的周期信号,无论时域分析还是频域分析都是可行的。但像旋转机械的启动、停机过程等信号频率成分不断变化的非平稳时间信号,单独的时域分析或频谱分析常常不能满足要求,必须将二者结合起来进行分析。

把时域和频域结合起来,在时间-频率上分析信号,称为时频分析法,它是对非平稳或时变信号分析方法的统称。通过时间轴和频率轴组成的相平面,可以得到整体信号在局部时域内的频率组成,或者看出整体信号各个频带在局部时间上的分布情况。这就兼顾了非平稳信号分析中对频谱信息和时间变化信息的要求。时频分析在语音处理、地震资料分析、信号检测和数据压缩等领域得到了广泛应用,并成为状态监测和故障诊断中一种新的特征提取和信号处理的有效工具。

信号的时频分析分为线性和非线性两类。线性时频分析中最重要的是短时傅里叶变换(STFT)和小波变换(WT)。

(一)短时傅里叶变换

实现短时傅里叶变换的一种方法是,在傅里叶变换中引入一个在某时间局部内的"局部频率"。这样,"局部"傅里叶变换是通过一个窗口来观察信号,在这个窗口内(短时)信号接近平稳,如图 7-60 所示。移动时窗、分段取样,把整个信号化为若干个局部"平稳"的信号,再对"平稳"信号进行傅里叶变换,可以得到一组原信号的"局部"频谱。

实现短时傅里叶变换的另一种方法是,将傅里叶变换中所用的正弦基函数修改为在时间上更集中而在频率上较分散的基函数。通过短时傅里叶变换,把一维信号映射成时间-频率平面 (t,f) 内的二维函数。其优点是若信号的能量集中在给定的时间间隔 $[-T,T]$ 和频率间隔

$[-\omega,\omega]$内,经变换后能量将局域化到区域$[-T,T]\times[-\omega,\omega]$范围内,对信号中没有多少能量的时间和频率间隔处,则变换结果接近于零。这就对信号分析中特征信号的提取非常有利。其缺点是,由于对所有的频率都使用同一个窗口,使得在时间-频率平面的所有局域分辨率都相同,如图 7-61 所示,如果在信号内有短时(相对于时窗)、高频成分,短时傅里叶变换就不是非常有效。当然缩小时窗、缩小采样步长,固然可以获得更多的信息,但受不确定原理的约束,在时间和频率上都获得任意高分辨率是不可能的。

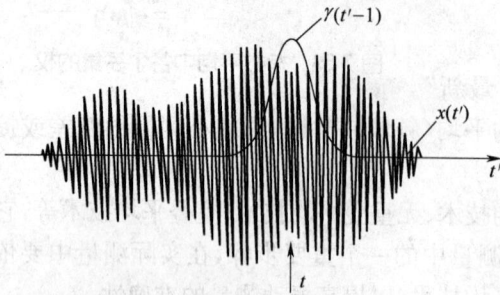

图 7-60　通过时间窗口观察信号

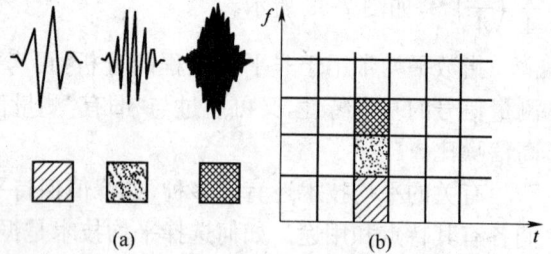

图 7-61　STFT 的时频划分

(二)小波变换

　　小波变换对不同频率在时域的采样步长是调节性的,高频采样步长小、低频采样步长大,如图 7-62 所示。小波变换的基本思想是,信号分析过程中以多分辨率、多标度方式来观察信号,其目的是既要看到信号的细节,又要观察信号的全貌。小波变换能把信号分解成交织在一起的多种尺度成分,并对大小不同的尺度成分采用相应的采样步长,从而能够不断地聚焦到对象的任意微小细节上,在时域和频域都具有良好的局部化特征,被誉为"数字显微镜"。小波变换是傅里叶分析发展史上里程碑式的进展。问世以来,不仅在理论和方法上不断取得突破性进展,而且在信号分析、图像处理、语言合成与分析、机器人视觉、地球科学、信号奇异性检测与谱估计以及分形和混沌理论中得到了广泛应用,成为信号分析中又一重要的数学工具。

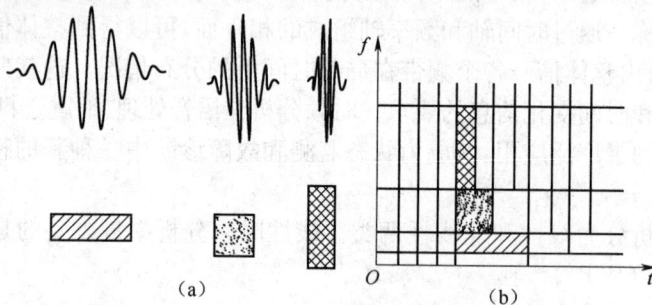

图 7-62　小波变换的时频划分

第五节　动力学问题的有限元法

一、有限元法简介

　　数值分析方法是首先对分析研究的工程结构建立系统的力学模型或数学模型,然后采用数学公式推导获得解析解,或运用大型软件进行数值模拟仿真获得数值结果。

对于大多数工程问题,由于几何形状和外界作用、边界条件复杂,要想获得问题的解析解是不可能的。只能寻求各种近似的数值方法,而有限元法就是一种最行之有效、应用最广泛的数值分析方法,已广泛用于指导设计和安全性评价。有限元法是 20 世纪中期兴起的,集应用数学、力学与计算机科学相互渗透、综合利用的交叉学科。

采用有限元法,第一步要对所研究的连续体进行结构离散化,即将研究的连续体划分为足够多有限个小区域,这些小区域被称为单元。单元的形状相对简单,但种类多,譬如描述桁架结构的有杆单元,刚架结构的有梁单元,描述平面问题的有三角形、多边形单元;描述空间问题的有四面体、六面体单元等。在连续体离散化过程中,可以选择不同的单元类型,单元的尺寸大小随意,数量不限,因此可以描述任何复杂几何形体的结构。

在单元内部通过简单的函数,描述单元内应力应变与结点位移之间的关系,用结点位移表达单元的能量。因为能量是标量,将所有单元的能量叠加汇总得到结构的总能量,再根据最小能量原理建立结点位移与结点力之间的关系,它们的关系是代数方程组。

有限元方法就是通过离散化和能量原理,将连续体力学问题的平衡方程、物理方程、几何方程等三组微分方程,转化为有限阶次代数线性方程组。所以有限元法的实质是用有限个单元的组合体代替连续体,将无限自由度问题转化为有限自由度问题,将连续场函数的微分方程组求解问题转化为有限个参数的代数方程组求解问题。

有限元法概念浅显,容易掌握,可以从不同角度或在不同程度上来研究或应用有限元法,比如从数学角度出发可以研究构造新的单元位移模式,研究单元的计算精度与收敛速度问题;在应用层面则只需选择合适的单元类型。有限元法计算步骤统一,采用矩阵表达形式,特别适合计算机编程计算,而且大型通用软件相当成熟,无需使用者自己编写程序,因此有限元分析技术得到了普遍应用。此外随着计算机发展,软件功能完善,先进的前处理功能解放了有限元计算过程中繁重的建模工作,完善的后处理功能可以直观形象地显示计算结果或动画,便于分析判断。

随着有限元理论不断完善和计算方法的不断改进,有限元法已成为一种成熟的方法,且已扩展到其他研究领域并在实际工程中得到广泛的应用。有限元法的应用已从结构静力分析发展到动力问题、稳定性问题,从平面问题发展到空间问题、板壳问题。研究的对象从线弹性材料扩展到塑性、黏弹性、黏塑性、热黏弹性、热黏弹塑性和复合材料。从小变形的弹性问题发展到大变形的非线性问题;由结构计算分析、校核问题扩展到结构优化设计问题;由固体力学扩展到流体力学,继而又扩展到热传导、电磁场等非力学领域。生物力学领域的许多研究,如脊柱、颅骨、牙齿等方面的强度分析成为当前有限元法的新课题。由于有限元技术的发展,促进相关学科数值分析能力的提高,进而派生出很多新兴学科,毫不夸张地说,从小到微观结构、大到天体结构,凡是连续介质场都可以应用有限元法。

用有限元法分析工程实际问题需要使用有限元法的计算机程序或程序系统,除了特殊问题需要专用软件外,一般通用软件都能满足工程分析计算要求。而且通用软件是商业软件,通用性强,规格规范,输入方法简单,解决问题的领域广泛。大型著名有限元软件有 ANSYS、NASTRAN、IDEAS、ALGOR 等,这些软件都包含二维、三维问题的多种单元,适用于多种载荷作用下的静力问题和动力问题分析,具有自动划分网格的前处理功能及用图形解释计算结果的后处理功能,如指定位移、应力、温度、振型的云图等。

有限元法分析动力学问题,一般都是将连续结构离散化为一个具有 n 个有限的多自由度离散系统,基本方程为:

$$[M]\{\ddot{x}\}+[C]\{\dot{x}\}+[K]\{x\}=\{F(t)\} \tag{7-80}$$

式中　　$[M]$、$[C]$、$[K]$——为 $n\times n$ 方阵,分别为系统的质量矩阵、阻尼矩阵、刚度矩阵;

　　　　$\{x\}$、$\{\dot{x}\}$·$\{\ddot{x}\}$——n 阶列向量(列阵),分别为结点的位移向量、速度向量、加速度
　　　　　　向量;

　　　　$\{F(t)\}$——外力向量。

静力学问题的有限元方程为:

$$[K]\{x\}=\{F\} \tag{7-81}$$

静力问题载荷不随时间变化,反映在静力平衡条件下的结点位移与载荷的关系,只与结构系统的刚度矩阵有关。动力学问题考虑惯性力与阻尼作用,在运动过程中结构的每一个部分都有惯性力,惯性力与加速度反向作用在结构上,同时载荷具有随时间变化的性质,结构的响应也随时间变化。因此,动力学问题不是单一解,动力学分析比静力学分析更加复杂,进行更多的计算,消耗更多的机时。

用有限元法分析动力学问题主要包括模态分析、谐响应分析、瞬态动力学分析及谱分析等。有关用有限元法分析动力学问题的理论很多教材都有详细的介绍,本节以 ANSYS 为例,着重阐述应用软件分析动力学问题的一些方法。

二、模态分析

(一)模态分析理论

模态分析是结构动态设计和设备故障诊断的重要方法,已成为现代工程领域研究动态问题的核心。结构模态分析是结构强迫振动分析的基础,是谐响应分析、瞬态动力学分析和谱分析的起点。模态分析所确定的结构振动特性,即固有频率和振型,是承受动态载荷作用结构设计的重要参数。

模态参数(固有频率、振型、阻尼比)可以通过计算或者试验分析获得。如果是通过有限元法计算获得的称为计算模态分析。计算模态分析主要是将连续结构离散化,建立系统特征值问题的数学模型,用各种近似方法求解系统特征值和特征向量。如果通过试验将采集的系统输入与输出信号经过参数识别获得模态参数,称为试验模态分析,实验模态分析是计算模态分析的逆过程。

结构模态是由结构本身的特性与材料特性所决定的,反映结构在某频率范围内的各阶主要振动特性。模态分析与外载荷无关,即式(7-80)中 $\{F(t)\}=\{0\}$,按是否考虑系统阻尼分无阻尼振动系统和有限尼振动系统。

1. 无阻尼自由振动系统

不考虑阻尼时振动方程为

$$[M]\{\ddot{x}\}+[K]\{x\}=\{0\} \tag{7-82}$$

设无阻尼自由振动的解为

$$\{x\}=\{A\}\sin(\omega t+\varphi) \tag{7-83}$$

将此解代入式(7-82),得

$$([K]-\omega^2[M])\{A\}=\{0\} \tag{7-84}$$

其特征方程为

$$|[K]-\omega^2[M]|=0 \tag{7-85}$$

式(7-85)是一个关于 ω^2 的 n 阶方程，求出方程的 n 个特征值，每个特征值的算术平方根即为系统的无阻尼固有频率。将固有频率 ω_i 代入式(7-84)，可求得一组特征向量 $\{A\}_i$，该特征向量为系统的第 i 阶主振型，也称为模态振型。

2. 有阻尼自由振动系统

有阻尼自由振动系统的振动方程为

$$[M]\{\ddot{x}\}+[C]\{\dot{x}\}+[K]\{x\}=\{0\} \tag{7-86}$$

系统的阻尼与速度、变形有关，精确地确定阻尼矩阵是相当困难的，通常将实际结构的阻尼矩阵 $[C]$ 由质量矩阵 $[M]$ 和刚度矩阵 $[K]$ 表达，具体有三种形式。

(1)假定阻尼力正比于质点的运动速度，阻尼矩阵比例于质量矩阵。

(2)认为阻尼是由于材料内摩擦引起的，阻尼比例于应变速度，阻尼矩阵比例于刚度矩阵。

(3)系统的固有振型对于质量矩阵 $[M]$ 和刚度矩阵 $[K]$ 具有正交性，认为阻尼矩阵也具有正交性，这种阻尼矩阵称为比例阻尼或振型阻尼，也称 Rayleigh 阻尼，是 $[M]$ 和 $[K]$ 的线性组合，即

$$[C]=\alpha[M]+\beta[K] \tag{7-87}$$

式中，α，β 是不依赖于频率的常数。

(二)模态分析步骤

应用 ANSYS 软件进行模态分析主要包括建立模型、加载求解、扩展模态、观察求解结果等 4 个步骤。

1. 建立模型

根据被分析结构的几何特征及受力特点，选择合适的单元类型对连续体结构离散化。网格划分时要综合考虑计算精度、工作量与计算机能力，合理确立单元尺寸。单元大小决定单元的数量，决定离散结构的自由度总数，决定分析计算的工作量，同时也决定分析的精度。一般单元尺寸越小分析问题的精度越高，而划分单元的数量就越多，离散结构的自由度总数也随之增加，分析计算的工作量则剧增，对计算机要求高。反之，单元尺寸大，计算工作量小，但分析精度会降低。

2. 加载求解

(1)模态分析方法选取

ANSYS 软件提供了 6 种模态提取方法，即分块兰索斯法、子空间法、动态功率法、缩减法、非对称法、阻尼法。每种方法各有特点与适用范围，大多数的模态分析中采用前 4 种方法，因为模态分析中一般忽略阻尼。如果阻尼的效果比较明显应使用阻尼法。

(2)确定模态阶数

结构的模态有 n 阶，分析时只需要前几阶或几十阶频率与振型。实际操作中应当提取的模态阶数要多于分析所需要的阶数，以降低丢失模态的可能性，当然求解时间会更长。

(3)施加载荷

模态分析与外载荷无关，此处"载荷"实质上是位移约束，典型的模态分析中唯一有效的"载荷"是零位移约束。位移约束就是限制结构上边界结点的某种运动或运动趋势，即某个自由度，包括线位移、角位移。位移约束正确与否决定有限元分析结果的正误，所以要根据被分析结构的变形或运动特点来确定"载荷"。

（4）阻尼选项

阻尼形式有 α（质量）阻尼、β（刚度）阻尼、恒定阻尼比、材料阻尼比等 4 种。阻尼只在有阻尼的模态提取法中使用，在其他模态提取法中忽略阻尼。

（5）求解并存储

执行求解命令后，输出的内容主要是结构的固有频率，求得的特征值和特征向量，并写到输出文件 Jobname. OUT 和振型文件 Jobname. MODE 中。

3. 扩展模态

振型文件常用由主自由度表达的"缩减解"。如果需要在后处理器中察看求解结果，就必须选用"扩展"功能，将缩减解扩展到完整的自由度集上，得到扩展振型。"扩展模态"不仅适用于缩减法得到的缩减振型，亦适用于其他方法得到的完整振型。

4. 观察求解结果

扩展模态的结果文件为 Jobname.RST，包括结构的固有频率、扩展振型，相对应力和力分布等。可用数据列表或图形的方式显示。数据列表只列出各阶频率数值；图形显示则可表现出振型的形态，不仅显示静态图形，还可动画显示各阶模态的振动过程。

（三）模态分析举例

【例 7-5】 采用有限元法，对第二节第六部分实验的简支梁进行模态分析，梁的尺寸为 $700 \times 50 \times 8$ mm，弹性模量 $E = 206$ GMPa，$\mu = 0.3$。

解：梁的几何尺寸为 $700 \times 50 \times 8$ mm，厚度（z 向）较另两个方向小很多，表现为板的几何特征，故在有限元分析时，可采用板单元模拟梁，划分 32 个单元。

利用 ANSYS 软件中的 Block Lanczos 法进行模态分析，图 7-63 是梁的前 9 阶振型。它们的振动形态不同，其中，第 1、2、3、5、7、9 阶为简支梁的一次至六次弯曲振型；第 4 阶为梁的侧向弯曲振型；第 6、8 阶为梁的一次、二次扭转振型。

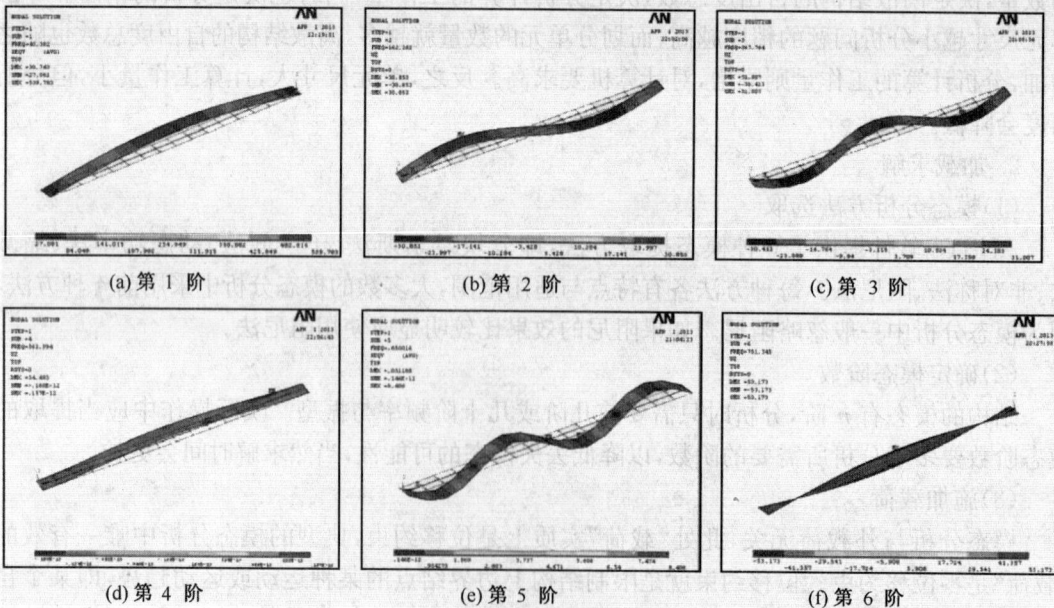

(a) 第 1 阶　　(b) 第 2 阶　　(c) 第 3 阶
(d) 第 4 阶　　(e) 第 5 阶　　(f) 第 6 阶

图　7-63

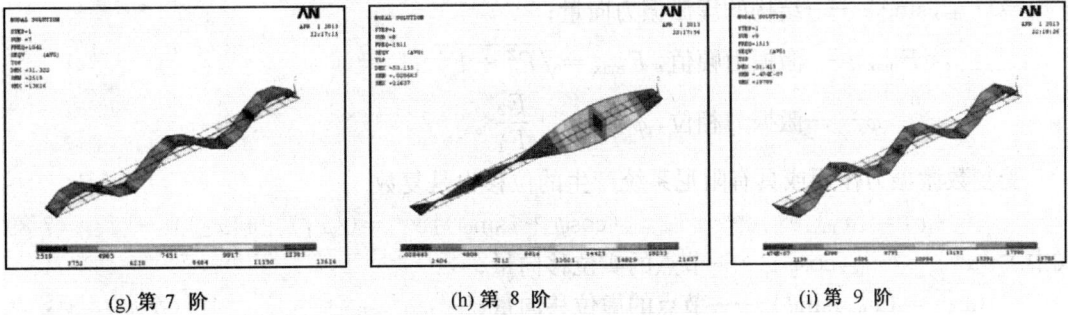

(g) 第 7 阶　　　　　　　　　(h) 第 8 阶　　　　　　　　　(i) 第 9 阶

图 7-63　简支梁的前 9 阶模态振型

通过有限元分析可得到梁的各种振型,包括弯曲、侧弯、扭转等振型。而实验法,由于受传感器数量与布置方向等因素限制,只能测出其中部分振型,如第二节第六部分的实验,可获得梁的前几阶弯曲振型,但无法获得侧弯、扭转振型。

表 7-5 是该梁的有限元计算模态与实验模态对比,计算模态与实验模态是一致的。

表 7-5　简支梁的有限元计算模态与实验模态

阶数	频率(Hz)		振型	阶数	频率(Hz)		振型
	计算	实验			计算	实验	
1	40.38	49.35	一次弯曲	6	751.34		一次扭转
2	162.28	173.54	二次弯曲	7	1 041	1 005	五次弯曲
3	367.76	362.04	三次弯曲	8	1 511		二次扭转
4	562.89		侧向弯曲	9	1 515		六次弯曲
5	659.69	652.26	四次弯曲				

三、谐响应分析

(一)谐响应分析简介

在持续的周期载荷作用下,结构系统产生持续的周期响应,称为谐响应。谐响应分析就是确定线性结构在承受随时间按正弦规律变化载荷作用下的稳态响应,其目的是计算出结构在不同频率正弦载荷(如以不同速度运行的发动机)作用的响应,得到响应幅值和频率的变化曲线。

譬如压缩机、发动机、泵、涡轮机械等旋转设备的支座及固定装置,涡轮机叶片、飞机机翼、桥和塔等受涡流(流体的漩涡运动)影响的结构,所受到的外载荷都属于正弦载荷,在设计时应进行谐响应分析,采取不同减振措施,降低结构振动,提高结构动态工作性能。

谐响应分析只是计算结构的稳态受迫振动,一次只能分析一个给定频率的简谐激励作用。动力学基本方程式(7-80)中的外载荷为简谐激励,作用在多自由度系统上的各简谐激励的频率和相位相同,激振力可用复数表示为

$$\{F(t)\} = \{F_{max} e^{i\varphi}\} e^{i\omega t} = \{F_{max}(\cos\varphi + i\sin\varphi)\} e^{i\omega t} = (\{F_1\} + i\{F_2\}) e^{i\omega t} \quad (7-88)$$

式中　　　　　　ω ——简谐激励频率;

$\{F_1\} = \{F_{max}\cos\varphi\}$ ——结构的实激振力向量;

$\{F_2\}=\{F_{\max}\sin\varphi\}$——结构的虚激振力向量；

$\qquad F_{\max}$——激振力幅值，$F_{\max}=\sqrt{F_1^2+F_2^2}$；

$\qquad \varphi$——激振力相位，$\varphi=\tan^{-1}\dfrac{F_2}{F_1}$。

受复数激振力作用或具有阻尼系统产生的位移也是复数

$$\{x\}=\{x_{\max}e^{i\psi}\}e^{i\omega t}=\{x_{\max}(\cos\psi+i\sin\psi)\}e^{i\omega t}=(\{x_1\}+i\{x_2\})e^{i\omega t} \qquad (7\text{-}89)$$

式中　$\{x_1\}=\{x_{\max}\cos\psi\}$——节点的实位移向量；

$\qquad \{x_2\}=\{x_{\max}\sin\psi\}$——节点的虚位移向量；

$\qquad x_{\max}$——节点位移幅值，$x_{\max}=\sqrt{x_1^2+x_2^2}$；

$\qquad \psi$——节点相位，$\psi=\tan^{-1}\dfrac{x_2}{x_1}$。

每个自由度上的谐位移，通常与施加载荷不同相，即 $\psi\neq\varphi$。

将式(7-88)和式(7-89)，代入式(7-80)，得到谐响应分析的运动方程

$$(-\omega^2[M]+i\omega[C]+[K])(\{x_1\}+i\{x_2\})=(\{F_1\}+i\{F_2\}) \qquad (7\text{-}90)$$

谐响应分析有局限性，如谐响应分析中所施加的载荷都必须随着时间按正弦规律变化，且必须有相同的频率，不允许有非线性存在，更不能用于计算瞬态效应等。

(二)谐响应分析的步骤

ANSYS 的谐响应分析过程包含建模、加载求解、观察求解结果等 3 个主要步骤。

1. 建立模型

谐响应分析也属于线性分析。只有线性单元有效，即使定义了非线性单元，在程序分析中也将忽略其非线性行为。分析中必须指定弹性模量和密度，材料的性质可以是线性的、非线性的、恒定的或与温度相关的，但材料的非线性性质也将被忽略。

2. 加载求解

(1)选取分析方法

在 ANSYS 的谐响应分析(Harmonic Response)模块中，提供完全法、缩减法和模态叠加法 3 种求解运算方法。其中完全法采用完整的系统矩阵计算谐响应，可以是非对称的(如声学矩阵)，且最容易使用。缩减法采用主自由度和缩减矩阵来压缩求解问题的规模，计算出主自由度后再扩展到初始完整的自由度集上。模态叠加法则通过对模态分析得到的振型(特征向量)乘上因子并求和计算出结构的响应，它相比较完全法和缩减法计算速度快，可以考虑振型的阻尼，并可产生更平滑更精确的响应曲线。

(2)在模型上加载

谐波载荷有集中力、分布压力和强迫位移等形式，但谐响应分析要求所有载荷必须随时间按正弦规律变化，且必须有相同的频率。指定一个完整的简谐荷载，需要输入幅值、相位角、强制频率范围等 3 类信息。

(3)载荷步选项

载荷步选项用于设置分析响应频率范围及与谐响应阶数，选择分级加载方式，阻尼、输出控制选项等。

3. 观察求解结果

谐响应的分析结果被保存在结果文件 Jobname.RST 中。如果结构定义了阻尼，响应与

载荷不同步,所有结果是复数形式,存储实部和虚部。

观察结果:绘制结构上特殊点处的位移—频率曲线;用图形显示最高振幅发生时的频率,确定各临界频率和相应的相角;观看整个结构在各临界频率和相角的位移和应力。

(三)谐响应分析举例

【例7-6】 如图7-64所示,一长度为1 m,直径为0.36 mm且形状均匀的吉他弦,在施加拉伸载荷 $F_1=120$ N后被紧绷在两个刚性支点间,在弦的1/4长度处以外力 $F_2=2$ N弹击,弹性模量 $E=220$ GPa,密度7 800 kg/m³,试对吉他弦进行谐响应分析。

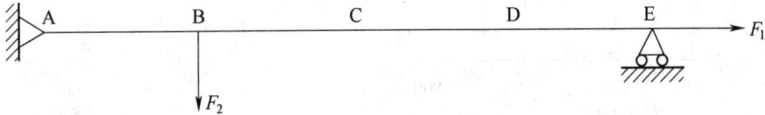

图7-64 吉他弦示意图

解:因为吉他弦受有张力作用,属于有预应力的谐响应分析问题。根据吉他弦的几何特征,采用杆单元模拟,划分40个单元。分析时设弹击力的频率范围从0~2 000 Hz,加载步数250步,频率间隔为8 Hz,查看吉他弦在前几个固有频率处的响应。

利用ANSYS软件做谐响应分析,需要完成三个环节的计算:

1.预紧力作用分析。预紧力可认为是常量,通过静态求解,计算预紧力作用下的吉他弦响应。

2.模态分析。采用Subspace法分析吉他弦的模态。

3.谐响应分析。在吉他弦B点(1/4处)施加一个很小的侧向激振力 F_2(如2N),采用模态叠加法进行谐响应分析。

图7-65表示吉他弦横向位移幅频图,其中图7-65(a)是吉他弦中心C点的谐响应曲线,图7-65(b)是吉他弦B点(1/4处)与D点(3/4处)的谐响应曲线,图7-65(c)是中心C点与B点的谐响应曲线比较。曲线分析如下:

(1)吉他弦的振动基频为 $f_0=192$ Hz;

(2)吉他弦中心点(C点)的1、3、5倍频率上振幅有峰值,但在2、4倍频率上振幅为0,如图7-65(a)所示;

(3)吉他弦B点与D点,1、2、3、5、6倍频率上振幅有峰值,但在4倍频率上振幅为0,如图7-65(b)所示;

(4)在1、3、5倍频率上C点与B点频率重合,但C点幅值较大,图7-65(c)。

实质上吉他弦的各节共振频率为 nf_0,$n=1$时,为一阶弯曲振型,C点幅值最大且与B及D点同相;$n=2$时,为二次弯曲振型,C点为弯曲拐点,幅值为0,B和D点为二次弯曲振型跨中,幅值最大,但振幅反相;$n=3$时,C与B、D点均为3次弯曲振型,在各波形中点,但振幅反相;$n=4$时,为四次弯曲振型,C与B、D点均为幅值为0的拐点。其他依次类推。

四、瞬态动力学分析

(一)瞬态动力学分析概况

瞬态动力学分析亦称时间历程分析,用于确定承受任意的随时间变化载荷结构的动力学响应。可确定结构在静载荷、简谐载荷和瞬态载荷的任意组合作用下,随时间变化的位移、应

(a) 中心处（C点）

(b) 1/4（B点）与3/4（D点）处

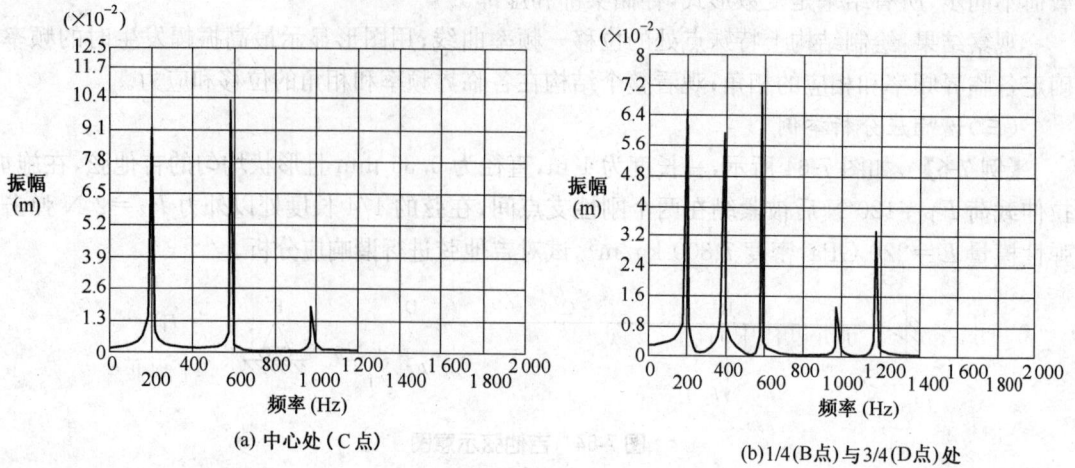

图 7-65　吉他弦的谐响应曲线

变、应力及力。

瞬态动力学基本方程为式（7-80），其中 $\{F(t)\}$ 为任意随时间变化载荷。用有限元法分析结构的瞬态动力响应问题，一般采用振型叠加法和逐步积分法两大类。

1. 振型叠加法

振型叠加法又称模态叠加法，其思路是，利用结构振型的正交性，以振型矩阵作为变换矩阵，将多自由度系统原本相互耦合的振动方程组，转化为等数量解耦的单自由度振动方程并分别求解，以求得的单自由度解作为系数，将结构的各阶模态进行叠加并求和，最终得出结构的瞬态响应。

振型叠加法求解动力响应问题，计算精度高，但需求出各阶振型模态，计算程序比较复杂，计算量较大。实践表明，激振力所能激起的只是激振频率相对较低部分的振型，而绝大部分高阶振型的影响很小可略去不计。因此，实际分析时只需将前 m 阶振型的响应叠加，便能得到较好的分析结果。

2. 逐步积分法

逐步积分法又称为直接积分法。它的最基本思想是，不仅在空间上采用有限元的离散化思路，而且在时间上也采用了离散化思路，将原本在任意时刻 t 都满足动力学基本方程的运动量，代之以只要在离散时间点满足即可，而且在一定时间间隔内，对位移、速度和加速度之间的关系做了某种假设，这样就可由初始条件逐步求出后续各个时间点的位移、速度和加速度值。

设周期 T 时间分为 n 个等间隔的时间段 $\Delta t = T/n$，依据 t 时刻的各个状态向量 $\{x_t\}$、$\{\dot{x}_t\}$ 和 $\{\ddot{x}_t\}$，计算时刻 $t+\Delta t$ 的状态向量 $\{x_{t+\Delta t}\}$、$\{\dot{x}_{t+\Delta t}\}$ 和 $\{\ddot{x}_{t+\Delta t}\}$。

根据由 t 时刻计算时刻 $t+\Delta t$ 运动量的表达式不同，逐步积分法又细分为中心差分法、Houbolt 法、Newmark 法、Wilson-θ 法等。其中 Wilson-θ 法对于解决复杂结构的响应问题效果良好，无条件稳定，对线性和非线性问题都适用，是逐步积分法中常用的方法。

（二）瞬态动力学分析的步骤

瞬态动力学分析过程包含建模、加载求解、后处理等 3 个主要步骤。建模与其他分析类似，可使用线性和非线性单元。

1.选择分析的方法

ANSYS 在瞬态动力学分析(Transient)模块中提供了完全法、缩减法及模态叠加法三种方法。

这三种方法名称、主要思想及特点与谐响应分析模块相同,但在瞬态动力学分析模块中,载荷的描述不同,计算功能更强大。

完全法采用完整的系统矩阵计算瞬态响应,不必选择主自由度或振型,允许各种类型的非线性特性(如塑性、大变形、大应变等),一次分析就能得到所有的位移和应力,功能最强,但机时长。缩减法初始只计算主自由度的位移,比完全法快且开销小,但不能施加压力、温度等单元载荷,整个瞬态分析过程中时间步长必须保持恒定。模态叠加法比其他方法计算快,可考虑模态阻尼,但要求在整个瞬态分析过程中时间步长必须保持恒定,不能施加强制非零位移。

2. 载荷定义

瞬态动力学分析的载荷定义比其他分析类型复杂一些。施加瞬态载荷首先要确定边界条件和初始条件,瞬态动力学分析要求初始位移 $\{x_{t=0}\}$ 和初始速度 $\{\dot{x}_{t=0}\}$ 两种初始条件。

瞬态载荷随时间变化,为了描述这种载荷-时间历程关系,采用适当载荷步的方式定义载荷历程,在载荷时间曲线上的每个"拐点"都应作为一个载荷步,如图 7-66所示。每个载荷步都需要指定载荷值和时间值,同时指定其他的载荷步选项,例如是按斜坡方式还是按阶跃方式,按等时间步长还是自动时间步长等,这些不同的载荷步选项确定了瞬态分析的载荷时间历程。

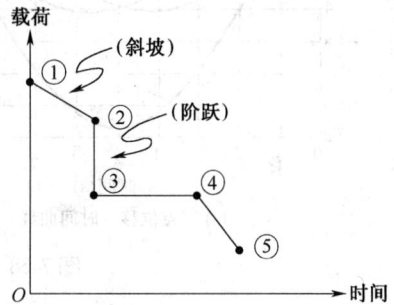

图 7-66 载荷-时间关系曲线示意图

3. 载荷文件

瞬态动力学分析允许结构承受多点不同的载荷作用,载荷的变化规律可各不相同,每个载荷都需要单独描述载荷-时间历程,也就是说可能有多条不同形式图 7-66 所示的曲线。按一定方式,将每条载荷曲线离散,形成各个载荷步,将每一个载荷步写入文件,并一次性求解所有的载荷步。

4. 观察求解结果

瞬态动力学分析结果被保存在结果文件 Jobname.RST 中,ANSYS 提供了两种观察分析结果的"后处理器"。

(1)通用后处理器(General Postproc),可显示任意时刻结构应力分布、结构变形状态;

(2)时程后处理器(TimeHist Postproc),可显示任意一点的应力、位移、力随时间的变化曲线,即应力时间响应、位移时间响应以及力时间响应。

(三)瞬态动力学分析举例

【例 7-7】 如图 7-67 所示的简支吊车钢梁,梁上有移动载荷以 1.0 m/s 的速度从梁的一端(A)移动到另一端(E),计算在此过程中吊车梁的位移和支座反力响应。已知钢梁长度为 10 m,截面为工

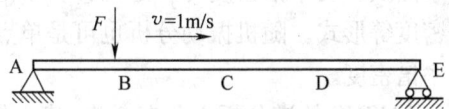

图 7-67 吊车梁示意图

字形,梁高 300 mm,翼缘宽度 150 mm,翼缘板厚度 20 mm,腹板厚度 10 mm。材料弹性模量为 200 GPa,泊松比为 0.3,密度为 7 800 kg/m³。

　　解:用梁单元模拟工字梁,施加竖向载荷1 kN,从 1 m 到 9 m 处匀速移动,图 7-68(a)为 B、C、D(AB＝2 m,AC＝5 m,AD＝8 m)三点的竖向位移-时间曲线,图 7-68(b)为两个支座的竖向支反力-时间曲线。

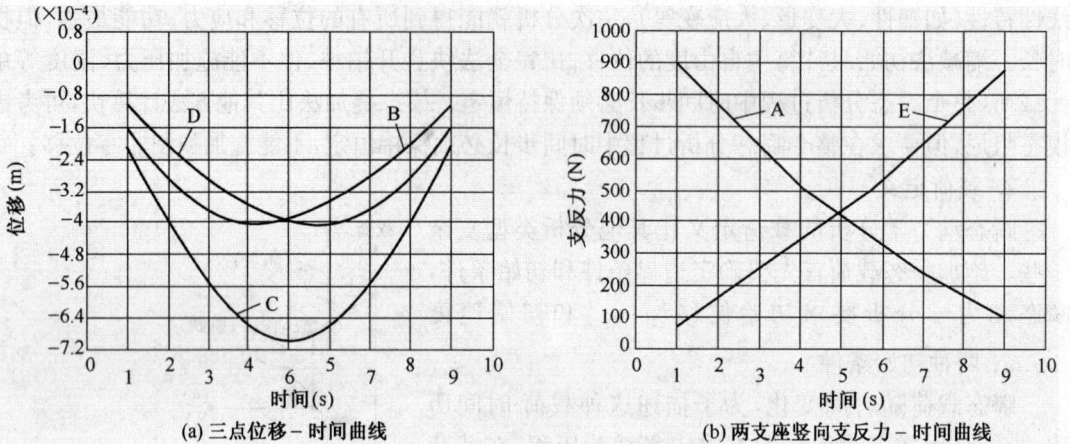

图 7-68　吊车梁位移和支反力响应曲线

五、谱分析

　　谱是谱值与频率的关系曲线,反映时间-历程载荷的强度和频率信息。谱分析是将模态分析的结果与已知谱联系起来计算结构最大响应的一种分析技术,主要用于确定结构对随机载荷或随时间变化载荷(如地震、风载、海洋波浪、喷气发动机推力、火箭发动机振动等)的动力响应。

　　ANSYS 提供了 3 种类型的谱分析,即响应谱分析、动力设计分析方法和功率谱密度。响应谱和动力设计分析方法都是定量分析的输入输出数据都是实际的最大值。而功率谱密度是定性分析,输入输出数据都只代表它们在确定概率下发生的可能性。

　　响应谱是一系列具有不同固有频率结构对某一动力载荷的响应,是关于结构自振频率的函数曲线,响应可以是位移、速度、加速度、力等。响应谱分为单点响应谱(SPRS)和多点响应谱(MPRS),SPRS 在模型的一个点集定义一条响应谱,MPRS 则可在模型的多个点集上定义不同的响应谱。

　　功率谱密度(PSD)是一种概率统计方法,是对随机变量均方值的量度,主要用于随机振动分析。功率谱密度是结构在随机动态载荷激励下响应的统计结果,是一条功率谱密度-频率的关系曲线。功率谱密度可以是位移功率谱密度、速度功率谱密度、加速度功率谱密度或力功率谱密度等形式。随机振动分析也可是单点的或多点的,要求在模型的不同点集上指定不同的功率谱密度。

　　ANSYS 的谱分析主要有 6 步,建立模型、获得模态解、获得谱分析解、扩展模态、合并模态、提取和观察求解结果。

复习思考题

1. 求图 7-69 所示弹簧-质量系统的固有频率。

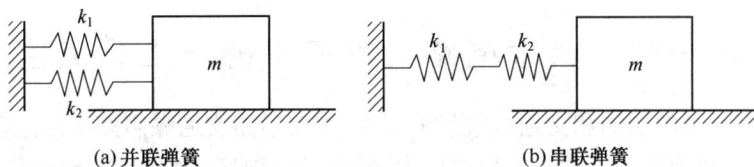

(a) 并联弹簧　　　　　　　　　　　　(b) 串联弹簧

图 7-69　弹簧-质量系统

2. 有一作简谐振动的物体,通过距离平衡位置 $x_1 = 5$ cm 及 $x_2 = 10$ cm 时的速度分别为 $v_1 = 20$ cm/s 和 $v_2 = 8$ cm/s,求其振动的周期、振幅及最大速度。

3. 某结构振动规律为 $x(t) = a\sin(\omega t) + 3a\sin(3\omega t)$,该振动是否为简谐振动? 试用 $x\text{-}t$ 坐标画出运动图。

4. 求简谐振动 $x(t) = A\sin(2\omega t + \alpha)$ 的平均绝对值、有效值、波形系数及波峰系数。

5. 某一振动波形可表示为

$$x(t) = a\cos(\omega_0 t) + \frac{a}{2}\sin(2\omega_0 t) - \frac{a}{20}\cos(4\omega_0 t)$$

试求其基频及倍频的振幅与初相位,并画出频谱图。

6. 求图 7-70 所示的周期方波傅里叶级数,并画出频谱图。

7. 已知一简谐周期信号 $x(t)$ 的频率为 30 Hz,现以 50 Hz 的采样频率对其进行采样,得 $x(n)$,问是否会发生频率混叠现象? 若发生混叠,混淆频率是多少?

8. 若 $x(t) = A\cos(100\pi t - \varphi)$,问(1)采样频率至少为多少才能保持原信号特征? (2)至少多少采集点,才能确定该信号的幅度和相位?

9. 动应变及振动试验练习。按类似于图 7-71 所示制作薄板钢梁,采用在钢板上下表面各粘贴 2 个应变计或 1 个应变计的方案测试动应力。

(1)施加不变 F 力,保持平衡状态,测试在 F 力作用下应变计位置的静应变;

(2)在系统平衡后,突然撤掉 F 力,测试自由振动梁的动应变;

(3)用加速度传感器测试梁的振动信号,并进行相应的数据分析。

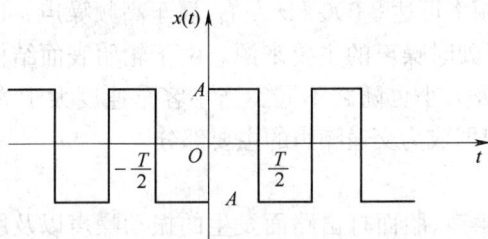

图 7-70　周期方波

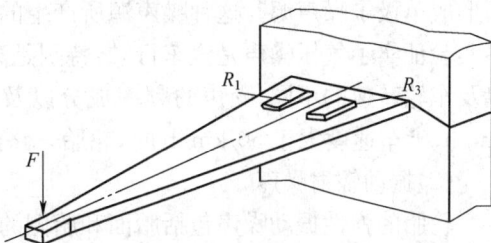

图 7-71　悬臂钢梁

*第八章　城市道路低噪声路面技术

第一节　城市道路交通噪声的产生和原因

随着城市交通量的增加和交通载重量的增大,城市道路交通噪声产生的危害日益突出,由于高速公路、城市快速路主要建在人口密度大、经济发达地区,因此我国的道路交通噪声污染问题已成为改善城市环境需要迫切解决的主要问题之一。

车辆在行驶过程中产生的交通噪声,主要分为两类。

1. 车辆动力噪声

车辆动力噪声主要指动力系统的辐射噪声。发动机系统是主要噪声源,包括进气噪声、排气噪声、冷却风扇噪声、燃烧噪声及传动机械噪声等。动力噪声的强度主要取决于发动机的转速与车速有直接关系,噪声强度随车速增大而增强。另外车辆爬坡时,随着路面纵坡加大,噪声也会加大。

2. 轮胎—路面噪声

汽车在行驶时(速度大于 50 km/h 时)由于轮胎和路面之间的相互作用产生轮胎—路面噪声,其大小与轮胎花纹构造、路面特性及车速有关,且主要取决于车速,其强度随车速的增大而增大。轮胎—路面噪声还包括在特殊的行驶条件下,如急刹车、急转弯、起步或路面有积水等情况下产生的振鸣声和溅水声等。

(1)泵吸噪声

当汽车轮胎在路面上滚动时,会引起轮胎和路面接触面间空气压力的突然变化,从而产生噪声。轮胎与路面接触的部位被压缩变形,轮胎花纹内空气也随之被挤压,被迫排出形成局部不稳定空气流;同时当轮胎通过路面上的不连通小孔时,孔隙内会形成压强较大的气团;轮胎离开接触面时,受压缩的轮胎花纹舒展并使空腔容积突然增大而形成一定的真空度,大气中的空气被吸入,称泵吸效应。泵吸效应产生的机理如图 8-1 所示。泵吸效应导致了汽车行驶过程中产生出一种喷射噪声,即气流从管口高速喷射造成周围气体的剧烈振动产生噪声,称为轮胎与路面间的气压噪声。在轮胎滚动时,空气的泵吸效应周期性发生,使空气形成疏密波,从而形成单极子噪声源。这种噪声源所产生的噪声频率可达 8 000 Hz 左右,属于高频噪声。许多实验证实了气压噪声是汽车行驶,特别是高速行驶时噪声的主要来源。由于轮胎表面结构以及车轮转速的不同,噪声的频率成分以及声压级大小也随之不同。当小客车速度大于 30 km/h、卡车速度大于 50 km/h 时,轮胎—路面噪声即成为交通噪声的主要部分。

(2)振动辐射噪声

轮胎的弹性振动噪声包括胎面和胎侧的振动噪声、胎面打击路面发生的振动噪声以及胎面相对于路面滑动所发生的强制振动噪声等。此外,由于道路表面的凹凸不平和轮胎的均匀性不良等也会引起胎面和胎侧弹性振动噪声。由于轮胎和路面在相互接触时摩擦力的作用,导致轮胎表面花纹产生的压缩形变,在离开路面时轮胎花纹产生的恢复压缩形变,其如音叉振

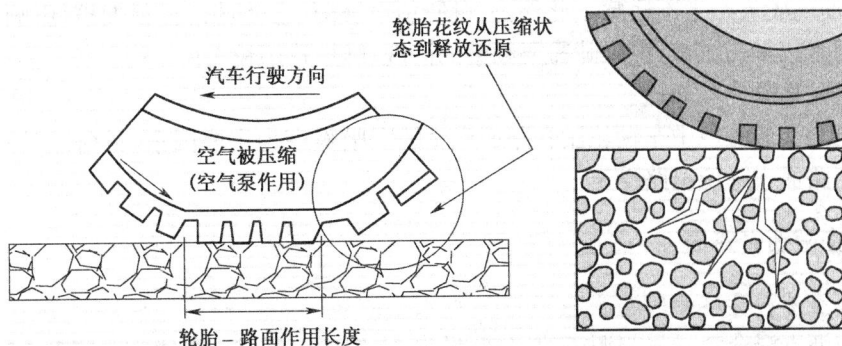

图 8-1　泵吸效应产生的机理

动的过程导致了摩擦噪声。因轮胎不是理想的圆形，路面也不完全光滑，因而在轮胎滚动过程中有一个小的力波动叠加在载荷和摩擦力上，并使胎体振动变形也会产生一定的噪声。都是由轮胎作为激励源引起的间接噪声，并向车厢内外辐射。总之，振动辐射噪声的强弱主要取决于轮胎的材料、结构和路面特性。随着道路表面性能的改善，汽车制造技术的进步，这类噪声正在逐渐降低。

(3)空气动力噪声

主要是指轮胎旋转时造成其周边空气压力变动而产生紊流，使空气振动而引起的噪声。

(4)自激振动噪声

主要指急转弯和紧急制动时轮胎与路面作用下所产生的噪声。

第二节　低噪声路面的类型

一、降低城市道路交通噪声方法

目前降低城市道路交通噪声的方法主要有三种。

(一)种植绿化带

在城市道路的两侧种植树木能够有效降低噪声，并且能够改善行车条件，具有美化城市市容的作用。同时绿化带还可以起到吸收二氧化碳及有害气体、吸附微尘以及改善道路两侧气候，防止空气污染，防眩和美化环境等作用。研究表明，当绿化带宽度大于 10 m 时，可降低交通噪声 4～5 dB。其原因是投射到植物叶片上的声能 74% 被反射到各个方向，26% 被叶片的微振所消耗。虽然种植绿化带有很多优点，但在土地资源日渐紧张的城市中，许多道路是较为狭窄的双车道，大量种植绿化带会占用道路两侧大量的土地，无形中增加了道路建设的成本。

(二)安装降噪声屏障

利用声屏障降低城市道路交通噪声，是目前在城市高架桥上应用较为广泛的降噪方式。声屏障降噪主要是通过声屏障材料吸收、反射声波等一系列物理反应来降低噪声。声屏障按结构外形可分为：直壁式、圆弧式；按降噪方式又可分为吸声式和反射式。吸声式主要采用多孔吸声材料降低噪声；反射式主要是使噪声声波的传播形成漫反射降低噪声。采用声屏障降噪效果可达 10 dB 以上。由于声屏障的类型各异，所以在降噪效果、造价、景观等方面各有特点。

声屏障与绿化带相比，降噪效果明显，节约土地，但是大量使用声屏障和长距离的声屏障除了造价较高外,还会使驾驶员产生压抑感,且易产生驾驶疲劳,另外在夏天容易发生炫目和反光现象,使驾驶员产生不适感。此外,大量使用声屏障,会使城市显得拥挤,影响市容市貌,对于夏季雨水较多的城市,声屏障需要频繁的清洗,维护费用较大。

(三)修筑低噪声路面

针对道路交通噪声中车辆轮胎和路面产生的泵吸噪声为主要因素,目前通过修筑大空隙沥青低噪声路面来降低道路噪声。

二、大空隙沥青路面

(一)大空隙沥青路面的发展

大空隙沥青混合料最早起源于德国 20 世纪 60 年代。目前许多国家采用大空隙沥青路面来降低道路噪声,各国对大空隙沥青混合料的称呼根据其使用目的不同而不同。德国根据它的降噪功能称为低噪声沥青路面,法国和英国根据它良好的排水性称之为排水性沥青路面或透水性沥青路面,美国根据大空隙沥青路面的集料结构类型称为开级配抗滑磨耗层,简称 OGFC(Open-Graded Friction Course)。虽然在名称、铺筑的厚度等方面各不相同,但本质上都是开级配大空隙沥青混合料。目前大空隙沥青混合料已在美国、欧洲和日本广泛应用。1974 年,美国联邦高速公路局(Federal Highway Administration,FHWA)提出一套 OGFC 的配合比设计方法。20 世纪 80 年代后期,日本从欧洲引进大空隙沥青路面技术,并开始研究和开发适合日本本国气候条件和交通条件的大空隙沥青混合料。1996 年日本道路协会出版的《排水性路面技术指南》针对大空隙路面,从设计、生产、施工及质量管理各方面做了详细的规定。目前日本是应用大空隙沥青路面最普遍的国家之一,已形成完善的大空隙沥青混合料设计和施工方法。

大空隙沥青路面是在普通的沥青路面或水泥混凝土路面的结构层上铺筑一层具有很高空隙率的沥青混合料,与普通密级配沥青混合料最大的不同是空隙率,普通密级配沥青混合料的空隙率一般不超过 6%,而大空隙沥青混合料的空隙率在 18%~22%之间。研究资料表明,与普通的沥青路面相比可降低道路噪声 3~8 dB。

大空隙沥青路面既不像绿化带那样需要大量的土地,也不像声屏障那样使驾驶员产生压抑感,仅仅是在原有的路面结构上铺筑一层功能层,就能有效降低道路交通噪声,大空隙沥青路面兼顾了降噪与成本,因此是城市道路降噪的首选。

(二)大空隙沥青路面特点

从结构上讲,大空隙沥青路面是一种骨架嵌挤型多孔结构的沥青路面,不仅能够有效地减少路表面积水,而且能够提供足够的表面粗糙度,从而降低道路交通噪声,其集料骨架结构还增强了抵抗车辙变形的能力。大空隙沥青路面具有以下特点:

1. 降低噪声

由于大空隙沥青路面较高的空隙率,如多孔吸声材料一样,在很大程度上能够消除泵吸噪声,起到降低道路噪声的作用。

由于各国测量噪声的方法不同得出的结果也不同。奥地利测得大空隙沥青路面比水泥混凝土路面降低噪声至少 6~7 dB;比利时测得的路面最大降噪效果是 15 dB,在雨天潮湿路面情况下,大空隙沥青路面仅增加噪声 1.5 dB,而传统的密级配沥青路面增加噪声 4 dB;西班牙测得的大空隙沥青路面的平均降噪效果为 4 dB。

2. 排水性好

普通的密级配沥青路面主要是依靠路面的坡度把路表面的积水排到道路两侧的排水沟，而大空隙沥青路面除了依靠路面坡度排水外，由于有互通的空隙结构，空隙率能够达到 20％以上，铺筑厚度为 4～5 cm 的大空隙沥青路面结构存在大量有效空隙，会将路表面的积水透过路面的诸多大空隙，沿下面层表面排至两侧边沟，所以比普通密级配沥青路面有更强的排水能力，路面雨天不积水。但这一大空隙特性随时间的增加而减弱，原因是空隙阻塞。法国通过对试验道路的观测发现：大空隙沥青路面经过 7 年后，空隙阻塞较严重的地段透水率由新建时的 1 cm/s 降至 0.25 cm/s。而但是在高速、重载、大交通量的公路上，空隙阻塞现象并不十分严重。防止空隙阻塞、延缓透水性衰减的措施如下：

(1)选择合适的沥青结合料；

(2)优化集料成分以实现耐久性和多孔性；

(3)空隙率大于 20％，且集料尺寸大于 11 mm；

(4)保证较大的宏观纹理；

(5)采用耐磨集料；

(6)在低交通量道路上不使用多孔性沥青路面；

(7)定期清洗空隙；

(8)层厚宜在 50 mm 左右。

3. 抗滑性好

由于表面粗糙度大，不仅在干燥路面条件下，中低车速时其抗滑性较传统的密实沥青路面略高；而且高车速时抗滑性较高。在潮湿路面条件下，也大大提高了路面的抗滑性能。

新建的大空隙沥青路面其抗滑阻力比期望值低。只有当集料上的薄沥青层被磨耗掉后，抗滑阻力才会提高到正常水平。所以大空隙沥青路面的抗滑阻力在铺筑的第一年里逐渐增加，以后若干年小幅下降，5 年后抗滑阻力保持在一个令人满意的水平。

4. 安全性高

由于大空隙沥青路面能够及时排出积水，即具有良好的排水性，避免汽车在行驶时产生"打滑"现象，减少由于路面的积水产生的镜面效应，从而有效地降低了雨天交通事故的发生概率。日本的统计资料表明，普通密级配沥青路面雨天事故率是晴天事故率的 9 倍，采用大空隙沥青路面后，雨天事故率可以减少 80％左右。

5. 强度和耐久性好

因为大空隙沥青路面只是用在路面表层，所以结构强度不成问题。车辙增加深度一般每年不超过 0.5 mm。对于重载、大交通量的道路，大空隙沥青路面的耐久性优于传统的密实沥青路面。

三、低噪声路面的类型

低噪声路面从胶结材料性质上分为沥青混凝土和水泥混凝土两大类型。

(一)低噪声沥青路面

低噪声沥青路面根据空隙率的性质分为多孔性和密实性两类。目前研究应用的低噪声沥青路面类型有：多孔性沥青路面、橡胶沥青路面、SMA 路面、超薄沥青混凝土路面及多孔弹性路面等。

1. 多孔性沥青路面

普通沥青路面的空隙率在 3%～6%,多孔性沥青路面的空隙率高达 18%～22%。由于空隙率大,雨水可以渗入路面中,通过路面中,的连通孔隙排向路面边缘,因此,也称为排水性沥青路面。多孔性沥青路面一般采用高黏度改性沥青或橡胶沥青作胶结料。

欧洲最早从 20 世纪 50 年代后期开始研究多孔性沥青路面,其中法国、丹麦、荷兰和英国的研究成果较为突出。英国的交通研究实验室(TRL)于 1950 年末开发了多孔性沥青路面,并应用于机场跑道,1960 年开始在公路上修筑试验路。1984 年以来,英国铺筑了各种试验路,目的是为了论证这种路面的降噪效果和耐久性。试验路所用的沥青结合料有 100 号沥青、EVA 改性沥青、橡胶改性沥青;有加纤维和不加纤维的;混合料中均掺加 2% 的消石灰。磨耗层厚度为 4.5 cm,下层为 36 cm 厚的沥青混凝土,磨耗层的空隙率达到 20% 左右。欧洲的多孔性沥青路面分为单层和双层两种形式。单层多孔性沥青路面主要应用在荷兰、法国和德国,铺筑厚度一般为 3～4 cm,空隙率为 20%～30%,可降低路面噪声 3～5 dB,使用寿命 8～10年,建设费用比传统沥青路面高 10%～25%。双层多孔性沥青路面主要应用在丹麦、法国和意大利、荷兰。双层多孔性沥青路面的上层为渗透层,下层为排水层;比传统沥青路面降低噪声 8～9 dB,比单层多孔性沥青路面降低噪声 4 dB;空隙率一般为 20%,建设费用比传统沥青路面高 25%～35%。上层需要在下层还未冷却时铺筑,且必须喷洒黏层油,使用寿命 8～10年。多孔性沥青路面,即 OGFC 于 20 世纪 60 年代由美国西部几个州的混合料封层发展而来。铺设厚度为 15～20 mm,空隙率一般控制在 15% 左右。多孔性沥青路面在比利时、日本、新加坡、马来西亚等国家和地区都有不同程度的研究和应用。

多孔性沥青路面不仅在路表面而且在路面内部都形成了许多连通的孔隙。当轮胎滚动时被压缩的气体能够通畅地进入路面孔隙内,而不是向周围散射,因而减小了轮胎花纹的泵吸噪声。同时,在声学上可以将这种路面看成是具有刚性骨架的多孔吸声材料,具有相当好的吸声性能,因在噪声的辐射过程中吸收衰减了大量声能。多孔性沥青路面除了能吸收噪声、还有抗车辙,提高雨天路面抗滑性能和减小溅水与水漂现象,及改善道路标志能见度,提高交通安全等特性。使用多孔性沥青降低的噪声程度相当于道路的交通量减半。

2. 密实骨架橡胶沥青路面

橡胶沥青混合料最早出现在 20 世纪 40～60 年代的美国。比利时最早开始橡胶沥青路面的降噪研究,1981 年在其首都布鲁塞尔的环道上铺筑了开级配热拌橡胶沥青混合料路面,噪声测试结果表明,降低噪声 8～10 dB。1984 年法国在巴黎塞纳河沿岸的城市道路上铺筑了Drain Asphalt 路面。在没有载重汽车时降低噪声 3～5 dB,有 5% 的载重车时降低噪声 2～3 dB。加拿大、英国、德国、日本、澳大利亚和奥地利等国家也进行了相应研究,至少可以降低噪声 3 dB,一些试验路降低噪声甚至可以达到 10 dB。

废橡胶粉(CRM)用于修筑沥青路面,分为干法和湿法两种。干法主要指橡胶粉改性沥青混凝土,是先将废橡胶粉(或颗粒)与集料拌和,然后加入沥青拌制成废橡胶改性沥青混合料,干法只适合于生产热拌沥青混合料。湿法指橡胶沥青混凝土是先将 CRM 与沥青拌和生成橡胶沥青结合料,然后再与集料拌和。使用上述混合料铺筑的路面称为橡胶沥青路面。橡胶沥青路面的降噪机理主要是由于橡胶粉或橡胶颗粒的高弹性,使得路面具有吸收轮胎振动和冲击的效果。

废橡胶颗粒是一种典型的阻尼材料,内损耗、内摩擦大。当材料受到轮胎振动激励时,可使相当部分的轮胎振动能量因内损耗变成热能散掉,从而减弱了轮胎和车体的振动。但由于其抗压强度远低于石料,作为弹性细集料,在沥青混合料中只能起到填充料的作用,而不能作为骨架材料。因此,橡胶沥青混合料中的废橡胶颗粒的粒径不宜超过 4.75 mm,否则会使混合料力学强度不高,体积易发生膨胀,导致路面发生松散、剥落等早期损坏。

3. 沥青玛蹄脂碎石路面(SMA)

德国在 20 世纪 60 年代中期为了抵抗带钉轮胎对路面的磨耗,在浇筑式沥青混凝土的基础上增加了碎石用量,即沥青玛蹄脂碎石路面,之后逐渐推广到普通公路和城市道路。欧美如荷兰、瑞典、挪威、捷克、美国等国家铺筑了相当数量的 SMA 路面。近年来日本的研究认为SMA 尤其适合用作桥面铺装材料。

轮胎—路面的接触噪声与路表面的纹理特性有重要的关系,增加宏观构造可降低轮胎的泵吸噪声。SMA 混合料粗集料多,所用石料质量好,路表面构造深度大,使路面具有良好的宏观构造,因此 SMA 路面有吸收衰减车轮滚动噪声的性能。

4. 超薄沥青磨耗层(BBM)

沥青混凝土铺装层厚度为 3 cm 时称为薄层沥青路面,厚度为 2.0～2.5 cm 时称为超薄沥青磨耗层(BBM)。超薄沥青磨耗层是一种小粒径、多碎石沥青混合料,具有抗滑性能好、良好的平整度、高粗糙度、高耐久性和行车噪声低的特点,另外超薄沥青混合料中集料颗粒的粒径尺寸小,表面平整,既保证了平顺的行车条件又减小轮胎振动,降噪效果明显,是一种很有应用前景的高等级公路的抗滑表层。法国和西班牙将超薄沥青磨耗层(BBM),用于新路的表面层和老路面的养护,应用结果表明,它非常适合于重载交通道路面层的养护。英国也于 20 世纪90 年代早期铺筑了超薄沥青磨耗层试验路,最初的降噪水平为 3～4 dB,等效于降低 60% 的交通量。

超薄沥青磨耗层的降噪机理:超薄沥青磨耗层路面有较多的路表面纹理(单位面积内表面的构造数量),轮胎—路面接触噪声一方面通过路表面的构造深度和空隙吸收、排泄空气泵吸噪声,另一方面通过路表面纹理的多次反射,达到衰减、消耗噪声能量的目的。

5. 多孔弹性路面(PERS)

日本首次引入了多孔弹性路面(PERS),瑞典、挪威也进行了研究。PERS 是指在沥青混合料中掺入橡胶颗粒(废旧轮胎磨制而成),并由聚氨酯树脂固结而成。橡胶颗粒掺量一般为混合料质量的 1%～3%,空隙率为 30%～40%,面层板的厚度为 2～5 cm。PERS 的特点是弹性和多孔性,所以降噪效果更好,明显优于排水性沥青路面。试验研究表明,小汽车车速为60 km/h 时,降噪效果为 13 dB,卡车降噪达到 6 dB,但 PERS 的施工技术复杂、造价高,目前仍处于试验研究阶段。

多孔弹性路面的降噪机理:从声学上讲,PERS 是一种多孔吸声材料,具有多孔吸声和共振吸声两种性能;从振动上讲,PERS 的重要组成材料之一是橡胶颗粒,而橡胶颗粒是一种典型的阻尼材料,因而混合料又具有阻尼减振降噪的效果。多孔性沥青路面的降噪效果最为明显,但缺点是耐久性差、空隙易堵塞、降噪功能衰减快、养护难等。

密实性降噪路面主要为 SMA 路面及橡胶沥青路面,其降噪效果相对于普通 AC 路面较为明显,与多孔性路面相比,降噪性能稍差,但是耐久性好,不存在空隙堵塞问题,而且修复简单,适用面广泛,尤其适应重载车辆行驶。对超薄沥青路面,根据不同的目的与条件,可设计成多孔性或密实性,它主要用于旧路面的罩面,也可用于新建道路及住宅区街道,降噪效果明显。

从经济角度出发,超薄沥青磨耗层造价最低,应用前景好。总之,上述各类低噪声沥青路面各有优缺点,其降噪机理、适用条件不尽相同。在应用过程中,要根据不同的目的、不同的环境适当选择与设计,使道路既有较高的降噪功能和结构功能,同时又经济合理。

(二)低噪声的水泥混凝土路面

1. 水泥混凝土面层的降噪方式归纳为以下几种。

(1)路面具有良好的平整度以降低轮胎—路面的冲击噪声。

(2)以纵向条纹代替横向条纹。纵向条纹不仅可以降低轮胎的泵吸效应,还可降低冲击噪声。不同的纵向条纹构造,降噪效果不同。

(3)增加混凝土表面粗糙度。表面铺压编织物,或用水刷洗混凝土,以增加混凝土表面粗糙度,从而降低轮胎泵吸噪声的强度和频率。

(4)加气混凝土面层。研究表明:30 cm 厚的加气混凝土面层,孔隙率为 20% 左右时有利于降低轮胎噪声。

(5)在新铺筑的水泥混凝土路面上,用环氧树脂和砾石铺设面层,该面层既有粗糙度,又有弹性,降噪效果比多孔性沥青路面还要好。

2. 低噪声水泥混凝土路面主要类型

(1)露石混凝土路面

露石混凝土路面是一种将面层混凝土中的粗集料外露,形成不光滑表面的路面。即在浇筑普通水泥混凝土后,但仍未固化的混凝土板的表面贴上浸渍了缓凝剂的布或喷洒缓凝剂,以推迟混凝土板表面的固化,在表面固化以前将砂浆刮除,让粗骨料裸露出来,使路面呈现某种规则的凹凸,减少空气泵吸噪声。露石混凝土路面由于具有随机凸起的集料表面,可使声波和压力波在轮胎花纹下的空隙中自行消散,因此降低了噪声。澳大利亚、丹麦、比利时、法国和英国等已经开始使用。丹麦公路局的试验研究结果表明,快速道路降噪效果更显著。当车速为 80 km/h,露石混凝土路面平均噪声比旧混凝土路面低 7 dB,比纵向构造的新混凝土路面低 2.5 dB。英国运输研究试验室在 M18 公路露石混凝土路面试验段的对比测定结果表明,露石混凝土路面噪声比混凝土路面降低约 3 dB(A),甚至比沥青路面更安静。据调查,露石混凝土路面的降噪效果大致相当于在不改变道路表面特征的状况下,车流量降低一半。另外,露石混凝土路面在抗滑性能以及防止白色路面的反光等方面,较普通混凝土路面有较好的优越性,且平整度也能达到规定要求。

(2)无细集料混凝土路面

无细集料混凝土是用水泥和水作结合料,将单一粒径的粗集料黏结形成混凝土。如同多孔性沥青路面一样,无细集料混凝土由开级配的粗集料组成,它的结构不同于通常的密级配或半密级配水泥混凝土,而属于骨架空隙结构的开级配,具有噪声低、排水快等特点。在美国佛罗里达、新墨西哥和犹他州用无细集料混凝土铺筑停车场的路面面层。1979 年在佛罗里达州的 Sarasota 基督教堂就修建了无细集料混凝土的停车场,由砾石基层和无细集料混凝土面层组成。无细集料混凝土由普通水泥、中粒碎石和加气剂按比例拌和而成。为增大集料间的黏结,在混合料中加入一种黏结添加剂(单组分水基环氧乙烯基丙烯酸乳液),集料与水泥比 3 : 1,停车场路面铺在原有的碎石基层上,碎石基层是厚 102 mm 的素混凝土层。经过测试,混凝土 28 天的抗压强度达 26.2 MPa;透水性为 1.57 L/m² · s。加黏结添加剂的目的是为了提高无细集料混凝土的抗压和抗弯拉强度、抗磨耗性和冻融耐久性。试验结果表明,加添加剂后,28 天平均抗压和抗弯拉强度分别达 27.6 MPa 和 4.49 MPa,已达到普通混凝土的强度。比利时采用的无细集料水泥混凝土路面,厚度为 44 mm,孔隙率为 19%,最大粒径为 4~7 mm,取得了 5 dB 的降噪效果。

第三节　低噪声路面降噪原理

各种低噪声路面的降噪原理可以概括为以下几点。

1. 大空隙率通过吸收、不断反射达到衰减噪声的目的,其吸声机理与多孔吸声材料相类似。

2. 具有大空隙率的路面,轮胎与路面的接触面减小,有助于降低附着噪声;且轮胎与路面接触时表面花纹槽中的空气可通过连通孔隙向四周溢出,使泵吸噪声的频率由高频变为低频,减小了空气压缩爆破产生的泵吸噪声。

3. 材料的高弹性和大阻尼使路面有吸收、衰减轮胎振动和冲击的效果,因而大大降低轮胎—路面的振动噪声。

4. 良好的表面纹理也能吸收和反射噪声,达到降噪的目的。

5. 良好的平整度也有利于降低冲击噪声。

一、多孔吸声材料的吸声原理

多孔吸声材料内部具有很多的空隙,空隙间彼此连通,且通过表面与外界相通,当声波传播到材料表面时,一部分在材料表面反射,一部分则进入到材料内部向前传播。在传播过程中,声波引起空隙中的空气运动,并与空隙内壁发生摩擦,由于黏滞性和热传导效应,声能转换成热能消耗掉。低噪声沥青混合料空隙如图 8-2 所示。

对多孔吸声材料具体要求如下:

1. 材料内部应有大量的微孔和间隙,材料内部不仅空隙率要高,而且空隙应尽可能细小,并在材料内部均匀分布,使材料内部筋络总表面积大,有利于吸收声能。

2. 材料内部的微孔应该是互相贯通的,而不是密闭的,单独的气泡和密闭间隙均不起吸声作用。

3. 微孔向外敞开,使声波易于进入微孔内,没有敞开微孔仅有凹凸表面的材料吸声性能不好。

图 8-2　低噪声沥青混合料空隙

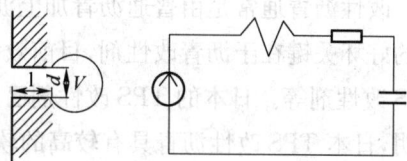

二、低噪声沥青混凝土路面的吸声机理

低噪声沥青混凝土路面的吸声机理可以用亥姆霍兹共振器来表征。如图 8-3 所示,容积为 V 的空腔侧壁开有直径为 d 的小孔,孔径长 l,当声波传到共振器时,小孔孔颈中有一定质量的气体在声波的压力下,像活塞一样做往复运动。运动气体抗拒由于声波作用而引起的运动速度的变化,及声波进入

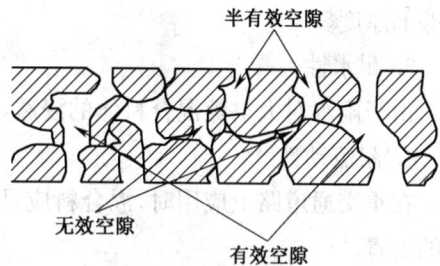

图 8-3　亥姆霍兹共振吸声器及等效电路

小孔时,由于孔颈壁的摩擦和阻尼,使一部分声能转化为热能而消耗掉。

亥姆霍兹共振吸声器达到共振时,其声抗最小,振动速度达到最大时,对声的吸收也达到最大。低噪声沥青混凝土路面可以看作是多孔共振吸声结构,即单孔共振吸声结构的并联结构。不同大小的空隙可以组成不同的亥姆霍兹共振吸声器,多个亥姆霍兹共振吸声器并联,就可以吸收不同频率的声波。低噪声沥青混凝土路面对频率 250~1 000 Hz 的中频声(交通噪声的主要频率范围)有最大的吸声系数。

第四节　低噪声沥青路面的材料特性

低噪声沥青路面由于空隙率较大,因此所用的材料在集料级配、集料性质、沥青黏结料种类及用量等方面与普通沥青混凝土路面都有所不同。

一、沥　青

由于大空隙沥青路面的大空隙率才使它有降噪和排水的特殊性能,但也正是由于这种大空隙率使沥青混合料中的沥青更多地暴露于空气、阳光和雨水当中,从而就加剧了沥青混合料的氧化,容易出现各种路面病害,使大空隙沥青路面的耐久性降低。大空隙沥青路面对沥青的技术要求如下:

1. 抗集料飞散性

为确保混合料的稳定性,要求沥青有较高的包裹力和黏附性。

2. 耐候性

混合料空隙率大,易受日光、空气等因素的影响发生老化,要求包裹集料的沥青膜层要有足够的厚度。

3. 耐水性

由于雨水对大空隙混合料体的浸透,为确保抗剥离性,沥青对集料应具有良好的黏附性。

4. 耐流动性

在重交通道路上应用时,混合料应具有较好的抗车辙能力,需使用软化点及 60℃黏度较高的沥青。

目前许多国家采用改性沥青来代替传统的沥青,高黏度改性沥青是铺设大空隙沥青混合料主要的胶结料,可以提高大空隙沥青混合料的耐久性。为了增加沥青混合料的沥青膜层厚度,还可以在沥青混合料中掺加纤维。

(一)改性沥青

改性沥青通常是由普通沥青加上沥青改性剂,通过特殊的高速剪切设备制备,改性沥青性能的好坏关键在于沥青改性剂,目前效果较好的有德国开发的路孚 8000 改性剂,日本开发的 TPS 改性剂等。日本的 TPS 改性剂已成功地运用在日本国内的大空隙沥青路面铺筑上,实践证明,日本 TPS 改性沥青具有较高的软化点、黏度及良好的耐久性。

日本对用于排水性路面的高黏度改性沥青的技术要求见表 8-1。

表 8-1 日本高黏度改性沥青的标准

检测项目	标准值	检测项目	标准值
软化点(℃)	>80	黏韧性(N・m)	>20
25℃针入度(0.1 mm)	>40	韧性(N・m)	>15
闪点(℃)	≥260	薄膜加热质量变化率(%)	≤0.6
15℃延度(cm)	>50	薄膜加热针入度残留率(%)	≥65
135℃黏度(Pa・s)	<310	60℃黏度(Pa・s)	>20 000

改性剂的选择原则如下。

1. 根据不同的气候条件

在我国不同地区的气候条件差别很大,我国"八五"国家科技攻关专题《道路沥青及沥青混合料路用性能的研究》,按照气温、降雨量等指标提出了我国沥青路面使用性能的气候分区,如表 8-2 所示。而且对不同的气候区在《公路改性沥青路面施工技术规范》(JTJ036—1998)中提出技术要求。

表 8-2 气候分区

气候分区代号	七月平均最高气温(℃)	年极端最低气温(℃)
1-1	>30	<−37.0
1-2		−37.0~−21.5
1-3		−21.5~−9.0
1-4		>−9.0
2-1	20~30	<−37.0
2-2	<20	−37.0~−21.5
2-3		−21.5~−9.0
2-4		>−9.0
3-2		−37.5~−21.5

SBS 改性沥青适用于各种气候条件下使用,SBS 改性沥青的最大特点是高温、低温性能都好,且有良好的弹性恢复性能。

SBR 改性沥青主要适用于寒冷气候条件下使用,SBR 改性沥青的最大特点是低温性能得到改善。

EVA 及 PE 改性沥青,主要适用于炎热气候条件下使用,EVA 及 PE 改性沥青,其最大特点是高温性能明显改善。

2. 根据不同的荷载条件选择。

3. 根据技术经济性选择。

(二)纤维

对于大空隙沥青混合料,由于其空隙率很大,即使添加填料,集料的比表面积还是相对较低,在沥青混合料的运输过程中难免会产生沥青流淌现象。为了减少沥青的流淌,在沥青混合料中添加纤维,纤维在沥青混合料中有以下作用。

1. 纤维的吸附作用

纤维直径一般小于 20 μm,有相当大的比表面积,每克纤维的表面积可达数平方米以上。分散在沥青中的纤维可以吸附大量的沥青,避免了在生产、运送及铺筑期间的沥青流淌现象。

2. 纤维的稳定作用

直径很小的纤维在沥青基体内的分布是三维随机分布的,在沥青基体内形成了纵横交错的纤维空间网络,吸附了大量的结构沥青形成了结构沥青网,增大了混合料内结构沥青的比例,减少了自由沥青数量,使纤维沥青胶浆黏性增大,高温时劲度下降,温度的稳定性大幅度提高。

3. 纤维的阻滞裂纹作用

在荷载、高温等因素的影响下,路面沥青胶结料内会产生许多微小裂纹,小裂纹不断地扩展,对路面结构的强度和耐久性产生不利的影响。纤维对沥青胶结料基体裂纹具有阻滞作用,增强了弹性恢复,大大提高了沥青混合料裂纹的自愈能力,从而减少了路面的裂缝,推迟了沥青路面的老化与损坏。

二、集　料

(一)粗集料

目前,铺筑道路所用的石料大多选用石灰岩,石灰岩是一种碱性石料,它能与沥青有很好的黏结作用,但与玄武岩相比,石灰岩的耐磨性较差。与密级配沥青混合料不同,大空隙沥青混合料中粗集料的含量占有很大比例,可达 70% 以上,大空隙沥青混合料主要是依靠粗集料之间的相互嵌挤作用,而集料嵌挤作用的好坏很大程度上取决于集料石质的坚硬度、集料的颗粒形状和针片状含量等。集料越坚硬,颗粒形状越饱满,说明集料越不易压碎,石子之间的嵌挤作用就越牢固。针片状含量是控制粗集料性质的一个关键指标,如果粗集料中针片状含量过多,在沥青混合料的铺筑施工过程中,集料很容易被压路机碾压破碎,造成在沥青混合料内部留下没有被沥青膜覆盖的断面层,破碎的石子还会导致空隙被堵塞,空隙率减小,影响降噪和排水的效果,降低沥青混合料的路用性能。

因此用于大空隙沥青混合料的粗集料应采用质地坚硬、表面粗糙、形状接近立方体并有良好嵌挤能力的破碎集料,应符合高速公路、一级公路规范对表面层材料的质量技术要求。

(二)细集料

大空隙沥青混合料的细集料一般是指 0.075~2.36 mm 的机制砂,如使用石屑时,宜采用与沥青黏附性好的石灰岩石屑,且不得含有泥土、杂物。大空隙沥青混合料中细集料只占很小比例,可作为细集料的有机制砂、石屑、天然砂等。机制砂由机器破碎而成,表面粗糙,掺入混合料后路面的抗车辙能力强。石屑是石料破碎过程中产生的细粉,石屑粉尘量较大,强度偏低、施工性能较差。

(三)填料

大空隙沥青混合料中粗集料较多,细集料较少,若不添加填料必然会产生沥青流淌的现象。用于大空隙沥青混合料的填料必须是由石灰石等碱性岩石磨细的矿粉。填料的作用在于吸附更多的沥青,沥青只有吸附在填料表面才能形成薄膜,才能对其他粗集料、细集料产生黏附作用,所以沥青填料胶浆才是真正的沥青结合料。

复习思考题

1. 交通噪声产生的原因有哪些?
2. 降低城市道路噪声有哪些方法?
3. 水泥混凝土路面如何做到低噪声?
4. 大空隙沥青混合料与密级配沥青混合料中的集料有何不同?
5. 低噪声沥青路面中的沥青材料应具备哪些性能?

参 考 文 献

[1] 马大猷 . 噪声与振动控制工程手册 . 北京：机械工业出版社,2002.

[2] 吴礼本,王其利 . 国外铁路高速列车[M]. 北京：中国铁道出版社,1994.

[3] 徐挺 . 相似理论与模型试验[M]. 北京：中国农业出版社,1982.

[4] 李岳林 . 汽车排放与噪声控制[M]. 北京：人民交通出版社,2007.

[5] 陈南 . 汽车振动与噪声控制[M]. 北京：人民交通出版社,2005.

[6] 黄其柏 . 工程噪声控制学[M]. 武汉：华中理工大学出版社,1999.

[7] 张振淼 . 城市轨道交通车辆结构与设计[M]. 上海：上海科学技术出版社,2002.

[8] 洪宗辉 . 环境噪声控制工程[M]. 北京：高等教育出版社,2002.

[9] 贺启环 . 环境噪声控制工程[M]. 北京：清华大学出版社,2011.

[10] 周新祥 . 噪声控制技术及其新进展[M]. 北京：冶金工业出版社,2007.

[11] 陈克安,曾向阳,李海英 . 声学测量[M]. 北京：科学出版社,2005.

[12] 吕玉恒,王庭佛 . 噪声与振动控制设备及材料选用手册[M]. 北京：机械工业出版社,1999.

[13] 善田康雄 . 车内环境の快速度を探ろ[J]. Railway Research Review. 1989.

[14] 白宝鸿,张玉娥 . 高速铁路噪声产生原因及防治措施研究[J]. 噪声与振动控制 . 1998.8,第 4 期：35-37.

[15] 毛东兴 . 声品质研究与应用进展 . 声学技术（增刊）,2007.

[16] 焦风雷,刘克,毛东兴 . 运用多维尺度分析进行噪声品质的主观评价 . 2004 年全国物理声学会议论文集,2004.

[17] 梁杰 . 基于双耳听觉模型的车内声品质分析与评价方法研究 . 吉林大学,2007.

[18] 牟海龙 . 国产轿车非稳态状况下声音品质的研究 . 吉林大学,2007.

[19] 谢军 . 汽车声品质评价技术及方法研究 . 吉林大学,2009.

[20] 罗虹,张杨,李沛然 . 车内声品质评价系统的研究[J]. 现代制造工程,2011.

[21] 陈明 . 基于车内噪声的轿车 NVH 改进[J]. 汽车工程师,2010.

[22] 孙光荣,吴启学 . 环境声学基础[M]. 南京：南京大学出版社,1995.

[23] 杜功换,朱哲民,龚秀芬 . 声学基础[M]. 南京：南京大学出版社,2001.

[24] Bies D. A. , Hansen C. H.. Engineering noise control-theory and practice. London：Spon Press,2003.

[25] 马大猷 . 噪声控制学[M]. 北京：科学出版社,1987.

[26] И. И. 科留金 . 奇异的声世界[M]. 任志英,程凤阁,译.北京：国防工业出版社,1983.

[27] Fahy F.. Foundations of engineering acoustics. London：Elsevier Ltd. ,2001.

[28] 李德葆,陆秋海.工程振动试验分析[M]. 北京：清华大学出版社,2004.

[29] 张力,林建龙,项辉宇.模态分析与实验[M]. 北京：清华大学出版社,2011.

[30] 任兴民,秦卫阳,文立华,等.工程振动基础[M]. 北京：机械工业出版社,2006.

[31] 刘习军,贾启芬.工程振动理论与测试技术[M]. 北京：高等教育出版社,2004.

[32] 张亚辉,林家浩.结构动力学基础[M]. 大连：大连理工大学出版社,2007.

[33] 周德廉,邵国友.现代测试技术与信号处理[M]. 北京：中国矿业大学出版社,2005.

[34] 邓善熙.测试信号分析与处理[M]. 北京：中国计量出版社,2003.

[35] 陈玉东.数字信号处理[M]. 北京：地质出版社,2005.

[36] 张朝晖.ANASYS12.0 结构分析工程应用实例解析[M]. 北京：机械工业出版社,2010.

[37] 尚晓江,邱峰,赵海峰.ANASYS 结构有限元高级分析方法与范例应用[M].2 版.北京：中国水利出版社,2008.

［38］伍石生．低噪音沥青路面设计与施工养护［M］．北京：人民交通出版社，2005．

［39］谭伟，张崇高，等．轮胎/路面噪声机理与降噪路面［J］．公路与汽运，2004．

［40］王佐民，吕伟民，等．多孔性沥青路面的降噪特性［J］．噪声与振动控制，1998．

［41］余世清，吴灵鹚．城市道路低噪声路面改造的降噪效果研究［J］．环境科技，2010．

［42］张忠岐．城市道路降噪排水路面设计与施工［J］．公路，2009．

［43］日本道路协会．排水性铺装技术指针（案）［M］．东京：丸善株式会社，1996．

［44］李乐洲，伍石生，等．美国佐治亚州交通厅PAC的开发历程［J］．中外公路，2002．

［45］倪富健，徐皓，等．沥青性质对排水性沥青混合料性能的影响［J］．交通运输工程学报，2003．

［46］GB/14892—2006 城市轨道交通列车噪声限值和测量方法．

［47］杨宝清．现代传感器技术基础［M］．北京：中国铁道出版社，2000,9．

［48］盛美萍．噪声与振动控制技术基础［M］．北京：科学出版社，2011,6．